합격 까지 함께

New 출제 기조 전환 완벽 반영

문법 기본 개념, 독해의 유형별 해법 제시

기본 문제풀이→심화 문제풀이→기출 문제풀이

김세현 편저

김세현
영어 All In One

이 책의 머리말

공무원 시험을 준비하는 공시생들에게 영어는 가장 좋은 과목입니다.

지금까지 공시생들의 대다수는 영어 때문에 불합격했고 영어 때문에 괴로워하고 영어 때문에 시험을 그만 둘까?라는 생각을 끊임없이 해 왔습니다. 하지만 지금부터는 다릅니다. 인사혁신처의 9급 공무원시험 영어 과목의 출제기조 전환 발표 이후 영어가 쉬워졌습니다. 이는 조금만 영어에 관심을 갖고 최소한의 시간을 들이면 영어가 합격을 위한 가장 좋은 과목이 될 수 있다는 것을 의미합니다. 영어 때문에 고민했던 모든 수험생 여러분 한 번 도전해 보세요. 틀림없이 영어가 가장 효자과목이 될 겁니다.

쉬운 영어에 대한 가장 경제적이고 효율적인 방향성을 제시합니다.

김세현 영어는 가장 효율적이고 경제적인 방향을 제시하려 합니다. 여기에서 효율적이고 경제적이라 함은 단기간의 시간 투자로 합격할 수 있는 방향성과 거기에 맞는 학습 과정(curriculum)의 구성을 의미합니다. 공무원 시험에 합격하기 위한 영어 공부는 영어를 학문적으로 연구하며 공부하는 것이 아니라 오직 합격만을 위해 존재해야 한다고 생각합니다. 따라서 김세현 영어는 시험에 꼭 나올 것만을 다루고 문제를 풀 수 있는 방법론에 초점을 맞춘 교재입니다.

공무원 합격을 위한 영어 공부에 대한 해결책을 만들었습니다.

무엇보다도 중요한 것은 기본에 충실하셔야 합니다. 기본 어휘, 기본 문법, 그리고 기본 독해로 먼저 출발하고 그다음 심화 과정 그리고 고급 과정으로 진행한다면 여러분들은 반드시 합격하실 수 있습니다. 김세현 영어의 가장 큰 특징이 바로 체계성입니다. 즉, 기본 이론을 익히고 그 이론에 따른 문제풀이를 단계별(기본 문제풀이 → 심화 문제풀이 → 기출 문제풀이)로 학습할 수 있게 구성함으로써 공무원 영어에 대한 가장 확실한 해결책을 마련했습니다.

수험생 여러분께 경의를 표합니다.

끊임없는 치열한 경쟁 속에서 오직 하나의 목표를 위해 지금 이 책을 마주하고 있는 여러분의 궁극적 목표는 이번 공무원 시험에서의 합격일 것입니다. 그 합격을 위해 작은 마음을 보태고자 합니다. 모두 다 합격할 수는 없습니다. 단, 스스로를 잘 관리한다면 그리고 최선을 다한다면 그 합격의 영광은 여러분들에게 반드시 돌아올 것입니다. 힘내시고 김세현 영어와 함께합시다. 합격의 영광을 곧 맞이하게 될 여러분께 경의를 표합니다.

모든 분들께 감사드립니다.

이 교재가 나오기까지 많은 힘을 실어 주신 박용 회장님께 깊은 감사를 드립니다. 또한 우리 연구실 직원들에게도 고마움을 표합니다. 마지막으로 주말을 반납하면서 애써주신 박문각 출판팀의 노고에 깊은 감사 말씀을 전합니다.

2025년 7월
수험생 여러분의 건승을 기원하며 노량진 연구실에서

구성과 특징

문법

1 기본 개념 제시

새로운 시험체계에 대비하여 너무 구석에 치우치거나 예외적인 문법 설명을 모두 지우고 기본 개념에 충실한 각 문법 내용들을 쉽고 명쾌하게 이해할 수 있도록 구성하였다.

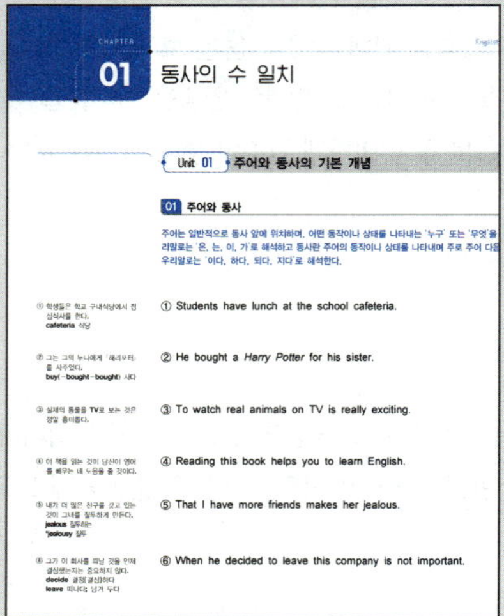

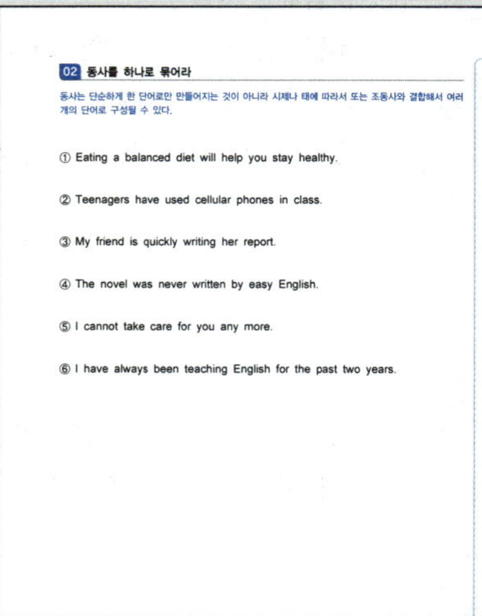

2 Tip 활용

각 문법 개념 설명 중에서도 중요하지만 놓치기 쉬운 문법 포인트를 Tip을 이용해서 다시 한번 정리할 수 있게 하였다.

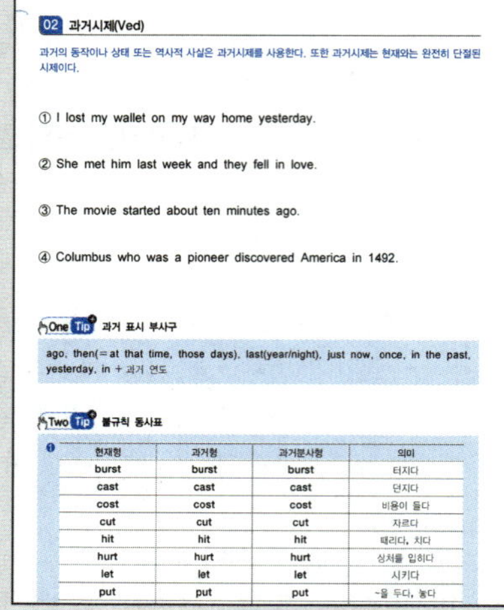

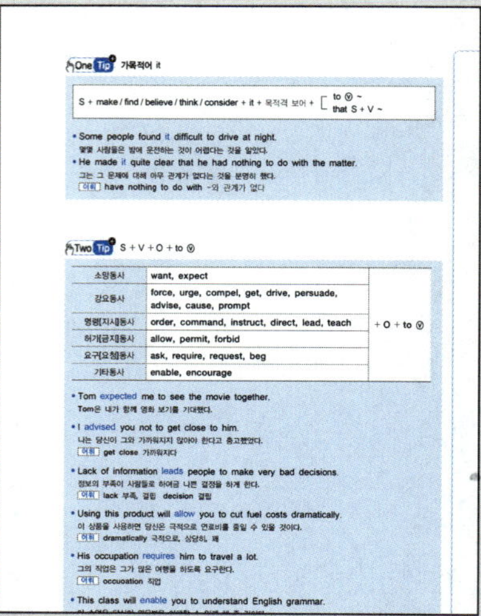

3 기본개념을 바로 적용할 수 있는 다양한 문제풀이

기본개념을 바로 적용할 수 있도록 확인학습 문제를 제시하고 이를 통해 한 단계 더 발전할 수 있도록 다양한 형태의 실전문제를 구성하였다. 또한 실전문제에는 새로운 시험에 가장 근접한 기출문제를 엄선하여 수록해서 또 한 번 기본개념을 정리할 수 있게 하였다.

4 자세한 해설

강의를 듣지 않고 교재로만 공부를 해도 될 만큼 자세한 해설을 담았다. 또한 실전문제는 문제를 한 번 더 수록해서 복습의 효과를 극대화하였다.

• 확인학습문제

다음 문장을 읽고 [   ] 안에서 어법상 적절한 것을 고르시오.

01 A lot of hand-made beer [has / have] disappe

02 Statistics on global warming [shows / show] changes.

03 Three quarters of teens [applies / apply] to th

04 A million dollars [is / are] a lot of money to kee

• 실전 문제 •

01 밑줄 친 부분에 들어갈 말로 가장 적절한 것을 고르시오

During the last five years the number of road accidents _______ up to five percent.

① have gradually increased
② has gradually increased
③ have gradual increased
④ has gradual increased

02 밑줄 친 부분에 들어갈 말로 가장 적절한 것을 고르시오

Not only __________ Spanish fluently, but he also writes poetry in t language.

① does Bill speak   ② Bill does speak
③ speaks Bill   ④ Bill speaks

---

01 A lot of hand-made beer [has / have] disappeared since then.

해설 a lot은 부분 주어이므로 of 다음 명사에 의해서 동사의 수가 결정된다. beer는 단 has가 정답이다.

해석 그 이후로 많은 수제 맥주가 사라졌다.

02 Statistics on global warming [shows / show] serious environmental ch

해설 Statistics가 통계수치를 나타내므로 복수동사가 필요하다. 따라서 show가 정답이

해석 지구온난화에 관한 통계수치들이 심각한 환경 변화를 보여준다.

어휘 statistics ① 통계수치, 통계 ② 통계학 global warming 지구 온난화 serious environmental 환경의

03 Three quarters of teens [applies / apply] to the rock band.

해설 부분 주어 + of + 명사는 of 다음 명사에 의해서 동사의 수 일치가 결정된다. 따라서 가 복수이므로 apply가 정답이다.

해석 10대 중 4분의 3(75%)은 락밴드에 지원한다.

어휘 quarter 4분의 1(= 25%) apply to ~에 지원하다

04 A million dollars [is / are] a lot of money to keep under your mattre

해설 특정 숫자와 결합된 가격이 주어이므로 단수로 수를 일치시켜야 한다. 따라서 is가 정답

해석 백만 달러는 침대 매트리스 아래 보관하기에 많은 돈이다.

어휘 million 백만(의) keep 보관하다, 간직하다

05 The number of foreigners interested in the Korean language [has / dramatically increased over the past few years.

해설 the number of + 복수명사는 단수 취급한다. 따라서 has가 정답이다.

---

04 밑줄 친 부분 중 어법상 틀린 것은?
① Scattered across the meeting room <u>were</u> the documents
② Every animal defined by "mammal" <u>is</u> characterized by
③ Most people know that one of the longest rivers in the
④ Into the severe storms and heavy rains <u>are</u> flying to the s hero.

해설 ④ 장소의 전치사구(Into the severe storms and heavy rains) 사가 도치된 구조로 주어가 단수명사(Ironman)이므로 복수동사 ar 야 한다.
① 분사보어가 문두에 위치해서 주어와 동사가 도치된 구조 documents and the papers)이므로 복수동사 were의 사용은
② 'Every + 단수명사 + 단수동사' 구조를 묻고 있다. 따라서 단수 절하다.
③ 접속사 that 다음 주어가 one(단수명사)이므로 단수동사 was

해석 ① 회의실 바닥에 문서와 서류들이 흩어져 있었다.
② '포유류'로 정의되는 모든 동물은 온혈과 털로 특징지어진다.
③ 대부분의 사람들은 세계에서 가장 긴 강 중 하나는 나일 강이
④ 폭우속에서 우리의 영웅 「아이언맨」이 하늘을 날고 있다.

구성과 특징

독해

① 유형별 풀이 해법 제시

공무원 독해 시험을 유형별로 분류해서 각 유형별 풀이 해법을 제시하였다. 또한 그 풀이 해법을 예제 문제의 분석을 통해 완벽하게 이해할 수 있게 하였다. 물론 새로운 시험체계에 대비하여 다양한 신유형 독해문제도 추가시켰다.

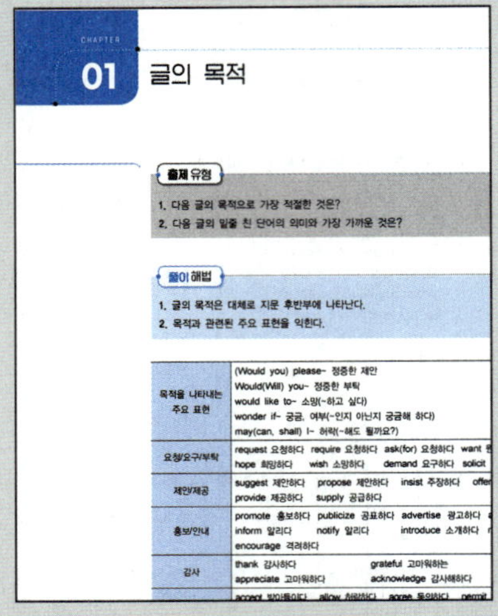

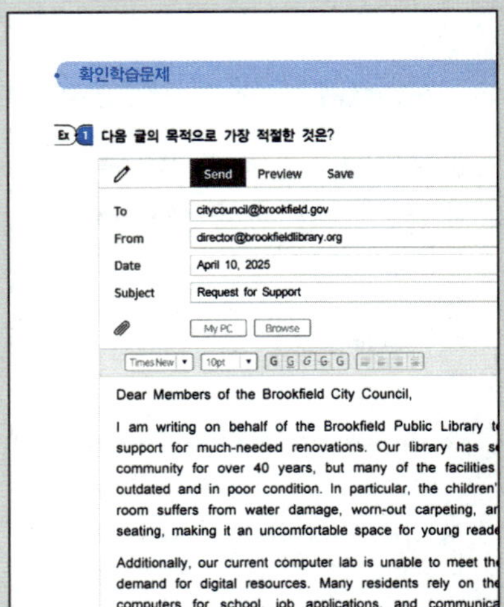

② 실전문제 + 기출문제

유형별 풀이 해법을 실전문제를 통해 다시 한번 점검할 수 있게 하였다. 특히, 올바른 독해법을 토대로 글을 정확하고 빠르게 이해할 수 있도록 그 방법을 제시함으로써 수험생 여러분들의 독해에 관한 고민을 상당 부분 해결할 수 있게 하였다. 또한 각 유형별 독해 문제에 최적화된 최신 기출문제를 엄선하여 수록하였다.

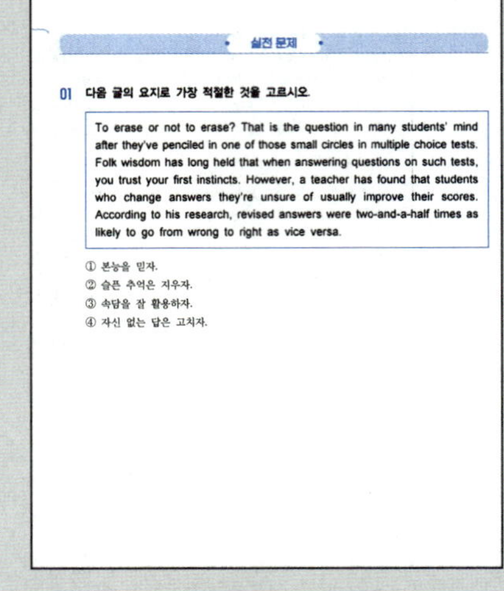

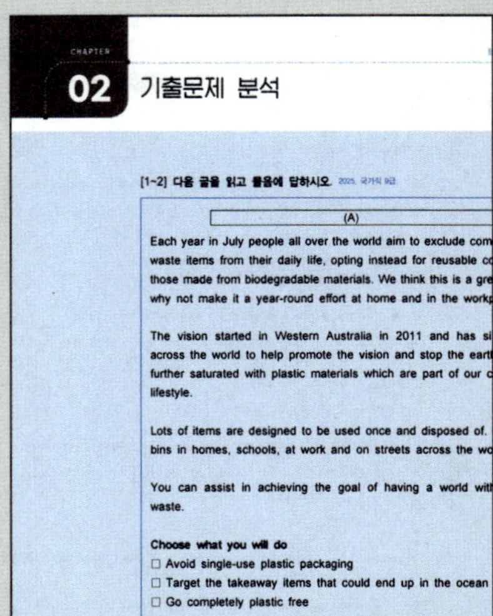

③ 꼼꼼 독해

꼼꼼 독해를 각 실전문제에 수록하여 좀 더 정확한 독해법을 구현할 수 있게 하였다. 특히 독해에 필요한 어휘들을 정리함으로써 쉽게 글을 이해하는 데 상당 부분 도움이 될 수 있게 하였다.

꼼꼼 독해

01 More and more people are turning away from their doctors and, instead, to individuals who have no medical training and who sell unproven treatr

해석 더더욱 많은 사람들이 의사로부터 그들의 등을 돌리고 있고, 대신에 의학적 훈련도 없 되지 않은 치료법을 팔아대는 개개인에게로 향하고 있다.

02 They go to quacks to get everything from treatments for colds to cur cancer.

해석 그들은 돌팔이에게 가서 감기 치료부터 암 치료제에 이르기까지 모든 것을 구하고

03 And they are putting themselves in dangerous situations.

해석 그리고 그들은 스스로를 위험 상황에 처하게 한다.

04 Many people don't realize how unsafe it is to use unproven treatment

해석 많은 사람들은 검증되지 않은 치료법을 이용하는 것이 얼마나 위험한지 알지 못한다

05 First of all, the treatments usually don't work. They may be harmless, but, if so uses these products instead of proven treatments, he or she may be ha

해석 무엇보다도, 치료가 대부분 효과가 없다. 그 치료가 해가 없을 수도 있으나 누군가 검증 대신 이러한 제품을 사용한다면 그 사람은 피해를 입을 수도 있다.

06 Why? Because during the time the person is using the product, his illness may be getting worse.

꼼꼼 독해

01 A species that survives by eating another species is typically referred predator. The word brings up images of some of the most dramatic on Earth: cheetahs, eagles, and killer whales.

해석 다른 종을 먹음으로써 생존하는 종은 일반적으로 포식자라고 일컬어진다. 그 단어 수리, 그리고 범고래와 같은 지구상에서 가장 인상적인 몇몇 동물들의 이미지를 떠오

02 You might not picture wood warblers, a family of North American bird characterized by their small size and colorful feathers, as predators; these beautiful birds are huge consumers of insects.

해석 사람들은 아마도 작은 크기와 다채로운 깃털을 특징으로 하는 북미 조류과인 숲솔 로 상상하지 않을 수도 있지만, 이 아름다운 새는 엄청난 곤충 소비자이다.

03 The hundreds of millions of individual warblers collectively remove tons of insects from forest trees every summer. Most of these insects prey

해석 수억 마리의 숲솔새 개체가 집단적으로 매년 여름마다 숲의 나무에서 문자 그대로 충을 제거한다(먹어치운다). 이 곤충들의 대부분은 식물을 먹이로 한다.

04 By reducing the number of insects in forests, warblers reduce the that insects inflict on forest plants.

해석 숲에 있는 곤충의 수를 줄임으로써 숲솔새들은 곤충들이 숲속 식물에 가하는 피해를

05 The results of a study that excluded birds from white oak seedlings sho the trees were about fifteen percent smaller because of insect damage

이 책의 차례

Ⅰ 문법

Part 1 동사

Part 2 준동사

Part 3 연결사

Ⅱ 독해

Part 1 유형별 독해

Part 2 실용문

김세현 영어

I

문법

 김세현 영어

01

동사

CHAPTER 01 동사의 수 일치

Unit 01 주어와 동사의 기본 개념

01 주어와 동사

주어는 일반적으로 동사 앞에 위치하며, 어떤 동작이나 상태를 나타내는 '누구' 또는 '무엇'을 의미하며 우리말로는 '은, 는, 이, 가'로 해석하고 동사란 주어의 동작이나 상태를 나타내며 주로 주어 다음에 위치하며 우리말로는 '이다, 하다, 되다, 지다'로 해석한다.

① 학생들은 학교 구내식당에서 점심식사를 한다.
cafeteria 식당

① Students have lunch at the school cafeteria.

② 그는 그의 누나에게 「해리포터」를 사주었다.
buy(−bought−bought) 사다

② He bought a *Harry Potter* for his sister.

③ 실제의 동물을 **TV**로 보는 것은 정말 흥미롭다.

③ To watch real animals on TV is really exciting.

④ 이 책을 읽는 것이 당신이 영어를 배우는 데 도움을 줄 것이다.

④ Reading this book helps you to learn English.

⑤ 내가 더 많은 친구를 갖고 있는 것이 그녀를 질투하게 만든다.
jealous 질투하는
***jealousy** 질투

⑤ That I have more friends makes her jealous.

⑥ 그가 이 회사를 떠날 것을 언제 결심했는지는 중요하지 않다.
decide 결정[결심]하다
leave 떠나다; 남겨 두다

⑥ When he decided to leave this company is not important.

One Tip⁺ 주어가 될 수 있는 5가지 항목

문두(문장 처음 또는 접속사 다음)에 명사, 대명사, **to**부정사, 동명사, 명사절(의문사절)이 주어가 된다. 단, 전치사와 연결되는 명사는 주어가 될 수 없다.

02 동사를 하나로 묶어라

동사는 단순하게 한 단어로만 만들어지는 것이 아니라 시제나 태에 따라서 또는 조동사와 결합해서 여러 개의 단어로 구성될 수 있다.

① Eating a balanced diet will help you stay healthy.

② Teenagers have used cellular phones in class.

③ My friend is quickly writing her report.

④ The novel was never written by easy English.

⑤ I cannot take care for you any more.

⑥ I have always been teaching English for the past two years.

① 균형 잡힌 식사를 하는 것이 당신을 건강하게 하는 데 도움이 될 것이다.
diet 식사; 식이요법

② 10대들은 수업 시간에 휴대전화를 사용해 왔다.

③ 나의 친구는 빠르게 보고서를 쓰는 중이다.

④ 그 소설은 결코 쉬운 영어로 쓰여지지 않았다.
novel 소설; 새로운(= new)

⑤ 나는 더 이상 너를 돌볼 수 없다.
not ~ any more 더 이상 ~ 않다
take care of 돌보다

⑥ 나는 지난 2년 동안 항상 영어를 가르치고 있다.
past 과거; 지나간, 지난

One Tip **동사를 하나로 묶어라**(verb group)

[조동사 + 본동사], [have + p.p.], [be + -ing], [be + p.p.], [구동사]는 하나의 동사로 간주한다.

확인학습문제

다음 문장을 읽고 주어와 동사를 찾아서 표시하시오.

01 Adolescents have played a video game without any permission.

02 She has often been making her own clothes.

03 Traveling many countries may have cost a lot of money.

04 To watch a baseball game cannot be allowed in his life.

05 That I have more money than he can make me comfortable.

06 Whether it was an accident or intention will never be known.

07 What I'd like to explain to you relies on your will in itself.

확인학습문제 Answer & Review

다음 문장을 읽고 주어와 동사를 찾아서 표시하시오.

01 <u>Adolescents</u> <u>have played</u> a video game phones in class without any permission.
        S   V

   해석 청소년들은 허락 없이 비디오 게임을 해 왔다.

   어휘 adolescent 청소년 permission 허락 (permit 허락하다)

02 <u>She</u> <u>has often been making</u> her own clothes.
      S   V

   해석 그녀는 종종 자신의 옷을 만들어 입어 왔다.

   어휘 clothes 옷 *cloth 옷감, 천 *clothing 의류

03 <u>Traveling</u> many countries <u>may have cost</u> a lot of money.
      S   V

   해석 많은 나라들을 여행하는 것은 많은 돈이 들 수 있다.

   어휘 cost-cost-cost 비용이 들다 a lot of 많은

04 <u>To watch</u> a baseball game <u>cannot be allowed</u> in his life.
      S   V

   해석 야구 경기를 보는 것은 그의 삶에서 허락될 수 없었다.

   어휘 allow 허락하다

05 <u>That I have much money than he</u> <u>can make</u> me comfortable.
              S   V

   해석 내가 그보다 더 많은 돈을 갖고 있다는 것이 내게는 위안이 될 수 있다.

   어휘 comfortable 편안한, 위로하는

06 <u>Whether it was an accident or intention</u> <u>will never be known</u>.
              S   V

   해석 그것이 우연인지 의도했던 것인지는 결코 알려지지 않을 것이다.

   어휘 accident 사고; 우연 intention 의도

07 <u>What I'd like to explain to you</u> <u>relies on</u> your will in itself.
           S   V

   해석 내가 당신에게 설명하고 싶은 것은 본질적으로 당신의 의지에 달려 있다.

   어휘 would like to ⓥ ⓥ하고 싶다 explain 설명하다
         rely on ~에 ~달려 있다; ~에 의지[의존]하다 will 의지 in itself 본질적으로

Unit 02 · 동사의 수 일치

01 주어 동사 찾기

동사의 수 일치는 주어의 형태에 따라 정해진다. 즉 주어가 단수(N)이면 동사는 단수동사(Vs/es)로, 주어가 복수(Ns/es)이면 복수동사(V)로 받는다. 주어가 to부정사, 동명사 그리고 명사절일 때에는 동사는 단수로 받는다.

① One of the most important things **is** concentration.

② To be kind **is** not always good to her and her brother.

③ Watching these movies **reminds** me of my childhood.

④ What learned about the problems **was** beneficial to me.

① 가장 중요한 것들 중 하나는 집중이다.
concentration 집중

② 친절한 것이 항상 그녀나 그녀의 오빠에게 좋지만은 않다.
kind 친절한

③ 이런 영화들을 보는 것은 나의 어린 시절을 떠올리게 한다.
remind A of B A로 하여금 B를 떠올리게 하다(상기시키다)
childhood 어린 시절

④ 그 문제점들에 대해서 배웠던 것이 내게는 유익했다.
beneficial 유익한, 이로운

동사의 수 일치 문법포인트
1. 주어 찾기
2. N → Vs/es / Ns/es → V
3. 도치 구문
4. 수 일치 주의사항

One Tip 단수동사, 복수동사

단·복수 \ 동사	be동사		have	do	일반동사	조동사	과거동사
주어가 단수	is	was	has	does	ⓥs/es	조동사	과거동사
주어가 복수	are	were	have	do	동사원형	조동사	과거동사

확인학습문제

다음 문장을 읽고 [   ] 안에 어법상 적절한 것을 고르시오.

01 The average life of a street tree surrounded by concrete and asphalt [is / are] seven to fifteen years.

02 To solve many problems [is / are] no big deal in this situation.

03 Leading your children in the right directions [depends / depend] on your efforts.

04 What the president pledged to do in his election campaigns [turns / turn] out to go after them in earnest.

05 Citizens opposed to building the house [was / were] demonstrating.

06 When he decided to leave this company [is / are] none of your business.

07 Whether I should enroll in business school or find a job [is / are] not easy to decide.

확인학습문제 Answer & Review

다음 문장을 읽고 [   ] 안에 어법상 적절한 것을 고르시오.

01 The average life of a street tree surrounded by concrete and asphalt [is / are] seven to fifteen years.

- **해설** The average life가 문장의 주어이다. 따라서 단수동사인 is가 정답이다.
- **해석** 콘크리트나 아스팔트에 둘러싸여진 가로수의 평균 수명은 7년에서 15년 정도이다.
- **어휘** average 평균 street(= roadside) tree 가로수 concrete 콘크리트; 확실한

02 To solve many problems [is / are] no big deal in this situation.

- **해설** to부정사(To solve)가 문장의 주어이다. 따라서 단수동사 is가 정답이다.
- **해석** 많은 문제를 해결하는 것이 이 상황에서는 별일이 아니다.
- **어휘** deal 거래 (no big deal 별일 아니다)

03 Leading your children in the right directions [depends / depend] on your efforts.

- **해설** 동명사(Leading) 주어는 단수 취급한다. 따라서 depends가 정답이다.
- **해석** 너의 자녀들을 올바른 길로 인도하는 것은 너의 노력에 달려 있다.
- **어휘** lead 이끌다, 인도하다 depend on ~에 달려 있다; ~에 의존하다 effort 노력

04 What the president pledged to do in his election campaigns [turns / turn] out to go after them in earnest.

- **해설** 명사절 주어(What ~ campaigns)는 단수로 취급한다. 따라서 turns가 정답이다.
- **해석** 대통령이 그의 선거 운동에서 맹세했던 것은 진심으로 그것들을 추구하는 것으로 판명된다.
- **어휘** pledge 맹세하다, 서약하다 election 선거 campaign 선거 운동; 캠페인
  turn out to ⓥ ⓥ라고 판명되다 go after 추구하다 in earnest 진심으로

05 Citizens opposed to building the house [was / were] demonstrating.

- **해설** Citizens가 문장의 주어이다. 따라서 복수동사인 were가 정답이다.
- **해석** 그 집을 짓는 데 반대하는 시민들이 시위 중이었다.
- **어휘** opposed to ~에 반대하는 demonstrate 시위하다, 데모하다

06 When he decided to leave this company [is / are] none of your business.

- **해설** 의문사절(When ~ company)은 명사절로 단수 취급한다. 따라서 is가 정답이다.
- **해석** 언제 그가 이 회사를 떠나는 것을 결정했는지는 당신이 상관할 바가 아니다.
- **어휘** leave ~을 떠나다; 남겨 두다

07 Whether I should enroll in business school or find a job [is / are] not easy to decide.

- **해설** 의문사절(Whether ~ a job)은 명사절로 단수 취급한다. 따라서 is가 정답이다.
- **해석** 내가 경영 대학원에 입학할지 직업을 구할지 결정하기가 쉽지 않다.
- **어휘** enroll 입학하다, 등록하다 business school 경영 대학원 decide 결정하다

02 | 주어 동사 도치

❶ 시간 · 장소 · 위치를 나타내는 전치사구나 부사구 ＋ V ＋ S

- A nice house stood <u>on the hill in front of them</u>.
  → On the hill in front of them stood a nice house.

- Many students are in the class <u>there/here</u>.
  → There/Here are many students in the class.

> ・그들 앞에 있는 언덕 위에는 멋진 집이 (서) 있었다.
>
> ・많은 학생들이 거기에서/여기에서 수업 중에 있다.
> 참고 그가 저기에/여기에 있다.

❷ 부정어구 ＋ V ＋ S

- I had <u>little</u> dreamed that he would come home on time.
  → Little had I dreamed that he would come home on time.

≫ 부정어구

never, little, seldom, hardly, scarcely, rarely, barely, not until, not only, no longer, no sooner

> ・나는 그가 제시간에 집에 올 것이라고는 전혀 꿈도 꾸지 않았다.

❸ so ＋ V ＋ S

① A: I am a student.   ② A: I can swim.   ③ A: I like an apple.
   B: So am I.   B: So can I.   B: So do I.

> ① A : 나 학생이야.
>   B : 나도.
> ② A : 나 수영할 수 있어.
>   B : 나도.
> ③ A : 나 사과 좋아해.
>   B : 나도.

❹ neither/nor ＋ V ＋ S

- I hadn't been to New York before and <u>neither had Jane</u>.

> ・나는 전에 뉴욕에 가 본 적이 없고 **Jane**도 가 본 적이 없다.

❺ Only ＋ 딸린 어구(시간, 장소) ＋ V ＋ S

- He came to know the seriousness <u>only then</u>.
  → Only then did he come to know the seriousness.

> ・그는 그때서야 상황의 심각성을 알게 되었다.
> **come to** ⓥ ⓥ하게 되다
> **seriousness** 심각성

• 보통 맨 뒷줄에 앉던 학생이 결석
했다.
absent 결석한
usually 보통, 대체로
row 줄, 열
• 해안가의 많은 집들이 허리케인
에 의해 부서졌다.
along ~을 따라서
coast 해안

• 그녀는 너무 예뻐서 모든 사람들이
오랫동안 그녀를 보았다.

6 형용사(분사) 보어 + V + S

• The students who usually sat in the back row were <u>absent</u>.
  → Absent were the students who usually sat in the back row.

• Many houses along the coast were <u>broken</u> by the hurricane.
  → Broken by the hurricane were many houses along the coast.

7 So + 형용사(부사) + V + S

• She looked <u>so beautiful</u> that everyone watched her for a long time.
  → So beautiful did she look that everyone watched her for a long time.

One Tip 도치 구문 만드는 방법

❶ S + be동사 / 조동사 → be동사 / 조동사 + S
  • The children are on the stage. 아이들이 무대 위에 있다.
    → On the stage are the children.
  • He will not only be late, but he'll drink. 그는 늦을 뿐만 아니라 술도 마실 것이다.
    → Not only will he be late, but he'll drink.

❷ S + 일반동사 → do + S + 동사원형
  • He realized the truth only yesterday. 그는 어제서야 그 사실을 알았다.
    → Only yesterday did he realize the truth.

확인학습문제

다음 문장을 읽고 [   ] 안에서 어법상 적절한 것을 고르시오.

01 Proud [were they / they were] of their achievements.

02 Only when I was young [knew I / I knew / did I know] the secret.

03 I did not recognize her name and [nor / neither] [John did / did John].

04 Rarely [the fact embarrassed / did the fact embarrass] me when I heard of the news.

05 Hidden among [was the trees / the trees was] a small wooden cabin.

06 So dangerous [the weather conditions were / were the weather conditions] that all airport shut down.

확인학습문제 Answer & Review

다음 문장을 읽고 [   ] 안에서 어법상 적절한 것을 고르시오.

01 Proud [were they / they were] of their achievements.

> **해설** 형용사 보어를 강조를 목적으로 문두에 위치시켰으므로 주어와 동사를 도치시켜야 한다. 따라서 정답은 were they가 된다.

> **해석** 그들은 자신의 성취를 자랑스러워했다.

> **어휘** be proud of ~을 자랑스러워하다 achievement 성취, 업적

02 Only when I was young [knew I / I knew / did I know] the secret.

> **해설** only 다음 시간 부사절이 있으므로 뒤에 오는 주어와 동사를 도치시켜야 하고 동사 know가 일반동사이므로 do가 필요하다. 따라서 정답은 did I know가 된다.

> **해석** 단지 어렸을 때 나는 그 비밀을 알았었다.

03 I did not recognize her name and [nor / neither] [John did / did John].

> **해설** and 다음 nor는 함께 사용할 수 없으므로 neither가 정답이 되고 neither 뒤에 오는 주어와 동사가 도치되어야 하므로 did John이 정답이 된다.

> **해석** 나는 그녀의 이름을 알지 못했고 John도 또한 알지 못했다.

> **어휘** recognize 인식하다, 알아차리다

04 Rarely [the fact embarrassed / did the fact embarrass] me when I heard of the news.

> **해설** 부정어 rarely가 문두에 있으므로 뒤에 오는 주어와 동사를 도치시켜야 한다. 따라서 did the fact embarrass가 정답이 된다.

> **해석** 내가 그 소식을 들었을 때 나는 좀처럼 당황하지 않았었다.

> **어휘** embarrass 당황하게 하다

05 Hidden among [was the trees / the trees was] a small wooden cabin.

> **해설** 분사 보어를 강조를 목적으로 문두에 위치시켰으므로 주어와 동사를 도치시켜야 한다. 따라서 정답은 was the trees가 된다.

> **해석** 작은 통나무 오두막이 나무들 사이에 숨겨져 있었다.

> **어휘** anomg ~가운데, ~사이에 cabin 오두막

06 So dangerous [the weather conditions were / were the weather conditions] that all airport shut down.

> **해설** 문두에 형용사 보어 (So) dangerous가 있으므로 뒤에 오는 주어와 동사를 도치시켜야 한다. 따라서 were the weather conditions가 정답이 된다.

> **해석** 기상 상황이 너무 위험해서 모든 공항들은 폐쇄됐다.

> **어휘** shut down 폐쇄하다, 닫다

Unit 03 · 수 일치 주의사항

01 수 일치 주의사항 (Ⅰ)

❶ a number of + 복수명사 + 복수동사

- A number of children are dying of hunger.

❷ the number of + 복수명사 + 단수동사

- The number of hungry children is increasing.

❸ many a + 단수명사 + 단수동사

- Many a student is learning English very hard.
  - 참고 Many students are learning English very hard.

❹ every[each, either, neither] + 단수명사 + 단수동사

- Every[Each, Either, Neither] subway and bus is crowded every morning.

❺ all → 사물 + 단수동사 / all → 사람 + 복수동사

① All that worried him was the chance of failure.

② All were excited about the upcoming festival.

One Tip 상관접속사 주어와 동사의 수 일치

not only A but (also) B = B as well as A	A뿐만 아니라 B도 역시	B에 일치
either A or B	A, B 둘 중 하나	B에 일치
neither A nor B	A, B 둘 다 아니다	B에 일치
not A but B	A가 아니라 B다	B에 일치
both A and B	A, B 둘 다	항상 복수

- **Not only** he but also I **am** confused of it.
  그 사람뿐만 아니라 나도 또한 그것에 대해 혼란스럽다.
  - 참고 I as well as he am confused of it.

- **Neither** the man **nor** we **know** the fact. 그 사람도 우리도 그 사실을 모른다.

- **Both** you and I **are** not good at English. 당신과 나 둘 다 영어를 잘 못한다.

많은 아이들이 굶주림으로 죽어가고 있다.
hunger 기근, 굶주림

굶주린 아이들의 수는 증가하고 있다.
increase 증가하다

많은 학생들이 매우 열심히 영어를 배우고 있다.

각각의 지하철과 버스는 매일 아침 붐빈다.
crowded 붐비는, 혼잡한

① 그를 걱정시켰던 모든 것은 실패할 가능성이었다.
chance 가능성
failure 실패

② 모두가 다가오는 축제에 흥분했었다.
upcoming 다가오는

다음 문장을 읽고 [   ] 안에서 어법상 적절한 것을 고르시오.

01 All that knew her [miss / misses] Jenny too much.

02 A number of books [has / have] been donated to the library.

03 Many a soldier [was / were] killed at the battle field.

04 Neither she nor I [has / have] any plan for the weekend.

05 All that mattered [was / were] your happiness.

06 Not only you but also she [is / are] pretty as you know.

07 Every word of his speech [reflects / reflect] his earnestness.

08 The number of children attending school [has / have] more than doubled during the last half century.

확인학습문제 Answer & Review

다음 문장을 읽고 [   ] 안에서 어법상 적절한 것을 고르시오.

01 All that knew her [miss / misses] Jenny too much.

> 해설 All이 사람을 지칭하므로 복수동사가 필요하다. 따라서 miss가 정답이 된다.
> 해석 Jenny를 알았던 모든 사람들이 그녀를 아주 많이 그리워한다.
> 어휘 miss ① 그리워하다 ② 실종되다

02 A number of books [has / have] been donated to the library.

> 해설 A number of + 복수명사는 복수 취급한다. 따라서 have가 정답이 된다.
> 해석 많은 책들이 도서관에 기증되었다.
> 어휘 a number of 많은   donate 기부하다, 기증하다

03 Many a soldier [was / were] killed at the battle field.

> 해설 many a + 단수명사는 뜻은 복수지만 단수 취급한다. 따라서 was가 정답이 된다.
> 많은 군인들이 전쟁터에서 죽었다.
> 어휘 battle field 전장, 전쟁터

04 Neither she nor I [has / have] any plan for the weekend.

> 해설 Neither A nor B는 B에 수를 일치시킨다. I가 주어이므로 have가 정답이 된다.
> 해석 그녀도 나도 어떤 주말 계획도 세우지 않았다.

05 All that mattered [was / were] your happiness.

> 해설 All이 문맥상 사물을 지칭하므로 단수동사가 필요하다. 따라서 is가 정답이 된다.
> 해석 중요한 모든 것은 너의 행복이었다.
> 어휘 matter 중요하다

06 Not only you but also she [is / are] pretty as you know.

> 해설 상관접속사 not only A but also B 구문은 B에 수를 일치시켜야 한다. 따라서 is가 정답이다.
> 해석 당신도 알다시피 당신뿐만 아니라 그녀도 예쁘다.

07 Every word of his speech [reflects / reflect] his earnestness.

> 해설 Every + 단수명사는 단수 취급한다. 따라서 reflects가 정답이다.
> 해석 그의 연설에 쓰인 모든 단어는 그의 정직함을 반영한다.
> 어휘 speech 연설   reflect 반영하다, 반사하다   earnestness 정직함

08 The number of children attending school [has / have] more than doubled during the last half century.

> 해설 the number of + 복수명사는 단수 취급한다. 따라서 has가 정답이 된다.
> 해석 학교에 다니는 아이들의 수는 지난 반세기 동안 두 배가 넘게 늘었다.
> 어휘 attend 참석하다   double 두 배로 늘다   half (절)반의

02 수 일치 주의사항 (II)

❶ 부분 주어 + of + 명사는 of 다음에 나오는 명사에 의해서 동사의 수 일치가 결정된다.

① Half of the passengers were injured in the car accident.

② The rest of her books are cooking, comic and humor books.

One Tip 부분 주어

most, some, a lot, half, any, part, rest, majority, minority, 분수(%)

❷ 주어가 특정 숫자와 함께 시간·거리·가격·무게·학과명일 때에는 단수 취급한다.

① Ten miles is a good distance for her to walk in a day.

② Physics is a difficult subject but ethics is easy one for me.

One Tip 학과명

mathematics 수학	politics 정치학	physics 물리학
ethics 윤리학	gymnastics 체육	phonetics 음성학
economics 경제학	statistics 통계학	

참고 statistics가 통계수치나 통계의 의미로 사용될 때에는 복수 취급해야 한다.

---

① 그 자동차 사고에서 승객 중 절반이 다쳤다.
passenger (탑)승객
injure 상처를 입히다

② 그녀의 책들 중 나머지는 요리, 만화 그리고 유머 서적들이다.
comic 만화의, 우스팡스런

① 10마일은 그녀가 하루 동안 걷기에 상당한 거리이다.
good 상당한, 꽤

② 물리학은 어려운 과목이지만 윤리학은 나에게 쉽다.
physics 물리학
subject 과목
ethics 윤리학

확인학습문제

다음 문장을 읽고 [   ] 안에서 어법상 적절한 것을 고르시오.

01 A lot of hand-made beer [has / have] disappeared since then.

02 Statistics on global warming [shows / show] serious environmental changes.

03 Three quarters of teens [applies / apply] to the rock band.

04 A million dollars [is / are] a lot of money to keep under your mattress.

05 The number of foreigners interested in the Korean language [has / have] dramatically increased over the past few years.

확인학습문제 Answer & Review

다음 문장을 읽고 [   ] 안에서 어법상 적절한 것을 고르시오.

01 A lot of hand-made beer [has / have] disappeared since then.

> **해설** a lot은 부분 주어이므로 of 다음 명사에 의해서 동사의 수가 결정된다. beer는 단수이므로 has가 정답이다.

> **해석** 그 이후로 많은 수제 맥주가 사라졌다.

02 Statistics on global warming [shows / show] serious environmental changes.

> **해설** Statistics가 통계수치를 나타내므로 복수동사가 필요하다. 따라서 show가 정답이 된다.

> **해석** 지구온난화에 관한 통계수치들이 심각한 환경 변화를 보여준다.

> **어휘** statistics ① 통계수치, 통계 ② 통계학 global warming 지구 온난화 serious 심각한 environmental 환경의

03 Three quarters of teens [applies / apply] to the rock band.

> **해설** 부분 주어 + of + 명사는 of 다음 명사에 의해서 동사의 수 일치가 결정된다. 따라서 teens가 복수이므로 apply가 정답이다.

> **해석** 10대 중 4분의 3(75%)은 락밴드에 지원한다.

> **어휘** quarter 4분의 1(= 25%) apply to ~에 지원하다

04 A million dollars [is / are] a lot of money to keep under your mattress.

> **해설** 특정 숫자와 결합된 가격이 주어이므로 단수로 수를 일치시켜야 한다. 따라서 is가 정답이 된다.

> **해석** 백만 달러는 침대 매트리스 아래 보관하기에 많은 돈이다.

> **어휘** million 백만(의) keep 보관하다, 간직하다

05 The number of foreigners interested in the Korean language [has / have] dramatically increased over the past few years.

> **해설** the number of + 복수명사는 단수 취급한다. 따라서 has가 정답이다.

> **해석** 지난 몇 년 동안 한국어에 관심을 갖는 외국인의 수가 급격하게 증가하였다.

실전 문제

01 밑줄 친 부분에 들어갈 말로 가장 적절한 것을 고르시오.

> During the last five years the number of road accidents ______________ up to five percent.

① have gradually increased
② has gradually increased
③ have gradual increased
④ has gradual increased

02 밑줄 친 부분에 들어갈 말로 가장 적절한 것을 고르시오.

> Not only ____________ Spanish fluently, but he also writes poetry in the language.

① does Bill speak   ② Bill does speak
③ speaks Bill   ④ Bill speaks

03 밑줄 친 부분 중 어법상 틀린 것은?

① All of them in the national school <u>are</u> studying foreign language.

② Leading your children in the right direction <u>requires</u> patience and consistency.

③ Those who were there said that students wanting to join the project <u>were</u> preparing their proposals.

④ What the manager decided to change in the company policies <u>turn</u> out to benefit the employees greatly.

04 밑줄 친 부분 중 어법상 틀린 것은?

① Scattered across the meeting room <u>were</u> the documents and the papers.

② Every animal defined by "mammal" <u>is</u> characterized by warm blood and fur.

③ Most people know that one of the longest rivers in the world <u>is</u> the Nile river.

④ Into the severe storms and heavy rains <u>are</u> flying to the sky *Ironman* who is our hero.

05 밑줄 친 부분 중 어법상 적절하지 않은 것은?

> Of the younger people in some countries, the habit of reading newspapers and journals ① has been declining. And three-quarters of the money previously spent on newspaper advertising ② has already shifted to the Internet. Of course, most of this reduction in newspaper reading ③ is because we are doing more of our news consumption online. Even so, only when I worked at my company ④ was a small number of employees reading the papers.

06 밑줄 친 부분 중 어법상 적절하지 않은 것은?

> The rest of strategies for reducing environmental pollution ① are being enforced more strictly. However, neither a decline nor an increase in energy usage ② is considered a major issue for sustainability. As a result, there ③ are many members at the seminar room. However, all that remain there ④ appears uninterested.

07 밑줄 친 부분 중 어법상 옳지 않은 것은?

2025. 1차 출제기조 전환 예시

You may conclude that knowledge of the sound systems, word patterns, and sentence structures ① <u>are</u> sufficient to help a student ② <u>become</u> competent in a language. Yet we have all worked with language learners ③ <u>who</u> understand English structurally but still have difficulty ④ <u>communicating</u>.

08 다음 밑줄 친 부분 중 어법상 적절하지 않은 것은?

2023. 국가직 9급

While advances in transplant technology have made ① <u>it</u> possible to extend the life of individuals with end-stage organ disease, it is argued ② <u>that</u> the biomedical view of organ transplantation as a bounded event, which ends once a heart or kidney is successfully replaced, ③ <u>conceal</u> the complex and dynamic process that more ④ <u>accurately</u> represents the experience of receiving an organ.

09 밑줄 친 부분 중 어법상 옳지 않은 것은?

2022. 국가직 9급

To find a good starting point, one must return to the year 1800 during ① <u>which</u> the first modern electric battery was developed. Italian Alessandro Volta found that a combination of silver, copper, and zinc ② <u>were</u> ideal for producing an electrical current. The enhanced design, ③ <u>called</u> a Voltaic pile, was made by stacking some discs made from these metals between discs made of cardboard soaked in sea water. There was ④ <u>such</u> talk about Volta's work that he was requested to conduct a demonstration before the Emperor Napoleon himself.

● 정답 해설 ●

01
during ~하는 동안에
the number of ~의 수
up to ~까지
gradually 점진적으로
increase 증가하다

01 밑줄 친 부분에 들어갈 말로 가장 적절한 것을 고르시오.

> During the last five years the number of road accidents ________________ up to five percent.

① have gradually increased
② has gradually increased
③ have gradual increased
④ has gradual increased

[해설] ② the number of는 단수주어이므로 단수동사 has가 필요하고 또한 have p.p.사이에 부사가 위치해야 하므로 형용사 gradual의 사용은 어법상 적절하지 않다. 따라서 has gradually increased가 밑줄 친 부분에 들어가기에 가장 적절하다.

[해석] 지난 5년 동안 도로사고의 수가 5%까지 점진적으로 늘어나고 있다.

02
fluently 유창하게
poetry 시

02 밑줄 친 부분에 들어갈 말로 가장 적절한 것을 고르시오.

> Not only ___________ Spanish fluently, but he also writes poetry in the language.

① does Bill speak　　　　② Bill does speak
③ speaks Bill　　　　④ Bill speaks

[해설] ① 부정어 Not only가 문두에 위치해 있기 때문에 주어동사가 도치되어야 하고 speak가 일반동사이므로 도치조동사 does가 필요하다. 따라서 does Bill speak가 밑줄 친 부분에 들어가기에 가장 적절하다.

[해석] Bill은 스페인어를 유창하게 말할 뿐 아니라 그 언어로 시도 쓴다.

[정답]

01 ②　**02** ①

03 밑줄 친 부분 중 어법상 틀린 것은?

① All of them in the national school <u>are</u> studying foreign language.

② Leading your children in the right direction <u>requires</u> patience and consistency.

③ Those who were there said that students wanting to join the project <u>were</u> preparing their proposals.

④ What the manager decided to change in the company policies <u>turn</u> out to benefit the employees greatly.

해설 ④ 주어가 명사절 주어(What ~ policies)이므로 동사는 단수동사가 필요하다. 따라서 복수동사 turn은 단수동사 turns로 고쳐 써야 한다.
① 주어 All이 사람을 지칭하므로 복수동사 are의 사용은 어법상 적절하다.
② 동명사(Leading)가 문장의 주어이므로 단수동사 depends의 사용은 어법상 옳다.
③ 접속사 that 다음 주어가 복수명사(citizens)이므로 복수동사 were의 사용은 어법상 적절하다.

해석 ① 국제학교에 있는 그들 모두는 외국어를 공부하고 있다.
② 당신의 아이들을 올바른 방향으로 이끄는 것은 인내심과 일관성을 필요로 한다.
③ 그곳에 있었던 사람들은 프로젝트에 참여하길 원하는 학생들이 그들의 제안서를 준비하고 있다고 말했다.
④ 매니저가 회사 정책에서 바꾸기로 결정한 것은 직원들에게 큰 혜택을 주는 것으로 판명된다.

03
foreign language 외국어
lead 이끌다, 인도하다
right 올바른
direction 방향
require 요구하다
patience 인내(심)
consistency 일관성
those who ~ ~하는 사람들
join 참여하다
prepare 준비하다
proposal 제안, 제안서
decide 결정하다
policy 정책
turn out to Ⓥ라고 판명되다
benefit 이익(을 주다)
employee 직원

04 밑줄 친 부분 중 어법상 틀린 것은?

① Scattered across the meeting room <u>were</u> the documents and the papers.

② Every animal defined by "mammal" <u>is</u> characterized by warm blood and fur.

③ Most people know that one of the longest rivers in the world <u>is</u> the Nile river.

④ Into the severe storms and heavy rains <u>are</u> flying to the sky *Ironman* who is our hero.

해설 ④ 장소의 전치사구(Into the severe storms and heavy rains)가 문두에 위치해서 주어동사가 도치된 구조로 주어가 단수명사(Ironman)이므로 복수동사 are는 단수동사 is로 고쳐 써야 한다.
① 분사보어가 문두에 위치해서 주어와 동사가 도치된 구조로 주어가 복수명사(the documents and the papers)이므로 복수동사 were의 사용은 어법상 적절하다.
② 'Every + 단수명사 + 단수동사' 구조를 묻고 있다. 따라서 단수동사 is의 사용은 어법상 적절하다.
③ 접속사 that 다음 주어가 one(단수명사)이므로 단수동사 was의 사용은 어법상 옳다.

해석 ① 회의실 바닥에 문서와 서류들이 흩어져 있었다.
② '포유류'로 정의되는 모든 동물은 온혈과 털로 특징지어진다.
③ 대부분의 사람들은 세계에서 가장 긴 강 중 하나는 나일 강이라는 것을 안다.
④ 폭우속에서 우리의 영웅 「아이언맨」이 하늘을 날고 있다.

04
scattered 흩어진, 흩어져 있는
*scatter 흩뿌리다, 흩어지게 하다
document 문서, 서류
define 정의내리다
mammal 포유류
characterize 특징짓다
warm blood 온혈
fur 모피, 털
severe 심각한, 가혹한

정답

03 ④ 04 ④

05

habit 습관
decline 감소하다
previously 이전에
shift 이동하다
reduction 감소
consumption 소비
even so 그럼에도 불구하고
employee 피고용인, 근로자

05 밑줄 친 부분 중 어법상 적절하지 않은 것은?

Of the younger people in some countries, the habit of reading newspapers and journals ① <u>has</u> been declining. And three-quarters of the money previously spent on newspaper advertising ② <u>has</u> already shifted to the Internet. Of course, most of this reduction in newspaper reading ③ <u>is</u> because we are doing more of our news consumption online. Even so, only when I worked at my company ④ <u>was</u> a small number of employees reading the papers.

해설 ④ 문두에 only + 시간개념(when I worked ~)이 있으므로 뒤에 주어동사는 도치되었고 주어가 a number of이므로 동사는 복수동사가 필요하다. 따라서 was는 were로 고쳐 써야 한다.
① 주어가 habit(단수명사)이므로 단수동사 has의 사용은 어법상 적절하다.
② 주어가 부분 주어(three quarters)이므로 of 다음 명사 money(단수명사)와 수 일치를 시켜야 한다. 따라서 단수동사 has의 사용은 어법상 옳다.
③ 주어가 부분 주어(most)이므로 of 다음 명사 reduction(단수명사)과 수 일치를 시켜야 한다. 따라서 단수동사 is의 사용은 어법상 적절하다.

해석 어떤 나라들의 젊은 사람들 사이에서 신문과 저널을 읽는 습관이 감소해 왔다. 그리고 이전에 신문 광고에 사용되던 돈의 4분의 3이 이미 인터넷으로 이동했다. 물론, 신문 읽기의 이러한 감소의 대부분은 우리가 온라인으로 뉴스를 더 많이 소비하고 있기 때문이라는 사실에 기인한다. 그럼에도 불구하고, 내가 회사에서 일했을 때에만 소수의 직원들이 신문을 읽고 있었다.

06

rest 나머지
strategy 전략
reduce 줄이다, 감소시키다
enforce 시행하다, 집행하다
strictly 엄격히, 철저히
decline 감소, 하락
usage 사용
sustainability 지속 가능성
major 주된, 주요한
issue 문제
remain 남아 있다
uninterested 무관심한, 흥미 없는

06 밑줄 친 부분 중 어법상 적절하지 않은 것은?

The rest of strategies for reducing environmental pollution ① <u>are</u> being enforced more strictly. However, neither a decline nor an increase in energy usage ② <u>is</u> considered a major issue for sustainability. As a result, there ③ <u>are</u> many members at the seminar room. However, all that remain there ④ <u>appears</u> uninterested.

해설 ④ 주어 all이 세미나 룸에 있는 회원들(사람)을 지칭하므로 단수동사 appears는 복수동사 appear로 고쳐 써야 한다.
① 주어가 부분주어 rest이고 of 다음 명사가 strategies(복수명사)이므로 복수동사 are의 사용은 어법상 적절하다.
② 주어 자리에 상관접속사 neither A nor B가 있고 동사의 수 일치는 B(an increase → 단수명사)에 일치시켜야 하므로 단수동사 is의 사용은 어법상 적절하다.
③ 주어가 many members(복수명사)이므로 복수동사 are의 사용은 어법상 옳다.

해석 환경오염을 줄이기 위한 전략의 나머지가 더 엄격히 시행되고 있다. 그러나 에너지 사용의 감소나 증가 모두가 지속 가능성에 있어 큰 문제로 여겨지지는 않는다. 그 결과, 세미나 룸에는 많은 회원들이 있다. 하지만 거기에 남아 있는 모든 이들은 무관심한 듯 보인다.

정답

05 ④ **06** ④

07 밑줄 친 부분 중 어법상 옳지 않은 것은?

> You may conclude that knowledge of the sound systems, word patterns, and sentence structures ① <u>are</u> sufficient to help a student ② <u>become</u> competent in a language. Yet we have all worked with language learners ③ <u>who</u> understand English structurally but still have difficulty ④ <u>communicating</u>.

해설 ① 주어가 단수명사(knowledge)이므로 복수동사 **are**는 단수동사 **is**로 고쳐 써야 한다.
② 동사 **help**의 목적격 보어 자리에 원형부정사(**become**)의 사용은 어법상 적절하다.
③ 관계대명사 **who** 앞에 사람 선행사(**learners**)가 있고 **who** 다음 문장 구조가 불완전(주어가 없다)하므로 관계대명사 **who**의 사용은 어법상 옳다.
④ **have difficulty ~ing**구문을 묻고 있다. 따라서 **communicating**의 사용은 어법상 적절하다.

해석 당신은 소리 체계, 단어 패턴, 그리고 문장 구조의 지식이 학생이 하나의 언어에 능숙해지는 것을 돕는 데 충분하다고 결론지을지도 모른다. 그러나 우리 모두 영어를 구조적으로 이해하는 언어 학습자들과 함께 일을 해왔지만 여전히 의사소통을 하는 데 어려움을 겪는다.

07
conclude 결론짓다
sentence 문장
structure 구조
sufficient 충분한
competent 유능한, 능숙한
structurally 구조적으로
have difficulty ~ing ~하는 데 어려움을 겪다

---

08 다음 밑줄 친 부분 중 어법상 적절하지 않은 것은?

> While advances in transplant technology have made ① <u>it</u> possible to extend the life of individuals with end-stage organ disease, it is argued ② <u>that</u> the biomedical view of organ transplantation as a bounded event, which ends once a heart or kidney is successfully replaced, ③ <u>conceal</u> the complex and dynamic process that more ④ <u>accurately</u> represents the experience of receiving an organ.

해설 ③ 주어가 단수(the biomedical view)이므로 동사도 단수동사가 필요하다. 따라서 **conceal**은 **conceals**로 고쳐 써야 한다.
① 뒤에 **to**부정사를 대신하는 가목적어 **it**의 사용은 어법상 적절하다.
② **that** 앞에 선행사가 없고 뒤의 문장 구조가 완전하므로 접속사 **that**의 사용은 어법상 옳다.
④ 부사 **accurately**가 동사 **represents**를 수식하므로 부사 **accurately**의 사용은 어법상 적절하다.

해석 이식 기술의 발전으로 말기의 장기 질환 환자의 수명을 연장시킬 수 있는 반면에 심장이나 콩팥이 성공적으로 교체되면 끝나는 한정적인 사건으로 장기 이식을 여기는 생물 의학적 관점이 장기를 (이식)받는 경험을 더 정확하게 보여주는 복잡하고 역동적인 과정을 숨긴다는 주장이 제기되고 있다.

08
advances 발전, 진보
transplant technology 이식 기술
***transplant** 이식하다
extend 연장하다
end-staged 말기의
biomedical 생물의학의
view 견해
organ 장기, 기관
bounded 한정된, 제한된
kidney 콩팥
replace 대체하다
conceal 숨기다, 감추다
complex 복잡한, 어려운
dynamic 역동적인
process 과정, 절차
accurately 정확하게
represent 보여주다, 나타내다

정답
07 ①　**08** ③

09

copper 구리, 동
zinc 아연
ideal 이상적인
electrical current 전류
* **current** 흐름
enhance 강화시키다
stack 쌓아 올리다, 쌓다
cardboard 골판지
soak 적시다, 담그다
conduct 수행하다
demonstration 시연

09 밑줄 친 부분 중 어법상 옳지 않은 것은?

2022. 국가직 9급

> To find a good starting point, one must return to the year 1800 during ①which the first modern electric battery was developed. Italian Alessandro Volta found that a combination of silver, copper, and zinc ②were ideal for producing an electrical current. The enhanced design, ③called a Voltaic pile, was made by stacking some discs made from these metals between discs made of cardboard soaked in sea water. There was ④such talk about Volta's work that he was requested to conduct a demonstration before the Emperor Napoleon himself.

해설 ② 주어가 단수명사 **combination**이므로 복수동사 **were**는 단수동사 **was**로 고쳐 써야 한다.
① 앞에 사물명사 **the year 1800**이 있고 전치사 **during which** 다음 문장구조가 완전하므로 관계대명사 **which**의 사용은 어법상 적절하다.
③ 자릿값에 의해 준동사 자리이고 뒤에 목적어가 없으므로 수동의 형태 **called**는 어법상 옳다. 참고로 **a Voltaic pile**은 **called**의 목적격 보어로 사용되었다.
④ **such ~ that** 구문의 사용은 어법상 적절하고 또한 **such** 다음 명사(**talk**)의 사용 역시 어법상 적절하다.

해석 좋은 출발점을 찾기 위해 우리는 최초의 현대식 전기 배터리가 개발된 1800년으로 돌아가야 한다. 이탈리아의 **Alessandro Volta**는 은, 구리 그리고 아연의 결합이 전류를 만들어내는 데 이상적이라는 것을 알아냈다. 볼타 파일이라 불리어지는 그 강화된 디자인은 바닷물에 적셔진 골판지로 만든 디스크 사이에 이러한 금속으로 만들어진 몇몇 디스크를 쌓아올려 만들어졌다. 볼타의 작업에 대한 이야기가 있어서 그는 **Napoleon** 황제 앞에서 직접 시연을 수행하라는 요청을 받았다.

정답

09 ②

02 동사의 시제

Unit 01 기본시제

01 현재시제(V 또는 Vs/es)

지금 현재의 사실, 상태, 습관, 불변의 진리(과학적 사실, 일반적 통념)는 현재시제를 사용한다. 현재시제는
옛날에도 그랬고 지금도 그렇고, 앞으로도 쭉 그러할 것이라는 전제하에(permanent) 사용하는 시제이다.

① I don't like chocolate but my husband likes it.

② My father goes jogging at six every morning.

③ Water freezes at 0℃ and boils at 100℃.

① 나는 초콜릿을 좋아하지 않지만 남편은 좋아한다.

② 내 아버지는 매일 아침 6시에 조깅을 한다.

③ 물은 섭씨 0도에서 얼고 섭씨 100도에서 끓는다.

One Tip 현재시제가 미래를 대신하는 경우

❶ ㉟간이나 ㉡건의 ㈮사절에서는 ㉾재시제를 ㈃래시제 대신 사용한다. ➡ 시조부는 현미

• I will call you when I get there. 내가 거기에 도착하면 전화할게.

• I'll not go out if it rains tomorrow. 내일 비가 온다면 나는 밖에 나가지 않을 것이다.

02 과거시제(Ved)

과거의 동작이나 상태 또는 역사적 사실은 과거시제를 사용한다. 또한 과거시제는 현재와는 완전히 단절된 시제이다.

① 나는 어제 집에 가는 도중에 지갑을 잃어버렸다.

② 그녀는 지난주에 그를 만났고 그들은 사랑에 빠졌다.

③ 영화가 **10**분 전에 시작했다.

④ 개척자였던 **Columbus**는 미 대륙을 **1492**년에 발견했다. **pioneer** 개척자

① I lost my wallet on my way home yesterday.

② She met him last week and they fell in love.

③ The movie started about ten minutes ago.

④ Columbus who was a pioneer discovered America in 1492.

One Tip⁺ 과거 표시 부사구

ago, then(＝at that time, those days), last(year/night), just now, once, in the past, yesterday, in ＋ 과거 연도

Two Tip⁺ 불규칙 동사표

❶

현재형	과거형	과거분사형	의미
burst	burst	burst	터지다
cast	cast	cast	던지다
cost	cost	cost	비용이 들다
cut	cut	cut	자르다
hit	hit	hit	때리다, 치다
hurt	hurt	hurt	상처를 입히다
let	let	let	시키다
put	put	put	~을 두다, 놓다
set	set	set	~을 두다, 놓다; 설치하다
shed	shed	shed	없애다; 떨어뜨리다
shut	shut	shut	닫다
spread	spread	spread	펼치다; 퍼지다
thrust	thrust	thrust	밀치다, 쑤셔 넣다
upset	upset	upset	뒤엎다
read	read	read	읽다

❷

현재형	과거형	과거분사형	의미
become	became	become	되다
come	came	come	오다
run	ran	run	달리다

❸

현재형	과거형	과거분사형	의미
bend	bent	bent	구부리다
bring	brought	brought	가져오다
buy	bought	bought	사다
catch	caught	caught	잡다
creep	crept	crept	(엉금엉금) 기다
deal	dealt	dealt	거래하다
dig	dug	dug	파다
dwell	dwelt	dwelt	거주하다
feed	fed	fed	먹다; 먹이다
feel	felt	felt	느끼다
fight	fought	fought	싸우다
hear	heard	heard	듣다
hold	held	held	잡다, 붙들다
keep	kept	kept	유지하다, 지키다
lead	led	led	이끌다
leave	left	left	떠나다, 남겨 두다
lend	lent	lent	빌려주다
lose	lost	lost	잃어버리다
mean	meant	meant	의미하다
meet	met	met	만나다
pay	paid	paid	지불하다
say	said	said	말하다
seek	sought	sought	추구하다, 찾다
sell	sold	sold	팔다
shine	shone	shone	빛나다
shoot	shot	shot	쏘다
sleep	slept	slept	자다
spend	spent	spent	소비하다
spin	spun	spun	돌다, 돌리다
stand	stood	stood	서다
stick	stuck	stuck	찌르다; 고정시키다
strike	struck	struck	치다, 때리다
sweep	swept	swept	쓸다, 청소하다
swing	swung	swung	흔들다
teach	taught	taught	가르치다
think	thought	thought	생각하다

❹ 현재형	과거형	과거분사형	의미
begin	began	begun	시작하다
bite	bit	bitten, bit	깨물다
blow	blew	blown	불다
break	broke	broken	깨다, 부수다
choose	chose	chosen	고르다
draw	drew	drawn	끌어내다; 그리다
drink	drank	drunk	마시다
drive	drove	driven	몰다, 운전하다
eat	ate	eaten	먹다
fly	flew	flown	날다
forget	forgot	forgotten	잊다
freeze	froze	freezen	얼다
grow	grew	grown	자라다, 기르다
hide	hid	hidden	숨기다
know	knew	known	알다
ride	rode	ridden	타다
ring	rang	rung	울리다
rise	rose	risen	오르다
shake	shook	shaken	흔들다
show	showed	shown	보여 주다
sing	sang	sung	노래하다
sink	sank	sunk	가라앉다
speak	spoke	spoken	말하다
steal	stole	stolen	훔치다
strive	strove	striven	애쓰다, 노력하다
swear	swore	sworn	맹세하다
swim	swam	swum	수영하다
tear	tore	torn	찢다
throw	threw	thrown	던지다
wear	wore	worn	입다
write	wrote	written	쓰다

03 미래시제(will/shall + 동사원형)

미래에 발생할 일 또는 주어의 의지나 결심으로 일어나게 될 일을 표현할 때 사용하는 시제가 미래시제이다.

① There will be a midterm next Monday.

② I will do this despite your objection.

① 다음 주 월요일에 중간고사가
　있을 것이다.
　midterm 중간고사

② 너의 반대에도 불구하고 나는
　이 일을 하겠다.
　despite ~에도 불구하고
　objection 반대

One Tip＋ 미래시제 대용

❶ 시조부는 현미
- We will wait for him until he comes here.
  우리는 그가 여기에 올 때까지 그를 기다릴 것이다.

❷ 왕래 발착 시종 동사 + 미래표시부사(구)
- My uncle comes here tomorrow night. 내 삼촌이 내일 밤 여기에 올 것이다.
  참고 My uncle will come here tomorrow night. 내 삼촌이 내일 밤 여기에 올 것이다.

❸ 현재진행시제 + 미래표시부사(구)
- Tim and Jane are getting married next month.
  Tim과 Jane은 다음 달에 결혼할 예정이다.

❹ 숙어적 표현

is going to ⓥ	is about to ⓥ	is due to ⓥ
is planning to ⓥ	is scheduled to ⓥ	is to ⓥ

- I'm going to clean this room tonight.
  나는 오늘 저녁 이 방을 치울 것이다.

- The movie is about to hit the jackpot.
  그 영화는 대박이 날 것이다.

- He is due to make a speech this evening.
  그는 오늘 저녁 연설할 예정이다.

- They are planning to go shopping at the department store.
  그들은 백화점에서 쇼핑할 계획이다.

- The items are scheduled to be sent on August 13th.
  그 품목들은 8월 13일에 보내질 예정이다.

- The important meeting is to be held next Friday.
  그 중요한 회의가 다음 금요일에 열릴 것이다.

확인학습문제 1

다음 문장을 읽고 [   ] 안에서 어법상 적절한 것을 고르시오.

01 I [want / wanted] to be a politician at that time.

02 What she [realized / had realized] just now turns out to be the key to solving the problem.

03 If you [will want / want] to take some sleep, please tell me.

04 Many a student [is / was / were] killed at the boat in 2012.

05 Before you [will meet / meet] him, you will make a call to him.

06 The earth [goes / went] around the sun so the sun always [rises / rose] in the east.

07 The moment she [shows / will show] up, we are going to leave for Seoul.

08 If I have some free time tomorrow, I [go / will go] to the amusement park for a change.

확인학습문제 **Answer & Review**

다음 문장을 읽고 [   ] 안에서 어법상 적절한 것을 고르시오.

01 I [want / wanted] to be a politician at that time.

> **해설** 과거표시부사구 at that time(그 당시에는)이 있으므로 과거시제 wanted가 정답이 된다.
>
> **해석** 나는 그 당시에는 정치가가 되고 싶었다.
>
> **어휘** politician 정치가

02 What she [realized / had realized] just now turns out to be the key to solving the problem.

> **해설** 과거표시부사구 just now가 있으므로 과거시제 realized 가 정답이 된다.
>
> **해석** 그녀가 방금 깨달은 것이 문제를 해결하는 핵심으로 판명된다.
>
> **어휘** turn out to ⓥ ⓥ라고 판명되다

03 If you [will want / want] to take some sleep, please tell me.

> **해설** '시조부는 현미(시간이나 조건의 부사절에서는 현재가 미래시제를 대신해야 한다)'이므로 현재시제 want가 정답이 된다.
>
> **해석** 만약 당신이 잠자기를 원하면, 제게 말해주세요.

04 Many a student [is / was / were] killed at the boat in 2012.

> **해설** many a가 주어 자리에 있으므로 단수동사가 필요하고 과거표시부사구 in 2012가 있으므로 was가 정답이 된다.
>
> **해석** 많은 학생들이 2012년에 배에서 죽음을 당했다.

05 Before you [will meet / meet] him, you will make a call to him.

> **해설** '시조부는 현미(시간이나 조건의 부사절에서는 현재가 미래시제를 대신해야 한다)'이므로 현재시제 meet이 정답이 된다.
>
> **해석** 당신이 그를 만나기 전에, 당신은 그에게 전화를 하십시오.

06 The earth [goes / went] around the sun so the sun always [rises / rose] in the east.

> **해설** 불변의 진리는 현재시제를 사용해야 한다. 따라서 goes와 rises가 각각 정답이 된다.
>
> **해석** 지구는 태양 주변을 돌고 그래서 항상 태양은 동쪽에서 뜬다.

확인학습문제 Answer & Review

07 The moment she [shows / will show] up, we are going to leave for Seoul.

> **해설** The moment는 '~하자마자'의 뜻으로 시간을 나타내는 접속사로 사용되었다. '시조부는 현미 (<u>시</u>간이나 <u>조</u>건의 <u>부</u>사절에서는 <u>현</u>재가 <u>미</u>래시제를 대신해야 한다)'이므로 현재시제 **shows**가 정답이 된다.

> **해석** 그녀가 나타나자마자 우리는 서울로 향할 것이다.

> **어휘** the moment S + V ~하자마자 show up 나타나다 be going to ⓥ ⓥ 할 예정이다 leave for ~를 향해 가다

08 If I have some free time tomorrow, I [go / will go] to the amusement park for a change.

> **해설** 미래표시부사구 **tomorrow**가 있으므로 미래시제가 필요하다. 따라서 **will go**가 정답이 된다.

> **해석** 만약 내일 여유 시간이 생긴다면 나는 기분 전환을 위해 놀이공원에 갈 것이다.

> **어휘** amusement park 놀이공원 for a change 기분전환으로

확인학습문제 2

다음 문장을 읽고 그 의미상 시제가 미래면 F, 현재면 P로 표기하시오.

01 They are due to leave the country.　　　________

02 I am going to Europe with my wife.　　　________

03 My hobby is to read western novels.　　　________

04 We are having a nice dinner tomorrow.　　　________

05 This accident is due to driving carelessly.　　　________

06 He is going to call Sharon around seven.　　　________

07 The president is to visit China next month.　　　________

08 I am about to have dinner with my family.　　　________

확인학습문제 Answer & Review

다음 문장을 읽고 그 의미상 시제가 미래면 F, 현재면 P로 표기하시오.

01 They are due to leave the country. ________

> **해설** be due to ⓥ '~할 예정이다'라는 뜻으로 미래를 나타낸다. __F__

> **해석** 그들은 그 나라를 떠날 예정이다.

02 I am going to Europe with my wife. ________

> **해설** be going to 다음 명사가 있기 때문에 '~할 예정이다'의 의미가 아니므로 현재를 나타낸다. __P__

> **해석** 나는 아내와 유럽으로 가는 중이다.

03 My hobby is to read western novels. ________

> **해설** 현재의 습관을 나타내므로 현재를 나타낸다. __P__

> **해석** 나의 취미는 서양 소설을 읽는 것이다.

04 We are having a nice dinner tomorrow. ________

> **해설** 현재진행시제가 미래표시부사(구)와 함께하면 미래를 나타낸다. __F__

> **해석** 내일 우리는 멋진 저녁 식사를 할 것이다.

05 This accident is due to driving carelessly. ________

> **해설** be due to + 명사(ⓥ-ing)는 '~ 때문이다'의 뜻으로 미래시제를 나타낼 수 없으므로 현재시제가 된다. __P__

> **해석** 이 사고는 부주의한 운전 때문이다.

06 He is going to call Sharon around seven. ________

> **해설** be going to ⓥ는 '~할 예정이다'이므로 미래를 나타낸다. __F__

> **해석** 그는 7시쯤 Sharon에게 전화할 것이다.

07 The president is to visit China next month. ________

> **해설** be to ⓥ는 '~할 예정이다'의 뜻으로 미래를 나타낸다. __F__

> **해석** 대통령은 다음달 중국을 방문할 예정이다.

08 I am about to have dinner with my family. ________

> **해설** be about to ⓥ는 '막 ~하려 하다'의 뜻으로 가까운 미래를 나타낸다. __F__

> **해석** 나는 가족과 막 저녁 식사를 하려고 한다.

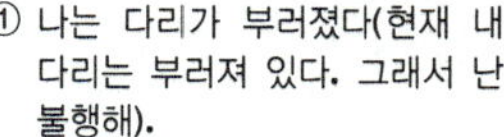

Unit 02 ▸ 완료 · 진행시제

01 현재완료시제(have/has + p.p.)

과거에 이미 발생한 일이 현재까지 이어져 어떤 형태로든 현재에 영향을 미칠 때 사용하는 시제이다.

① I have broken my leg.
(My leg is broken now. So, I feel unhappy.)

① 나는 다리가 부러졌다(현재 내 다리는 부러져 있다. 그래서 난 불행해).

② He has just finished his homework.
(He finished it just ago. So, he can play football now.)

② 그는 막 숙제를 마쳤다(방금 전 그는 숙제를 끝냈다. 그래서 그는 지금 축구를 해도 된다).

🖐One **Tip** 현재완료시제를 꼭 사용해야 하는 경우

현재완료(have + p.p.) ~ since + S + 과거시제/과거표시부사구
현재완료(have + p.p.) ~ for/over/during/in + past/last/recent + 시간개념

- It has been 15 years since we graduated from high school.
  우리가 고등학교를 졸업한 이래로 15년이 지났다.

- Movie industry has changed over the past two decades.
  영화 업계는 지난 20년 동안 변화해 왔다.

02 과거완료시제(had + p.p.)

과거완료는 과거보다 이전에 있었던 일(대과거)이나 그 일이 과거에 영향을 미치는 경우에 사용되는 시제이다.

① 그는 (이미) 휴대폰을 잃어버린 상태라고 우리에게 말했다.

① He told us that he had lost his cellular phone.

② 나는 사무실에 열쇠를 놔두고 온 것을 알았다.

② I found that I had left my key in my office.

③ 나는 아버지가 사주셨던 시계를 잃어버렸다.

③ I lost my watch that my father had bought.

One Tip⁺ 과거완료시제를 꼭 사용해야 하는 경우(~하자마자 …했다)

S + had + hardly/scarcely + p.p. ~, when/before + S' + 과거동사
→ Hardly/Scarcely + had + S + p.p. ~, when/before + S' + 과거동사
S+had+no sooner + p.p. ~, than + S' + 과거동사
→ No sooner + had + S + p.p. ~, than + S' + 과거동사

• The rabbit had hardly/scarcely seen the hunter when/before he ran away.
  → Hardly/Scarcely had the rabbit seen the hunter when/before he ran away.

• The rabbit had no sooner seen the hunter than he ran away.
  → No sooner had the rabbit seen the hunter than he ran away.
  토끼는 사냥꾼을 보자마자 달아났다.

03 미래완료시제(will have + p.p.)

과거, 현재, 미래의 어느 시점에서부터 미래의 일정한 기준 시점까지 연속상에 걸쳐 있는 상황을 설명해야
할 때 미래완료시제를 사용한다. 이때에는 미래의 기준 시점을 나타내는 미래표시부사절(구)이 동반된다.
참고로, 현대영어에서는 미래완료시제를 거의 사용하지 않는다.

① I will have been to Guam three times if I visit there next week.

② He will have been a prosecutor by the time you get back to Korea.

① 내가 다음 주에 괌에 간다면 난
  그곳에 세 번째 가 보게 될 것이다.

② 당신이 한국에 돌아올 때쯤이면
  그는 검사가 돼 있을 것이다.
  prosecutor 검사

확인학습문제

다음 문장을 읽고 그 의미상 시제가 미래면 F, 현재면 P로 표기하시오.

01 We [knew / have known] each other since we were in our mid-twenties.

02 I [was / had been] so tired that I went straight to bed then.

03 After I had taken medicine, I [felt / had felt] a lot better.

04 The city [changed / has changed] dramatically in the recent 3 years.

05 I [hardly sat / had hardly sat] down when the teacher called my name.

06 She will have published her first novel until you [get / will get] back to Korea.

07 No sooner had he closed his eyes than he [fell / had fallen] asleep.

확인학습문제 Answer & Review

다음 문장을 읽고 그 의미상 시제가 미래면 F, 현재면 P로 표기하시오.

01 We [knew / **have known**] each other since we were in our mid-twenties.

> **해설** since 다음 과거시제가 있으므로 주절의 시제는 현재완료시제가 필요하다. 따라서 정답은 **have known**이 된다.
>
> **해석** 우리는 20대 중반 이후로 서로 알게 되었다.
>
> **어휘** mid-twenties 20대 중반

02 I [**was** / had been] so tired that I went straight to bed then.

> **해설** since 다음 과거표시부사 then이 있으므로 과거시제가 필요하다. 따라서 정답은 **was**이다.
>
> **해석** 그때 나는 너무 피곤해서 바로 잠자러 갔다.
>
> **어휘** tired 피곤한, 지친 straight 바로, 곧 then 그때, 그 당시에는

03 After I had taken medicine, I [**felt** / had felt] a lot better.

> **해설** 약을 먹은 것이 좋아진 것보다 먼저 일어난 일이므로 약을 먹은 것은 과거완료시제를 사용해야 하고 좋아진 것은 과거시제를 사용해야 한다. 따라서 felt가 정답이 된다.
>
> **해석** 약을 먹고 난 후 기분이 훨씬 더 좋아졌다.
>
> **어휘** take (음식, 약물 등)을 섭취하다 medicine 약(물)

04 The city [changed / **has changed**] dramatically in the recent 3 years.

> **해설** in the recent 3 years가 있으므로 현재완료시제가 필요하다. 따라서 **has changed**가 정답이 된다.
>
> **해석** 최근 3년 동안 그 도시는 극적으로 변해왔다.
>
> **어휘** dramatically 극적으로, 아주, 매우 recent 최근

05 I [hardly sat / **had hardly sat**] down when the teacher called my name.

> **해설** hardly ~ when 구문을 묻고 있다. hardly 주변에는 과거완료시제가 필요하므로 **had hardly sat**이 정답이 된다.
>
> **해석** 내가 앉자마자 선생님이 내 이름을 불렀다.
>
> **어휘** hardly ~ when … ~하자마자 … 했다

06 She will have published her first novel until you [**get** / will get] back to Korea.

> **해설** until은 ' ~할 때 까지'의 뜻으로 시간을 나타내는 접속사로 사용되었다. '시조부는 현미(시간이나 조건의 부사절에서는 현재가 미래시제를 대신해야 한다)'이므로 현재시제 **get**이 정답이 된다.
>
> **해석** 당신이 한국에 되돌아올 때쯤이면 그녀는 첫 소설을 출간했을 것이다.
>
> **어휘** publish 출판하다 novel 소설 get back to ~로 되돌아 오다

07 No sooner had he closed his eyes than he [**fell** / had fallen] asleep.

> **해설** no sooner ~ than 구문을 묻고 있다. than 다음에는 과거시제가 필요하므로 **fell**이 정답이 된다.
>
> **해석** 그가 눈을 감자마자 잠들었다.
>
> **어휘** no sooner ~ than … ~하자마자 … 했다 fall asleep 잠들다

04 진행시제(be + ⓥ-ing)

진행시제는 각 해당 시점에서 동작이 진행되고 있음을 보다 강조할 경우에 사용되며 일시적 개념(temporary)을 포함하고 있다.

① The last train is arriving at the station.

② We are having a party at my house on Halloween.

③ The river was flowing very fast because of heavy rain last night.

④ My baby will be getting better at this time tomorrow.

⑤ My kid has been reading a book for two hours.

⑥ He had been waiting for me for an hour when I got there.

⑦ She will have been sleeping for 24 hours by tomorrow.

① 마지막 기차가 역에 도착하고 있다.

② 우리는 할로윈 때 집에서 파티를 할 계획이다.

③ 지난밤 폭우 때문에 그 강은 매우 빠르게 흐르고 있었다.

④ 내일 이맘때쯤이면 내 아기는 상태가 더 호전되고 있을 것이다.
get better (상황, 병세가) 더 좋아지다, 호전되다

⑤ 우리 애가 두 시간째 독서 중이다.

⑥ 내가 그곳에 도착했을 때 그는 나를 한 시간째 기다리고 있었다.

⑦ 그녀는 내일까지 **24**시간 동안 자고 있을 것이다.

One Tip⁺ 진행형 불가 동사

❶ 상태동사

resemble

- My son is resembling me very much. (×)
  → My son resembles me very much. (○)
  나의 아들은 나를 많이 닮았다.

❷ 인지동사

know

- I am knowing he leaves school after graduation. (×)
  → I know he leaves school after graduation. (○)
  나는 졸업 후에 그가 학교를 떠날 것을 알고 있다.

❸ 감각동사

feel, smell, look, taste, sound + 형용사 보어

- This soup is tasting too salty. (×)
  → This soup tastes too salty. (○)
  이 스프는 너무 짠 맛이 난다.

- She was looking happy when she heard the news. (×)
  → She looked happy when she heard the news. (○)
  그녀는 그 소식을 들었을 때 행복해 보였다.

❹ 소유동사

have, belong to

- Jane is having tickets for the movie. (×)
  → Jane has tickets for the movie. (○)
  Jane은 영화 티켓을 가지고 있다.

- This house is belonging to my mother. (×)
  → This house belongs to my mother. (○)
  이 집은 우리 어머니 소유이다.

❺ 감정동사

like, dislike, want, prefer

- I am disliking the fact that he is right. (×)
  → I dislike the fact that he is right. (○)
  나는 그가 옳다는 사실이 싫다.

05 시제 일치

주절과 종속절의 동사 시제를 글의 흐름상 문맥에 맞게 선택하는 것이 시제 일치이다.

① He says that he wants to go home.

② He says that he wanted to go home.

③ He says that he will want to go home.
　참고 He says that he had wanted to go home. (×)

④ He said that he wanted to go home.

⑤ He said that he had been ill in bed.
　참고 He said that he wants to go home. (×)
　　　 When he was young, he goes to church. (×)

① 그는 집에 가고 싶다고 말한다.

② 그는 집에 가고 싶었다고 말한다.

③ 그는 집에 가고 싶을 거라고 말한다.

④ 그는 집에 가고 싶다고 말했다.

⑤ 그는 앓아 누워 있었다고 말했다.

One Tip　시제 일치 예외

❶ 주절이 과거시제라도 종속절에 불변의 진리 / 일반적 사실(통념) / 속담이 오는 경우
❷ 부사절에서 현재시제가 미래를 대신하는 경우(시조부는 현미)

- Columbus believed that the earth is round.
  콜럼버스는 지구가 둥글다고 믿었다.
- As soon as she shows up, we will leave for the train station.
  그녀가 나타나자마자 우리는 기차역으로 떠날 것이다.

확인학습문제

다음 문장을 읽고 [   ] 안에서 어법상 적절한 것을 고르시오.

01 The plant [owns / is owning] roots in appearance.

02 We [knew / were knowing] that he had worked there before.

03 She agreed on the proposal and so [does / did] the man.

04 Little did he notice that he [unlock / unlocked] the door.

05 When he appeared at the conference room, he [looks / looked] like a hero.

06 The teacher explained that water [boils / boiled] at 100 degrees Celsius.

확인학습문제 Answer & Review

다음 문장을 읽고 [   ] 안에서 어법상 적절한 것을 고르시오.

01 The plant [owns / is owning] roots in appearance.

> **해설** own은 진행형 불가 동사이므로 owns가 정답이 된다.

> **해석** 그 식물은 외견상으로 뿌리를 가지고 있다.

> **어휘** appearance 외모, 모습(= look)

02 We [knew / were knowing] that he had worked there before.

> **해설** know는 진행형 불가 동사이므로 knew가 정답이 된다.

> **해석** 우리는 그가 전에 거기서 일했었다는 것을 알고 있었다.

03 She agreed on the proposal and so [does / did] the man.

> **해설** 앞에 있는 동사의 시제가 과거이므로 so 다음 동사의 시제도 과거시제여야 한다. 따라서 **did**가 정답이다.

> **해석** 그녀는 그 제안에 동의를 했고 그 남자도 마찬가지였다.

> **어휘** agree on ~에 동의하다   proposal 제안

04 Little did he notice that he [unlock / unlocked] the door.

> **해설** 주절에 과거시제가 있으므로 종속절에는 과거나 과거완료시제가 필요하다. 따라서 **unlocked**가 정답이 된다.

> **해석** 그는 자신이 문을 잠그지 않은 것을 알아차리지 못했다.

> **어휘** notice 알아차리다   unlock 잠그지 않다

05 When he appeared at the conference room, he [looks / looked] like a hero.

> **해설** when절에 과거시제가 있으므로 문맥상 주절의 시제는 과거시제가 필요하다. 따라서 **looked**가 정답이 된다.

> **해석** 그가 회의실에 나타났을 때 그는 마치 영웅처럼 보였다.

> **어휘** conference 회의

06 The teacher explained that water [boils / boiled] at 100 degrees Celsius.

> **해설** 주절에 시제는 과거이지만 종속절에 불변의 진리가 있으므로 문맥상 종속절의 시제는 현재시제가 필요하다. 따라서 **boils**가 정답이 된다.

> **해석** 선생님은 물이 섭씨 100도에서 끓는다고 설명하셨다.

> **어휘** explain 설명하다   boil 끓다, 끓이다   degree 온도   Celsius 섭씨

01 밑줄 친 부분에 들어갈 말로 가장 적절한 것을 고르시오.

> A friend of mine didn't figure out the formula and __________ my sister.

① nor did
② neither was
③ so was
④ neither did

02 다음 밑줄 친 부분 중 어법상 적절하지 않은 것은?

> My geology teacher ① <u>explained</u> to us that the earth ② <u>goes</u> around so the sun always ③ <u>rises</u> in the east two days ago in his class. However, many a student ④ <u>didn't understand</u> his explanation since then.

03 밑줄 친 부분에 들어갈 말로 가장 적절한 것을 고르시오.

> Last night, the heavy rain and strong winds made it hard for people to go outside safely, and many roads were blocked due to fallen trees and flooding. So perilous __________ that every airport shut down.

① were the weather conditions

② the weather conditions were

③ are the weather conditions

④ the weather conditions are

04 밑줄 친 부분에 들어갈 말로 가장 적절한 것을 고르시오.

> The number of households installing solar panels on their rooftops __________________ significantly over the past five years.

① doubles

② has doubled

③ had doubled

④ have doubled

05 밑줄 친 부분에 들어갈 말로 가장 적절한 것을 고르시오.

> An explosion at the chemical plant caused widespread panic in the area in 2024. Not until the following morning _________ declared safe.

① was the area

② the area was

③ is the area

④ the area is

06 다음 밑줄 친 부분중 어법상 적절한 것은?

① Barely did I dream that I <u>become</u> a doctor.

② He forced his son to enter Harvard Law School, <u>does</u> he?

③ Remodeling the entire buildings <u>cost</u> over a million dollars last year.

④ What came up with the solutions <u>is</u> not beneficial to us just now.

07 다음 밑줄 친 부분 중 어법상 틀린 것은?

① My son <u>is resembling</u> me very much.

② I once <u>believed</u> the ridiculous event.

③ You will have to see this one if you <u>like</u> horror movies.

④ Only hours later <u>did</u> the rescue teams arrive at the scene.

08 우리말을 영어로 옮긴 것 중 밑줄 친 부분이 어법상 옳은 것은?

① 이 사무실 컴퓨터의 1/3이 어제 밤에 도난당했다.

  → A third of the computers in this office <u>was</u> stolen last night.

② 소년이 잠들자마자 그의 아버지가 집에 왔다.

  → The boy <u>has</u> no sooner fallen asleep than his father came home.

③ 그때 이래로 혼밥하는 사람들의 수는 점차로 증가하고 있다.

  → Since then, the number of solo eaters <u>have gradually increased</u>.

④ 그 교수는 최근 3년 동안 그 일에 주의를 기울였다.

  → The professor <u>has paid</u> attention to the task over the recent 3 years.

09 우리말을 영어로 잘못 옮긴 것을 고르시오.

2023. 지방직 9급

① 식사를 마치자마자 나는 다시 배고프기 시작했다.

→ No sooner I have finishing the meal than I started feeling hungry again.

② 그녀는 조만간 요금을 내야만 할 것이다.

→ She will have to pay the bill sooner or later.

③ 독서와 정신의 관계는 운동과 신체의 관계와 같다.

→ Reading is to the mind what exercise is to the body.

④ 그는 대학에서 의학을 공부했으나 결국 회계 회사에서 일하게 되었다.

→ He studied medicine at university but ended up working for an accounting firm.

10 어법상 옳은 것은?

2021. 국가직 9급

① Cindy loved playing the piano, and so was her son.

② I was born in Taiwan, but I have lived in Korea since I started work.

③ The novel was so excited that I lost track of time and missed the bus.

④ It's not surprising that book stores don't carry newspapers any more, doesn't it?

• 정답 해설 •

01 밑줄 친 부분에 들어갈 말로 가장 적절한 것을 고르시오.

> A friend of mine didn't figure out the formula and ______________ my sister.

① nor did
② neither was
③ so was
④ neither did

해설 ④ 앞에 부정문이 있으므로 and 다음 neither가 있어야 하고 앞에 동사의 시제가 과거이므로 neither 다음 역시 과거시제가 필요하다. 또한, 앞에 동사가 일반동사(figure)이므로 neither 다음 도치 조동사 did가 필요하다. 따라서 neither did가 빈칸에 들어가기에 가장 적절하다. 참고로 nor는 and와 함께 사용할 수 없으므로 ①은 정답이 될 수 없다.

해석 나의 친구는 그 공식을 이해하지 못하였고 나의 여동생도 또한 이해하지 못하였다.

01
figure out ① 이해하다 ② 계산하다
formula 공식

02 다음 밑줄 친 부분 중 어법상 적절하지 않은 것은?

> My geology teacher ① <u>explained</u> to us that the earth ② <u>goes</u> around so the sun always ③ <u>rises</u> in the east two days ago in his class. However, many a student ④ <u>didn't understand</u> his explanation since then.

해설 ④ since then이 있으므로 현재완료 시제가 필요하다. 따라서 didn't understand는 hasn't understood로 고쳐 써야 한다.
① 과거표시부사구 two days ago가 있으므로 과거시제 explained는 어법상 적절하다.
② 불변의 진리는 현재시제를 사용해야 하고 주어가 3인칭 단수이므로 goes는 어법상 적절하다.
③ 불변의 진리는 현재시제를 사용해야 하고 주어가 3인칭 단수이므로 rises는 어법상 적절하다.

해석 지질학 선생님께서 이틀 전에 지구는 태양 주변을 돌고 그래서 태양은 항상 동쪽에서 뜬다고 우리에게 설명하셨다. 하지만 많은 학생들은 그때부터 그의 설명을 이해하지 못했다.

02
geology 지질학
explain 설명하다
explanation 설명
then 그 당시에

정답
01 ④   **02** ④

03
last night 어젯밤
safely 안전하게
block 막다, 차단하다
flooding 홍수
perilous 위험한
shut down 폐쇄하다, 문을 닫다

03 밑줄 친 부분에 들어갈 말로 가장 적절한 것을 고르시오.

> Last night, the heavy rain and strong winds made it hard for people to go outside safely, and many roads were blocked due to fallen trees and flooding. So perilous ______________________ that every airport shut down.

① were the weather conditions
② the weather conditions were
③ are the weather conditions
④ the weather conditions are

해설 so + 형용사(perilous)를 강조를 목적으로 문두에 위치 시켰으므로 주어와 동사가 도치되어야 하고 글의 전체적인 시제가 과거(last night)이므로 과거시제가 필요하다. 따라서 밑줄 친 부분에 들어가기에 가장 적절한 것은 ①이다.

해석 어젯밤, 많은 비와 강한 바람 때문에 사람들이 안전하게 밖에 나가기 어려웠고, 쓰러진 나무와 홍수로 많은 도로가 막혔다. 날씨 상태가 너무 위험해서 모든 공항이 문을 닫았다.

04
the number of ~ ~의 수
household 가구, 가정
install 설치하다
solar panel 태양광 패널
rooftop 건물 옥상, 지붕
significantly 현저하게, 상당히
over the past five years
지난 5년 동안
double 두 배로 되다,
　　　　　두 배로 만들다

04 밑줄 친 부분에 들어갈 말로 가장 적절한 것을 고르시오.

> The number of households installing solar panels on their rooftops ____________ significantly over the past five years.

① doubles
② has doubled
③ had doubled
④ have doubled

해설 주어 자리에 The number of가 있으므로 동사는 단수동사로 수 일치시켜야 하고 또한 'have p.p ~ over the past 시간' 구문을 묻고 있으므로 시제는 현재완료시제가 필요하다. 따라서 밑줄 친 부분에 들어가기에 가장 적절한 것은 ② 'has doubled'이다.

해석 지붕에 태양광 패널을 설치하는 가구의 수는 지난 5년 동안 크게 두 배로 증가했다.

정답
03 ① 04 ②

05 밑줄 친 부분에 들어갈 말로 가장 적절한 것을 고르시오.

> An explosion at the chemical plant caused widespread panic in the area in 2024.
> Not until the following morning _________ declared safe.

① was the area

② the area was

③ is the area

④ the area is

[해설] Not until을 강조를 목적으로 문두에 위치시켰으므로 주어와 동사가 도치되어야 하고 글의 전체적인 시제가 과거(in 2024)이므로 과거시제가 필요하다. 따라서 밑줄 친 부분에 들어가기에 가장 적절한 것은 ① 'was the area'이다.

[해석] 2024년에 화학 공장에서 발생한 폭발은 그 지역에 광범위한 공포를 불러일으켰다. 다음 날 아침이 되어서야 그 지역은 안전하다고 선언되었다.

06 다음 밑줄 친 부분중 어법상 적절한 것은?

① Barely did I dream that I <u>become</u> a doctor.

② He forced his son to enter Harvard Law School, <u>does</u> he?

③ Remodeling the entire buildings <u>cost</u> over a million dollars last year.

④ What came up with the solutions <u>is</u> not beneficial to us just now.

[해설] ③ 주어가 Remodeling(동명사)이므로 동사는 단수동사가 필요하다. 하지만 문장 제일 마지막에 last year(과거 표시 부사구)가 있으므로 동사 cost는 현재시제가 아니라 과거시제로 사용되었다(cost는 과거나 과거분사 모두 cost이다). 따라서 어법상 옳다.
① 부정어 Barely가 문두에 위치해 주어동사의 도치는 어법상 적절하지만 주절의 시제가 과거(did)이므로 that절의 시제도 과거나 과거완료가 필요하다. 따라서 현재시제 become은 문맥상 would become으로 고쳐 써야 한다.
② 주절의 시제가 과거시제이므로 부가의문문의 시제도 과거시제가 필요하다. 따라서 does는 didn't로 고쳐 써야 한다.
④ 과거표시 부사구 just now가 있으므로 과거시제의 사용은 어법상 적절하지만 주어가 명사절(What came~)이므로 단수동사가 필요하다. 따라서 복수동사 were는 단수동사 was로 고쳐 써야 한다.

[해석] ① 내가 의사가 될 것이라고는 전혀 꿈꾸지 않았다.
② 그는 아들이 하버드 로스쿨에 입학하기를 강요했어, 그렇지?
③ 전체 건물들을 리모델링하는 것 때문에 작년에 백만 불 이상의 비용이 들었다.
④ 방금 전에 그 해결책과 함께 떠오른 것이 우리에게 유리하지는 않았다.

05
explosion 폭발
chemical plant 화학 공장
cause 야기하다, 초래하다
widespread 광범위한, 널리 퍼진
following morning 다음날 아침
declare 선언하다
safe 안전한

06
force 강요하다
cost (-cost-cost) 비용이 들다
come up with 생각해내다, 떠오르다
beneficial 유익한, 이로운
just now 방금 전에(=just ago)

[정답]

05 ① **06** ③

07
resemble 닮다
ridiculous 어처구니없는,
　　　　　터무니없는
horror movie 공포영화
rescue 구조(하다)
at the scene 현장에

07 다음 밑줄 친 부분 중 어법상 틀린 것은?

① My son <u>is resembling</u> me very much.

② I once <u>believed</u> the ridiculous event.

③ You will have to see this one if you <u>like</u> horror movies.

④ Only hours later <u>did</u> the rescue teams arrive at the scene.

해설 ① resemble은 진행형 불가동사이므로 어법상 적절하지 않다. 따라서 is resembling은 resembles로 고쳐 써야 한다.

② 과거표시부사 once가 있으므로 과거시제 believed의 사용은 어법상 적절하다.

③ 시조부는 현미이므로 현재시제 like의 사용은 어법상 옳다.

④ Only + 시간개념이 문두에 위치해서 주어동사가 도치된 구조로 arrive가 일반동사이므로 도치조동사 did의 사용은 어법상 적절하다.

해석 ① 나의 아들은 나를 많이 닮았다.

② 나는 한때 그 어처구니없는 사건을 믿었었다.

③ 만약 당신이 공포영화를 좋아한다면 이 영화는 반드시 봐야할 것이다.

④ 몇 시간 후에야 비로소 구조팀이 현장에 도착했다.

08 우리말을 영어로 옮긴 것 중 밑줄 친 부분이 어법상 옳은 것은?

① 이 사무실 컴퓨터의 1/3이 어제 밤에 도난당했다.

　→ A third of the computers in this office <u>was</u> stolen last night.

② 소년이 잠들자마자 그의 아버지가 집에 왔다.

　→ The boy <u>has</u> no sooner fallen asleep than his father came home.

③ 그때 이래로 혼밥하는 사람들의 수는 점차로 증가하고 있다.

　→ Since then, the number of solo eaters <u>have gradually increased</u>.

④ 그 교수는 최근 3년 동안 그 일에 주의를 기울였다.

　→ The professor <u>has paid</u> attention to the task over the recent 3 years.

해설 ④ 'have + p.p. ~ over / during / for / in + past / last / recent / 시간' 구문을 묻고 있다. 따라서 현재완료 has paid의 사용은 어법상 적절하다.

① 과거표시부사구 last night이 있으므로 과거동사 was의 사용은 어법상 적절하지만 주어가 부분 주어이고 of 다음 명사가 복수명사(computers)이므로 동사도 복수동사가 필요하다. 따라서 was는 were로 고쳐 써야 한다.

② 'had + no sooner + p.p. ~ than + 과거동사' 구문을 묻고 있다. 따라서 has는 had로 고쳐 써야 한다.

③ 'since + 과거(then) ~ have + p.p.(have increased)' 구문을 묻고 있다. 따라서 현재완료의 시제 사용은 어법상 적절하지만 the number of가 주어 자리에 위치할 때에는 단수동사가 필요하므로 have는 has로 고쳐 써야 한다.

정답

07 ① 08 ④

09 우리말을 영어로 잘못 옮긴 것을 고르시오.   2023. 지방직 9급

① 식사를 마치자마자 나는 다시 배고프기 시작했다.

  → No sooner I have finishing the meal than I started feeling hungry again.

② 그녀는 조만간 요금을 내야만 할 것이다.

  → She will have to pay the bill sooner or later.

③ 독서와 정신의 관계는 운동과 신체의 관계와 같다.

  → Reading is to the mind what exercise is to the body.

④ 그는 대학에서 의학을 공부했으나 결국 회계 회사에서 일하게 되었다.

  → He studied medicine at university but ended up working for an accounting firm.

해설 ① 부정어 No sooner가 문두에 위치하면 주어와 동사가 도치되어야 하고 No sooner는 과거완료시제를 이끌므로 No sooner I have finishing은 No sooner had I finished로 고쳐 써야 한다.

② 조동사 will have to의 사용과 '조만간'의 의미를 갖는 sonner or later의 사용 모두 어법상 적절하다.

③ 관계대명사 what의 관용적 표현인 'A is to B what C is to D (A와 B의 관계는 C와 D의 관계와 같다)' 구문의 사용은 어법상 옳다.

④ 접속사 but을 기준으로 과거동사의 병렬과 동명사의 관용적 용법인 end up ~ing(결국 ~하게 되다) 구문 모두 어법상 적절하다.

10 어법상 옳은 것은?   2021. 국가직 9급

① Cindy loved playing the piano, and so was her son.

② I was born in Taiwan, but I have lived in Korea since I started work.

③ The novel was so excited that I lost track of time and missed the bus.

④ It's not surprising that book stores don't carry newspapers any more, doesn't it?

해설 ② 'have + p.p. ~ since + 과거시제'의 사용은 어법상 적절하고 태어난 시점은 과거이고 지금 현재 한국에 살고 있으므로 문맥상 시제 일치 역시 어법상 옳다.

① so + V + S (도치구문)을 묻고 있다. 앞에 긍정문이 있으므로 so의 사용은 어법상 적절하지만 주절의 동사가 일반동사 loved가 있으므로 이를 대신하는 대동사 was의 사용은 어법상 적절하지 않다. 따라서 was는 did로 고쳐 써야 한다.

③ 감정표현동사 exite의 주체가 사물(novel)이므로 exited는 exiting으로 고쳐 써야 한다.

④ 부가의문문은 앞에 부정문이 있을 때 뒤에 긍정이 와야 하고 앞에 동사가 be동사일 때에는 be동사를 사용해야 하므로 doesn't는 is로 고쳐 써야 한다

해석 ① Cindy는 피아노 치는 것을 매우 좋아했고 그녀의 아들도 그랬다.

② 나는 대만에서 태어났지만 일을 시작한 후 한국에서 살고 있다.

③ 그 소설이 너무 재미있어서 나는 시간가는 줄 몰랐고 그래서 버스를 놓쳤다.

④ 서점에 신문을 더 이상 두지 않는 것은 놀랄 일이 아니야, 그렇지 않니?

09

no sooner A than B
A하자마자 B했다
end up ~ing 결국 ~하게 되다
accounting 회계
firm 회사

10

miss ① 그리워하다 ② 놓치다
③ 실종되다, 사라지다

◆정답◆

09 ①   **10** ②

CHAPTER 03 동사와 문장의 형식(동사의 본질)

> ## Unit 01 주어 + 동사 + 다음 구조

01 완전 자동사와 1형식 문장 구조

1형식 문장은 주어(S)와 동사(V)로만 의미가 통하는 문장 형식을 말하며 이러한 1형식 문장에 쓰이는 동사를 완전 자동사라 한다. 1형식 동사 뒤에는 수식어구[전치사구 또는 부사(구)]가 올 수 있다.

① They came here yesterday.

② The problem only exists in your head.

③ I should go to Italy on business.

① 어제 그들이 이곳에 왔다.

② 그 문제는 오직 당신의 생각일 뿐이다.
exist 존재하다, 있다

③ 난 업무상 이탈리아로 가야만 한다.
on business 업무상(때문에)

1형식 문법포인트
1. S + 1형식 동사 + 부사
2. S + 1형식 동사 + 전치사구
3. 1형식 동사는 수동 불가

1 주요 1형식 동사

(I) 나고 오는 동사

come 오다	return 돌아오다	arrive 도착하다
appear 나타나다	emerge 나오다, 나타나다	
happen 일어나다, 발생하다(= occur, arise, take place)		

(2) 존재하며 사는 동사

be ~에 있다, 존재하다(= exist)	**live** 살다	**settle** ~에 정착하다
dwell ~에 거주하다(= reside)	**lie** ~에 있다, 눕다	**rest** 휴식하다
work 일하다	**wake** 깨다	**sleep** 잠자다
breathe 숨 쉬다	**last** 지속되다	**continue** 계속하다
laugh 웃다	**cry** 울다	**yawn** 하품하다
remain 남아 있다	**function** 기능하다	**range** ~에 걸쳐 있다, ~에 이르다

(3) 올라갔다 내려갔다 동사

increase 증가하다	**decrease** 감소하다	**soar** 치솟다
skyrocket 치솟다	**stand** 서다	**sit** 앉다
surge 급증하다	**grow** 성장하다, 자라다	**dwindle** 줄어들다
rise 오르다	**fall** 떨어지다	**jump** 뛰어오르다
develop 발전하다	**evolve** 진화하다	**decline** 감소하다

(4) 가는 동사

go 가다	**die** 죽다	**disappear** 사라지다
vanish 사라지다	**walk** 걷다	**roam** 배회하다
wander 배회하다	**run** 뛰다	**move** 움직이다
depart 출발하다	**end** 끝나다	**migrate** 이주하다
fade 사라지다	**expire** 만료되다	**retire** 은퇴하다
resign 사직[사임]하다		

확인학습문제

01 다음 밑줄 친 부분 중 어법상 틀린 것은?

① Peter Smith <u>went to Rome</u> for a honeymoon yesterday.
② The price of oil <u>has rapidly decreased</u> nowadays.
③ The employer <u>wandered aimlessly</u> around the office.
④ Wisdom teeth <u>are emerged</u> after 18-year old of age.

02 다음 밑줄 친 부분 중 어법상 옳은 것은?

① They <u>were dwelled</u> in a small cottage near the mountains.
② The number of customers <u>is dwindled</u> after the price increase.
③ The students <u>were provided</u> with detailed instructions before the exam.
④ The manager announced he would <u>be resigned</u> at the end of the month.

확인학습문제 **Answer & Review**

01 다음 밑줄 친 부분 중 어법상 틀린 것은?

① Peter Smith <u>went to Rome</u> for a honeymoon yesterday.
② The price of oil <u>has rapidly decreased</u> nowadays.
③ The employer <u>wandered aimlessly</u> around the office.
④ Wisdom teeth <u>are emerged</u> after 18-year old of age.

해설 ④ emerge는 1형식 자동사이므로 수동이 불가하다. 따라서 are emerged는 emerge로 고쳐 써야 한다.
① go는 1형식 자동사이므로 수동이 불가하고 또한 바로 뒤에 전치사구가 위치할 수 있으므로 어법상 적절하다.
② decrease는 1형식 자동사이므로 수동이 불가하고 has p.p.사이에 부사가 위치할 수 있으므로 어법상 옳다.
③ wander는 1형식 자동사이므로 수동이 불가하고 또한 바로 뒤에 부사가 위치할 수 있으므로 어법상 적절하다.

해석 ① Peter Smith는 어제 로마로 신혼여행을 갔다.
② 기름 가격이 요즘 빠르게 하락하고 있다.
③ 그 고용주는 정처 없이 사무실 주변을 배회했다.
④ 사랑니는 18살 이후에 나온다.

어휘 honeymoon 신혼여행 rapidly 빠르게 nowadays 요즘 employer 고용주 *employ 고용하다 *employee 피고용인 aimlessly 목적 없이, 정처 없이 *aim 목적 *aimless 목적 없는, 정처 없는 around 주위에, 둘레에; 대략, 약 wisdom tooth 사랑니

02 다음 밑줄 친 부분 중 어법상 옳은 것은?

① They <u>were dwelled</u> in a small cottage near the mountains.
② The number of customers <u>is dwindled</u> after the price increase.
③ The students <u>were provided</u> with detailed instructions before the exam.
④ The manager announced he would <u>be resigned</u> at the end of the month.

해설 ③ provide는 3형식 타동사이므로 수동이 가능하다. 따라서 were provided의 사용은 어법상 적절하다.
① dwell은 1형식 자동사이므로 수동이 불가하다. 따라서 were dwelled는 능동의 형태 dwelled로 고쳐 써야 한다.
② dwindle은 1형식 자동사이므로 수동이 불가하다. 따라서 is dwindled는 능동의 형태 dwindles로 고쳐 써야 한다.
④ resign은 1형식 자동사이므로 수동이 불가하다. 따라서 be resigned는 능동의 형태 resign으로 고쳐 써야 한다.

해석 ① 그들은 산 근처의 작은 오두막에 산다.
② 가격 인상 후 고객 수가 줄어들었다.
③ 학생들은 시험 전에 상세한 지시사항을 제공받았다.
④ 그 매니저는 이달 말에 사임할 것이라고 발표했다.

어휘 dwell 살다, 거주하다 cottage 오두막 customer 고객 increase 증가(하다) provide 제공하다 detailed 세부적인 instruction 지시사항 announce 알리다 resign 사임하다

정답

01 ④ **02** ③

02 불완전 자동사와 2형식 문장 구조

2형식 문장은 주어와 동사만으로 의미 전달이 안 되며 주어를 보충해 주는 보어가 필요한데, 이러한 2형식 문장에 쓰이는 동사를 불완전 자동사라 한다. 이때 보어 자리에는 형용사나 명사가 온다.

① He was a legend in his field.

② Mr. Kim remained silent during the meeting.

③ My father turned pale at the news.

④ When we heard the noise, we felt nervous.

⑤ She really seemed normal at the moment.

① 그는 자기 분야에서 전설이었다.
legend 전설
field 분야, 현장

② 김 선생님은 회의 동안 침묵했다.
remain 유지하다
silent 조용한
meeting 회의

③ 그 소식에 아버지는 창백해지셨다.
pale 창백한, 핏기 없는
turn pale 안색이 창백해지다

④ 우리가 소음을 들었을 때, 우리는 불안했다.
noise 소음, 잡음
nervous 불안한, 긴장한

⑤ 그때 그녀는 정말 괜찮은 것 같았다.
seem ~인 것 같다
normal 정상적인
at the moment 그때, 그 순간에

One Tip 2형식 동사 해석 요령

2형식 동사 뒤에 형용사가 보어 자리에 위치하면 2형식 동사는 '이다, 하다, 되다, 지다' 정도로 해석하면 된다.

❶ 주요 2형식 동사

(1) 2형식 상태 지속 동사('~이다, ~하다'의 의미)

> be, stay, remain, keep, hold, lie, stand, sit

(2) 2형식 상태 변화 동사('~되다, ~지다'의 의미)

> become, get, grow, turn, go, fall, run, come, continue

(3) 2형식 감각 동사

> smell ~한 냄새가 나다　　　　　feel ~인 느낌이 들다
> taste ~한 맛이 나다　　　　　　sound ~처럼 들리다
> look ~처럼 보이다

(4) 2형식 판명(판단) 동사

> prove, turn out ~로 판명되다　　　seem, appear ~인 것 같다

(5) VC 하나로 묶기

> stay awake 깨어 있다　　　　　go bad (음식들이) 상하다
> go mad 미치다　　　　　　　　go wrong (일이) 잘못되다
> come loose 느슨해지다　　　　　run(fall) short 부족해지다
> fall sick 병들다　　　　　　　　fall asleep 잠들다
> run dry (강 등이) 마르다　　　　continue weak 약해지다
> lie thick 두껍게 쌓여 있다　　　　grow distant (관계가) 멀어지다
> grow loud 시끄러워지다　　　　　come true 실현되다
> hold good 유효하다　　　　　　　turn pale 창백해지다

2형식 문법포인트
1. S + 2형식 동사 + 형용사
2. 2형식 동사는 수동 불가

01 다음 밑줄 친 부분 중 어법상 가장 적절한 것은?

① I feel <u>happily</u> whenever I saw her.

② In summer, foods go <u>badly</u> with ease.

③ You turn pale and your voice sounds <u>strange</u>.

④ This rule holds <u>well</u> to all students in the school.

02 다음 밑줄 친 부분 중 어법상 틀린 것은?

① His shoelaces came <u>loose</u> while he was running.

② We are running <u>shortly</u> of time before the deadline.

③ She felt her best friend growing <u>distant</u> after moving away.

④ Oil prices skyrocketed <u>rapidly</u> due to the sudden supply problem.

확인학습문제 **Answer & Review**

01 다음 밑줄 친 부분 중 어법상 가장 적절한 것은?

① I feel <u>happily</u> whenever I saw her.
② In summer, foods go <u>badly</u> with ease.
③ You turn pale and your voice sounds <u>strange</u>.
④ This rule holds <u>well</u> to all students in the school.

해설 ③ 2형식 동사 turn 다음 형용사 pale은 적절하고 2형식 감각동사 다음 형용사 strange도 적절하므로 어법상 옳다.
① 2형식 감각동사인 feel은 형용사보어를 필요로 한다. 따라서 부사 happily를 형용사 happy로 바꿔야 한다.
② 2형식 자동사인 go는 형용사보어를 필요로 한다. 따라서 부사 badly를 형용사 bad로 고쳐 써야 한다.
④ 2형식 자동사인 hold는 형용사보어를 필요로 한다. 부사 well을 형용사 good으로 바꿔야 한다.

해석 ① 나는 그녀를 볼 때마다 행복하다.
② 여름에는, 음식이 쉽게 상한다.
③ 당신은 안색이 창백해 보이고 목소리가 이상하게 들린다.
④ 이 규칙은 이 학교 모든 학생들에게 유효하다.

어휘 whenever ~할 때마다 badly (부정적 개념) 심하게, 몹시 with ease 쉽게(= easily)
meeting 회의 pale 창백한 (turn pale 창백해지다) strangely 이상하게
rule 규칙; 지배하다 well 잘; 우물

02 다음 밑줄 친 부분 중 어법상 틀린 것은?

① His shoelaces came <u>loose</u> while he was running.
② We are running <u>shortly</u> of time before the deadline.
③ She felt her best friend growing <u>distant</u> after moving away.
④ Oil prices skyrocketed <u>rapidly</u> due to the sudden supply problem.

해설 ② run short는 '부족해지다'의 뜻으로 1형식 자동사이다. 따라서 run 다음 형용사 short가 필요하므로 부사 shortly는 형용사 short로 고쳐 써야 한다.
① come loose는 '느슨해지다, 헐거워지다'의 뜻으로 come 다음 loose의 사용은 어법상 적절하다.
③ grow distant는 '멀어지다'의 뜻으로 grow 다음 distant의 사용은 어법상 옳다.
④ skyrocket는 '치솟다'의 뜻으로 1형식 자동사이다. 따라서 skyrocket 다음 부사 rapidly 의 사용은 어법상 적절하다.

해석 ① 그가 달리는 동안 신발 끈이 느슨해졌다.
② 우리는 마감 전에 시간이 부족해지고 있다.
③ 그녀는 가장 친한 친구가 이사 간 후 멀어지는 것을 느꼈다.
④ 갑작스러운 공급 문제로 인해 유가가 급격히 치솟았다.

어휘 shoelace 신발 끈 deadline 마감 due to ~ 때문에 sudden 갑작스러운 supply 공급

정답
01 ③ **02** ②

❷ 자리값에 의해 달라지는 동사의 의미

같은 동사라도 동사 다음에 위치하는 내용에 따라서 그 의미가 달라진다.

① He got to the airport with his son.

② He got angry when he heard the news.

③ He got an email from his boss.

④ He got her a nice gift for her birthday.

⑤ He got her to clean his room before going out.

① 그는 아들과 함께 공항으로 갔다.

② 그는 그 소식을 들었을 때 화가 났다.

③ 그는 그의 상사로부터 이메일을 받았다.

④ 그는 그녀에게 생일날 멋진 선물을 주었다.

⑤ 그는 그녀에게 나가기 전에 자기 방을 청소하도록 시켰다.

One Tip 동사의 종류에 따라서 의미가 달라지는 주요 동사

동사	1형식 자동사	3형식 타동사	동사	1형식 자동사	3형식 타동사
count	중요하다	세다, 계산하다	pay	이익이 되다	지불하다
do	충분하다	하다	run	달리다	운영하다
decline	감소하다	거절하다	stand	서다	참다, 견디다
survive	생존하다	이겨내다, 견디다	miss	실종되다, 사라지다	그리워하다, 놓치다
leave	~를 향해 가다	~를 떠나다	settle	정착하다	해결하다

01 다음 우리말을 영어로 옮긴 것 중 가장 적절한 것은?

① 그 변호사를 고용하는 것은 아마도 비용이 많이 들 것 같다.

→ To employ the attorney will probably pay too much.

② 그녀의 남편은 2개의 공장과 3개의 멋진 식당을 뛰어다닌다.

→ Her husband runs two factories and three nice restaurants.

③ 나는 옆집에서 나는 소음을 참을 수 없다.

→ I can't stand the noise from next door.

④ 그의 계획은 탁월한 것 같고 효과적인 것 같았다.

→ His plan seemed brilliance and proved effective.

확인학습문제 Answer & Review

01 다음 우리말을 영어로 옮긴 것 중 가장 적절한 것은?

① 그 변호사를 고용하는 것은 아마도 비용이 많이 들 것 같다.
→ To employ the attorney will probably pay too much.
② 그녀의 남편은 2개의 공장과 3개의 멋진 식당을 뛰어다닌다.
→ Her husband runs two factories and three nice restaurants.
③ 나는 옆집에서 나는 소음을 참을 수 없다.
→ I can't stand the noise from next door.
④ 그의 계획은 탁월한 것 같고 효과적인 것 같았다.
→ His plan seemed brilliance and proved effective.

해설 ③ stand는 3형식 타동사로 사용될 때에는 '참다, 견디다'의 뜻으로 적절한 영작이다.
① pay가 1형식 동사로 사용될 때에는 '이익이 되다'의 뜻이므로 적절한 영작이 될 수 없다.
② run이 3형식 동사로 사용될 때에는 '운영하다'의 뜻이므로 적절한 영작이 될 수 없다.
④ 2형식 동사 prove 다음 형용사 effective는 적절하지만 2형식 동사 seem 다음 명사 brilliance는 적절하지 않다. 따라서 brilliance는 형용사 brilliant로 고쳐 써야 한다.

어휘 next door 옆집   attorney 변호사   brilliance 탁월함; 명석함   effective 효과적인

정답
01 ③

03 완전 타동사와 3형식 문장 구조

타동사는 동사 뒤에 대상(목적어)이 있어야 하는 동사를 말하며 이러한 3형식 문장에 쓰이는 동사를 완전 타동사라 한다. 완전 타동사 다음에 목적어가 이어지는 구조가 3형식 문형이 된다.

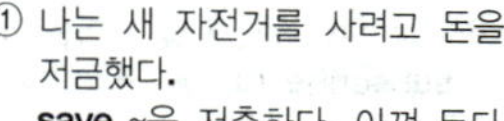

① I saved money for a new bike.

② He loved her with a whole heart.

③ He decided to climb the Himalayas two years ago.

④ She postponed sending her secretary to New York.

⑤ We determined what is important or trivial in life.

⑥ He couldn't know if she was laughing or crying.

① 나는 새 자전거를 사려고 돈을 저금했다.
save ~을 저축하다, 아껴 두다

② 그는 온 맘을 다해 그녀를 사랑했다.
with a whole heart 온 마음을 다해

③ 그는 2년 전 히말라야를 등반하기로 결심했다.
decide ~을 결심하다
climb 등반하다, 오르다

④ 그녀는 뉴욕으로 그녀의 비서를 보내는 것을 연기했다.
postpone ~을 연기하다
secretary 비서

⑤ 우리는 삶에 있어 무엇이 중요하거나 하찮은 것인지 결정했다.
determine ~을 결정[결심]하다
trivial 사소한, 하찮은

⑥ 그는 그녀가 웃는지 우는지 알 수가 없었다.
laugh 웃다
if 만약 ~라면; ~인지 아닌지; 비록 ~일지라도

One Tip⁺ 자동사와 타동사

자동사 : 동사의 동작이나 상태가 주어 자신에게만 영향을 준다.
- **The oil price increased very fast.** 유가가 아주 빠르게 올랐다.

타동사 : 동사의 동작이나 상태가 주어가 아닌 대상(목적어)에 영향을 준다.
- **The inflation increased the oil price.** 인플레이션이 유가를 올렸다.

Two Tip⁺ 재귀대명사

동사의 목적어는 동사의 대상이며, 동사의 주체인 주어와 동일하지 않다(I love you). 그러나 경우에 따라서는 동사의 주체인 주어와 동사의 대상인 목적어가 일치하는 경우가 있다. 이런 경우 영어는 목적어 자리에 특별한 목적어를 사용하는데 이를 재귀대명사(목적격/소유격 + self)라 한다.

- **He killed himself with a pistol the day before yesterday.** 엊그제 그는 총으로 자살했다.
- **cf He killed him with a pistol the day before yesterday.**
  엊그제 그는 그 사람을 총으로 살해했다. (그와 그 사람은 다른 사람)

어휘 **kill** ~을 죽이다, 살해하다 **pistol** 권총 **the day before yesterday** 그저께, 엊그제

❶ 구동사(Phrasal Verb)

자동사에 전치사를 붙여서 타동사로 사용되는 경우가 있는데 이를 구동사라 한다. 구동사는 숙어처럼 외워야 한다.

① 그는 항상 일간지를 구독한다.
subscribe to ~을 구독하다

② 그 의사는 환자를 수술했다.
operate on ~을 수술하다

③ 그는 5년 전에 고등학교를 졸업했다.
graduate from ~을 졸업하다

① He always subscribes to the daily newspaper.

② The doctor operated on the patient.

③ He graduated from the high school 5 years ago.

One Tip⁺ 그냥 숙어처럼 외워야 할 구동사

❶ 전치사 for와 결합하는 동사

account for ~을 설명하다	look for ~을 찾다, 구하다
care for ~을 돌보다	apply for ~을 신청하다
wait for ~을 기다리다	compete for ~을 위해 싸우다

❷ 전치사 with와 결합하는 동사

interfere with ~을 방해하다	cope with ~에 대처하다
deal with ~을 다루다	cooperate with ~와 협력하다
experiment with ~을 실험하다	go with ~와 어울리다
proceed with ~을 진행하다	hang out with ~와 놀다, ~와 어울리다
contrast with ~와 대조를 이루다	

❸ 전치사 on과 결합하는 동사

operate on ~을 수술하다	fall back on ~에 의존하다
embark on ~을 시작하다	count on ~에 의존하다
attend on ~을 시중들다	focus on ~에 집중하다
rely on ~에 달려 있다, ~에 의존하다	concentrate on ~에 집중하다
depend on ~에 달려 있다, ~에 의존하다	insist on ~을 고집하다

❹ 전치사 from과 결합하는 동사

differ from ~과 다르다	result from ~에서 기인하다
stem from ~에서 비롯(유래)되다, ~에서 얻다	graduate from ~을 졸업하다
derive from ~에서 비롯(유래)되다, ~에서 얻다	refrain from ~을 삼가다, ~을 억제하다

❺ 전치사 in(to)와 결합하는 동사

participate in ~에 참여하다	result in ~을 초래하다
engage in ~에 참여[종사]하다	enter into ~을 시작하다

❻ 전치사 of와 결합하는 동사

consist of ~으로 구성되다	dispose of ~을 제거하다
speak of ~에 대해 말하다	

❼ 전치사 to와 결합하는 동사

subscribe to ~을 구독하다	get to ~에 도착하다
belong to ~에 속하다	object to ~에 반대하다
listen to ~을 듣다	lead to ~을 초래하다
refer to ~을 언급[참고]하다	react to ~에 반응하다
amount to ~에 달하다	respond to ~에 반응[응답]하다

❽ 기타 전치사와 결합하는 동사

laugh at ~을 비웃다	go through 겪다, 경험하다
look at ~을 보다	look down on ~을 깔보다
get through ~을 끝내다, ~을 통과하다	get over 극복하다, 회복하다
speak well of ~을 좋게 말하다	speak ill of ~을 나쁘게 말하다

✌ Two Tip⁺ 타동사 + 목적어 + 전치사 + 명사

❶ S + V(주다, 제공하다) + 목적어 + with + 명사
　　　　　　　　　　　　　　 A　　　　　　 B

> provide, supply, furnish, present 주다, 제공하다

- He provided her with rice. 그는 그녀에게 쌀을 주었다.
- You must supply a user with the useful information.
  당신은 사용자에게 유용한 정보를 제공해야 한다.
- I want to furnish you with some examples to prove this.
  나는 당신에게 이것을 증명할 수 있는 몇몇 예를 주고 싶다.
- We presented the older people with a medical service.
  우리는 노인들에게 의료 서비스를 제공했다.

❷ S + V(제거·박탈하다) + 목적어 + of + 명사
　　　　　　　　　　　　　　　 A　　　 B

| rob 강탈하다 | deprive 빼앗다 | rid 없애다, 제거하다 |
| ease 진정시키다 | relieve 완화시켜 주다, 덜어 주다 | |

- The big man robbed me of my watch. 그 큰 남자가 나에게서 시계를 빼앗았다.
- Her illness deprived her of a chance to go to college.
  그녀의 질병이 그녀에게서 대학에 갈 기회를 빼앗았다.
- My grandma rid the living room of the old furniture.
  나의 할머니는 거실에 있는 오래된 가구를 없앴다.
- This medicine will ease her of her headache. 이 약이 그녀의 두통을 진정시켜줄 것이다.
- The new secretary relived us of some of the paperwork.
  그 새로운 비서가 우리의 몇몇 업무를 덜어주었다.

❸ S + V(통고·확신하다) + 목적어 + of + 명사
　　　　　　　　　　　　　　　 A　　 B

| inform(notify) 알리다 | remind 상기시키다 | assure 확신시키다 |
| convince 확신시키다 | warn 경고하다 | accuse 고발하다 |

- She informed(notified) her customer of its address. 그녀는 그녀의 고객에게 그 주소를 알려주었다.
- This picture reminded her of her father. 그 사진이 그녀에게 아버지를 상기시켰다.
- They assured him of their innocence. 그들은 그에게 자신들의 무죄를 확신했다.
- He must convince his boss of his ability. 그는 그의 상사에게 자신의 능력을 확신시켜야만 한다.
- Many doctors warned him of drug abuse. 많은 의사들이 그에게 약물 남용을 경고했다.
- The customer accused the employee of his dishonest.
  그 고객은 그 직원이 정직하지 않아서 고발했다.

❹ S + V(비난 · 칭찬 · 감사하다) + <u>목적어</u> + for + <u>명사</u>
          A   B

blame 비난하다	criticize 비판하다	punish 벌하다
scold 꾸짖다	praise 칭찬하다	reward 보상하다
thank 감사하다		

- **The manager blamed(criticized) workers for their carelessness.**
  그 매니저는 노동자들을 그들의 부주의 때문에 비난했다.
- **They used to punish the criminal for not behaving correctly.**
  그들은 그 범죄자가 올바르게 행동을 하지 않은 것 때문에 처벌하곤 했다.
- **The teacher scolded the student for his laziness and rudeness.**
  그 선생님은 그 학생의 게으름과 무례함을 꾸짖었다.
- **The column praised a government official for the investment.**
  그 사설은 정부관료의 투자를 칭찬했다.
- **They rewarded her efforts for a cash bonus and vacation .**
  그들은 그녀의 노력을 현찰 보너스와 휴가로 보상했다.

❺ S + V(구별하다) + <u>목적어</u> + from + <u>명사</u>
          A   B

distinguish 구별하다	tell 구별하다	know 구별하다
discriminate 차별하다		

- **They cannot distinguish him from his classmate.** 그들은 그와 그의 학우를 구별할 수 없다.
- **The program is to discriminate letters from numbers.**
  그 프로그램은 문자와 숫자를 식별하는 것이다.
- **He can tell the right from the wrong.** 그는 옳고 그름을 구별할 수 있다.
- **Do you know my voice from his one?** 당신은 내 목소리와 그의 목소리를 구별할 수 있나요?

❻ S + V(탓으로 돌리다, 기인하다) + <u>목적어</u> + to + <u>명사</u>
                A   B

attribute, ascribe, owe ~탓으로 돌리다, 덕택[덕분]이다, ~ 때문이다

- **He attributed his error to his mom.** 그는 자신의 잘못을 엄마 탓으로 돌렸다.
- **He owes his success to hard work.** 그는 열심히 일한 덕분에 성공했다.

❼ S + V(막다, 못하게 하다) + 목적어 + from + 명사(ⓥ-ing)
              A   B

stop, keep, prevent, hinder, deter, discourage, prohibit 막다, 못하게 하다

- They kept their kids from attending the club.
  그들은 그들의 아이들이 그 클럽에 가입하는 것을 못하게 했다.
- The boss deterred the employee from smoking. 그 사장은 직원이 흡연하는 것을 못하게 했다.
- To prohibit them from entering the place is discrimination.
  그들이 그 곳에 들어가는 것을 막는 것은 차별이다.

❽ S + V(여기다, 간주하다) + 목적어 + as + 명사(형용사/분사)
              A   B

regard, see, view, look upon, think of, describe... 여기다, 간주하다

- The businessman thought of himself as a successful leader.
  그 사업가는 자신을 성공한 지도자라고 여겼다.
- Some people looked upon going to a shopping mall as luxury.
  몇몇 사람들은 쇼핑몰에 가는 것을 사치라고 여겼다.
- Describing him as 'king of kings' was not a good judgement.
  그를 '왕중왕'으로 묘사하는 것은 좋은 판단이 아니었다.

❷ 자동사로 착각하기 쉬운 타동사

어떤 동사들은 우리말로 해석할 때 마치 자동사처럼 해석이 되는데 이 때문에 타동사로 착각하기 쉬워진다. 그래서 공시영어에서는 이 부분을 시험 문제로 자주 출제하고 있다. 예를 들어 marry라는 동사는 우리말로 '~와 결혼하다'로 해석된다. 그래서 마치 marry 뒤에는 전치사 with가 와도 전혀 어색하지 않을 것 같지만 marry는 타동사이므로 전치사 없이 결혼하는 대상인 목적어가 바로 이어져야 한다.

① He entered the room quietly when I was sleeping.

② Humans have inhabited this area for thousands of years.

③ She greeted me with a warm smile.

④ I resemble my mother but my sister resembles her father.

① 그는 내가 자고 있는 동안 조용히 방으로 들어갔다.
enter ~로 들어가다

② 인간은 수천 년 동안 이 지역에서 거주해 왔다.
inhabit ~에서 살다, 거주하다

③ 그녀는 따뜻한 미소로 나를 맞이했다.
greet 인사하다, 맞이하다

④ 나는 어머니를 닮았지만 여동생은 아버지를 닮았다.
resemble ~를 닮다

🖐One Tip ➕ 자동사로 착각하기 쉬운 타동사

enter (~~into~~) ~에 들어가다
reach (~~at/in/to~~) ~에 도착하다
marry (~~with~~) ~와 결혼하다
discuss (~~about~~) ~에 대해 토론하다
answer (~~to~~) ~에 답하다
obey (~~to~~) ~에 복종하다
resemble (~~with~~) ~을 닮다
accompany (~~with~~) ~와 동행하다
await (~~for~~) ~를 기다리다
equal (~~to~~) ~과 같다
comprise (~~to~~) ~로 구성되다
promote (~~to~~) ~로 승진하다

attend (~~in/on~~) ~에 참석하다
approach (~~to~~) ~에 접근하다
access (~~to~~) ~에 접근하다
mention (~~about~~) ~에 대해 언급하다
follow (~~behind~~) ~의 뒤를 따르다
inhabit (~~in~~) ~에 살다, 거주하다
greet (~~to~~) ~에게 인사하다, 맞이하다
influence (~~on~~) ~에 영향을 주다
affect (~~on~~) ~에 영향을 끼치다
join (~~with~~) ~와 함께하다
oppose (~~to~~) ~에 반대하다

확인학습문제

01 다음 밑줄 친 부분 중 어법상 틀린 것은?

① She couldn't attend <u>to</u> the meeting due to illness.
② We are experimenting <u>with</u> a new teaching method.
③ I thought my professor could not account <u>for</u> this event.
④ I wish my mother would stop interfering <u>with</u> my own decisions.

02 다음 우리말을 영어로 옮긴 것 중 밑줄 친 부분이 틀린 것은?

① 대통령은 기자들에게 그 사실을 이야기하는 것을 거부했다.
　→ The president refused to speak <u>of</u> the fact to the journalists.
② 아이들이 자신의 의견을 표현하는 것을 막아서는 안 된다.
　→ Children should not be discouraged <u>from</u> expressing their opinions.
③ 그들은 친구들과 어울릴 때 결코 우리와 함께 동행하지는 않는다.
　→ They never accompany <u>with</u> us when they are hanging out with friends.
④ 그 시스템은 고용주들이 피고용인들의 요구에 유연하게 반응할 수 있게 해 준다.
　→ The system enables employers to respond <u>to</u> flexibly the needs of their employees.

03 다음 밑줄 친 부분 중 어법상 적절하지 않은 것은?

① Polar bears inhabit <u>in</u> the Arctic region.
② A number of features know this species <u>from</u> others.
③ The new secretary will relieve us <u>of</u> some paperworks.
④ The hospital has to provide patients <u>with</u> the best medical service.

확인학습문제 Answer & Review

01 다음 밑줄 친 부분 중 어법상 틀린 것은?

① She couldn't attend <u>to</u> the meeting due to illness.
② We are experimenting <u>with</u> a new teaching method.
③ I thought my professor could not account <u>for</u> this event.
④ I wish my mother would stop interfering <u>with</u> my own decisions.

해설 ① attend는 타동사로서 전치사 없이 바로 목적어가 위치해야 하므로 전치사 **to**를 없애야 한다.
② experiment with는 '~을 실험하다'의 의미를 갖는 구동사이므로 전치사 **with**의 사용은 어법상 옳다.
③ account for는 '~을 설명하다'의 의미를 갖는 구동사이므로 전치사 **for**의 사용은 어법상 적절하다.
④ interfere는 '~을 방해하다'의 의미를 갖는 구동사이므로 전치사 **with**의 사용은 어법상 옳다.

해석 ① 그녀는 병 때문에 회의에 참석하지 못했다.
② 우리는 새로운 교수법을 시험해보고 있다.
③ 나는 교수님이 이 행사를 설명할 수 없다고 생각했다.
④ 나는 엄마가 내 자신의 결정을 방해하는 것을 멈추기를 소망한다.

어휘 due to ~ 때문에   method 방법   professor 교수   decision 결정, 결심

02 다음 우리말을 영어로 옮긴 것 중 밑줄 친 부분이 틀린 것은?

① 대통령은 기자들에게 그 사실을 이야기하는 것을 거부했다.
 → The president refused to speak <u>of</u> the fact to the journalists.
② 아이들이 자신의 의견을 표현하는 것을 막아서는 안 된다.
 → Children should not be discouraged <u>from</u> expressing their opinions.
③ 그들은 친구들과 어울릴 때 결코 우리와 함께 동행하지는 않는다.
 → They never accompany <u>with</u> us when they are hanging out with friends.
④ 그 시스템은 고용주들이 피고용인들의 요구에 유연하게 반응할 수 있게 해 준다.
 → The system enables employers to respond <u>to</u> flexibly the needs of their employees.

해설 ③ accompany는 타동사로서 전치사 없이 바로 목적어가 위치해야 하므로 전치사 **with**를 없애야 한다.
① speak of는 '~에 대하여 말하다'의 의미를 갖는 구동사이므로 전치사 **of**의 사용은 어법상 옳다.
② discourage A from B의 수동구문으로 전치사 **from**의 사용은 어법상 적절하다.
④ respond to는 '~에 반응하다'의 의미를 갖는 구동사이므로 전치사 **to**의 사용은 어법상 적절하다.

어휘 refuse 거절[거부]하다   journalist 기자   discourage A from B A가 B하는 것을 막다, 못하게 하다   express 표현하다   opinion 의견, 견해   accompany ~와 동행하다   hang out with ~와 어울리다[놀다]   enable 할 수 있게 하다   employer 고용주   respond to ~에 반응하다(= react to)   flexibly 유연하게   employee 직원, 피고용인

정답

01 ①   **02** ③

03 다음 밑줄 친 부분 중 어법상 적절하지 않은 것은?

① Polar bears inhabit <u>in</u> the Arctic region.
② A number of features know this species <u>from</u> others.
③ The new secretary will relieve us <u>of</u> some paperworks.
④ The hospital has to provide patients <u>with</u> the best medical service.

해설 ① inhabit는 타동사로 전치사 없이 바로 목적어가 위치해야 하므로 전치사 in을 없애야 한다.
② discriminate A from B 구문을 묻고 있다. 따라서 어법상 옳다.
③ relieve A of B 구문을 묻고 있다. 따라서 어법상 적절하다.
④ provide A with B 구문을 묻고 있다. 따라서 어법상 옳다.

해석 ① 북극곰은 북극 지역에 산다.
② 많은 특징들이 이 종과 다른 종들을 구별해 준다.
③ 그 새 비서가 우리의 문서 업무를 덜어 줄 것이다.
④ 그 병원은 최고의 의료 서비스를 환자에게 제공해야 한다.

어휘 inhabit ~에서 살다 a number of 많은 feature 특징, 특색
know A from B A와 B를 구별[식별]하다 species 종 secretary 비서
relieve A of B A에게 B를 덜어주다[완화시켜주다] paperwork 문서 업무
have to ⓥ ⓥ해야 한다 provide A with B A에게 B를 제공하다

정답
03 ①

04 수여동사와 4형식 문장 구조

4형식 수여동사는 '주다'의 의미를 지니고 있고 '누구에게(간접 목적어 → 주로 사람)'와 '무엇을(직접 목적어 → 주로 사물)'이라는 두 개의 목적어를 필요로 한다. 또한 4형식 문장에서는 두 목적어의 위치를 바꿀 수 있으며, 이때 직접 목적어가 앞에 나오면 간접 목적어 앞에는 전치사가 필요하다.

① I gave him a chance to explain.

② They bought us tickets to the concert.

③ The student asked the teacher a difficult question.

① 나는 그에게 설명할 기회를 주었다.
chance 기회, 가능성
explain 설명하다

② 그들은 우리에게 콘서트 티켓을 사 주었다.

③ 그 학생은 선생님에게 어려운 질문을 했다.

4형식 문법포인트
1. 3형식 전환 시 전치사 선택
2. 4형식 착각동사
3. 직접 목적어 자리에 **that**절 사용

One Tip 3형식 문형으로의 전환 시 전치사 선택

❶ give류 동사 : S + V + I.O + D.O → S + V + D.O + to + I.O

give 주다	show 보여 주다	allow 허락해 주다	grant 수여하다
sell 팔다	offer 제공하다	hand 건네주다	pass 건네주다
owe 빚지다	pay 지불하다	promise 약속하다	send 보내다
bring 가지고 오다	teach 가르쳐 주다	lend 빌려주다	tell 말해 주다

• She gave me a pen. → She gave a pen to me. 그녀는 나에게 펜을 주었다.

❷ buy류 동사 : S + V + I.O + D.O → S + V + D.O + for + I.O

| buy 사 주다 | order 주문·부탁해 주다 | make 만들어 주다 | prepare 준비해 주다 |
| find 찾아 주다 | build 지어 주다 | fix 고쳐 주다 | cut 잘라 주다 |

• I bought him a book. → I bought a book for him. 나는 그에게 책을 사 주었다.

❸ ask 동사 : S + V + I.O + D.O → S + V + D.O + of + I.O

| ask 묻다 |

• I asked her a question. → I asked a question of her. 나는 그녀에게 질문을 하였다.

❶ 4형식 동사로 착각하기 쉬운 3형식 동사

어떤 동사들은 우리말로는 '~에게 …을 하다'의 식으로 4형식 동사처럼 해석할 수 있지만 영어에서는 반드시 3형식 구조를 취해야 하는 동사(완전 타동사)들이 있다. 공시에서 자주 출제되는 유형이므로 잘 정리할 수 있어야 한다.

① He suggested me a good dictionary. (×)
  → He suggested a good dictionary to me. (○)

② Johnson explained me the situation. (×)
  → Johnson explained to me the situation. (○)

③ You can borrow him ten books at any time. (×)
  → You can borrow ten books from him at any time. (○)

① 그는 나에게 좋은 사전을 추천해 주었다.

② **Johnson**이 나에게 그 상황을 설명해 주었다.

③ 당신은 언제든지 그에게 열 권의 책을 빌릴 수 있다.

One Tip 4형식 동사로 착각하기 쉬운 3형식 동사

announce 알리다	**explain** 설명하다	**suggest** 제안하다	**confess** 고백하다
describe 묘사하다	**introduce** 소개하다	**borrow** 빌리다	**say** 말하다
propose 제안하다	**mention** 언급하다	**notify** 알리다	**recommend** 추천하다

❷ 직접 목적어 자리에 that절을 사용할 수 있는 동사

어떤 동사들은 직접 목적어 자리에 **that**절을 사용할 수 있는데 그 동사들은 다음과 같다.

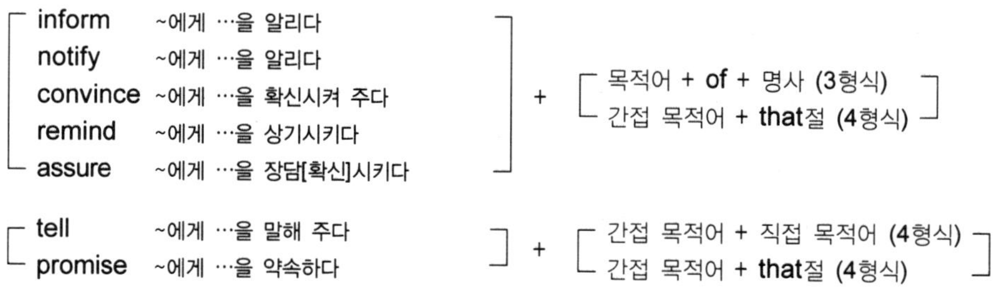

① The supporters informed the police of the date for the demonstration.

② I informed her that the meeting had been delayed.

③ The advertisement told us the information of the product for sale.

④ He told her that he saw the terrible scene in the street.

① 그 지지자들은 경찰에게 시위 날짜를 알렸다.

② 나는 그녀에게 회의가 연기됐다고 알렸다.

③ 그 광고는 우리에게 판매 상품에 대한 정보를 말해 주었다.

④ 그는 그녀에게 그가 길에서 끔찍한 장면을 보았다고 말했다.

01 다음 밑줄 친 부분 중 어법상 가장 적절한 것은?

① He borrowed <u>her</u> money to install the new program.

② She cut a piece of bread <u>for</u> her son in the morning.

③ She suggested <u>him</u> that he should see a doctor soon.

④ The company informed <u>to</u> customers that prices would rise.

02 다음 밑줄 친 부분 중 어법상 틀린 것은?

① The professor <u>told the students that</u> the exam was next week.

② He <u>reminded us that</u> the deadline of the homework was tomorrow.

③ You will <u>notify that</u> your application for the program has been accepted.

④ You must have thought I did it deliberately, but I <u>assure you that</u> I did not.

확인학습문제 Answer & Review

01 다음 밑줄 친 부분 중 어법상 가장 적절한 것은?

① He borrowed <u>her</u> money to install the new program.
② She cut a piece of bread <u>for</u> her son in the morning.
③ She suggested <u>him</u> that he should see a doctor soon.
④ The company informed <u>to</u> customers that prices would rise.

해설 ② cut은 4형식 동사로 3형식으로 전환할 때 전치사 for가 필요하다. 따라서 for의 사용은 어법상 적절하다.
① borrow는 3형식 동사이므로 4형식 구조를 취할 수 없다. 따라서 her 앞에 전치사 from이 있어야 한다.
③ suggest는 3형식 동사이므로 4형식 구조를 취할 수 없다. 따라서 him 앞에 전치사 to가 있어야 한다.
④ inform은 4형식 구조(inform + 목적어 + that + S + V~)로도 사용될 수 있으므로 전치사 to를 없애야 한다.

해석 ① 그는 새로운 프로그램을 설치하기 위해서 그녀에게 돈을 빌렸다.
② 아침에 그녀는 빵 한 조각을 잘라 아들에게 주었다.
③ 그녀는 빨리 그가 병원에 가야 한다고 제안했다.
④ 그 회사는 고객들에게 가격이 오를 것이라고 알렸다.

어휘 borrow 빌리다   install 설치하다   suggest 제안하다   inform 알리다   customer 고객   rise 오르다

02 다음 밑줄 친 부분 중 어법상 틀린 것은?

① The professor <u>told the students that</u> the exam was next week.
② He <u>reminded us that</u> the deadline of the homework was tomorrow.
③ You will <u>notify that</u> your application for the program has been accepted.
④ You must have thought I did it deliberately, but I <u>assure you that</u> I did not.

해설 ③ notify는 4형식 구조(notify + 목적어 + that + S + V~)로 사용해야 하므로 문맥상 notify는 be notified로 고쳐 써야 한다.
① tell은 4형식 구조(tell + 목적어 + that + S + V~)로 사용될 수 있으므로 어법상 적절하다.
② remind는 4형식 구조(remind + 목적어 + that + S + V~)로 사용될 수 있으므로 어법상 옳다.
④ assure는 4형식 구조(assure + 목적어 + that + S + V~)로 사용될 수 있으므로 어법상 적절하다.

해석 ① 그 교수님은 학생들에게 시험이 다음 주라고 말했다.
② 그는 우리에게 숙제 마감일이 내일이라는 것을 상기시켰다.
③ 당신의 프로그램 지원서가 승인되었음을 통보받게 될 것이다.
④ 당신은 내가 일부러 그랬다고 생각할 수 있겠지만, 장담하건대 그렇지 않다.

어휘 borrow 빌리다   remind 상기시키다   deadline 마감일   notify 알리다
application 지원서   accept 받아들이다, 수락하다   deliberately 일부러, 고의로
assure 확신[장담]시키다

정답

01 ②   **02** ③

05 불완전 타동사와 5형식 문장 구조(S + V + O + O.C)

타동사 뒤에 목적어를 보충해 주는 목적격 보어가 있는 문장을 5형식 문장 구조라 하며, 이러한 목적격 보어가 필요한 타동사를 불완전 타동사라 한다. 그리고 5형식 문장 구조에서 목적격 보어 자리에는 명사, 형용사, to부정사, 원형부정사(to가 없는 부정사) 그리고 분사(현재분사, 과거분사) 등이 쓰일 수 있다.

① 사람들은 그를 대통령으로 선출했다.
elect 선출하다

① People elected him president.

② 그 소녀는 그녀의 아빠를 행복하게 만들었다.

② The girl made her father happy.

③ 나는 당신이 나에게 일자리를 찾아 주기를 원한다.

③ I want you to find me a job.

④ 이것이 항상 나를 화나게 했다.

④ This always made me get angry.

⑤ 그는 그녀가 무언가를 훔치는 것을 보았다.

⑤ He watched her stealing something.

⑥ 그 땅이 개발되지 못하게 해 주세요.
develop 발전[개발]시키다, 발달[개발]하다

⑥ Please keep the land undeveloped.

❶ S + V + O + O.C(O.C = 명사)

5형식 동사 중에는 목적격 보어 자리에 명사가 오는 경우가 있다. 이때 목적격 보어 자리에 신분이나 지위를 나타내는 명사로 무관사 명사가 올 수 있다.

① They often called the politician a liar.

② Mr. President appointed him Secretary of Defense.

③ The group elected one of its members spokesperson.

④ American people address the judge 'Your Honor' in the court.

① 그들은 그 정치가를 거짓말쟁이라 자주 불렀다.
politician 정치가
liar 거짓말쟁이

② 대통령은 그를 국방부 장관으로 임명했다.
Mr. President 대통령
appoint 임명하다
Secretary 장관
Secretary of Defense 국방부 장관
defense 방어

③ 그 그룹은 멤버들 중 한 명을 대변인으로 선출했다.
elect 선출하다
spokesperson 대변인
(= spokesman)

④ 미국인들은 판사를 법정에서 'Your Honor(존경하는 재판장님)'라고 부른다.
address 부르다; 다루다
judge 판사; 판단하다
honor 명예
court 법정, 법원

One Tip 목적격 보어 자리에 명사가 오는 경우

call(부르다), name(이름 짓다), elect(선출하다), appoint(임명하다), consider(여기다, 간주하다), make(만들다), address(부르다) + O + O.C(= 명사)

Two Tip 4형식과 5형식의 구별

• She made me a dress. (4형식)
 (간접 목적어 me ≠ 직접 목적어 a dress)

• She made me a doctor. (5형식)
 (목적어 me = 목적격 보어 a doctor)

❷ S + V + O + O.C(O.C = 형용사)

5형식 동사 중에는 목적격 보어 자리에 형용사가 오는 경우가 있다. 이때 주의해야 할 것은 목적격 보어 자리에 부사는 사용할 수 없다는 것이다.

① I found him honest.

② Too much stress made him sick.

③ You must not leave the little boy alone.

④ You don't have to consider her responsible for this accident.

① 나는 그가 정직하다는 것을 알게 되었다.

② 너무도 큰 스트레스가 그를 아프게 했다.

③ 당신은 그 어린 소년을 혼자 놔두면 안 된다.

④ 당신은 이 사고의 책임이 그녀에게 있다고 할 필요가 없다.
don't have to ~할 필요가 없다
responsible 책임이 있는, 책임지는

One Tip 목적격 보어 자리에 형용사가 오는 5형식 동사

make 만들다, ~하게 하다	**find** 발견하다, 알다	**keep** 유지하다, 지키다
leave 남겨 두다	**consider** 여기다, 간주하다	

③ S + V + O + O.C(O.C = to ⓥ)

5형식 동사 중에는 목적격 보어 자리에 to ⓥ가 오는 경우가 있다. 이때 주의해야 할 것은 to ⓥ 자리에 동사원형이나 ⓥ-ing는 사용할 수 없다는 것이다.

① The police officer told the woman to drive slowly.

② I expect you to find me a job as soon as possible.

③ The doctor allowed me to leave the hospital.

④ Her father forbade me to marry her at that moment.

⑤ Everyone pushed my car and finally got it to start.

⑥ The coach asked the players to be active in the field.

⑦ The teacher encouraged Bill to study abroad.

⑧ Americans think number 13 to be unlucky.

① 경찰관이 그 여성에게 운전을 천천히 하라고 지시했다.
police officer 경찰관
drive 운전하다

② 나는 당신이 가능한 한 빨리 나에게 직업을 찾아 주기를 기대한다.
expect 기대하다
job 직업, 일
as soon as possible 가능한 한 빨리

③ 의사는 나에게 병원을 떠나도록 했다(퇴원 조치를 시켰다).
leave the hospital 퇴원하다

④ 그녀의 아버지는 당시에 내가 그녀와 결혼하는 것을 막았다.
forbid(−forbade−forbidden) 금지하다
at that moment 그 당시에, 그때, 그 순간에

⑤ 모두가 내 차를 밀어 주어 마침내 시동이 걸렸다.
start 시동 걸다

⑥ 그 코치는 선수들에게 경기장에서 적극적이기를 요구했다.
player (운동)선수
active 활동적인, 적극적인
field 경기장

⑦ 선생님은 **Bill**이 해외로 유학 가기를 격려했다.
encourage 격려하다
abroad 해외로
study abroad 해외로 유학하다

⑧ 미국인들은 **13**이란 숫자를 불길한 숫자로 여긴다.

One Tip S + V + O + to ⓥ

명령·지시 동사	**tell, instruct**(지시하다), **order**(명령하다), **command**(명령하다)
소망·기대 동사	**want, like, expect**(기대하다), **long for**(갈망하다)
허락·금지 동사	**allow, permit**(허락하다), **forbid**(금하다)
강요(~하게 하다) 동사	**force, get, cause, compel, impel, drive, push, oblige**(의무적으로 …하게 하다)
요구[요청] 동사	**ask, beg, require**(요구하다)
설득·격려 동사	**persuade, induce**(설득하다), **advise**(충고하다), **encourage, inspire**(격려하다), **enable**(할 수 있게 하다)
인지 동사	**perceive**(감지하다), **consider**(여기다, 간주하다), **think, believe**

❹ S + V + O + O.C(O.C = 원형부정사/ⓥ–ing)

지각동사나 사역동사(~하게 하다, 시키다)는 목적어 다음 목적격 보어 자리에 to부정사(to ⓥ)를 사용할 수 없고, to부정사 대신 동사원형이나(원형부정사나) 분사(현재분사, 과거분사)를 사용해야 한다.

① 그는 그의 아들을 아침 일찍 일어나게 했다.

① He made his son wake up early In the morning.

② 그 사업가는 그녀가 급하게 집으로 들어가는 것을 알아차렸다.

② The businessman noticed her enter the house in a hurry.

③ 나는 한 여성이 길을 건너고 있는 걸 보았다(길 건너는 순간).
[참고] 나는 한 여성이 길을 건너가는 것을 보았다(길 건너는 내내).

③ I saw a girl crossing the street.
　[참고] I saw a girl cross the street.

④ 그 책은 당신이 영문법을 이해할 수 있도록 도울 것입니다.
grammar 문법

④ The book will help you (to) understand English grammar.

One Tip S + V + O + **원형부정사**/ⓥ-ing

❶ **사역동사** + O + **원형부정사(to 없는 부정사)**
　→ have, make, let

❷ **지각동사** + O + **원형부정사(to 없는 부정사)**/ⓥ-ing
　→ hear, listen to, feel, see, watch, notice, observe

❸ **기타 동사** + O + ⓥ-ing
　→ keep, find, leave, imagine, catch

❹ help + O + ⌐ to ⓥ (BrE)
　　　　　└ ⓥ (AmE)

5 S + V + O + O.C(O.C = ⓥed)

5형식 동사는 목적격 보어 자리에 과거분사(ⓥed)를 사용해야 하는 경우가 있는데, 이때는 목적어와 목적격 보어(ⓥed)의 관계가 수동(뒤에 목적어가 없는)이 된다.

① He made the watch repaired in the shop.

② I want the problem solved at the same time.

③ James saw his house flooded about five feet high.

① 그는 그 가게에서 시계를 고쳤다.
repair 고치다, 수리하다

② 나는 그 문제가 동시에 해결되길 바란다.
at the same time 동시에

③ **James**는 자신의 집이 5피트 정도 물에 잠긴 것을 보았다.
flooded 물에 잠긴

One Tip⁺ 목적격 보어 자리에 과거분사가 오는 5형식 구조의 해석 요령

'목적어가 목적격 보어되다(당하다 → 수동 느낌)' 정도로 해석하면 된다.

① I wanted the problem solved at the same time.
나는 그 문제가 한 번에 해결되기를 원했다.

② His use of technical terms left his audience confused.
그가 전문 용어를 사용해서 관객들은 혼란스러웠다.

Two Tip⁺ 능동·수동의 관계

목적격 보어 자리에 to ⓥ(to부정사)나 ⓥ-ing(현재분사) 그리고 ⓥ(원형부정사)는 능동(뒤에 목적어가 있어야 한다)의 관계이고, ⓥed(과거분사)는 수동(뒤에 목적어가 없어야 한다)의 관계가 된다.

• The police caught the robber [stealing / stolen] a car.
그 경찰관은 차를 훔치는 도둑을 체포했다.

• I made the work [finish / finished] by tomorrow.
나는 내일까지 그 일을 마치도록 시켰다.

• Some of the guests kept their meal [untouching / untouched].
손님 중 몇몇은 음식에 손도 대지 않았다.

정답 **stealing / finished / untouched**

확인학습문제

01 **다음 우리말을 영어로 옮긴 것 중 밑줄 친 부분이 틀린 것은?**

① 그 위원회는 회원들 중 한 명을 부회장으로 선출했다.

→ The committee elected one of its members <u>vice-chairman</u>

② 그는 이 문제가 그에게 책임이 없다고 여겨서는 안 된다.

→ He must not consider him <u>irresponsible</u> for this problem.

③ 우리는 그 어린 소년들에게 음악소리를 줄여 줄 것을 요청했다.

→ We asked the little boys <u>to turn</u> the music down.

④ 쇼핑객들이 더 많은 물건을 사도록 부추기는 데 음악이 사용된다.

→ Music is used to encourage shoppers <u>buying</u> more items.

02 **다음 밑줄 친 부분 중 어법상 가장 적절한 것은?**

① They left all the desk drawers <u>locked</u>.

② Do you have the windows <u>clean</u> every month?

③ Don't leave the children <u>roamed</u> outside in the hot sun.

④ She smelled strange and saw smoke <u>risen</u> from the oven.

확인학습문제 **Answer & Review**

01 다음 우리말을 영어로 옮긴 것 중 밑줄 친 부분이 틀린 것은?

① 그 위원회는 회원들 중 한 명을 부회장으로 선출했다.
→ The committee elected one of its members <u>vice-chairman</u>
② 그는 이 문제가 그에게 책임이 없다고 여겨서는 안 된다.
→ He must not consider him <u>irresponsible</u> for this problem.
③ 우리는 그 어린 소년들에게 음악소리를 줄여 줄 것을 요청했다.
→ We asked the little boys <u>to turn</u> the music down.
④ 쇼핑객들이 더 많은 물건을 사도록 부추기는 데 음악이 사용된다.
→ Music is used to encourage shoppers <u>buying</u> more items.

해설 ④ encourage는 5형식 동사로서 목적격 보어 자리에 to ⓥ를 사용해야 한다. 따라서 buying을 to buy로 바꿔야 한다.
① elect는 5형식 동사로서 목적격 보어 자리에 명사를 사용할 수 있고 이때 그 명사가 신분이나 지위를 나타내는 경우에는 관사를 사용하지 않아도 된다. 따라서 어법상 적절하다.
② 이 문장에서 think는 5형식 인지동사로 목적어(him) 다음 목적격 보어 자리에 형용사 보어 (irresponsible)가 위치하므로 어법상 적절하다.
③ ask는 5형식 동사로 목적격 보어 자리에 to ⓥ를 사용해야 한다. 따라서 어법상 적절하다.

어휘 committee 위원회 vice-chairman 부의장[회장] irresponsible 책임이 없는, 무책임한 (↔ responsible 책임지는) turn down 거절하다; (소리 등을) 낮추다, 줄이다
be used to ⓥ ⓥ하는 데 사용되다

02 다음 밑줄 친 부분 중 어법상 가장 적절한 것은?

① They left all the desk drawers <u>locked</u>.
② Do you have the windows <u>clean</u> every month?
③ Don't leave the children <u>roamed</u> outside in the hot sun.
④ She smelled strange and saw smoke <u>risen</u> from the oven.

해설 ① leave는 5형식 동사로 목적격 보어 자리에 현재분사나 과거분사 둘 다 사용할 수 있는데, 목적격 보어 다음에 의미상 목적어가 없으므로 locked의 사용은 어법상 적절하다.
② 사역동사 have는 목적격 보어 자리에 원형부정사나 과거분사가 필요하다. clean은 언뜻 보면 어법상 적절해 보이지만 clean 뒤에 목적어가 없으므로 clean은 cleaned로 고쳐 써야 한다.
③ leave는 5형식 동사로 목적격 보어 자리에 ⓥ-ing나 형용사가 필요하다. roam은 자동사이므로 수동의 형태로 취할 수 없다. 따라서 roam을 능동의 형태 roaming으로 바꿔야 한다.
④ 지각동사 saw 다음 목적격 보어 자리에 rise는 자동사이므로 수동의 형태는 불가하다. 따라서 risen을 rising이나 rise로 고쳐 써야 한다.

해석 ① 그들은 모든 책상 서랍을 잠가 두었다.
② 당신은 매달 창문을 닦게 합니까?
③ 뜨거운 태양 아래 아이들이 밖에서 배회하게 해서는 안 된다.
④ 그녀는 이상한 냄새를 맡았고 오븐에서 연기가 나는 것을 보았다.

어휘 drawer 서랍 every month 매달 roam 배회하다 strange 이상한, 낯선
smoke 흡연(하다); 연기 rise 오르다

정답

01 ④ **02** ①

01 밑줄 친 부분에 들어갈 말로 가장 적절한 것을 고르시오.

> By 1955 Nikita Khrushchev ______________ as Stalin's successor in the Russia.

① emerged
② was emerged
③ had emerged
④ had been emerged

02 다음 밑줄 친 부분 중 어법상 틀린 것은?

> The anthropology professor who always compels us ① <u>to do</u> our research paper on time notified us ② <u>that</u> China failed to welcome Taiwanese refugees after the war, which caused many Taiwanese ③ <u>immigrate</u> around the world. The reason is that Taiwanese ④ <u>borrowed</u> from other Asian countries much money but they didn't pay back.

03 다음 밑줄 친 부분 중 어법상 틀린 것은?

Franklin Roosevelt was President of the United States at a time when great changes ① <u>occurred</u> in the nation. American business was growing ② <u>rapidly</u>. At the same time, people didn't want to inhabit the detestable working condition. While he worked in Congress, he suggested laws that ③ <u>was lain</u> a high protective tariff or tax. He also proposed all Congress members be kept thoroughly ④ <u>responsible</u> for them.

04 밑줄 친 부분에 들어갈 말로 가장 적절한 것을 고르시오.

Blue Planet II, a nature documentary produced by the BBC, left viewers heartbroken after showing the extent to which plastic ___________ the ocean.

① affect
② affects
③ affect on
④ affects on

05 밑줄 친 부분 중 어법상 틀린 것은?

① I <u>feel happy</u> whenever I saw her.

② Especially, in summer, foods <u>go bad</u> easily.

③ You turn pale and your voice <u>sounds strange</u>.

④ Since the yesterday argument, they'<u>ve grown distantly</u>.

06 밑줄 친 부분에 들어갈 말로 가장 적절한 것을 고르시오.

> I _______________ that making pumpkin cake from scratch won't be easy or convenient.

① convinced   ② convince

③ was convinced   ④ am convinced

07 **다음 우리말을 영어로 옮긴 것 중 밑줄 친 부분이 틀린 것은?**

① 제가 누군가를 시켜 그 일을 처리해 드리겠습니다.

   → I'll have someone <u>take</u> care of it.

② 나는 당신이 그곳에 주유하러 가는 것을 보고 있었다.

   → I've noticed you <u>going</u> there for fuel.

③ 관용어를 이해하는 것은 언어를 배우는 데 도움이 될 수 있다.

   → To understand idioms can help you <u>to learn</u> the language.

④ 나는 그녀의 아버지가 한 말을 그녀에게 명심시키겠다.

   → I'll make her <u>keeping</u> in mind what her father said.

08 **밑줄 친 (A), (B)에 들어갈 말로 가장 적절한 것은?**

> Some of the rare plants that _____(A)_____ the area _____(B)_____ in danger
> of extinction.

	(A)	(B)
①	reside in	are lain
②	reside	are lain
③	reside in	lie
④	reside	lie

09 다음 우리말을 영어로 옮긴 것 중 어법상 틀린 것은?　　　　2021. 지방직 9급

① 그의 소설들은 읽기가 어렵다.

→ His novels are hard to read.

② 학생들을 설득하려고 해 봐야 소용없다.

→ It is no use trying to persuade the students.

③ 나의 집은 5년마다 페인트칠된다.

→ My house is painted every five years.

④ 내가 출근할 때 한 가족이 위층에 이사 오는 것을 보았다.

→ As I went out for work, I saw a family moved in upstairs.

10 다음 문장 중 어법상 가장 옳지 않은 것은?　　　　2019. 지방직 9급

① John told Mary that he would leave early.

② John believed Mary that she would feel happy.

③ John promised Mary that he would clean his room.

④ John reminded Mary that she should get there early.

01 밑줄 친 부분에 들어갈 말로 가장 적절한 것을 고르시오.

> By 1955 Nikita Khrushchev _______________ as Stalin's successor in the Russia.

① emerged
② was emerged
③ had emerged
④ had been emerged

해설 ① 과거표시부사구 **1955**가 있으므로 시제는 과거시제가 필요하고 **emerge**는 **1**형식 자동사이므로 수동이 불가하다. 따라서 빈칸에 들어가기에 가장 적절한 것은 **emerged**이다.

해석 **1955**년까지 **Nikita Khrushchev**는 러시아에서 스탈린의 후계자로 등장했다.

01
emerge 나오다, 나타나다
successor 후계자, 계승자

02 다음 밑줄 친 부분 중 어법상 틀린 것은?

> The anthropology professor who always compels us ① to do our research paper on time notified us ② that China failed to welcome Taiwanese refugees after the war, which caused many Taiwanese ③ immigrate around the world. The reason is that Taiwanese ④ borrowed from other Asian countries much money but they didn't pay back.

해설 ③ 'cause + O + to ⓥ' 구문을 묻고 있다. 따라서 동사원형 **immigrate**를 **to immigrate**로 고쳐 써야 한다.
① 'compel + O + to ⓥ' 구문을 묻고 있다. 따라서 **to do**는 어법상 적절하다.
② **notify**가 **4**형식 구조로 사용될 때에는 **notify + O + (that) + S + V**가 된다. 따라서 접속사 **that**은 어법상 적절하다.
④ **borrow**는 **3**형식 동사이므로 전치사구(**from ~ countries**) 다음 목적어(**much money**)를 사용하는 것은 어법상 옳다.

해석 늘 논문을 제 시간에 써야 한다고 강요하는 인류학 교수님께서 중국이 전쟁 이후 대만 사람들이 세계 도처에 이주하게 된 것이 대만 난민들을 받아들이지 않았기 때문이라고 말씀하셨다. 그 이유는 대만인들이 아시아 국가들로부터 많은 돈을 빌렸지만 갚지 않았기 때문이다.

02
anthropology 인류학
compel 강요하다
on time 정각에, 제 시간에
notify 알리다
Taiwanese 대만사람(의)
refugee 난민, 망명자
immigrate 이주해 오다
*****emigrate** 이민가다
borrow 빌리다

▶정답◀
01 ① **02** ③

03
occur 일어나다, 발생하다
rapidly 빠르게, 신속하게
at the same time 동시에
inhabit 살다, 거주하다
detestable 혐오스러운
Congress 의회, 국회
protective 보호하는
tariff 관세
thoroughly 철저하게, 철저히

03 다음 밑줄 친 부분 중 어법상 틀린 것은?

Franklin Roosevelt was President of the United States at a time when great changes ① <u>occurred</u> in the nation. American business was growing ② <u>rapidly</u>. At the same time, people didn't want to inhabit the detestable working condition. While he worked in Congress, he suggested laws that ③ <u>was lain</u> a high protective tariff or tax. He also proposed all Congress members be kept thoroughly ④ <u>responsible</u> for them.

해설 ③ lie는 1형식 동사이므로 수동의 형태를 취할 수 없다. 따라서 was lain은 문맥상 (should) lay로 고쳐 써야 한다.
① occur는 1형식 동사이므로 능동의 형태는 어법상 적절하고 과거사실에 대한 설명이므로 과거시제 역시 어법상 옳다.
② 1형식 동사 grow 다음 부사 rapidly의 사용은 어법상 적절하다.
④ 5형식 동사 keep 다음 형용사보어의 사용은 어법상 적절하다. 참고로 부사 thoroughly는 형용사 responsible을 수식하고 있다.

해석 Franklin Roosevelt는 국가에서 큰 변화가 일어났던 시기에 미국의 대통령이 되었다. 미국 사업은 빠르게 성장했다. 동시에, 사람들은 노동자들의 혐오스러운 작업 조건이 개선될 것을 요구하기 시작했다. 국회 개회동안 그는 높은 관세 또는 세금을 보호하는 법률을 제안했다. 그는 또한 모든 국회의원들이 그 법안에 철저히 책임질 것을 제안했다.

04
heartbroken 마음 아프게 하는, 비통해 하는
extent 정도, 범위
affect ~에 영향을 미치다

04 밑줄 친 부분에 들어갈 말로 가장 적절한 것을 고르시오.

Blue Planet II, a nature documentary produced by the BBC, left viewers heartbroken after showing the extent to which plastic ___________ the ocean.

① affect
② affects
③ affect on
④ affects on

해설 ② affect는 타동사로서 전치사 없이 바로 목적어가 필요하고 또한 주어가 단수명사(plastic)이므로 단수동사가 있어야 한다. 따라서 빈칸에 들어가기에 가장 적절한 것은 affects이다.

해석 BBC에 의해 제작된 자연 다큐멘터리 <Blue Planet II>는 플라스틱이 바다에 영향을 미치는 정도를 방영한 뒤 시청자들을 마음 아프게 했다.

정답
03 ③ 04 ②

05 밑줄 친 부분 중 어법상 틀린 것은?

① I <u>feel happy</u> whenever I saw her.

② Especially, in summer, foods <u>go bad</u> easily.

③ You turn pale and your voice <u>sounds strange</u>.

④ Since the yesterday argument, they<u>'ve grown distantly</u>.

해설 ④ 2형식 동사 grow 다음 형용사보어가 필요하므로 부사 distantly는 형용사 distant로 고쳐 써야 한다.
① 2형식 감각동사 feel 다음 형용사보어 happy의 사용은 어법상 적절하다.
② 2형식 동사 go 다음 형용사보어 bad의 사용은 어법상 옳다.
③ 2형식 감각동사 sound 다음 형용사보어 strange의 사용은 어법상 적절하다.

해석 ① 나는 그녀를 볼 때마다 행복하다.
② 특히, 여름에는 음식이 쉽게 상한다.
③ 당신은 안색이 창백해 보이고 목소리도 이상하게 들린다.
④ 어제의 논쟁 이후로 그들은 멀어졌다.

05
whenever ~할 때마다
go bad (음식이) 상하다
pale 창백한 (**turn pale** 창백해지다)
strange 이상한, 낯선
argument 논쟁
distant (거리가) 먼
*****grow distant** 멀어지다

06 밑줄 친 부분에 들어갈 말로 가장 적절한 것을 고르시오.

> I ________________ that making pumpkin cake from scratch won't be easy or convenient.

① convinced

② convince

③ was convinced

④ am convinced

해설 종속절의 동사시제가 미래시제(won't)이므로 주절의 시제는 현재시제여야 하고 convince A that S + V 구조를 묻고 있으므로 빈칸에 들어가기에 가장 적절한 것은 am convinced이다.

해석 아무 준비 없이 호박 케이크를 만드는 것은 쉽지도 편리하지도 않을 거라고 나는 확신했다.

06
convince 확신시키다
from scratch 아무 준비 없이;
맨 처음부터
convenient 편리한

05 ④ **06** ④

07
take care of 돌보다, 처리하다
fuel 연료
idiom 관용어, 숙어
language 언어, 말
keep in mind 명심하다

07 **다음 우리말을 영어로 옮긴 것 중 밑줄 친 부분이 틀린 것은?**

① 제가 누군가를 시켜 그 일을 처리해 드리겠습니다.

→ I'll have someone <u>take</u> care of it.

② 나는 당신이 그곳에 주유하러 가는 것을 보고 있었다.

→ I've noticed you <u>going</u> there for fuel.

③ 관용어를 이해하는 것은 언어를 배우는 데 도움이 될 수 있다.

→ To understand idioms can help you <u>to learn</u> the language.

④ 나는 그녀의 아버지가 한 말을 그녀에게 명심시키겠다.

→ I'll make her <u>keeping</u> in mind what her father said.

해설 ④ 사역동사 make는 목적격 보어 자리에 원형부정사 또는 과거분사(p.p.)가 필요하다. 따라서 문맥상 현재분사 keeping을 원형부정사 keep으로 고쳐 써야 한다.

① 사역동사 have는 목적격 보어 자리에 원형부정사 또는 과거분사(p.p.)가 필요하다. take 뒤에 목적어가 있으므로 원형부정사 take의 사용은 어법상 옳다.

② 지각동사 notice는 목적격 보어 자리에 원형부정사 또는 현재분사(ⓥ-ing) 또는 과거분사(p.p.)가 필요하다. go는 자동사이므로 going의 사용은 어법상 적절하다.

③ help는 목적격 보어 자리에 원형부정사 또는 to부정사 둘 다 사용 가능하다. 따라서 to learn의 사용은 어법상 옳다.

08
rare 희귀한, 드문
extinction 멸종
reside in ~에 살다[거주하다]
lie in ~에 있다

08 **밑줄 친 (A), (B)에 들어갈 말로 가장 적절한 것은?**

> Some of the rare plants that ___(A)___ the area ___(B)___ in danger of extinction.

	(A)	(B)
①	reside in	are lain
②	reside	are lain
③	reside in	lie
④	reside	lie

해설 (A) reside는 1형식 자동사로 바로 뒤에 전치사 in이 있어야 한다. 따라서 (A)에는 reside in이 필요하다.

(B) lie는 자동사이므로 수동의 형태가 불가하다. 따라서 (B)에는 lie가 있어야 한다.

해석 이 지역 안에 살고 있는 몇 가지 희귀식물들이 멸종 위기에 있다.

정답

07 ④ **08** ③

09 다음 우리말을 영어로 옮긴 것 중 어법상 틀린 것은?　　2021. 지방직 9급

① 그의 소설들은 읽기가 어렵다.

　　→ His novels are hard to read.

② 학생들을 설득하려고 해 봐야 소용없다.

　　→ It is no use trying to persuade the students.

③ 나의 집은 5년마다 페인트칠된다.

　　→ My house is painted every five years.

④ 내가 출근할 때 한 가족이 위층에 이사 오는 것을 보았다.

　　→ As I went out for work, I saw a family moved in upstairs.

해설 ④ 지각동사 saw의 목적격 보어 자리에 과거분사의 사용은 어법상 적절하지만 move는 1형식 자동사이므로 수동(과거분사)의 형태를 취할 수 없다. 따라서 moved는 move나 moving 으로 고쳐 써야 한다.

① 주어동사의 수 일치는 어법상 적절하고 난이형용사 hard의 주어가 사물이므로 이 역시 어법상 옳다. 'S + be동사 + 형용사보어 + to부정사' 구문에서 to부정사의 의미상 목적어가 문법상의 주어와 일치할 때에는 to부정사의 의미상 목적어는 생략이 되므로 이 또한 적절한 영작이다.

② 동명사의 관용적 용법 'it is no use ~ing(~ 해도 소용없다)' 구문의 사용은 어법상 옳다.

③ 주어동사의 수 일치와 태 일치 모두 어법상 적절하고 'every + 2 이상의 기수 + 복수명사' 의 사용 역시 어법상 옳다.

10 다음 문장 중 어법상 가장 옳지 않은 것은?　　2019. 지방직 9급

① John told Mary that he would leave early.

② John believed Mary that she would feel happy.

③ John promised Mary that he would clean his room.

④ John reminded Mary that she should get there early.

해설 ② believe는 3형식 동사로 4형식 구조를 취할 수 없기 때문에 ②는 John believed that Mary would feel happy로 고쳐 써야 한다. 참고로, ①, ③, ④에 tell, promise, remind는 모두 4형식 동사로 that절을 직접목적어로 사용할 수 있다.

해석 ① John은 Mary에게 그가 일찍 떠날 것이라고 말했다.

② John은 Mary가 행복할 것이라고 믿었다.

③ John은 Mary에게 그가 방을 청소할 것이라고 약속했다.

④ John은 Mary에게 그녀가 그 곳에 일찍 도착해야 할 것을 상기시켰다.

09
persuade 설득하다
upstairs 위층

10
remind 상기시키다

정답

09 ④　10 ②

CHAPTER 04 동사의 태

동사의 태 문법포인트

1. 능동과 수동의 선택
2. 3/4/5형식 수동태
3. 감정표현동사의 수동태

01 능동태와 수동태

능동태는 주어가 동사의 대상(목적어)에 직접 동작을 행하는 경우이고, 수동태는 주어가 동작을 받는(당하는) 경우이다. 수동태는 동작의 주체보다는 대상을 더 중요하게 여길 때 사용되는데, 수동태를 사용하는 전형적인 경우는 ① 능동의 주어가 분명하지 않을 때(이 경우 외부의 힘에 의한 피해, 강제된 행위가 많다) 사용되고 ② 놀라움, 즐거움, 실망 등의 감정표현동사를 쓸 때 사용되며 ③ 통념이나 떠도는 이야기의 전달을 위해 사용된다.

① 누군가가 그 군인을 쐈다.
→ 그 군인은 (누군가에 의해) 총을 맞았다.
shoot (총을) 쏘다

① Someone shot the soldier. (능동태)

The soldier **was shot** (by someone). (수동태)

② 그 개는 길거리에서 죽음을 당했다.

② The dog **was killed** on the street.

③ 나는 그 소식을 듣고서 놀랐다.

③ I **was surprised** to hear the news.

④ 코끼리는 기억력이 좋다고 전해진다.
It is said that ~라고 전해지다, (사람들은) 말한다

④ It **is said** that elephants have good memories.

One Tip 수동태의 시제

구분	현재	과거	미래
단순형	ⓥ → is + p.p.	ⓥed → was + p.p.	will + ⓥ → will be p.p.
완료형	have + p.p. → have + been + ⓥed	had + p.p. → had + been + p.p.	will + have + p.p. → will + have + been + p.p.
진행형	is + ⓥ-ing → is + being + p.p.	was + ⓥ-ing → was + being + p.p.	×

조동사의 수동태는 '조동사 + be + p.p.' 형태를 사용한다.

02 능동과 수동을 구별하는 방법

원칙은 주어와 동사의 관계를 의미상으로 파악해서 능동과 수동을 구분하는 것이다. 하지만 의미 구조는 분명히 한계가 있으므로 형태 구조(목적어 유무)로의 판단도 필요하다.

① The letter [was written / wrote] quickly.

② The climber [was killed / killed] in the mountain.

③ The device [was expedited / expedited] delivery systems.

① 그 편지는 빠르게 쓰여졌다.

② 그 등산객은 산에서 죽음을 당했다.

③ 그 장치로 배달 체계를 처리했다.

One Tip 자동사와 타동사

수동태는 타동사만이 가능한 구조이다. 따라서 자동사(1·2형식 동사)는 수동이 불가하다.

- A friend of mine lives in Busan. (○)
  → Busan is lived by a friend of mine. (×)
  → A friend of mine is lived in Busan. (×)
  내 친구 중 한 명이 부산에 산다.

확인학습문제

다음 문장을 보고 [   ] 안에서 어법이 맞는 것을 고르시오.

01 Dark grey clouds [lay / were lain] thick and heavy over Edmonton.

02 The house [damaged / was damaged] by the severe storm.

03 A violence [arose / was arisen] on the crowded street.

04 The teaching system [praised / was praised] on the newspaper by him.

05 The movie [directed / was directed] by a young filmmaker received great applause.

06 The menu items [ranged / were ranged] from traditional dishes to fusion food.

확인학습문제 Answer & Review

다음 문장을 보고 [　] 안에서 어법이 맞는 것을 고르시오.

01 Dark grey clouds [lay / were lain] thick and heavy over Edmonton.

　해설 lie는 자동사이므로 수동이 불가하다. 따라서 lay가 정답이 된다.

　해석 어두운 회색 구름이 Edmonton 위에 두껍게 쌓였다.

　어휘 lie(－lay－lain) ① ~에 있다 ② 눕다 ③ 되다, 지다

02 The house [damaged / was damaged] by the severe storm.

　해설 타동사 damage 다음 목적어가 없으므로 수동태가 필요하다. 따라서 **was damaged**가 정답이 된다.

　해석 그 집은 심각한 폭풍으로 손상되었다.

　어휘 damage 손상시키다　severe 심각한

03 A violence [arose / was arisen] on the crowded street.

　해설 arise는 자동사이므로 수동이 불가하다. 따라서 **arose**가 정답이 된다.

　해석 폭력이 혼잡한 도로 위에서 발생했다.

　어휘 arise(－arose－arisen) 일어나다, 발생하다　crowded 복잡한, 혼잡한

04 The teaching system [praised / was praised] on the newspaper by him.

　해설 타동사 praise 다음 목적어가 없으므로 수동태가 필요하다. 따라서 **was praised**가 정답이 된다.

　해석 그 교육 제도는 그에 의해 신문상에서 칭찬받았다.

　어휘 praise 칭찬하다

05 The movie [directed / was directed] by a young filmmaker received great applause.

　해설 타동사 direct 다음 목적어가 없으므로 수동태가 필요하다. 따라서 **was directed**가 정답이 된다.

　해석 젊은 감독에 의해 연출된 그 영화는 큰 박수갈채를 받았다.

　어휘 direct 지시하다, 감독하다, 연출하다　receive 받다　applause 환호, 박수갈채

06 The menu items [ranged / were ranged] from traditional dishes to fusion food.

　해설 range는 자동사이므로 수동이 불가하다. 따라서 **ranged**가 정답이 된다.

　해석 메뉴 품목은 전통 요리부터 퓨전 음식까지 다양하다.

　어휘 range from A to B A에서 B에 이르다, 다양하다　traditional 전통적인　dish 요리

Unit 02 · 3·4·5형식 수동태

01 목적어가 명사절인 경우의 수동태

목적어가 명사절인 경우의 수동태는 가주어-진주어 구문을 이용하는 경우가 가장 흔하고 이때 동사는 say, believe, think 등이 주로 사용된다. 특히 가주어-진주어 구문 대신 to $\textcircled{v}$를 사용하는 경우 주절과 종속절의 시제가 같으면 to $\textcircled{v}$, 한 시제 앞서면 to have + p.p.를 써야 함에 유의해야 한다.

① 사람들이 말하길 그는 와병 중이다(현재 앓아 누워 있다).
→ 그는 와병 중이라고 전해진다.

① People say that he is ill in bed.
→ That he is ill in bed is said (by people).
→ It is said that he is ill in bed.
→ He is said to be ill in bed.

② 사람들이 말하길 그는 와병 중이었다(전에 앓아 누웠다).
→ 그는 와병 중이었다고 전해진다.

② People say that he was ill in bed.
→ That he was ill in bed is said (by people).
→ It is said that he was ill in bed.
→ He is said to have been ill in bed.

확인학습문제

01 다음 문장을 수동형으로 바꾸시오.

1. They say that stress causes headaches.

    → ____

    → ____

    → ____

2. People thought that she had traveled all around the world.

    → ____

    → ____

    → ____

02 다음 우리말을 영어로 잘못 옮긴 것은?

사람들은 그가 그저께 자살했다고 믿는다.

① They believe that he killed himself the day before yesterday.
② That he killed himself the day before yesterday is believed.
③ It is believed that he killed himself the day before yesterday.
④ He is believed to kill himself the day before yesterday.

확인학습문제 **Answer & Review**

01 다음 문장을 수동형으로 바꾸시오.

1. They say that stress causes headaches.

[정답] → That stress causes headaches is said (by them).
→ It is said that stress causes headaches.
→ Stress is said to cause headaches.

[해석] 스트레스는 두통을 유발한다고 전해진다.

[어휘] cause 유발하다, 야기하다 headache 두통

2. People thought that she had traveled all around the world.

[정답] → That she had traveled all around the world was thought (by people).
→ It was thought that she had traveled all around the world.
→ She was thought to have traveled all around the world.

[해석] 그녀는 전 세계를 여행했다고 여겨졌다.

02 다음 우리말을 영어로 잘못 옮긴 것은?

> 사람들은 그가 그저께 자살했다고 믿는다.

① They believe that he killed himself the day before yesterday.
② That he killed himself the day before yesterday is believed.
③ It is believed that he killed himself the day before yesterday.
④ He is believed to kill himself the day before yesterday.

[해설] ④ '믿는다'보다 '자살했다'는 시제가 한 시제 앞서므로 따라서 to kill을 to have killed로 고쳐써야 한다.

[어휘] the day before yesterday 그저께, 그제

[정답]
02 ④

02 구동사(Phrasal verb) 수동태

구동사는 하나의 동사이므로 수동태를 취할 수 있다. 따라서 구동사를 수동태로 만들 때 구동사와 연결되는 전치사를 생략하거나 by를 생략해서는 안 된다.

① The teacher laughed at his students.
 → His students were laughed at the teacher. (×)
 → His students were laughed by the teacher. (×)
 → His students were laughed at by the teacher. (○)

② Many scholars spoke well of the scientist.
 → The scientist was spoken well of many scholars. (×)
 → The scientist was spoken well by many scholars. (×)
 → The scientist was spoken well of by many scholars. (○)

① 그 선생은 그의 학생들을 비웃었다.
 → 그 선생에 의해 그의 학생들은 비웃음을 샀다.
 laugh at ~을 비웃다

② 많은 학자들이 그 과학자에 대해 좋게 평한다.
 → 그 과학자는 많은 학자들에게 좋은 평을 받았다.
 speak well of
 ~에 대해 좋게 말하다, 좋게 평하다

01 다음 밑줄 친 부분 중 어법상 틀린 것은?

Let me ① <u>imagine</u> life without the beauty and richness of forests. In fact. this kind of imagination cannot be easy. But scientists ② <u>are convinced</u> that we must not take our forest for granted. By some estimates, deforestation ③ <u>has been led to</u> the loss of as much as eighty percent of the natural forests of the world. Currently, deforestation ④ <u>is thought to be</u> a global problem.

02 다음 밑줄 친 부분 중 어법상 옳은 것은?

① Her research can be <u>relied upon</u> many economists.
② The article <u>was talked by</u> many students yesterday.
③ The movement of enemies <u>was focused on</u> by soldiers.
④ Ben Pearson was <u>referred as</u> a nice guy by his relatives.

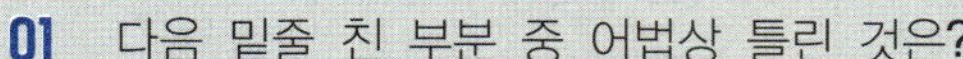

01 다음 밑줄 친 부분 중 어법상 틀린 것은?

> Let me ① <u>imagine</u> life without the beauty and richness of forests. In fact. this kind of imagination cannot be easy. But scientists ② <u>are convinced</u> that we must not take our forest for granted. By some estimates, deforestation ③ <u>has been led to</u> the loss of as much as eighty percent of the natural forests of the world. Currently, deforestation ④ <u>is thought to be</u> a global problem.

해설 ③ lead to는 구동사로서 뒤에 목적어(the loss)가 있으므로 수동의 형태는 어법상 옳지 않다. 따라서 has been led to는 has led to(능동의 형태)로 고쳐 써야 한다.
① 사역동사 let 다음 목적격 보어 자리에 원형부정사(imagine)의 사용은 어법상 적절하고 imagine 뒤에 의미상 목적어 life가 있으므로 능동의 형태 역시 어법상 옳다.
② 4형식 동사 convince의 수동의 형태로 직접목적어 자리에 that절의 사용은 어법상 적절하다.
④ 'People think that deforestation is a global problem.'의 수동태 구문으로 is thought의 사용과 주절의 동사 think와 종속절의 동사 is의 시제가 같으므로 to be의 사용 모두 어법상 옳다.

해석 숲의 아름다움과 풍요로움이 없는 삶을 떠올려 보자. 사실상, 이러한 상상은 쉬울 수 없다. 하지만 과학자들은 우리가 우리의 숲을 당연시 여겨서는 안 된다는 것을 분명히 하고 있다. 몇몇 추정치에 따르면 삼림벌채는 세계 자연 삼림의 80%의 손실을 야기했다. 현재, 삼림벌채는 국제적인 문제라고 생각되고 있다.

어휘 convince 확신시키다 take A for granted A를 당연시 여기다 estimate 추정(치) deforestation 삼림벌채 bring about ~을 야기하다, 초래하다 loss 손실 currently 현재

02 다음 밑줄 친 부분 중 어법상 옳은 것은?

① Her research can be <u>relied upon</u> many economists.
② The article <u>was talked by</u> many students yesterday.
③ The movement of enemies <u>was focused on</u> by soldiers.
④ Ben Pearson was <u>referred as</u> a nice guy by his relatives.

해설 ③ focus on은 구동사이므로 수동태로 전환할 때 soldiers 앞에 전치사 by가 필요하다. 따라서 어법상 옳다.
① rely upon은 구동사이므로 수동태로 전환할 때 upon 뒤에 전치사 by가 필요하다. 따라서 어법상 적절하지 않다.
② talk about은 구동사이므로 수동태로 전환할 때 by 앞에 전치사 about이 필요하다. 따라서 어법상 적절하지 않다.
④ refer to는 구동사이므로 수동태로 전환할 때 as 앞에 전치사 to가 필요하다. 따라서 어법상 적절하지 않다.

해석 ① 많은 경제학자들에 의해 그녀의 연구가 의존을 받게 될 수 있다.
② 그 기사는 어제 많은 학생들에 의해 논의되었다.
③ 병사들에 의해 적들의 움직임이 초점에 맞춰졌다.
④ Ben Pearson은 친척들에 의해 멋진 아이라고 언급되었다.

어휘 research 연구, 조사 economist 경제학자 article 기사 movement 움직임, 이동; 이사 enemy 적(군) refer to ~을 언급하다 relative 친척

정답
01 ③ **02** ③

03 4형식 문장의 수동태

4형식 문장을 수동태로 전환할 때 간접 목적어(사람)나 직접 목적어(사물) 둘 다 수동의 주어로 사용할 수 있다. 따라서 4형식 동사의 수동태 다음에는 반드시 목적어 한 개가 존재해야 한다. 또한, 이 경우 직접 목적어가 주어가 될 때에는 간접 목적어 앞에 전치사(to, for, of)를 사용해야 한다.

① The mayor gave him the award.
  → He was given the award by the mayor.
  → The award was given to him by the mayor.

② My uncle can order the manufacturer the boots.
  → The manufacturer can be ordered the boots by my uncle.
  → The boots can be ordered for the manufacturer by my uncle.

① 그 시장이 그에게 상을 수여했다.
  → 그 시장에 의해 그는 상을 받았다.
  → 그 시장에 의해 그 상이 그에게 수여됐다.
  mayor 시장
  award 상

② 나의 삼촌은 그 제조업자에게 구두를 주문할 수 있다.
  → 나의 삼촌에 의해 그 제조업자는 구두를 주문받을 수 있다.
  → 나의 삼촌에 의해 구두가 그 제조업자에게 주문될 수 있다.
  manufacturer 제조업자

01 다음 빈칸에 들어갈 말로 가장 적절한 것은?

> My sister __________ a present by her boy friend just ago.

① gives   ② was given

③ gave   ④ had been given

02 다음 밑줄 친 부분 중 어법상 옳은 것은?

① The student was <u>awarded</u> a scholarship.

② The report was shown <u>me</u> during the meeting.

③ A book was lent <u>of</u> her by her yesterday afternoon.

④ She <u>informed</u> that her package had arrived in her office.

확인학습문제 Answer & Review

01 다음 빈칸에 들어갈 말로 가장 적절한 것은?

> My sister ___________ a present by her boy friend just ago.

① gives
② was given
③ gave
④ had been given

해설 give는 4형식 동사이므로 목적어가 2개 필요하다. 빈칸 뒤에 목적어가 1개 있기 때문에, give는 수동태로 사용되어야 하며 또한 just ago는 과거 표시 부사구이므로 과거시제가 필요하다. 따라서 정답은 ②가 된다.

해석 나의 여동생은 방금 전에 남자친구에게 선물을 받았다.

02 다음 밑줄 친 부분 중 어법상 옳은 것은?

① The student was <u>awarded</u> a scholarship.
② The report was shown <u>me</u> during the meeting.
③ A book was lent <u>of</u> her by her yesterday afternoon.
④ She <u>informed</u> that her package had arrived in her office.

해설 ① 4형식 동사 award 뒤에 목적어가 한 개 있으므로 수동의 형태는 어법상 적절하다.
② 4형식 동사 show 다음 사람 목적어는 바로 위치할 수 없으므로 me 앞에 전치사 to가 필요하다.
③ 4형식 동사 lend 다음 사람 목적어가 나올 때에는 전치사 to가 필요하므로 of는 to로 고쳐 써야 한다.
④ inform이 that절을 목적어로 취할 때에는 뒤에 사람목적어가 있거나 수동의 형태가 필요하므로 informed는 was informed로 고쳐 써야 한다.

해석 ① 그 학생은 장학금을 받았다.
② 그 보고서는 회의 중에 나에게 보여졌다.
③ 책 한 권이 어제 오후에 그녀에 의해 나에게 빌려졌다.
④ 그녀는 자신의 소포가 도착했다는 것을 통보받았다.

어휘 award (상을) 주다 scholarship 장학금 lend 빌려주다 package 소포

정답
01 ② **02** ①

04 5형식 문장의 수동태

5형식 문장을 수동태로 바꾸면 2형식이 된다(5형식 문장에서 목적어를 주어로 표현하면 목적격 보어는 주격 보어가 되어 2형식 문장이 된다). 또한, 지각동사와 사역동사를 수동태로 쓸 때는 원형부정사를 to부정사로 바꿔야 한다.

① We elected her chairman.
  → She was elected chairman (by us).

② People consider time more important than money.
  → Time is considered more important than money. (○)
  → Time is considered more importantly than money. (×)

③ He allowed me to use his car.
  → I was allowed to use his car by him. (○)
  → I was allowed using his car by him. (×)

④ I saw him break the window.
  → He was seen **to break** the window by me. (○)
  → He was seen break the window by me. (×)

⑤ The company made the employees work overtime.
  → The employees were made **to work** overtime by the company.
  → The employees were made work overtime by the company. (×)

① 우리는 그녀를 회장으로 선출했다.
  → 그녀는 (우리에 의해) 회장으로 선출되었다.
  elect 선출하다
  chairman 회장, 의장

② 사람들은 시간이 돈보다 더 중요하다고 여긴다.
  → 시간이 돈보다 더 중요하다고 여겨진다.

③ 그는 내가 그의 차를 사용하도록 허락했다.
  → 나는 그의 차를 사용해도 된다고 허락받았다.

④ 나는 그가 유리창을 깨는 걸 보았다.
  → 그가 유리창을 깨는 것이 나에게 목격됐다.

⑤ 그 회사는 직원들이 야근하게 했다.
  → 그 직원들은 회사에 의해 야근하게 되었다.

확인학습문제

01 다음 빈칸에 들어갈 말로 가장 적절한 것은?

> The scientific study of the motion of bodies and the action of forces that change or cause motion __________ dynamics.

① is calling　　　　　　② are calling
③ is called　　　　　　④ are called

02 다음 밑줄 친 부분 중 어법상 틀린 것은?

① Mr. Davis <u>was appointed</u> mayor of the city.
② Some prisoners were asked <u>to do</u> hard work.
③ He was considered <u>correctly</u> by this evidence in the end.
④ The teacher was heard <u>to say</u> that cheating was unacceptable.

03 다음 두 문장이 서로 같지 않은 것은?

① I will look for him.
　→ He will be looked for by me.
② I saw her play the guitar.
　→ She was seen to play the guitar.
③ Move this chair.
　→ Let this chair moved.
④ She made him a cake.
　→ A cake was made for him by her.

확인학습문제 Answer & Review

01 다음 빈칸에 들어갈 말로 가장 적절한 것은?

> The scientific study of the motion of bodies and the action of forces that change or cause motion ___________ dynamics.

① is calling　　　　　　　　　② are calling
③ is called　　　　　　　　　④ are called

해설 ③ call은 5형식 동사로 목적어와 목적격 보어가 필요하고 이 때 목적격 보어 자리에는 명사가 온다. 빈칸 다음 명사(**dynamics**)가 있고 이 명사는 목적격 보어가 되므로 빈칸에는 수동태가 필요하고 주어가 단수명사(**study**)이므로 동사는 단수동사가 필요하다. 따라서 빈칸에 들어갈 말로 가장 적절한 것은 **is called**이다.

해석 물체의 운동과 운동을 변화시키거나 야기시키는 힘의 작용에 대한 과학적 연구는 역학이라 불린다.

어휘 motion 운동, 활동　action 활동, 행동　dynamics 역학

02 다음 밑줄 친 부분 중 어법상 틀린 것은?

① Mr. Davis <u>was appointed</u> mayor of the city.
② Some prisoners were asked <u>to do</u> hard work.
③ He was considered <u>correctly</u> by this evidence in the end.
④ The teacher was heard <u>to say</u> that cheating was unacceptable.

해설 ③ consider는 5형식 동사이므로 목적격 보어 자리에 형용사가 필요하다. 따라서 **correctly**를 **correct**로 바꿔야 한다.
① **appoint**는 5형식 동사로 목적격 보어 자리에 명사가 올 수 있다. 따라서 수동의 형태는 어법상 옳다.
② **ask**는 5형식 동사(ask + O + to ⓥ)이므로 목적격 보어 자리에 **to do**는 어법상 적절하다.
④ **hear**는 지각동사로 수동태로 바꾸면 목적격 보어 자리에 원형부정사를 **to**부정사로 바꾸어야 하므로 어법상 옳다.

해석 ① Davis씨는 그 도시의 시장으로 임명되었다.
② 몇몇 죄수들은 고된 일을 하도록 요구받았다.
③ 결국 이 증거에 의해 그가 옳다고 여겨졌다.
④ 우리는 선생님께서 부정행위[커닝]는 용납할 수 없다고 말씀하시는 것을 들었다.

어휘 mayor 시장　prisoner 죄인, 죄수　cheating 부정행위[커닝]
unacceptable 받아들일 수 없는

정답
01 ③　**02** ③

03 다음 두 문장이 서로 같지 않은 것은?

① I will look for him.
  → He will be looked for by me.
② I saw her play the guitar.
  → She was seen to play the guitar.
③ Move this chair.
  → Let this chair moved.
④ She made him a cake.
  → A cake was made for him by her.

해설 ③ 명령문의 수동태는 'let + 목적어 + be p.p.'이다. 따라서 moved 앞에 be가 필요하다.
① look for는 '~을 찾다'라는 뜻의 구동사이며 수동태로 바꿀 수 있다. 따라서 옳은 문장이다.
② 5형식 지각동사의 수동태에서는 보어로 쓰인 원형부정사 앞에 to를 사용해야 한다. 따라서
옳은 문장이 된다.
④ 4형식 동사 make를 수동태로 바꿀 때 전치사 for가 필요하므로 어법상 적절하다.

해석 ① 나는 그를 찾을 것이다.
② 나는 그녀가 기타를 연주하는 것을 보았다.
③ 이 의자를 옮겨라.
④ 그녀는 그에게 케이크를 만들어 주었다.

정답
03 ③

Unit 03 · 태 주의사항

01 수동태 불가 동사

1형식이나 2형식 동사는 수동이 불가하다. 또한 소유나 상태를 나타내는 동사도 수동이 불가하다.

① The big storm occurred to us in winter.
  → The big storm was occurred to us in winter. (×)

② It seemed that he is happy.
  → It is seemed that he is happy. (×)

③ He resembles his father closely.
  → His father is closely resembled by him. (×)

④ The committee consisted of ten members.
  → The committee was consisted of ten members. (×)

① 겨울철에 우리에게 거대한 폭풍이 발생했다.
storm 폭풍
occur 발생하다, 일어나다

② 그는 행복해 보였다.
seem ~인 것 같다.

③ 그는 그의 아버지를 많이 닮았다.
closely 가깝게

④ 그 위원회는 **10**명의 위원으로 구성되어 있다.
committee 위원회
consist of ~로 구성되다

One Tip 시험에 자주 등장하는 수동태 불가 동사

❶ 1형식 동사

> happen, occur, take place, arise, rise, appear(↔ disappear), emerge(↔ vanish), collide, exist, result from, last, continue, stand(↔ sit), lie

❷ 2형식 동사

> seem, remain, stay, fall, look, sound, taste

❸ 소유·상태 동사

> possess, belong to, consist of, resemble, lack, have

단, **have**가 '가지다'라는 뜻이 아닐 때에는 수동태가 가능하다.

확인학습문제

01 다음 밑줄 친 부분 중 어법상 올바른 것은?

① His father <u>is resembled</u> by him.
② He was made <u>to learn</u> bookbinding.
③ He was seen <u>enter</u> the room.
④ The meeting <u>was lasted</u> for an hour.

02 다음 밑줄 친 부분 중 어법상 올바른 것은?

① Tens of thousands of people <u>were died</u> in Iraq war.
② The film festival <u>was happened</u> in last October.
③ His explanation <u>is sounded reasonably</u> to me.
④ The statue <u>was looked</u> at in the art center by the audience.

확인학습문제 **Answer & Review**

01 다음 밑줄 친 부분 중 어법상 올바른 것은?

① His father is resembled by him.
② He was made to learn bookbinding.
③ He was seen enter the room.
④ The meeting was lasted for an hour.

해설 ② 사역동사 make의 수동태를 묻고 있다. 보어인 동사원형 앞에 to가 있으므로 올바른 문장이다.
① resemble은 '닮다'라는 뜻의 '상태 동사'로 수동태가 될 수 없다. 따라서 is resembled를 resembles로 고쳐써야 한다.
③ 지각동사의 수동태 구문이다. 보어로 사용된 동사원형 앞에 to가 들어가야 한다. 따라서 enter를 to enter로 고쳐 써야 한다.
④ last는 자동사이기 때문에 수동이 불가하다. 따라서 was lasted는 lasted로 고쳐 써야 한다.

해석 ① 그는 그의 아빠를 닮았다.
② 그는 제본술을 배우도록 강요받았다.
③ 그가 방에 들어가는 것이 보였다.
④ 그 회의는 한 시간 동안 지속되었다.

어휘 resemble ~와 닮았다 bookbinding 제본(술) seldom 거의 ~않는 last 지속되다

02 다음 밑줄 친 부분 중 어법상 올바른 것은?

① Tens of thousands of people were died in Iraq war.
② The film festival was happened in last October.
③ His explanation is sounded reasonably to me.
④ The statue was looked at in the art center by the audience.

해설 ④ 2형식 감각동사 look은 수동태 전환이 불가하다. 하지만, look 뒤에 at을 붙여서 구동사를 만들 수 있고 look at은 타동사가 되므로 수동이 가능해진다. 따라서 was looked는 어법상 적절하다.
① 1형식 동사 die는 수동태 전환이 불가하다. 따라서 were died는 died로 고쳐 써야 한다.
② 1형식 동사 happen은 수동태 전환이 불가하다. 따라서 was happened를 happened로 고쳐 써야 한다.
③ 2형식 감각동사 sound는 수동태 전환이 불가하다. 그리고 2형식 감각동사 sound 다음에는 형용사 보어가 필요하므로 부사 reasonably 또한 적절하지 않다. 따라서 is sounded resonably는 sounds resonable로 고쳐 써야 옳다.

해석 ① 수만 명의 사람들이 이라크 전쟁에서 죽었다.
② 지난 10월 영화제가 있었다.
③ 그의 설명은 내게 타당하게 들린다.
④ 그 조각상은 미술관에서 관객들에게 관람되었다.

어휘 tens of thousands 수만의 *hundreds of thousands 수십만의 greatly 상당히, 꽤
reasonable 타당한, 합리적인, 이성적인 statue 조각상
art center(= museum) 미술관, 박물관

정답 
01 ②   02 ④

02 감정표현동사

감정표현동사는 사람이 주체이면 p.p., 사물이 주체이면 ⓥ-ing 형태를 취한다.

① 그 소식은 우리 모두에게 놀라웠다.

① The news was surprising to all of us.

② 그 소식을 들었을 때 그 회원은 놀랐다.

② The member got surprised when he heard the news.

③ 그 소식은 그를 놀라게 했다.

③ The news made him surprised.

④ 그 여자는 놀라운 소식을 받았다.

④ The woman received a surprising news.

One Tip 감정표현동사

overwhelm(= embarrass) 당황하게 하다	confuse 혼란시키다
disappoint 실망시키다	satisfy 만족시키다
surprise 놀라게 하다	excite 흥분시키다
interest 관심(흥미)을 끌다	frustrate 좌절시키다
annoy 화나게 하다	concern 걱정시키다
shock 충격을 주다	impress 감명을 주다
please 기쁘게 하다	exhaust(= tire) 피곤하게 하다
bore 지루하게 하다	puzzle 어리둥절하게 하다

확인학습문제

01 다음 어법상 밑줄 친 부분에 들어가기에 가장 적절한 것은?

> The circumstance that you have to provide people with money must
> __________.

① overwhelm   ② be overwhelmed

③ overwhelming   ④ be overwhelming

02 다음 우리말을 영어로 옮긴 것 중 밑줄 친 부분이 어법상 가장 적절한 것은?

① 나는 최근에 좀처럼 흥미로운 소문을 듣지 못했다.

   → I rarely heard the rumor <u>excited</u> recently.

② 피곤하면 한 시간 정도 낮잠을 자는 게 어떻습니까?

   → If you are <u>exhausting</u>, why not take a nap for an hour?

③ 그 설교가 너무 지루해서 나는 30분 후에 잠이 들었다.

   → I felt his sermon so <u>bored</u> that I fell asleep after half an hour.

④ 나는 아직 그 동영상을 못 봤어. 뭐 재미있는 것 있니?

   → I have watched the video yet. Is there anything <u>interesting</u> in it?

확인학습문제 Answer & Review

01 다음 어법상 밑줄 친 부분에 들어가기에 가장 적절한 것은?

> The circumstance that you have to provide people with money must __________.

① overwhelm ② be overwhelmed
③ overwhelming ④ be overwhelming

해설 ④ 조동사 must 뒤에 동사원형이 있어야 하고 overwhelm은 감정표현동사이고 주체가 사물(circumstance)이므로 빈칸에 가장 적절한 것은 be overwhelming이다.

해석 당신이 사람들에게 돈을 줘야만 하는 상황은 틀림없이 당황스럽다.

어휘 circumstance 상황 overwhelm 당황하게 하다; 압도하다

02 다음 우리말을 영어로 옮긴 것 중 밑줄 친 부분이 어법상 가장 적절한 것은?

① 나는 최근에 좀처럼 흥미로운 소문을 듣지 못했다.
 → I rarely heard the rumor <u>excited</u> recently.
② 피곤하면 한 시간 정도 낮잠을 자는 게 어떻습니까?
 → If you are <u>exhausting</u>, why not take a nap for an hour?
③ 그 설교가 너무 지루해서 나는 30분 후에 잠이 들었다.
 → I felt his sermon so <u>bored</u> that I fell asleep after half an hour.
④ 나는 아직 그 동영상을 못 봤어. 뭐 재미있는 것 있니?
 → I have watched the video yet. Is there anything <u>interesting</u> in it?

해설 ④ interest는 감정표현동사이고 주체가 사물(anything)이므로 interesting의 사용은 어법상 적절하다.
① excite는 감정표현동사이고 주체가 사물(rumor)이므로 excited는 exciting으로 고쳐 써야 한다.
② exhaust는 감정표현동사이고 주체가 사람(you)이므로 exhausting은 exhausted로 고쳐 써야 한다.
③ bore는 감정표현동사이고 주체가 사물(sermon)이므로 bored는 boring으로 고쳐 써야 한다.

어휘 rarely 좀처럼 ~ 않는 recently 최근에 exhaust 피곤하게 (지치게) 하다
take a nap 낮잠 자다 sermon 설교 bore 지루하게 하다

정답
01 ④ 02 ④

01 밑줄 친 부분에 들어갈 말로 가장 적절한 것을 고르시오.

> Don't let the patient _______________ from the hospital too early.

① discharged　　　　　　② is discharged

③ be discharged　　　　　④ had been discharged

02 다음 밑줄 친 부분 중 어법상 옳지 않은 것은?

> Today's purposes of education ① <u>are certainly centered</u> on making us all better humans, in addition to making a good living. However, when education ② <u>is considered</u> a mere means of making a good fortune, you think, don't let it ③ <u>be kept</u> in your mind ④ <u>permanently</u>.

03 다음 중 어법상 적절한 것은?

① The nice car I've wanted so much <u>is belonged</u> to me.

② The dehumidifier <u>will install</u> in your office next week.

③ The actress was thought <u>to have spoken</u> French fluently.

④ The trash bags were disposed <u>of street cleaners</u> just now.

04 다음 빈칸 (A)와 (B)에 들어갈 말로 가장 적절한 것을 고르시오.

> Last week I was sick with the flu. When my father heard me sneezing and coughing, he opened my bedroom door to ask me ＿＿(A)＿＿ I needed anything. I was really happy to see his kind and caring face, but there wasn't anything he could do it to make the flu ＿＿(B)＿＿ away.

	(A)	(B)
①	if	go
②	that	go
③	if	gone
④	that	going

05 다음 밑줄 친 부분 중 어법상 적절하지 않은 것은?

My secretary, Jenny, was good at doing her job. I ① <u>was always reminded</u> of a number of business affairs. She sometimes ② <u>assured</u> me that I received e-mail message. Not only ③ <u>was she told</u> that my company launched the new project, she ④ <u>was also impeded</u> that I was going to take much business trip.

06 다음 빈칸에 들어갈 말로 가장 적절한 것은?

A myth is a narrative that embodies the religious, philosophical, moral and political values of a culture. According to this definition, *the Iliad* and *the Odyssey*, *the koran*, and *the Old and New Testaments* can all _______________ as myths.

① refer   ② refer to
③ be referred   ④ be referred to

07 다음 밑줄 친 부분 중 어법상 틀린 것은?

A swing vote is a vote that ① <u>is seen as</u> potentially going to any of a number of candidates in an election, or, in a two-party system, may go to either of the two dominant political parties. Such votes ② <u>are usually sought</u> in election campaigns, since they can play a big role in determining the outcome. A swing voter or floating voter is a voter who may not ③ <u>be affiliated</u> with a particular political party(Independent) or who will vote across party lines. In American politics, many centrists, liberal Republicans, and conservative Democrats are considered swing voters since their voting patterns cannot ④ <u>predict</u> with certainty.

08 다음 밑줄 친 부분 중 어법상 가장 적절한 것은?

Someone who ① <u>has been dwelled</u> in the auto industry since 1980s ② <u>must be quit</u> his job now that his job ③ <u>is now being done</u> more quickly by a robot. According to the technicians, the robot's memory volume ④ <u>can load</u> into 86 billion bits of information.

09 **다음 우리말을 영어로 옮긴 것 중 밑줄 친 부분이 어법상 옳은 것은?**

① 그 회사는 직원들에게 야근을 하게 했다.

→ The employees were made <u>to work</u> overtime by the company.

② 당신이 참여했던 그 설문조사의 결과가 틀림없이 혼란스러웠을 것이다.

→ The result of survey you took part in must have been <u>confused</u>.

③ 신나는 축구경기 때문에 나는 어제 밤에 잠을 잘 못 잤다.

→ Little did I sleep because of the soccer game <u>excited</u> last night.

④ 그 소설이 너무 감동적이어서 나는 한참을 울었다.

→ The novel was so <u>impressed</u> that I cried for a long time.

10 **우리말을 영어로 잘못 옮긴 것을 고르시오.** 2021. 지방직 9급

① 경찰 당국은 자신의 이웃을 공격했기 때문에 그 여성을 체포하도록 했다.

→ The police authorities had the woman arrested for attacking her neighbor.

② 네가 내는 소음 때문에 내 집중력을 잃게 하지 말아라.

→ Don't let me distracted by the noise you make.

③ 가능한 한 빨리 제가 결과를 알도록 해 주세요.

→ Please let me know the result as soon as possible.

④ 그는 학생들에게 모르는 사람들에게 전화를 걸어 성금을 기부할 것을 부탁하도록 시켰다.

→ He had the students phone strangers and ask them to donate money.

01
patient 환자
discharge 퇴원시키다

01 밑줄 친 부분에 들어갈 말로 가장 적절한 것을 고르시오.

> Don't let the patient ＿＿＿＿＿＿＿ from the hospital too early.

① discharged　　　　　　② is discharged
③ be discharged　　　　　④ had been discharged

해설 부정명령문의 수동태 구문을 묻고 있다. 이 문장을 능동으로 바꾸면 'Don't discharge the patient from the hospital too early.'가 되고 다시 이 문장을 수동으로 바꾸면 'Don't let the patient be discharged from the hospital too early.'가 되어야 하므로 discharged 앞에 be가 있어야 한다. 따라서 빈칸에 들어가기에 가장 적절한 것은 be discharged이다. ②와 ④는 사역동사 let 다음 목적격 보어자리에 동사원형이 필요하므로 정답이 될 수 없다.

해석 환자들을 병원에서 너무 빨리 퇴원시켜서는 안 된다.

02
purpose 목적
certainly 확실히, 분명히
center 집중시키다
in addition to ~이외에도
mere 단순한
means 수단
make a fortune 돈을 벌다
permanently 영원히

02 다음 밑줄 친 부분 중 어법상 옳지 않은 것은?

> Today's purposes of education ① are certainly centered on making us all better humans, in addition to making a good living. However, when education ② is considered a mere means of making a good fortune, you think, don't let it ③ be kept in your mind ④ permanently.

해설 ④ keep은 5형식 동사이므로 be kept 뒤에 형용사보어가 있어야 한다. 따라서 permanently를 permanent로 고쳐 써야 한다.
① be + p.p. 사이에 부사 certainly는 적절하고 뒤에 목적어가 없으므로 수동의 형태 또한 적절하다.
② consider은 5형식 동사로 보어 a mere means의 쓰임은 적절하고, 목적어 없이 목적격 보어가 바로 나왔으므로 수동태로 쓰인 is considered 역시 어법상 적절하다.
③ 명령문 수동태로 뒤에 목적어가 없으므로 be kept는 어법상 옳다.

해석 오늘날의 교육 목적은 더 좋은 삶을 만드는 것 이외에도 인간을 만드는 데 집중하고 있다. 하지만 당신이 생각하기에 교육이 돈을 버는 단순한 수단으로만 여겨진다면 마음속에 그것(돈 버는 수단)을 영원히 간직하게 해서는 안 된다.

01 ③　**02** ④

03 다음 중 어법상 적절한 것은?

① The nice car I've wanted so much <u>is belonged</u> to me.

② The dehumidifier <u>will install</u> in your office next week.

③ The actress was thought <u>to have spoken</u> French fluently.

④ The trash bags were disposed <u>of street cleaners</u> just now.

해설 ③ They thought that the actress had spoke French fluently를 수동태로 바꾼 문장이다. 생각하는 시점과 말했던 시점이 한 시제 앞서므로 **to have spoken**의 사용은 어법상 옳다.
① **belong**은 수동태 불가동사이므로 어법상 적절하지 않다. 따라서 **is belonged**는 **belongs**로 고쳐 써야 한다.
② **install**은 '~을 설치하다'의 뜻으로 타동사이다. 제습기가 설치되는 것이므로(또한 뒤에 목적어가 없다) 수동의 형태(**will be installed**)가 필요하다. 따라서 어법상 적절하지 않다.
④ **dispose of**는 구동사이므로 구동사 수동태(**be disposed of**)는 적절하지만 **street cleaners**(청소부들)에 '의해서'의 의미인 전치사 **by**가 빠져 있으므로 어법상 적절하지 않다. 따라서 **of** 다음 전치사 **by**가 필요하다.

해석 ① 내가 그렇게 원했던 그 멋진 자동차가 내 소유가 되었다.
② 제습기가 다음 주에 너의 사무실에 설치될 것이다.
③ 그들은 그 여배우가 유창하게 불어를 말했다고 생각했다.
④ 방금 전에 청소부들에 의해 쓰레기봉투들이 치워졌다.

03
belong to ~에 속하다;
　　　　　~의 소유이다
dehumidifier 제습기
install 설치하다
actress 여배우
fluently 유창하게
trash 쓰레기
dispose of ~을 없애다, 제거하다
just now 방금 전에

04 다음 빈칸 (A)와 (B)에 들어갈 말로 가장 적절한 것을 고르시오.

> Last week I was sick with the flu. When my father heard me sneezing and coughing, he opened my bedroom door to ask me ＿＿＿(A)＿＿＿ I needed anything. I was really happy to see his kind and caring face, but there wasn't anything he could do it to make the flu ＿＿＿(B)＿＿＿ away.

	(A)	(B)
①	if	go
②	that	go
③	if	gone
④	that	going

해설 ① **ask me** 다음 직접목적어 자리에는 **that**절이 올 수 없으므로 (A)에는 **if**가 있어야 하고 사역동사 **make** 다음 목적격 보어자리에 원형부정사가 필요하므로 (B)에는 **go**가 있어야 한다.

해석 지난주에 나는 독감 때문에 아팠다. 아버지는 내가 재채기를 하고 기침하는 것을 들었을 때, 나의 침실 문을 열고 내게 무엇이 필요한지를 물어보셨다. 나는 아버지의 친절하고 배려하는 얼굴을 보면서 정말 행복했지만, 독감을 떨쳐내기 위해 아버지가 할 수 있는 것은 없었다.

04
flu 독감
sneeze 재채기하다
cough 기침하다
caring 배려하는, 돌보는
go away 떠나가다, 사라지다

정답
03 ③　**04** ①

05
be good at ~에 익숙하다,
　　　　　~을 잘하다
remind A of B A에게 B를 상기
　　　　　　시키다
business affairs 업무
assure 확신시키다, 확인시키다
launch 시작하다
impede 막다, 방해하다

05 다음 밑줄 친 부분 중 어법상 적절하지 않은 것은?

> My secretary, Jenny, was good at doing her job. I ① <u>was always reminded</u> of a number of business affairs. She sometimes ② <u>assured</u> me that I received e-mail message. Not only ③ <u>was she told</u> that my company launched the new project, she ④ <u>was also impeded</u> that I was going to take much business trip.

해설 ④ impede는 3형식 동사이고 뒤에 명사절(that + S + V ~)이 있으므로 수동의 형태는 어법상 적절하지 않다. 따라서 수동의 형태 **was also impeded**는 능동의 형태 **also impeded**로 고쳐 써야 한다.
① **remind A of B**의 수동태 구문(A be reminded of B)은 어법상 적절하다.
② **assure**는 4형식 동사(assure + I.O + that + S + V ~)로 사용할 수 있으므로 어법상 옳다.
③ **Not only**가 문두에 위치하므로 주어동사 도치는 어법상 적절하고 4형식 동사 tell의 수동태 역시 어법상 적절하다.

해석 나의 비서 **Jenny**는 자신의 일을 잘했다. 그녀는 내게 많은 업무를 상기시켜 주었다. 그녀는 가끔 나에게 이메일 받은 것을 확인시켜 주었다. 그녀는 나의 회사가 새로운 프로젝트를 시작한 것을 말해주었을 뿐 아니라 또한 내가 너무 많은 출장을 가는 것을 막았다.

06
myth 신화
narrative 이야기, 담화
embody 포함하다, 담다
religious 종교적인
philosophical 철학적인
moral 도덕적인
political 정치적인
definition 정의
old(new) testament 구약(신약)성서

06 다음 빈칸에 들어갈 말로 가장 적절한 것은?

> A myth is a narrative that embodies the religious, philosophical, moral and political values of a culture. According to this definition, *the Iliad* and *the Odyssey*, *the Koran*, and *the Old and New Testaments* can all ____________ as myths.

① refer　　　　　　　　　② refer to
③ be referred　　　　　　④ be referred to

해설 구동사 refer to A as B의 수동 구문을 묻고 있다. 따라서 빈칸에 들어가기에 가장 적절한 것은 be referred to이다.

해석 신화는 어떤 문화의 종교적, 철학적, 도덕적, 그리고 정치적 가치를 담은 어떤 경우들을 설명하는 데 도움을 주는 이야기이다. 이러한 정의에 따르면, <일리아드>와 <오디세이>, <코란>, <구약 및 신약 성경>은 신화로 일컬을 수 있다.

정답
05 ④　06 ④

07 다음 밑줄 친 부분 중 어법상 틀린 것은?

> A swing vote is a vote that ① <u>is seen as</u> potentially going to any of a number of candidates in an election, or, in a two-party system, may go to either of the two dominant political parties. Such votes ② <u>are usually sought</u> in election campaigns, since they can play a big role in determining the outcome. A swing voter or floating voter is a voter who may not ③ <u>be affiliated</u> with a particular political party(Independent) or who will vote across party lines. In American politics, many centrists, liberal Republicans, and conservative Democrats are considered swing voters since their voting patterns cannot ④ <u>predict</u> with certainty.

해설 ④ predict 뒤에 목적어가 없으므로 predict는 be predicted로 고쳐 써야 한다.
① 주어가 단수명사(a vote)이므로 단수동사 is는 어법상 적절하고 see A as B의 수동태 구문 역시 어법상 옳다.
② 주어가 복수명사(votes)이므로 복수동사 are는 어법상 적절하고 sought 다음 목적어가 없으므로 수동의 형태 역시 어법상 옳다.
③ 조동사 may 다음 동사원형 be는 어법상 적절하고 affiliated 다음 목적어가 없으므로 수동의 형태 역시 어법상 옳다.

해석 부동표는 선거에서 많은 입후보자 중에 어떤 특정 후보에게 잠재적으로 투표하거나 양당 체제에서 지배적인 한 당으로의 투표를 의미한다. 그러한 투표들은 대체로 선거 운동 중에서 나타나는데 그 이유는 투표 결과를 결정하는 데 중요한 역할을 하기 때문이다. 부동표 유권자 또는 유동적인 유권자는 특정 정당과 제휴하지 않거나 그 정당 노선에 반대하는 쪽으로 투표하는 사람을 의미한다. 미국 정치에서는 많은 중도파나 진보적인 공화당원 및 보수적인 민주 당원들이 부동표 유권자로 여겨지는데 그 이유는 그들의 투표 패턴이 확실하게 예측될 수 없기 때문이다.

08 다음 밑줄 친 부분 중 어법상 가장 적절한 것은?

> Someone who ① <u>has been dwelled</u> in the auto industry since 1980s ② <u>must be quit</u> his job now that his job ③ <u>is now being done</u> more quickly by a robot. According to the technicians, the robot's memory volume ④ <u>can load</u> into 86 billion bits of information.

해설 ③ is being done은 진행시제의 수동태 구문으로 done뒤에 목적어가 없으므로 수동의 형태 being done의 사용은 어법상 적절하다.
① since 다음 과거표시부사(1980s)가 있으므로 현재완료시제의 사용은 어법상 적절하지만 dwell은 1형식 자동사이므로 수동이 불가하다. 따라서 has been dwelled를 has dwelled로 고쳐 써야 한다.
② quit의 목적어(job)가 뒤에 있으므로 능동의 형태가 필요하다. 따라서 must be quit는 must quit로 고쳐 써야 한다.
④ 타동사 load의 목적어가 없으므로 수동의 형태가 필요하다. 따라서 can load는 can be loaded로 고쳐 써야 한다.

해석 이제 인간의 일이 로봇에 의해 더욱 빠르게 행해지고 있기 때문에 1980년대부터 자동차 산업에서 살아온 사람은 직장을 그만 두어야 한다. 기술자들에 따르면, 로봇의 기억 용량은 8백 6십억 비트의 정보를 수용할 수 있다.

07
swing vote 부동표
potentially 잠재적으로
candidate 입후보자
political 정치적인
party 정당
seek 찾다, 구하다
election campaign 선거 운동
play a role 역할을 하다
determine 결정하다
outcome 결과
floating 유동적인
affiliate 제휴하다
centrist 중도파
liberal 진보적인, 자유로운
conservative 보수적인
certainty 확실[분명]함

08
auto 자동차
industry 산업; 업계
dwell in ~에서 살다, 거주하다
quit 그만두다, 멈추다
now that + S + V ~ ~때문에
according to ~에 따르면, ~에 따라서
technician 기술자
volume 용량
load 싣다, 적재하다
billion 10억

정답
07 ④ 08 ③

09
employee 근로자, 피고용인
take part in ~에 참여하다

10
authority 당국
arrest 체포하다
attack 공격하다
distract (마음을) 흩어지게 하다
phone 전화하다
donate 기부하다

---

09 다음 우리말을 영어로 옮긴 것 중 밑줄 친 부분이 어법상 옳은 것은?

① 그 회사는 직원들에게 야근을 하게 했다.
→ The employees were made <u>to work</u> overtime by the company.

② 당신이 참여했던 그 설문조사의 결과가 틀림없이 혼란스러웠을 것이다.
→ The result of survey you took part in must have been <u>confused</u>.

③ 신나는 축구경기 때문에 나는 어제 밤에 잠을 잘 못 잤다.
→ Little did I sleep because of the soccer game <u>excited</u> last night.

④ 그 소설이 너무 감동적이어서 나는 한참을 울었다.
→ The novel was so <u>impressed</u> that I cried for a long time.

해설 ① 사역동사 make의 수동태에서 be made 다음 목적격 보어 자리에 to부정사가 필요하므로 to work는 어법상 적절하다.
② confuse는 '혼란시키다'의 뜻으로 감정표현동사이다. 따라서 주체가 사물(result)이므로 과거분사 confused는 현재분사 confusing으로 고쳐 써야 한다.
③ excite는 '흥분시키다'의 뜻으로 감정표현동사이다. 따라서 주체가 사물(game)이므로 과거분사 excited는 현재분사 exciting으로 고쳐 써야 한다.
④ impress는 '감명을 주다'의 뜻으로 감정표현동사이다. 따라서 주체가 사물(novel)이므로 과거분사 impressing으로 고쳐 써야 한다.

10 우리말을 영어로 잘못 옮긴 것을 고르시오. 2021. 지방직 9급

① 경찰 당국은 자신의 이웃을 공격했기 때문에 그 여성을 체포하도록 했다.
→ The police authorities had the woman arrested for attacking her neighbor.

② 네가 내는 소음 때문에 내 집중력을 잃게 하지 말아라.
→ Don't let me distracted by the noise you make.

③ 가능한 한 빨리 제가 결과를 알도록 해 주세요.
→ Please let me know the result as soon as possible.

④ 그는 학생들에게 모르는 사람들에게 전화를 걸어 성금을 기부할 것을 부탁하도록 시켰다.
→ He had the students phone strangers and ask them to donate money.

해설 ② 부정명령문의 수동태 구문을 묻고 있다. 이 문장을 능동으로 바꾸면 'Don't distract me by the noise (that) you make.'가 되고 다시 이 문장을 수동으로 바꾸면 'Don't let me be distracted by the noise you make.'여야 하므로 distracted 앞에 be가 있어야 한다.
① 사역동사 had의 목적격 보어 역할을 하는 과거분사(arrested) 뒤에 목적어가 없으므로 수동의 형태는 어법상 적절하고 전치사(for) + 동명사(attacking) + 의미상 목적어(her neighbor) 구문 역시 어법상 옳다.
③ 사역동사 let의 목적격 보어 역할을 하는 원형부정사(know) 뒤에 목적어(the result)가 있으므로 능동의 형태는 어법상 적절하다.
④ 사역동사 had의 목적격 보어 역할을 하는 원형부정사(phone)뒤에 목적어(strangers)가 있으므로 능동의 형태는 어법상 적절하고 접속사 and를 기준으로 phone과 병렬을 이루는 ask의 사용 역시 어법상 옳다. 또한 ask 다음 목적어 자리에 strangers를 대신하는 복수대명사 them의 사용과 목적격 보어 역할을 하는 to부정사(to donate)의 사용 모두 어법상 적절하다.

정답
09 ① **10** ②

박문각　김세현 영어

02
PART

준동사

CHAPTER 01 준동사의 기본 개념

Unit 01 준동사 한눈에 보기

준동사 문법포인트
1. 자릿값 구하기
2. 준동사의 선택
3. 준동사의 관용적 용법
4. 준동사의 동사적 성질

01 준동사 기본 개념

문장 구성의 기본 원칙은 주어 하나에 동사 하나만 존재해야 한다. 따라서 또 다른 동사의 변형은 준동사를 이용한다.

① 나는 멈추어야 한다 피아노 친다 영어 공부한다.

→ ____

② I must stop play the piano study English.

→ ____

One Tip⁺ 준동사 이해하기

	형태 변화	기능	문장 내 역할
동사	to부정사(to ⓥ)	동사적 성질	명사, 형용사, 부사
	동명사(ⓥ-ing)	동사적 성질	명사
	분사 ┌ 현재분사(ⓥ-ing) └ 과거분사(ⓥ-ed)	동사적 성질	형용사

- Reading books is good. 독서는 유익하다.
- I want to go to the shopping mall everyday. 나는 매일 쇼핑몰에 가고 싶다.
- I went to the library to borrow some books. 나는 책 몇 권을 빌리러 도서관에 갔다.
- You must look at the broken window. 당신은 그 깨진 창문을 보아야 한다.

Two Tip⁺ 동사 자리 / 준동사 자리 확인(C + 1=V)

- I know that the man who wants to be a doctor is smart.
  나는 의사가 되고 싶은 그 사람이 똑똑하다는 것을 안다.
- He thought his father tried giving him a medicine that tastes bitter.
  그는 그의 아버지가 쓴 약을 그에게 먹이려고 애썼다고 생각했다.

확인학습문제

01 다음 문장을 읽고 옳으면 C(correct), 옳지 않으면 I(incorrect)로 표기하시오.

① Rick liked accompanying his friends. ________

② The doctor was trying give him the prescription. ________

③ She finished doing her homework. ________

④ Give up old habit is very difficult. ________

⑤ He said he was surprised hear the news. ________

⑥ The stove that is in the kitchen is effective to use. ________

02 밑줄 친 부분 중 어법상 옳은 것은?

① It is wise <u>eat</u> fruit without peeling it.

② Getting a job <u>being</u> not easy these days.

③ Nothing can compel me <u>to do</u> such a thing.

④ My daddy got my brother <u>fix</u> his car all day.

03 밑줄 친 (A), (B)에 들어갈 말로 가장 적절한 것은?

> The new device that expedited all complications necessary for leisure __(A)__ possible situation from constructing boats, huts, and tents in a hurry to catching fish without a line. However, the machine damaged by heavy rain __(B)__ a major delay in the project.

	(A)	(B)
①	covered	caused
②	covering	caused
③	covered	causing
④	covering	causing

확인학습문제 Answer & Review

01 다음 문장을 읽고 옳으면 C(correct), 옳지 않으면 I(incorrect)로 표기하시오.

① Rick liked accompanying his friends. ________

② The doctor was trying give him the prescription. ________

③ She finished doing her homework. ________

④ Give up old habit is very difficult. ________

⑤ He said he was surprised hear the news. ________

⑥ The stove that is in the kitchen is effective to use.

① **해설** like는 to ⓥ와 ⓥ-ing 둘 다를 목적어로 취할 수 있다. 따라서 옳다. __C__
  해석 Rick은 친구들과 동행하는 것을 좋아했다.
  어휘 accompany 동행하다

② **해설** 한 문장에 접속사 없이 두 개의 동사를 사용할 수 없다. 따라서 이 문장은 옳지 않다. __I__
  해석 그 의사는 그에게 그 처방전을 주려고 노력했다.
  어휘 prescription 처방(전)

③ **해설** finish는 ⓥ-ing를 목적어로 취한다. 따라서 이 문장은 옳다. __C__
  해석 그녀는 숙제하는 것을 끝냈다.

④ **해설** 한 문장에 접속사 없이 두 개의 동사를 사용할 수 없다. 따라서 이 문장은 옳지 않다. __I__
  해석 오랜 습관을 버리기란 매우 어렵다.
  어휘 give up ~을 포기하다

⑤ **해설** 한 문장에 접속사 없이 두 개의 동사를 사용할 수 없다. 따라서 이 문장은 옳지 않다. __I__
  해석 그는 그 소식을 듣고서 매우 놀랐다고 말했다.

⑥ **해설** 관계대명사를 이용해서 두 개의 동사를 사용한 이 문장은 어법상 적절하다. __C__
  해석 부엌에 있는 가스레인지는 사용하기에 효율적이다.
  어휘 stove 가스레인지 effective 효율적인, 효과적인

02 밑줄 친 부분 중 어법상 옳은 것은?

① It is wise <u>eat</u> fruit without peeling it.

② Getting a job <u>being</u> not easy these days.

③ Nothing can compel me <u>to do</u> such a thing.

④ My daddy got my brother <u>fix</u> his car all day.

해설 ③ 한 문장 안에 연결사 없이 동사 2개를 함께 사용할 수 없다. 따라서 밑줄 친 **to do**는 자릿 값에 의해 준동사 자리이므로 **to do**의 사용은 어법상 적절하다.
  ① 한 문장 안에 연결사 없이 동사 2개를 함께 사용할 수 없다. 따라서 밑줄 친 **eat**은 자릿값에 의해 준동사 자리이므로 **eat**은 **to eat**으로 고쳐 써야 한다.
  ② 한 문장 안에는 반드시 동사 1개가 있어야 한다. 따라서 **being**은 동사 **is**로 고쳐 써야 한다.
  ④ 한 문장 안에 연결사 없이 동사 2개를 함께 사용할 수 없다. 따라서 밑줄 친 **fix**는 자릿값에 의해 준동사 자리이므로 **fix**는 **to fix**로 고쳐 써야 한다.

해석 ① 과일을 껍질을 벗기지 않고 먹는 것은 현명하다.
  ② 요즘 직업을 구하기란 쉽지가 않다.
  ③ 그 어떤 것도 내가 그런 일을 하도록 강요할 수는 없다.
  ④ 내 아버지는 내 동생에게 하루 종일 그의 차를 고치게 했다.

어휘 peel (껍질을) 벗기다, 깎다 these days 요즘 compel 강요하다

정답
02 ③

03 밑줄 친 (A), (B)에 들어갈 말로 가장 적절한 것은?

> The new device that expedited all complications necessary for leisure ___(A)___ possible situation from constructing boats, huts, and tents in a hurry to catching fish without a line. However, the machine damaged by heavy rain ___(B)___ a major delay in the project.

	(A)	(B)
①	covered	caused
②	covering	caused
③	covered	causing
④	covering	causing

[해설] (A) 자릿값에 의해 동사 자리이므로 동사가 필요하다. 따라서 **covered**가 빈칸에 있어야 한다.
(B) 자릿값에 의해 동사 자리이므로 동사가 필요하다. 따라서 **caused**가 빈칸에 있어야 한다.

[해석] 레저에 필요한 모든 복잡한 것들을 재빨리 처리해주는 바로 그 새로운 장치는 보트, 오두막, 텐트를 서둘러서 세우는 것에서부터 낚싯줄 없이 물고기를 잡는 것에 이르기까지 가능한 상황을 다뤘다. 하지만 폭우로 인해 손상된 그 기계는 그로 인해 프로젝트에 주요한 지연을 초래했다.

[어휘] device 장치 expedite 신속히 처리하다 complication 복잡함 construct 건설하다, 짓다
hut 오두막 in a hurry 서둘러서, 급히 line 낚시 줄 damage 손상시키다
heavy rain 폭우 cause 초래하다, 야기하다 major 주된, 주요한 delay 지연, 연기

03 ①

CHAPTER 02 to부정사

01 to부정사의 명사적 용법

V → 형태 변화 (to ⓥ) → 동사의 성질과 함께 명사로서의 역할을 한다.
↳ 주어 / 목적어 / 보어

① 정크 푸드를 먹는 것은 몸에 좋지 않다.

① To eat junk food is not healthful.
→ It is not healthful to eat junk food.

② 나는 사진기를 사고 싶다.

② I want to buy a camera.

③ 나는 컴퓨터 바이러스를 없애는 것이 어렵다는 것을 알게 됐다.

③ I found it hard to remove computer viruses.

④ 내가 뭐라고 말해야 할지 모르겠다.

④ I don't know what to say.

⑤ 내 소망은 선생님이 되는 것이다.

⑤ My wish is to become a teacher.

⑥ 나는 그에게 사진기를 사주고 싶다.

⑥ I want him to buy a camera.

 One Tip ⁺ 가목적어 it

> S + make / find / believe / think / consider + it + 목적격 보어 + ┌ to ⓥ ~
>   └ that S + V ~

- Some people found it difficult to drive at night.
  몇몇 사람들은 밤에 운전하는 것이 어렵다는 것을 알았다.
- He made it quite clear that he had nothing to do with the matter.
  그는 그 문제에 대해 아무 관계가 없다는 것을 분명히 했다.
  [어휘] have nothing to do with ~와 관계가 없다

 Two Tip ⁺ S + V + O + to ⓥ

소망동사	want, expect	
강요동사	force, urge, compel, get, drive, persuade, advise, cause, prompt	
명령[지시]동사	order, command, instruct, direct, lead, teach	+ O + to ⓥ
허가[금지]동사	allow, permit, forbid	
요구[요청]동사	ask, require, request, beg	
기타동사	enable, encourage	

- Tom expected me to see the movie together.
  Tom은 내가 함께 영화 보기를 기대했다.

- I advised you not to get close to him.
  나는 당신이 그와 가까워지지 않아야 한다고 충고했었다.
  [어휘] get close 가까워지다

- Lack of information leads people to make very bad decisions.
  정보의 부족이 사람들로 하여금 나쁜 결정을 하게 한다.
  [어휘] lack 부족, 결핍 decision 결핍

- Using this product will allow you to cut fuel costs dramatically.
  이 상품을 사용하면 당신은 극적으로 연료비를 줄일 수 있을 것이다.
  [어휘] dramatically 극적으로, 상당히, 꽤

- His occupation requires him to travel a lot.
  그의 직업은 그가 많은 여행을 하도록 요구한다.
  [어휘] occuoation 직업

- This class will enable you to understand English grammar.
  이 수업은 당신이 영문법을 이해할 수 있게 해 줄 것이다.

확인학습문제

다음 [   ] 안에서 어법상 적절한 것을 고르시오.

01 [It is / They are] dangerous to drive in this weather.

02 They made [it / them] easy to understand their decision.

03 We consider it [important / importantly] to follow the rules.

04 We cannot compel anyone [speak / to speak] against their will.

05 The school forbids students [to use / using] cell phones in class.

06 This program encourages the young [to volunteer / volunteer].

확인학습문제 Answer & Review

다음 [   ] 안에서 어법상 적절한 것을 고르시오.

01 [**It is** / They are] dangerous to drive in this weather.

> **해설** to drive를 대신하는 가주어 it이 필요하므로 It is가 정답이 된다.
>
> **해석** 이런 날씨에 운전하는 것은 위험하다.
>
> **어휘** dangerous 위험한

02 They made [**it** / them] easy to understand their decision.

> **해설** to understand를 대신하는 가목적어 it이 필요하므로 it이 정답이 된다.
>
> **해석** 그들은 자신들의 결정을 이해시키기 쉽게 만들었다.
>
> **어휘** decision 결정

03 We consider it [**important** / importantly] to follow the rules.

> **해설** 가목적어 it 다음 목적격 보어 자리에는 형용사가 위치해야 하므로 important가 정답이 된다.
>
> **해석** 우리는 규칙을 따르는 것이 중요하다고 여긴다.
>
> **어휘** consider 여기다, 간주하다   follow 따르다

04 We cannot compel anyone [speak / **to speak**] against their will.

> **해설** 'compel + 목적어 + to 부정사 구문'을 묻고 있다. 따라서 to speak가 정답이 된다.
>
> **해석** 우리는 누구에게도 자신의 의지에 반하여 말하도록 강요할 수 없다.
>
> **어휘** compel 강요하다   against ~에 반하여   will 의지

05 The school forbids students [**to use** / using] cell phones in class.

> **해설** 'forbid + 목적어 + to 부정사 구문'을 묻고 있다. 따라서 to use가 정답이 된다.
>
> **해석** 학교는 학생들이 수업 중 휴대폰을 사용하는 것을 금지한다.
>
> **어휘** forbid 금하다, 금지하다

06 This program encourages the young [**to volunteer** / volunteer].

> **해설** 'encourage + 목적어 + to 부정사 구문'을 묻고 있다. 따라서 to volunteer가 정답이 된다.
>
> **해석** 이 프로그램은 젊은이들이 자원 봉사하도록 장려한다.
>
> **어휘** encourage 장려하다, 격려하다   the young 젊은이들   volunteer 자원 봉사하다

02 to부정사의 형용사적 용법

V → 형태 변화 (to ⓥ) → 동사의 성질과 함께 형용사로서의 역할
→ 명사 수식, 보어

① 나는 해야 할 숙제가 많다.

① I have a lot of homework to do.

② 내 취미는 모형 항공기를 수집하는 것이다.

② My hobby is to collect model plane.

③ 당신은 7시까지 이것을 끝내야 한다.

③ You are to finish this by seven.

One Tip be동사 + to ⓥ

be동사 + to ⓥ ① ⓥ하는 것이다 ② 예정 / 의무 / 가능
- My dream **is to** become a pilot.
- The president **is to** visit Japan next week.
- You **are to** submit the report by Friday.
- If we **are to** succeed, we need to work harder.

- 나의 꿈은 조종사가 되는 것이다.
- 대통령은 다음 주에 일본을 방문할 예정이다.
- 당신은 금요일까지 보고서를 제출해야 한다.
- 우리가 성공하려면 더 열심히 일해야 한다.

03 to부정사의 부사적 용법

V → 형태변화 (to ⓥ) → 동사의 성질과 함께 <u>부사로서의 역할</u>
└→완성된 문장 다음에 위치한다.

① He came to Korea to see his best friends.

② He ran to catch the bus.
  = He ran so as to catch the bus.
  = He ran in order to catch the bus.

③ He was very surprised to hear the news.

④ You must be crazy to do such a thing.

⑤ He left home never to return.

⑥ He is old enough to vote.
  = He is so old that he can vote.

① 그는 친한 친구들을 보러 한국에 왔다.

② 그는 버스를 잡기 위해 달렸다.

③ 그는 그 소식을 듣고 매우 놀랐다.

④ 그런 짓을 하다니 넌 미친 게 분명하다.

⑤ 그는 집을 떠나서 다시는 돌아오지 않았다.

⑥ 그는 투표하는 데 충분할 정도로 나이를 먹었다.
  =그는 꽤 나이가 들어서 투표를 할 수 있다.

One Tip 형용사 + enough + to ⓥ

- She is only sixteen. She is not enough old to get married. (×)
  → She is only sixteen. She is not old enough to get married. (○)
  그녀는 단지 **16**세이다. 그녀는 결혼하기에 충분히 나이 들지 않았다.

- She needs food enough to eat. (○)
  그녀는 먹을 충분한 음식이 필요하다.

- She needs enough food to eat. (○)
  그녀는 먹을 충분한 음식이 필요하다.

밑줄 친 to부정사를 문맥에 맞게 우리말로 해석하시오

01 I went to the doctor <u>to check</u> up my health condition.

→ ____

02 I am pleased <u>to do</u> this project with you.

→ ____

03 He is strong enough <u>to lift</u> that box.

→ ____

04 He awoke <u>to find</u> her missing.

→ ____

05 You must be sick <u>to keep</u> coughing.

→ ____

06 Everyone would be shocked <u>to find</u> out that he is an alcoholic.

→ ____

07 They are <u>to launch</u> a new product as soon as possible.

→ ____

08 Passengers are <u>to fasten</u> their seat belts during takeoff.

→ ____

확인학습문제 **Answer & Review**

밑줄 친 to부정사를 문맥에 맞게 우리말로 해석하시오

01 I went to the doctor <u>to check</u> up my health condition.

> 해설 완전한 문장 다음에 to부정사가 위치하는 경우 대개 주어의 행위에 대한 목적, 이유의 뜻을 나타낸다.

> 해석 나는 건강 <u>검진을 하기 위하여</u> 의사에게 갔다.

> 어휘 check up 검사하다   health condition 건강 상태

02 I am pleased <u>to do</u> this project with you.

> 해설 형용사(pleased) 다음에 to부정사가 위치하는 경우 이유, 원인, 판단의 기준 등의 뜻을 나타낸다.

> 해석 나는 이 계획을 너와 함께 <u>하게 돼서</u> 기쁘다.

> 어휘 pleased 기쁜   project 계획, 프로젝트

03 He is strong enough <u>to lift</u> that box.

> 해설 부사(enough) 다음에 to부정사가 위치하는 경우 정도의 뜻을 나타낸다.

> 해석 그는 저 상자를 <u>들어 올릴 수 있을 정도로</u> 충분히 힘이 세다.

04 He awoke <u>to find</u> her missing.

> 해설 완전 자동사(awake) 뒤에 위치하는 to부정사는 결과의 뜻을 나타낼 수 있다.

> 해석 그는 일어나서야 그녀가 사라진 것을 <u>알게 되었다</u>.

> 어휘 awake – awoke – awoken 깨다; 깨우다

05 You must be sick <u>to keep</u> coughing.

> 해설 형용사(sick) 다음에 to부정사가 위치하는 경우 이유, 원인, 판단의 기준 등의 뜻을 나타낸다.

> 해석 <u>계속</u> 기침을 하는 걸로 <u>봐서</u> 너는 아픈 게 틀림없다.

> 어휘 cough 기침하다

06 Everyone would be shocked <u>to find</u> out that he is an alcoholic.

> 해설 형용사(shocked) 다음에 to부정사가 위치하는 경우 이유, 원인, 판단의 기준 등의 뜻을 나타낸다.

> 해석 그가 알코올 중독자라는 사실을 <u>알고 나서</u> 모두가 다 충격을 받았다.

> 어휘 shocked 충격받은   alcoholic 알코올 중독자

07 They are <u>to launch</u> a new product as soon as possible.

해설 be동사 다음 to 부정사가 위치할 때 '예정'의 의미를 나타낸다.

해석 그들은 가능한 한 빨리 신제품을 <u>출시할</u> 예정이다.

어휘 launch 출시하다 as soon as possible 가능한 한 빨리

08 Passengers are <u>to fasten</u> their seat belts during takeoff.

해설 be동사 다음 to 부정사가 위치할 때 '의무'의 의미를 나타낸다.

해석 승객들은 이륙 중에 안전벨트를 <u>매야 한다</u>.

어휘 passenger 승객 fasten (단단하게) 매다, 묶다 takeoff 이륙

Unit 02 · to부정사의 관용적 용법

01 to부정사의 관용적 표현

1 too ~ to ⓥ 너무 ~해서 ⓥ할 수 없다	**12** be able to ⓥ ⓥ할 수 있다
2 enough to ⓥ ⓥ할 만큼 충분하다	**13** be due to ⓥ ⓥ할 예정이다
3 so ~ as to ⓥ ⓥ할 만큼 그렇게 ~한	**14** be going(about) to ⓥ ⓥ할 예정이다
4 so as(in order) to ⓥ ⓥ하기 위하여	**15** be bound to ⓥ ⓥ해야 한다
5 only to ⓥ 그러나 ⓥ하다	**16** be expected to ⓥ ⓥ하기로 되어 있다
6 be afraid to ⓥ ⓥ하는 것이 걱정되다	**17** be anxious to ⓥ ⓥ하기를 갈망하다
7 be ready to ⓥ ⓥ할 준비가 되어 있다	**18** be willing to ⓥ 기꺼이 ⓥ하다
8 be eager to ⓥ ⓥ을 간절히 바라다	**19** happen to ⓥ 우연히 ⓥ하다
9 be likely to ⓥ ⓥ인 것 같다	**20** appear(seem) to ⓥ ⓥ인 것 같다
10 the last (man) to ⓥ 결코 ⓥ할 (사람)이 아닌	**21** come(get) to ⓥ ⓥ하게끔 되다
11 the last ~ to ⓥ 결코 ⓥ하지 않는	**22** be supposed to ⓥ ⓥ하기로 되어 있다, ⓥ해야만 한다

① My youngest brother is **too** young **to** drive.

② His sister is not old **enough to** drive.

③ She studied **so** hard **as to** catch up with the others.

④ He wears glasses **so as**(= **in order**) **to** look intelligent.

⑤ He worked hard **only to** fail in the exam.

⑥ Any company will **be afraid to** see its stocks go down.

⑦ They **are ready to** fight for their country.

⑧ US **is eager to** improve trade relations with Korea.

⑨ He **is likely to** lose the game.

⑩ I think he is **the last man to** do such a thing.

⑪ **The last** thing you need **to** do is to lie.

① 내 남동생은 운전하기엔 너무 어리다(너무 어려서 운전을 할 수 없다).

② 그의 여동생은 운전할 정도로 충분히 나이가 들지 않았다.

③ 그녀는 다른 이들을 따라잡을 만큼 열심히 공부했다.
catch up with ~을 따라잡다

④ 그는 지적으로 보이려고 안경을 쓴다.
intelligent 지적인

⑤ 그는 열심히 공부했으나 그 시험에 실패했다.

⑥ 어떤 회사라도 회사의 주식이 떨어지는 것이 걱정될 것이다.
stock 주식

⑦ 그들은 조국을 위해 싸울 준비가 되어 있다.

⑧ 미국은 한국과 통상 관계를 증진하기를 간절히 바란다.
eager 간절히 바라는, 열렬한

⑨ 그는 경기에 질 것 같다.

⑩ 내 생각에 그는 결코 그런 일을 할 사람이 아니다.

⑪ 당신이 결코 하지 말아야 할 일은 거짓말이다.

⑫ 모든 이들이 **David**가 이 문제를 처리할 수 있을 거라고 생각한다.

⑫ Everyone thinks David will **be able to** deal with this problem.

⑬ 그는 오늘밤 연설할 예정이다.

⑬ He **is due to** speak tonight.

⑭ 그 승객들이 비행기에 이제 막 탑승할 예정이다.

⑭ The passengers **are going(= about) to** board the plane.

⑮ 너는 법적으로 이 질문에 대답해야만 한다.

⑮ You **are** legally **bound to** answer these questions.

⑯ 이 약물은 시장에 곧 출시하기로 되어 있다.

⑯ The medicine **is expected to** come to market soon.

⑰ 그는 결과를 알길 갈망한다.

⑰ He **is anxious to** know the result.

⑱ 그 마을 사람들은 어려움에 처한 사람들에게 기꺼이 손을 내밀 의도가 있다.

⑱ The villagers **are willing to** give a hand to the people in trouble.

⑲ 우리가 우연히 밖에 있었을 때 그녀를 길에서 만났다.

⑲ We **happened to** be out when we met her on the street.

⑳ 이 마을 사람들은 통제된 삶을 사는 것 같다.

⑳ The people in this town **appear(= seem) to** live in controlled lives.

㉑ 그는 자동차 운전을 배우게끔 되었다.

㉑ He **came to** learn how to drive a car.

㉒ 그는 6시에 도착할 예정이다. 내가 뭘 해야 하지?

㉒ He **is supposed to** arrive at six.
What **am I supposed to** do?

One Tip⁺ 독립부정사

to begin with 무엇보다도, 우선	not to mention 말할 것도 없이
to be sure 확실히	needless to say 말할 필요도 없이
to make matters worse 설상가상으로	strange to say 이상한 이야기지만
to tell the truth 사실을 말하자면	to be short 요약하면
to be honest with you 솔직히 말하자면	to make a long story short 요약하면
to be frank with you 솔직히 말하자면	to sum up 요약하면

• **To begin with**, I don't like his looks. 무엇보다도, 난 그의 외모를 좋아하지 않는다.

• **To make matters worse**, it started to rain. 설상가상으로, 비가 오기 시작했다.

• **Needless to say**, she was extremely angry. 말할 필요도 없이, 그녀는 극도로 화가 났다.

• **To be sure**, this project is not for everyone. 확실히, 이 프로젝트는 모든 이를 위한 것은 아니다.

확인학습문제

다음 빈칸에 적절한 표현을 넣어 문장을 완성하시오.

01 ________________, my dog saved my life.
(이상한 이야기지만)

02 After graduating, she ________________ get a job.
(~하기를 갈망하다)

03 This machnie has many unnecessary device, ________________ is expensive.
(말할 필요도 없이)

04 ________________ he got sick while I was gone.
(설상가상으로)

05 Don't ________________ face criticism from other people.
(~하는 것이 걱정되다)

06 We waited for as many as three hours ________________ get the tickets to the game.
(~하기 위해서)

07 She is competent ________________ strike a deal with the company by herself.
(~하기 충분한)

08 He is ________________ I'd trust with a secret.
(~할 사람이 아닌)

09 The judiciary authorities ________________ punish violent demonstrations severely.
(기꺼이 ~하다)

10 He survived the crash ________________ die in the hospital.
(그러나 ~하다)

확인학습문제 Answer & Review

다음 빈칸에 적절한 표현을 넣어 문장을 완성하시오.

01 _________________, my dog saved my life.

> **해설** to부정사의 관용적 표현으로 Strange to say는 '이상한 이야기지만'이란 뜻으로 쓰인다.
>
> **해석** 이상한 이야기지만, 나의 개가 내 목숨을 구했다.

02 After graduating, she _________________ get a job.

> **해설** to부정사의 관용적 표현으로 be anxious to ⓥ는 '~하기를 갈망하다'는 표현으로 쓰인다.
>
> **해석** 졸업 후에, 그녀는 직업을 갖기를 갈망한다.

03 This machnie has many unnecessary device, _________________ is expensive.

> **해설** to부정사의 관용적 표현인 not to mention(＝needless to say)은 '말할 필요도 없이'라는 뜻으로 쓰인다.
>
> **해석** 이 기계는 비싼 것은 말할 것도 없고 많은 불필요한 장치를 가지고 있다.

04 _________________ he got sick while I was gone.

> **해설** to부정사의 관용적 표현으로 to make matters worse는 '설상가상으로'의 뜻을 나타낸다.
>
> **해석** 설상가상으로 그는 내가 떠나있던 동안 병들었다.

05 Don't _________________ face criticism from other people.

> **해설** to부정사의 관용적 표현으로 be afraid to ⓥ '~하는 것이 걱정되다'의 뜻을 나타낸다.
>
> **해석** 다른 사람들로부터의 비판을 대면하는 것을 걱정하지 말아라.
>
> **어휘** face 직면하다, 대하다　criticism 비판, 비평

06 We waited for as many as three hours _________________ get the tickets to the game.

> **해설** to부정사의 관용적 표현으로 so as to ⓥ 또는 in order to ⓥ는 '~하기 위해서'라는 뜻을 나타낸다.
>
> **해석** 우리는 그 경기 표를 구하기 위해서 무려 3시간 정도를 기다렸다.
>
> **어휘** as many as ~ 무려 ~만큼

07 She is competent _________________ strike a deal with the company by herself.

> **해설** to부정사의 관용적 표현으로 enough to ⓥ는 '~하기 충분한'이란 뜻을 나타낸다.
>
> **해석** 그녀는 그녀 혼자서 그 회사와 타협을 보기에 충분히 유능하다.
>
> **어휘** competent 유능한, 능력 있는　strike a deal 타협을 보다

08 He is __________________ I'd trust with a secret.

> **해설** to부정사의 관용적 표현으로 the last man to ⓥ '결코 ~할 사람이 아닌'의 뜻을 나타낸다.

> **해석** 그는 결코 내가 믿고 비밀을 말할 수 있는 사람이 아니다.

09 The judiciary authorities __________________ punish violent demonstrations severely.

> **해설** to부정사의 관용적 표현으로 be willing to ⓥ '기꺼이 ~하다'의 뜻을 나타낸다.

> **해석** 사법 당국은 기꺼이 폭력적인 시위를 엄중하게 처벌한다.

> **어휘** judiciary 사법부 authority 권위; 당국, 관계자 punish 처벌하다, 벌주다
> violent 폭력적인 demonstration 시위, 데모

10 He survived the crash __________________ die in the hospital.

> **해설** to부정사의 관용적 표현으로 only to ⓥ는 '그러나 (결국) ~하다'의 뜻을 나타낸다.

> **해석** 그는 충돌 사고에서 살아났지만 결국 병원에서 죽었다.

> **어휘** survive 살아남다 crash (자동차, 비행기) 충돌(사고)

03 동명사

Unit 01 동명사의 기능

01 동명사의 명사적 기능

V → 형태 변화(ⓥ-ing) → 동사의 성질과 함께 <u>명사로서의 역할</u>
↳ 주어, 목적어, 보어

① 책을 읽는 것은 도움이 된다.

① Reading a book is helpful.

② 나는 매일 책 읽는 것을 즐긴다.

② I enjoy reading books everyday.

③ 무언가를 배우는 최선의 방법은 책을 읽는 것이다.

③ The best way to learn something is reading books.

④ 나는 당신을 곧 만나길 기대하고 있다.
look forward to ⓥ-ing
ⓥ하기를 간절히 바라다

④ I look forward to seeing you soon.

⑤ 그 소식을 나에게 말해 줘서 고마워.

⑤ Thank you for telling me the news.

One Tip 동명사와 to부정사

❶ **to부정사를 목적어로 취하는 동사**
계획·결정·기대·소망·선택·약속 등을 의미하는 동사들은 **to**부정사를 목적어로 갖는다.

> want, hope, wish, expect, desire, decide, determine, choose, plan, promise, agree, seek, care, attempt, offer

❷ **동명사를 목적어로 취하는 동사**
동작의 중단이나 회피, 과거 지향적 동사들은 동명사를 목적어로 갖는다.

> mind, enjoy, give up, avoid, finish, escape, suggest, involve, deny, mention, postpone(= put off), practice, admit, appreciate, consider

Two Tip+ to부정사와 동명사에 따라 의미가 달라지는 동사

remember	to ⓥ	꼭 ⓥ해야 할 것을 기억하다
	ⓥ-ing	ⓥ했던 것을 기억하다
forget	to ⓥ	꼭 ⓥ해야 할 것을 잊다
	ⓥ-ing	ⓥ했던 것을 잊다
regret	to ⓥ	ⓥ해야 할 것을 유감으로 여기다
	ⓥ-ing	ⓥ했던 것을 후회하다
stop	to ⓥ	ⓥ하기 위해 멈추다
	ⓥ-ing	ⓥ하는 것을 그만두다
try	to ⓥ	ⓥ하려고 노력하다
	ⓥ-ing	시험 삼아 ⓥ해보다
mean	to ⓥ	ⓥ할 의도이다, 작정이다
	ⓥ-ing	ⓥ하는 것을 뜻하다

- I forgot to give you a message. 나는 당신에게 메시지를 전달해야 할 것을 잊었다.

- I didn't mean to be late. I'm sorry. 늦을 의도는 아니었습니다. 죄송합니다.

- I regret to say that I am unable to help you.
  당신을 도울 수 없다고 말씀드려야 할 것 같아 유감입니다.

- He tried putting on a new jacket. 그는 새로운 재킷을 시험 삼아 입어 보았다.

Three Tip+ 전치사 + 명사 vs. 전치사 + 동명사

'전치사 + 명사' 다음에 또 다른 명사는 올 수 없다. 하지만 '전치사 + 동명사' 다음에는 또 다른 명사
(의미상 목적어)가 올 수 있다.

- I have to concentrate on the project. 나는 그 프로젝트에 집중해야 한다.

- I have to concentrate on doing the project. 나는 그 프로젝트를 하는 데 집중해야 한다.

확인학습문제

다음 [ ] 안에서 어법상 알맞은 것을 고르시오.

01 We suggest [to use / using] the safe to protect money or important documents.

02 Let me think about [explanation / explaining] the problem.

03 We seek [to improve / improving] relations between two countries.

04 This dictionary will enable you [to understand / understanding] English words.

05 We thought long and hard for [decision / deciding] what to do.

06 I appreciate [to be / being] with us tonight.

07 The military force forbade anyone [to cross / crossing] the border line.

08 We determined [to fight / fighting] to the last.

09 Should we consider [to buy / buying] new mobile phones?

10 This book is [too / so] thick to put into a bag.

확인학습문제 Answer & Review

다음 [   ] 안에서 어법상 알맞은 것을 고르시오.

01 We suggest [to use / using] the safe to protect money or important documents.

> **해설** suggest는 동명사를 목적어로 취한다. 따라서 using이 어법상 적절하다.

> **해석** 우리는 돈이나 중요한 서류를 보관하려면 금고를 사용하는 것을 제안한다.

> **어휘** safe 금고; 안전한   protect 보호하다   document 서류, 문서

02 Let me think about [explanation / explaining] the problem.

> **해설** 전치사(about)의 목적어로 명사 또는 동명사 둘 다 어법상 적절하다. 하지만 그 뒤에 또 다른 명사(의미상의 목적어)가 오게 될 경우에는 명사가 아닌 동명사가 필요하다. 따라서 동명사 explaining이 어법상 적절하다.

> **해석** 이 문제를 설명하는 것에 대하여 생각 좀 해 봅시다.

> **어휘** explanation 설명   explain 설명하다

03 We seek [to improve / improving] relations between two countries.

> **해설** seek는 to부정사를 목적어로 취한다. 따라서 to improve가 어법상 적절하다.

> **해석** 우리는 양국 간의 관계 증진을 추구하고 있다.

> **어휘** seek 찾다, 구하다   improve 증진시키다, 개선하다   relation(s) 관계

04 This dictionary will enable you [to understand / understanding] English words.

> **해설** enable은 목적격 보어로 to부정사를 사용한다. 따라서 to understand가 어법상 적절하다.

> **해석** 이 사전은 당신이 영단어를 이해하는 것을 가능하게 해 줄 것이다.

05 We thought long and hard for [decision / deciding] what to do.

> **해설** 전치사(for)의 목적어로 명사 또는 동명사 둘 다 어법상 적절하다. 하지만 그 뒤에 또 다른 명사(의미상의 목적어)가 오게 될 경우에는 명사가 아닌 동명사가 필요하다. 따라서 deciding이 어법상 적절하다.

> **해석** 우리는 뭘 해야 할지를 결정하기 위하여 심사숙고했다.

> **어휘** decision 결정, 결심

06 I appreciate [to be / being] with us tonight.

> **해설** appreciate는 동명사를 목적어로 취한다. 따라서 being이 어법상 적절하다.

> **해석** 나는 오늘 밤 우리와 함께 해 준 것에 감사한다.

07 The military force forbade anyone [to cross / crossing] the border line.

해설 금지동사 forbid는 목적격 보어로 to부정사를 사용한다. 따라서 **to cross**가 어법상 적절하다.

해석 그 군대는 누구도 그 국경선을 넘는 것을 금했다.

어휘 military 군(대) cross 넘어가다 border 국경

08 We determined [to fight / fighting] to the last.

해설 determine은 to부정사를 목적어로 취한다. 따라서 **to fight**가 어법상 적절하다.

해석 우리는 최후까지 싸우기로 결심했다.

어휘 to the last 마지막까지, 최후까지

09 Should we consider [to buy / buying] new mobile phones?

해설 consider는 동명사를 목적어로 취한다. 따라서 **buying**이 어법상 적절하다.

해석 우리가 새 휴대폰 사는 것을 고려해야만 합니까?

어휘 mobile 이동하는, 움직임이 자유로운

10 This book is [too / so] thick to put into a bag.

해설 too~to 구문을 묻고 있다. 뒤에 **to**부정사가 있으므로 **too**가 어법상 적절하다.

해석 이 책은 너무 두꺼워서 가방 안에 들어가지 않는다.

어휘 thick 두꺼운

Unit 02 ● 동명사의 관용적 용법

01 동명사의 관용적 표현

> **1** There is no ⓥ-ing ⓥ할 수 없다
> **2** It goes without saying (that) ~ ~은 말할 것도 없다
> **3** It is no use ⓥ-ing ⓥ해도 소용없다
> **4** have trouble[= difficulty, a hard time] (in) ⓥ-ing ⓥ하는 데 어려움을 겪다
> **5** feel like ⓥ-ing ⓥ하고 싶다
> **6** not(= never) … without ⓥ-ing …할 때마다 ⓥ하다
> **7** keep (on) ⓥ-ing 계속 ⓥ하다
> **8** be on the verge(point) of ⓥ-ing 막 ⓥ하려고 하다
> **9** go on ⓥ-ing 계속 ⓥ하다
> **10** spend 시간(돈) ⓥ-ing ⓥ하는 데 시간(돈)을 쓰다
> **11** go ⓥ-ing ⓥ하러 가다
> **12** make a point of ⓥ-ing 반드시 ⓥ하다
> **13** be busy ⓥ-ing ⓥ하느라 바쁘다
> **14** far from ⓥ-ing 결코 ⓥ하지 않는
> **15** be worth ⓥ-ing ⓥ할 만한 가치가 있다(= be worthy of ⓥ-ing)
> **16** end up ⓥ-ing 결국 ⓥ하게 되다

① **There is no** telling when the rain will stop.

① 언제 비가 멈출지 말할 수 없다 (모르겠다).

② **It goes without** saying that she is beautiful.

② 그녀가 아름답다는 것은 말할 필요도 없다.

③ **It is no** use talking.

③ 말해 봤자 소용없다.

④ Students **had trouble[= difficulty, a hard time] (in)** doing their homework.

④ 학생들은 숙제하는 데 어려움을 겪었다.

⑤ I don't **feel like** going out tonight.

⑤ 오늘 밤 나는 외출하고 싶은 기분이 아니다.

⑥ 그들은 만나기만 하면 싸운다.
quarrel 논쟁하다, 말다툼하다

⑥ They never meet without quarreling.

⑦ 다른 무엇보다도 이것을 명심하세요. 계속 웃으세요!
have in mind 명심하다, 염두에 두다
first and foremost 다른 무엇보다도

⑦ Have this in mind first and foremost: Keep smiling!

⑧ 그는 막 집을 떠나려고 한다.

⑧ He is on the verge(point) of leaving home.

⑨ 그는 아무 말도 하지 않고 그저 계속 일만 했다.

⑨ He said nothing but just went on working.

⑩ 나는 새 차를 사는 데 **15,000**달러를 썼다.
나는 **TV**를 보며 저녁을 보냈다.

⑩ I spent $15,000 buying a new car.
I spend my evenings watching television.

⑪ 그들은 이번 주말에 낚시하러 갈 것이다.

⑪ They will go fishing this weekend.

⑫ 그는 반드시 매일 걷는 것을 잊지 않고 있다(습관으로 하다).

⑫ He makes a point of taking a walk everyday.

⑬ 그들은 시험 준비를 하느라 바쁘다.

⑬ They are busy preparing for the exam.

⑭ 열심히 공부하기는커녕 그는 책도 열어보지 않았다.

⑭ Far from studying hard, he didn't open the book.

⑮ 이 책은 읽을 가치가 있다.

⑮ This book is worth reading.
= This book is worthy of reading.

⑯ 그녀는 결국 모든 일을 다하게 되었다.

⑯ She ended up doing all the work.

One Tip⁺ to + ⓥ-ing 구문

```
look forward to ⓥ-ing    ⓥ하기를 간절히 바라다
be opposed to ⓥ-ing      ⓥ하는 것을 반대하다
object to ⓥ-ing          ⓥ하는 것을 반대하다
devote(= dedicate) 목적어 to ⓥ-ing    목적어를 ⓥ하는 데 몰두하다(헌신하다)
contribute to ⓥ-ing      ⓥ하는 데 기여하다
be equal to ⓥ-ing        ⓥ할 능력이 있다
with a view to ⓥ-ing     ⓥ하기 위하여
when it comes to ⓥ-ing   ⓥ에 관하여
from ⓥ-ing to ⓥ-ing      ⓥ부터 ⓥ까지
```

① We are looking forward to meeting you again.

② They are very much opposed to going there.

③ They object to going there very much.

④ She wanted to devote(dedicate) her full attention to her business.

⑤ Fresh air contributes to maintaining good health.

⑥ Bill is equal to solving the problem.

⑦ He has bought land with a view to building a house.

⑧ Toddlers are very selfish when it comes to sharing toys.

⑨ This book ranges from speaking to listening English.

① 우리는 당신을 다시 만나기를 간절히 바랍니다.

② 그들은 거기에 가는 것을 아주 많이 반대한다.

③ 그들은 거기에 가는 것을 아주 많이 반대한다.

④ 그녀는 자신의 사업에만 몰두하기를 원했다.

⑤ 신선한 공기는 좋은 건강을 유지하는 데 기여했다.
maintain 유지하다

⑥ Bill은 이 문제를 풀 능력이 있다.

⑦ 그는 집을 짓기 위하여 땅을 샀다.

⑧ 유아들은 장난감을 공유하는 데 관하여 아주 이기적이다.
selfish 이기적인

⑨ 이 책은 영어 말하기에서부터 듣기까지 걸쳐 있다.
range A to B
A에서 B까지 걸쳐 있다[이르다]

확인학습문제

다음 빈칸에 적절한 동명사 표현을 넣으시오.

01 _____________________ we are delighted about the new baby.
(~은 말할 것도 없다)

02 You should ___________ closing all the windows before leaving the house. (반드시 ~하다)

03 She always ____________ adapting quickly to change.
(~하는 데 어려움을 겪다)

04 He does not drink alcohol ___________ gossiping about his co-workers.
(~할 때마다 …하다)

05 I _________________ leaving when the phone rang.
(막 ~하려고 했다)

06 Working mothers ___________ doing office work and house work at the same time. (~하느라 바쁘다)

07 The firm _______________ a huge amount of money developing new products. (~하는 데 돈 쓰다)

08 Many workers ____________________ taking a vacation.
(~하기를 간절히 바라다)

09 Some soldiers ____________ following the unfair orders.
(~하는 것을 반대하다)

10 This campaign ____________ raising awareness of health issue.
(~하는 데 기여하다)

11 He ____________ pushing ahead with the project.
(~할 능력이 있다)

12 Mr. Simpson is painting the house ___________ selling it for a better price.
(~하기 위하여)

확인학습문제 Answer & Review

다음 빈칸에 적절한 동명사 표현을 넣으시오.

01 _________________ we are delighted about the new baby.

> **해설** 동명사의 관용적 표현으로 It goes without saying (that)은 '~는 말할 것도 없다'라는 뜻이다.

> **해석** 우리가 새 아기에 대해서 기쁘다는 것은 말할 것도 없다.

> **어휘** delighted 기쁜, 즐거운

02 You should __________ closing all the windows before leaving the house.

> **해설** 동명사의 관용적 표현으로 make a point of ⓥ-ing는 '반드시 ⓥ하다'라는 뜻이다.

> **해석** 당신은 집을 떠나기 전에 반드시 모든 창문을 닫아야 한다.

03 She always ____________ adapting quickly to change.

> **해설** 동명사의 관용적 표현으로 have trouble ⓥ-ing는 'ⓥ하는 데 어려움을 겪다'라는 뜻이다.

> **해석** 그녀는 항상 변화에 빠르게 적응하는 데 어려움을 겪는다.

> **어휘** adapt 적응하다

04 He does not drink alcohol _____________ gossiping about his co-workers.

> **해설** 동명사의 관용적 표현으로 not(never) ~ without ⓥ-ing는 'ⓥ할 때마다 (반드시) ⓥ하다'라는 뜻이다.

> **해석** 그는 술을 마실 때마다 (반드시) 그의 동료 직원에 대해 험담을 한다.

> **어휘** gossip 험담하다   co-worker 동료

05 I _________________ leaving when the phone rang.

> **해설** 동명사의 관용적 표현으로 be on the verge(point) of ⓥ-ing는 '막 ⓥ하려 하다'의 뜻이다.

> **해석** 나는 전화가 울렸을 때 막 떠나려 했다.

06 Working mothers __________ doing office work and house work at the same time.

> **해설** 동명사의 관용적 표현으로 be busy ⓥ-ing는 '~하느라 바쁘다'는 뜻이다.

> **해석** 일하는 어머니들은 동시에 회사 일과 집안일을 하느라 바쁘다.

07 The firm _____________ a huge amount of money developing new products.

> **해설** 동명사의 관용적 표현으로 spend 시간/돈 ⓥ-ing는 'ⓥ하는 데 돈/시간을 쓰다'라는 뜻이다.

> **해석** 그 회사는 새로운 상품을 개발하는 데 막대한 돈을 썼다.

> **어휘** huge 막대한, 거대한

08 Many workers ____________________ taking a vacation.

> **해설** 동명사의 관용적 표현으로 look forward to ⓥ-ing는 'ⓥ하기를 간절히 바라다'라는 뜻이다.

> **해석** 많은 일꾼들이 휴가 얻기를 간절히 바란다.

> **어휘** take a vacation 휴가를 얻다

09 Some soldiers ______________ following the unfair orders.

> **해설** 동명사의 관용적 표현으로 object to ⓥ-ing 또는 be opposed to ⓥ-ing는 'ⓥ하는 것을 반대하다'라는 뜻이다.

> **해석** 몇몇 군인들은 부당한 명령을 따르기를 반대한다.

> **어휘** unfair 부당한, 불공정한   order 명령, 주문

10 This campaign ______________ raising awareness of health issue.

> **해설** 동명사의 관용적 표현으로 contribute to ⓥ-ing는 'ⓥ하는 데 기여하다'라는 뜻이다.

> **해석** 이 캠페인은 건강문제에 관하여 자각하도록 기여한다.

> **어휘** campaign 캠페인, 운동

11 He ______________ pushing ahead with the project.

> **해설** 동명사의 관용적 표현으로 be equal to ⓥ-ing는 'ⓥ할 능력이 있다'라는 뜻이다.

> **해석** 그는 이 계획을 밀어붙이는 능력이 있다.

> **어휘** push ahead 밀어붙이다, 단호하게 나아가다

12 Mr. Simpson is painting the house ____________ selling it for a better price.

> **해설** 동명사의 관용적 표현으로 with a view to ⓥ-ing는 'ⓥ하기 위하여'라는 뜻이다.

> **해석** Simpson씨는 더 좋은 가격에 집을 팔기 위하여 집을 칠하고 있다.

CHAPTER 04 분 사

Unit 01 분사의 기능

01 분사의 형용사적 용법

V → 형태변화(ⓥ-ing / ⓥ-ed) → 동사의 성질과 함께 <u>형용사로의 역할</u>
↳ 명사수식, 보어

① You have to follow this decided agreement.

② Exhausted drivers normally have slow reactions.

③ The girl wearing a red dress is my sister.

④ The red car parked on the corner is mine.

⑤ His plan for raising more money sounds embarrassing.

⑥ I had my car repaired during the meeting.

---

① 당신은 이 결정된 합의를 따라야만 한다.
decide 결정된

② 지친 운전수들은 대체로 반응이 느리다.
exhausted 지친, 탈진한
normally 대체로

③ 빨간 드레스를 입은 소녀가 내 여동생이다.

④ 모퉁이에 주차된 빨간 차가 내 것이다.

⑤ 더 많은 돈을 모금하려는 그의 계획은 당황스럽다.
raise money 돈을 모으다, 기금을 마련하다
embrass 당황하게 하다

⑥ 회의하는 동안 나는 내 차를 수리시켰다.
repair 수리하다

확인학습문제

다음 [   ] 안에서 어법상 알맞은 것을 고르시오.

01 The products designed for international markets [selling / sold] quickly.

02 The new regulations recently announced by the government [affecting / affected] many businesses.

03 The [boring / bored] movie made me drowsy.

04 It is difficult to study animals [residing / resided] in the underwater.

05 The [wounding / wounded] soldiers were sent to the hospital for treatment.

06 The chairman who was heedful announced [disappointing / disappointed] results.

07 The combine resulted in a reduction in the labor [requiring / required] to harvest crops.

08 On behalf of our community, I really appreciate you for an achievement [done / doing] well.

09 The company launched a new smartphone [featuring / featured] an advanced camera system and longer battery life.

10 The city plans to build a library [equipped / equipping] with the latest digital resources and a large reading area.

확인학습문제 Answer & Review

다음 [   ] 안에서 어법상 알맞은 것을 고르시오.

01 The products designed for international markets [selling / sold] quickly.

> **해설** 자릿값에 의해 동사자리이므로 과거동사 sold가 정답이 된다.

> **해석** 국제 시장을 위해 설계된 제품들은 빠르게 팔렸다.

> **어휘** product 제품 design 설계하다, 디자인하다 international 국제적인 market 시장
> sell 팔다, 팔리다

02 The new regulations recently announced by the government [affecting / affected] many businesses.

> **해설** 자릿값에 의해 동사 자리이므로 과거동사 affected가 정답이 된다.

> **해석** 정부가 최근에 발표한 새로운 규제들은 많은 사업체에 영향을 미쳤다.

> **어휘** regulation 규제, 규정 recently 최근에 announce 알리다, 발표하다
> affect ~에 영향을 미치다

03 The [boring / bored] movie made me drowsy.

> **해설** bore는 감정표현동사이고 수식하는 명사가 사물(movie)이므로 현재분사가 필요하다. 따라서 boring이 정답이 된다.

> **해석** 그 지루한 영화는 나를 졸리게 했다.

> **어휘** bore 지루하게 하다 drowsy 졸린

04 It is difficult to study animals [residing / resided] in the underwater.

> **해설** reside가 명사 animals를 후치수식하는 구조로 reside는 1형식 자동사이므로 능동의 형태가 필요하다. 따라서 residing이 정답이 된다.

> **해석** 수중에 사는 동물을 연구하는 것은 어렵다.

> **어휘** reside in ~에서 살다 underwater 수중의

05 The [wounding / wounded] soldiers were sent to the hospital for treatment.

> **해설** wound가 soldiers를 전치수식하는 구조로 의미구조가 필요하다. 문맥상 부상당한 병사이므로 wounded가 정답이 된다.

> **해석** 부상당한 병사들이 치료를 위해 병원으로 보내졌다.

> **어휘** wound 부상시키다, 상처를 입히다

06 The chairman who was heedful announced [disappointing / disappointed] results.

> **해설** disappoint는 감정표현동사이고 수식하는 명사가 사물(results)이므로 현재분사가 필요하다. 따라서 disappointing이 정답이 된다.

> **해석** 신중한 그 의장은 실망스러운 결과를 알렸다.

> **어휘** chairman 의장 heedful 신중한, 주의하는, 조심하는 announce 알리다, 공표하다 disappoint 실망시키다

07 The combine resulted in a reduction in the labor [requiring / required] to harvest crops.

> **해설** require가 앞에 있는 명사 labor를 후치수식하는 구조로 뒤에 목적어가 없으므로 과거분사 required가 정답이 된다.

> **해석** 콤바인의 사용은 작물 수확에 필요한 노동력의 감소를 초래했다.

> **어휘** combine 콤바인(농기구) result in 초래하다, 야기하다 reduction 감소, 감축 labor 노동력 harvest 수확(하다)

08 On behalf of our community, I really appreciate you for an achievement [done / doing] well.

> **해설** do가 뒤에서 앞에 있는 명사 achievement를 후치수식하는 구조로 뒤에 목적어가 없으므로 과거분사 done이 정답이 된다.

> **해석** 우리 지역사회를 대신해서 나는 잘 이루어낸 성취에 대해 당신에게 진정으로 감사드립니다.

> **어휘** on behalf of ~을 대신해서 appreciate 감사하다 achievement 성취, 업적

09 The company launched a new smartphone [featuring / featured] an advanced camera system and longer battery life.

> **해설** 자릿값에 의해 준동사 자리이고 앞에 있는 명사 smartphone을 후치수식하는 구조로 뒤에 목적어가 있으므로 현재분사 featuring이 정답이 된다.

> **해석** 그 회사는 고급 카메라 시스템과 더 긴 배터리 수명을 갖춘 새로운 스마트폰을 출시했다.

> **어휘** launch 출시하다 feature 특징으로 포함하다, 탑재하다 advanced 고급의, 진보된

10 The city plans to build a library [equipped / equipping] with the latest digital resources and a large reading area.

> **해설** 자릿값에 의해 준동사 자리이고 앞에 있는 명사 library를 후치수식하는 구조로 뒤에 목적어가 없으므로 과거분사 equipped가 정답이 된다.

> **해석** 그 도시는 최신 디지털 자료와 넓은 독서 공간을 갖춘 도서관을 지을 계획이다.

> **어휘** equip A with B A를 B로 갖추다 latest 최신의 digital resources 디지털 자료

02 분사구문

분사구문이란 분사를 이용해서 복문을 단문으로 바꾸는 문장 전환 기법이다.

① 내가 **TV**를 보고 있을 때 나는 이상한 소리를 들었다.
→ **TV**를 보면서 나는 이상한 소리를 들었다.

① When I watched TV, I heard a strange sound.
→ Watching TV, I heard a strange sound.

② 나는 그에게 질문을 받았기 때문에 나는 그 질문에 답했다.
→ 그에게 질문을 받아서 나는 그 질문에 답했다.

② Because I was asked by him, I answered the question.
→ (Being) asked by him, I answered the question.

③ 당신이 왼쪽으로 돌면, 당신은 병원을 보게 될 것이다.
→ 왼쪽으로 돌면, 당신은 병원을 보게 될 것이다.

③ If you turn to the left, you will find the hospital.
→ Turning to the left, you will find the hospital.

④ 비록 나는 손해를 봤지만 그 책을 사는 것을 포기할 수 없다.
→ 손해를 봤지만 나는 그 책을 사는 것을 포기할 수 없다.

④ Even though I have lost my money, I cannot give up buying the book.
→ Having lost my money, I cannot give up buying the book.

⑤ 내가 창밖을 보았을 때 나는 내 영어 선생님을 생각했다.
→ 창밖을 바라보면서 나는 내 영어 선생님을 생각했다.

⑤ As I looked out the window, I thought about my English teacher.
→ Looking out the window, I thought about my English teacher.

⑥ 그는 눈물을 닦으면서 사랑한다고 말했다.
→ 눈물을 닦으면서, 그는 그녀를 사랑한다고 말했다.

⑥ He said that he loved her while he was wiping the tears.
→ He said that he loved her, (being) wiping the tears.

One Tip 독립분사구문

주절과 종속절의 주어가 서로 다를 때 종속절의 주어를 그대로 남겨야 하는데 이를 독립분사구문이라 한다.

- As it was cold, we stayed at home.
  → It being cold, we stayed at home.

확인학습문제

다음 문장을 분사구문으로 전환하시오.

01 As I knew what to do, I didn't ask for his advice.

→ ____

02 If they are read carelessly, some books will do more harm than good.

→ ____

03 Though they were born from the same parents, they bear no resemblance to each other.

→ ____

04 Because he lived on the seashore, he is able to swim.

→ ____

05 As we sang and danced together, we had a good time.

→ ____

06 He was sitting alone while he was folding his arms.

→ ____

07 If you sell the house now, you will lose some money.

→ ____

08 When I looked down into the pond, I saw a reflection of the round moon.

→ ____

09 If weather permits, the performance will take place outside.

→ ____

10 Because there was no class today, I went driving with my boyfriend.

→ ____

확인학습문제 Answer & Review

다음 문장을 분사구문으로 전환하시오.

01 As I knew what to do, I didn't ask for his advice.

[정답] Knowing what to do, I didn't ask for his advice.

[해설] 부사절에서 접속사 As를 생략하고 주절과 주어가 동일하므로 I를 생략한다. 주절과 시제가 같으므로 동사 knew를 현재분사로 고쳐 쓰면 분사구문이 완성된다.

[해석] 뭘 해야 할지를 알고 있었기 때문에 나는 그의 조언을 구하지 않았다.

02 If they are read carelessly, some books will do more harm than good.

[정답] (Being) Read carelessly, some books will do more harm than good.

[해설] 부사절에서 접속사 If를 생략하고 주절과 주어가 동일하므로 they(= books)를 생략한다. 주절과 시제가 같으므로[시조부는 현미(시간이나 조건의 부사절에서는 현재가 미래시제를 대신해야 한다)] 동사 are를 현재분사로 고쳐 Being을 쓰면 분사구문이 완성된다. 이때 현재분사 Being은 생략이 가능하다.

[해석] 소홀히 읽히면 몇몇 책들은 이롭기보다는 더 해롭다.

[어휘] carelessly 소홀히, 부주의하게 do harm 해를 끼치다, 악영향을 주다 (do good 이롭다)

03 Though they were born from the same parents, they bear no resemblance to each other.

[정답] (Having been) Born from the same parents, they bear no resemblance to each other.

[해설] 부사절에서 접속사 Though를 생략하고 주절과 주어가 동일하므로 they를 생략한다. 주절과 시제가 다르므로 were born을 Having been born으로 고쳐 쓰면 분사구문이 완성된다. 이때 Having been은 생략이 가능하다.

[해석] 같은 부모에게서 태어났어도, 그들은 서로 닮지 않았다.

[어휘] bear (a) resemblance to ~과 닮다

04 Because he lived on the seashore, he is able to swim.

[정답] Having lived on the seashore, he is able to swim.

[해설] 부사절에서 접속사 Because를 생략하고 주절과 주어가 동일하므로 he를 생략한다. 하지만 주절과 시제가 서로 다르기 때문에 lived를 having lived로 고쳐 써야 한다.

[해석] 바닷가에 살고 있어서 그는 수영을 할 수 있다.

[어휘] seashore 바닷가, 해안(= beach, coastline, seaside)

05 As we sang and danced together, we had a good time.

[정답] Singing and dancing together, we had a good time.

[해설] 부사절에서 접속사 As를 생략하고 주절과 주어가 동일하므로 we를 생략한다. 주절과 시제가 같으므로 동사 sang and danced를 현재분사로 고쳐 쓰면 분사구문이 완성된다.

[해석] 노래하고 춤추며 우리는 함께 즐거운 시간을 보냈다.

[어휘] have a good time 즐거운 시간을 보내다

06 He was sitting alone while he was folding his arms.

> [정답] He was sitting alone, (being) folding his arms.

> [해설] 접속사 while을 생략하고 앞 문장과 주어가 동일하므로 he를 생략한다. 앞 문장과 시제가 같으므로 동사 was를 현재분사로 고쳐 쓰면 분사구문이 완성된다. 이때 현재분사 being은 생략이 가능하다.

> [해석] 그는 팔짱을 낀 채 홀로 앉아 있던 중이었다.

> [어휘] fold one's arms 팔짱을 끼다

07 If you sell the house now, you will lose some money.

> [정답] Selling the house now, you will lose some money.

> [해설] 부사절에서 접속사 If를 생략하고 주절과 주어가 동일하므로 you를 생략한다. 주절과 시제가 같으므로(시조부는 현미(시간이나 조건의 부사절에서는 현재가 미래시제를 대신해야 한다)) 동사 sell을 현재분사 selling으로 고쳐 쓰면 분사구문이 완성된다.

> [해석] 만약 지금 그 집을 판다면, 너는 손해를 볼 것이다.

> [어휘] lose money 손해를 보다, 돈을 잃다

08 When I looked down into the pond, I saw a reflection of the round moon.

> [정답] Looking down into the pond, I saw a reflection of the round moon.

> [해설] 부사절에서 접속사 When을 생략하고 주절과 주어가 동일하므로 I를 생략한다. 주절과 시제가 같으므로 동사 looked를 현재분사로 고쳐 쓰면 분사구문이 완성된다.

> [해석] 연못 아래를 쳐다볼 때 나는 둥근달의 반사된 모습을 보았다.

> [어휘] pond 연못 reflection 반영, 반사

09 If weather permits, the performance will take place outside.

> [정답] Weather permitting, the performance will take place outside.

> [해설] 부사절에서 접속사 If를 생략하고 주절과 주어가 다르므로 weather를 생략할 수 없다. 주절과 시제가 같으므로[시조부는 현미(시간이나 조건의 부사절에서는 현재가 미래시제를 대신해야 한다)] permit을 현재분사로 고쳐 쓰면 분사구문이 완성된다.

> [해석] 날씨만 허락한다면 그 공연은 야외에서 열릴 것이다.

> [어휘] permit 허락하다, 허가하다 performance 공연, 연주(회); 실적, 성과
> take place 발생하다

10 Because there was no class today, I went driving with my boyfriend.

> [정답] There being no class today, I went driving with my boyfriend.

> [해설] 부사절에서 접속사 Because를 생략하고 주절과 주어가 다르므로 no class를 생략할 수 없다. 주절과 시제가 같으므로 동사 was를 현재분사로 고쳐 쓰면 분사구문이 완성된다.

> [해석] 수업이 없어서 나는 남자친구와 드라이브를 갔다.

Unit 02 분사구문의 기타 용법

01 분사구문의 관용적 표현

1 generally speaking   일반적으로 말하자면
2 admitting (that)   ~을 인정할지라도
3 granting(= granted) (that)   ~을 인정할지라도
4 strictly speaking   엄밀히 말하면, 엄격하게 말해서
5 frankly(= honestly) speaking   솔직히 말하자면, 솔직히 말해서
6 considering (that)   ~임을 고려하면
7 given (that)   ~임을 고려하면
8 speaking of   ~에 관해 말하자면
9 judging from   ~으로 판단하건대
10 provided (that)   만약 ~라면

① **Generally speaking,** coffee has more caffeine than tea.

② **Admitting that** he is honest, he cannot be trusted with money.

③ **Granting(Granted) that** it is true, you are still in the wrong.

④ **Strictly speaking,** spiders aren't insects.

⑤ **Frankly speaking,** I forgot his name.

⑥ **Considering that** he is a new actor, his acting wasn't that bad.

⑦ **Given that** she is interested in children, I am sure teaching is the right career for her.

⑧ **Speaking of** myself, I read books on the weekend.

⑨ **Judging from** what I have heard, he is a man of high birth.

⑩ **Provided that** you give me a discount, I'll buy the car right away.

---

① 일반적으로 말하자면, 커피는 차보다 카페인이 더 많다.

② 그가 정직한 것은 인정할지라도, 그는 돈에 있어서 믿을 수 없다.
admit 인정하다

③ 그게 사실이라 인정할지라도, 여전히 너는 잘못했다.
in the wrong (사고, 실수, 언쟁 등에서) 잘못을 한, 과실이 있는

④ 엄밀히 말하면, 거미는 곤충이 아니다.
insect 곤충

⑤ 솔직히 말하자면, 나는 그의 이름이 기억나지 않았다.

⑥ 그가 신인 배우인 것을 고려하면, 그의 연기는 그렇게 나쁘진 않다.

⑦ 그녀가 아이들에게 관심이 있는 것을 고려하면, 내가 확신하건대 교직은 그녀에게 딱 맞는 직업이다.
teaching 교직 **career** 직업

⑧ 나에 관해 말하자면, 나는 주말에 책을 읽는다.

⑨ 내가 들은 것으로 판단하건대, 그는 명문가 출신이다.
a man of (a) high birth 명문가 출신

⑩ 만약 당신이 나에게 할인을 해준다면, 나는 이 차를 당장 사겠다.
right away 지금 당장

확인학습문제

다음 빈칸에 적절한 분사구문 표현을 넣으시오.

01 ___________ Tom is in his 70, this record is a remarkable achievement.
(~을 고려하면)

02 ___________ your statement is true, that is no answer to the charge.
(~을 인정할지라도)

03 ___________ her accent, she is a foreigner.
(~으로 판단하건대)

04 ___________ the price right, we'll buy everything you produce.
(만약 ~라면)

05 ___________, the book is not a novel, but a short story.
(엄밀히 말하면)

확인학습문제 Answer & Review

다음 빈칸에 적절한 분사구문 표현을 넣으시오.

01 ______________ Tom is in his 70, this record is a remarkable achievement.

해설 분사구문의 관용적 표현으로 considering that(= given that)은 '~을 고려하면'이란 뜻을 나타낸다.

해석 Tom이 70대인 것을 고려하면, 이 기록은 놀랄 만한 결과다.

어휘 record 기록 remarkable 놀랄 만한, 기록할 만한 achievement 업적, 성취, 결과

02 ______________ your statement is true, that is no answer to the charge.

해설 분사구문의 관용적 표현으로 admitting that(= granted that)은 '~을 인정할지라도'란 뜻을 나타낸다.

해석 당신 말이 사실이라고 인정하더라도, 그것은 변명이 될 순 없다.

어휘 statement 진술, 말 charge 책임; 비난

03 ______________ her accent, she is a foreigner.

해설 분사구문의 관용적 표현으로 judging from은 '~으로 판단하건대'란 뜻을 나타낸다.

해석 그녀의 억양으로 판단하건대, 그녀는 외국인이다.

어휘 accent 억양, 강세 foreigner 외국인, 이방인

04 ______________ the price right, we'll buy everything you produce.

해설 분사구문의 관용적 표현으로 provided (that)은 '만약 ~라면'이란 뜻을 나타낸다.

해석 만약 가격이 적절하다면, 우리는 당신이 생산해 내는 모든 것을 살 것이다.

어휘 right 적절한, 적당한; 권리 produce 생산하다; 농작물

05 ______________, the book is not a novel, but a short story.

해설 분사구문의 관용적 표현으로 strictly speaking은 '엄밀히 말하면'이란 뜻을 나타낸다.

해석 엄밀히 말하면, 그 책은 소설이 아니라 짧은 이야기 글이다.

어휘 novel 소설; 새로운

05 준동사의 동사적 성질

Unit 01 · 준동사의 의미상의 주어

01 준동사의 동사적 성질

준동사는 동사에 준하기 때문에 동사적 성질을 갖는다. 따라서 준동사도 의미상의 주어가 있어야 하고 경우에 따라서는 의미상 목적어나 보어 또는 전치사구나 부사(구)가 뒤에 딸린 어구로 있어야 한다. 또한 준동사도 시제나 태의 원칙을 따른다.

① The doctor advised me to keep my room clean.

② We thank you for your son's applying for our company.

③ Bill Gates saw him crossing the street yesterday.

① 그 의사가 나에게 방을 깨끗이 유지하라고 충고했다.

② 우리는 당신의 아들이 우리 회사에 지원한 것에 대해 감사드립니다.

③ **Bill Gates**는 어제 그 남자가 길을 건너고 있는 것을 보았다.

02 준동사의 의미상의 주어

to부정사의 의미상의 주어는 그 격을 목적격으로 취하고 동명사의 의미상의 주어는 그 격을 소유격이나 목적격으로 취하며 분사의 의미상의 주어는 그 격을 목적격으로 취한다.

① I want him to do it.

② I minded your opening the window.

③ I noticed her dancing in her office.

① 나는 그가 그것을 하기를 원한다.

② 나는 당신이 창문을 여는 것을 꺼려 한다.

③ 나는 그녀가 사무실에서 춤추는 것을 보았다.

03 준동사의 의미상의 주어 생략

준동사의 의미상의 주어와 문법상의 주어가 일치하는 경우 그리고 준동사의 의미상의 주어가 막연한 일반
인일 때에는 의미상의 주어는 생략할 수 있다.

① I want to study English hard. (의미상의 주어 = I)

　참고 I want him to study English hard. (의미상의 주어 ≠ him)

① 나는 영어를 열심히 공부하고
싶다.
참고 나는 그가 영어를 열심히
공부하기를 원한다.

② It is not easy to break a bad habit. (의미상의 주어 = 막연한 일반인)

　참고 It is not easy for him to break a bad habit. (문법상 주어 = him)

② 나쁜 습관을 없애기는 쉽지 않다.
참고 그가 나쁜 습관을 없애기
는 쉽지 않다.

One Tip for + 의미상의 주어(목적격) + to ⓥ

- I want him to do it. 나는 그가 그것을 하기를 원했다.

- It is difficult for him to do it. 그가 그것을 하기는 어렵다.

- I made a cake for him to eat. 나는 그가 먹을 케이크를 만들었다.

Two Tip It is 인성형용사 + of + 의미상 주어(목적격) + to ⓥ

> 인성형용사 : stupid(어리석은), kind(친절한), considerate(사려깊은), careless(부주의한),
> 　　　　　　 generous(관대한), nice(멋진), polite(공손한), clever(영리한), rude(무례한),
> 　　　　　　 cruel(잔인한)

- It is stupid of you to say so. 당신이 그렇게 말하는 것은 어리석다.

- It is kind of him to help me out. 그가 나를 도와주는 것은 친절하다.

확인학습문제 1

01 다음 밑줄 친 준동사의 '의미상의 주어', '의미상의 목적어', '의미상의 보어'를 찾아 표시하시오.

① Lucy pretended <u>to know</u> the answer to my question.
② I look forward to your <u>listening</u> to the great music.
③ It was kind of you <u>to lend</u> me the money.
④ He went to the bookstore <u>to buy</u> some books.
⑤ It is usual for my sister <u>to get up</u> late in the morning.

02 다음 밑줄 친 부분 중 어법상 옳은 것은?

① It was stupid <u>for</u> him to accept their offer.
② It was generous <u>of</u> her to give me an advice.
③ It is disgraceful <u>a newspaper</u> to publish such lies.
④ My parents went outside <u>me</u> to study quietly at home.

확인학습문제 Answer & Review

01 다음 밑줄 친 준동사의 '의미상의 주어', '의미상의 목적어', '의미상의 보어'를 찾아 표시하시오.

① Lucy pretended <u>to know</u> the answer to my question.

해설 부정사 to know의 의미상의 주어는 Lucy이고 의미상의 목적어는 the answer이다.

해석 Lucy는 나의 질문에 답을 아는 체했다.

어휘 pretend to ⓥ ⓥ인 체하다

② I look forward to your <u>listening</u> to the great music.

해설 동명사 listening의 의미상의 주어는 your이고 의미상의 목적어는 music이다.

해석 나는 당신이 그 위대한 음악을 듣기를 간절히 바란다.

어휘 look forward to ⓥ-ing ⓥ하기를 바라다, 간절히 바라다

③ It was kind of you <u>to lend</u> me the money.

해설 부정사 to lend의 의미상의 주어는 you이고 의미상 간접 목적어는 me, 그리고 직접목적어는 the money이다.

해석 당신이 나에게 돈을 빌려준 것은 매우 친절한 일이었다.

④ He went to the bookstore <u>to buy</u> some books.

해설 부정사 to buy의 의미상의 주어는 He이고 의미상의 목적어는 some books이다.

해석 그는 서점에 몇 권의 책을 사러 갔다.

⑤ It is usual for my sister <u>to get up</u> late in the morning.

해설 부정사 to get up의 의미상의 주어는 my sister이다.

해석 아침에 내 여동생이 늦게 일어나는 것은 흔한 일이다.

02 다음 밑줄 친 부분 중 어법상 옳은 것은?

① It was stupid <u>for</u> him to accept their offer.
② It was generous <u>of</u> her to give me an advice.
③ It is disgraceful <u>a newspaper</u> to publish such lies.
④ My parents went outside <u>me</u> to study quietly at home.

해설 ② 인성을 나타내는 형용사(generous) 다음 to ⓥ의 의미상의 주어는 전치사 of를 사용해야 한다. 따라서 of의 사용은 어법상 적절하다.
① to ⓥ의 의미상의 주어를 쓸 때, 사람의 인성을 나타낼 때에는 전치사 of를 사용한다. 따라서 for를 of로 고쳐 써야 한다.
③ to ⓥ의 의미상의 주어의 격을 목적격으로 하기 위하여 a newspaper 앞에 전치사 for가 필요하다.
④ to ⓥ의 의미상의 주어의 격을 목적격으로 하기 위하여 me 앞에 전치사 for가 필요하다.

해석 ① 그가 그들의 제안을 받아들인 것은 어리석었다.
② 그녀가 나에게 조언을 해 준 것은 관대한 일이다.
③ 신문이 그런 거짓말을 게재한 것은 수치스러운 것이다.
④ 나의 부모님은 내가 집에서 조용히 공부할 수 있도록 외출하셨다.

어휘 stupid 어리석은 accept 받아들이다, 수락하다 generous 관대한
disgraceful 우아하지 못한, 수치스러운 publish 출판하다 lie 거짓말

정답
02 ②

Unit 02 · 준동사의 시제와 태

01 준동사의 시제

준동사도 동사에 준하기 때문에 시제 일치가 필요하다. 주절의 시제와 준동사의 시제가 같으면 단순시제를 사용하며 주절의 시제보다 한 시제 앞서면 완료시제를 사용한다.

준동사 시제		단순시제	완료시제
to부정사		to ⓥ	to have p.p.
동명사		ⓥ-ing	having p.p.
분사	현재분사	ⓥ-ing	having p.p.
	과거분사	ⓥ-ed	having been p.p.

① 코끼리는 영리하다고 전해진다.
clever 영리한

① It is said that elephants are clever.
= Elephants are said to be clever.

② 코끼리는 영리했다고 전해진다.

② It is said that elephants were clever.
= Elephants are said to have been clever.

③ 그는 네 명의 아들을 둔 것이 자랑스럽다.

③ He is proud that he has four sons.
= He is proud of having four sons.

④ 그는 그 경기에서 승리했던 것이 자랑스러웠다.

④ He was proud that he had won the game.
= He was proud of having won the game.

⑤ 만약 당신이 다음 단서들을 사용한다면, 해답을 구할 수 있다.
= 다음 단서들을 사용해서, 당신은 해답을 구할 수 있다.

⑤ If you use the following clues, you can find the answer.
= Using the following clues, you can find the answer.

⑥ 비록 그가 세 번이나 실패했지만, 그는 포기하지 않는다.
= 세 번 실패했어도, 그는 포기하지 않는다.

⑥ Although he failed three times, he doesn't give up.
= Having failed three times, he doesn't give up.

02 준동사의 태

준동사도 동사의 성질이 있기 때문에 태의 일치에 유의해야 한다. 준동사 뒤에 목적어가 있으면 능동의 형태(to ⓥ / ⓥ-ing)를 취해야 하고 목적어가 없으면 수동의 형태(to be p.p. / ⓥ-ed)를 취해야 한다.

① My brother was too young [to punish / to be punished].

② A mid-term is scheduled [to arise / to be arisen] this year.

③ I am proud of [having known / having been known] him.

④ She complained of [having insulted / having been insulted].

⑤ He lay on the couch with his eyes [closing / closed]

⑥ [Having deceived / Deceived] by him before, she hates him.

정답 ① to be punished, ② to arise, ③ having known, ④ having been insulted, ⑤ closed, ⑥ Deceived

① 내 남동생은 너무 어려서 처벌받지 않았다.

② 중간고사는 올해 있을 예정이다.

③ 나는 그를 알았던 것이 자랑스럽다.

④ 그녀는 모욕당했던 것을 불평했다.
insult 모욕하다

⑤ 그는 눈을 감은 채로 소파에 누워 있었다.
couch 소파

⑥ 전에 그에게 속은 적이 있어서, 그녀는 그를 싫어한다.
deceive 속이다
hate 증오하다

♨One Tip⁺ 준동사의 부정

준동사의 부정은 준동사 바로 앞에 **not**이나 **never**를 사용한다.

• I locked the door for him not to get in. 나는 그가 들어오지 못하도록 문을 잠갔다.
  참고 I didn't lock the door for him to get in. 나는 그가 들어오도록 문을 잠그지 않았다.

• He was careful about not leaving any tracks. 그는 흔적을 남기지 않으려고 주의했다.
  참고 He was not careful about leaving any tracks.
  그는 흔적을 남기는 것에 대해 주의하지 않았다.

• Not knowing where to go, he got a taxi. 어디로 갈지 몰랐기 때문에 그는 택시를 탔다.

01 밑줄 친 부분에 들어갈 말로 가장 적절한 것을 고르시오.

> The middle-class Americans who chose to avoid the suburban lifestyle were even more often people _________ central-city government services.

① receive
② received
③ receiving
④ have been received

02 밑줄 친 부분 중 어법상 틀린 것은?

① We suggest <u>using</u> the safe to protect money.
② This will enable you <u>to understand</u> English words.
③ We will absolutely appreciate <u>to be</u> with us tonight.
④ Should they postpone <u>buying</u> new mobile phones?

03 밑줄 친 부분에 들어갈 말로 가장 적절한 것을 고르시오.

> The country which has been repeatedly governed is a small one with the three quarters of the land ______________ by the sea.

① surround

② surrounds

③ surrounded

④ surrounding

04 밑줄 친 부분 중 어법상 틀린 것은?

> Most countries denied their ① <u>coming</u> and failed ② <u>to welcome</u> them after the war, which drove them ③ <u>to deport</u> and considered ④ <u>to scatter</u> elsewhere.

05 밑줄 친 부분에 들어갈 말로 가장 적절한 것을 고르시오.

> _______________ hard in the university then, he has lots of troubles.

① Not studying
② Having not studied
③ Studying not
④ Not having studied

06 다음 우리말을 영어로 옮긴 것 중 밑줄 친 부분이 어법상 옳은 것은?

① 그는 며칠 전에 친구를 배웅하기 위해 역으로 갔다.

→ He went to the station a few days ago <u>to see</u> off his friend.

② 버릇없는 그 소년은 아버지가 부르는 것을 못 들은 체했다.

→ The spoiled boy made believe he didn't hear his father <u>calling</u>.

③ 나는 버팔로에 가본 적이 없어서 그곳에 가기를 고대하고 있다.

→ I have never been to Buffalo, so I am looking forward <u>to go</u> there.

④ 나는 아직 오늘 신문을 못 읽었어. 뭐 재미있는 것 있니?

→ I have not read today's newspaper yet. Is there anything <u>interested</u> in it?

07 밑줄 친 부분 중, 어법상 적절하지 않은 것은?

> Since I minded ① <u>reading</u> the recent newspaper, I have attempted ② <u>to ponder</u> what now happen in our environment. In that respect, we have to choose ③ <u>to put</u> off ④ <u>to construct</u> the new hospital.

08 우리말을 영어로 옮긴 것 중 밑줄 친 부분이 어법상 옳은 것은?

① 토마스는 투표하기에 충분한 나이다.

  → Thomas is <u>old enough</u> to vote.

② 나는 네 열쇠를 잃어버렸다고 네게 말한 것을 후회한다.

  → I regret <u>to tell</u> you that I lost your key.

③ 도착했을 때 영화는 이미 시작했었다.

  → The movie had already started <u>when arriving</u>.

④ 바깥 날씨가 추웠기 때문에 나는 차를 마시려 물을 끓였다.

  → <u>Being cold</u> outside, I boiled some water to have tea.

09 밑줄 친 부분 중 어법상 틀린 것은?

① <u>Domesticated</u> animals are the earliest and most effective way available to humans. They take the strain off the human back and arms. ② <u>Utilizing</u> with other techniques, animals can raise human living standards very considerably, both as supplementary foodstuffs (protein in meat and milk) and as machines ③ <u>to carry</u> burdens, life water, and grind grain. Since they are so obviously of great benefit, we might be allowed ④ <u>to employ</u> <u>them</u>.

10 우리말을 영어로 옮긴 것 중 밑줄 친 부분이 어법상 옳은 것은?

① 그 남자는 머리를 흩날리며 나에게 뛰어왔다.
→ With his hair <u>flying</u> in the wind, he ran to me.
② 그 여자는 서울에 있었을 때 아주 부자였다고 사람들이 말한다.
→ The woman is said <u>to be</u> very rich while in Seoul.
③ 이번 학기에 등록한 학생 숫자가 감소했다.
→ The number of students <u>registering</u> in this semester has decreased.
④ 전화를 켜 보니 문자함에 새로운 문자가 와 있었다.
→ After <u>turning</u> on the phone, a new text was found in the message box.

11 우리말을 영어로 옮긴 것 중 밑줄 친 부분이 어법상 틀린 것은?

① 많은 일꾼들이 휴가 얻기를 간절히 바란다.

→ Many workers look forward <u>to taking</u> a vacation.

② 이 캠페인은 건강문제에 관한 자각을 끌어올리는 데 기여한다.

→ This campaign contributes <u>to raising</u> awareness of health issue.

③ 나는 그가 참회하고 올바른 일을 하려고 한다면 그를 용서하고 싶다.

→ I would feel like <u>to forgiving</u> him if he were penitent and tried to do the right thing.

④ 일하는 어머니들은 동시에 회사 일과 집안일을 하느라 바쁘다.

→ Working mothers are busy <u>doing</u> office work and house work at the same time.

12 우리말을 영어로 옮긴 것 중 밑줄 친 부분이 어법상 틀린 것은?

① 그는 이 계획을 밀어붙이는 능력이 있다.

→ He is equal to <u>pushing</u> ahead with the project.

② 그녀는 예쁘지만 경박하다는 것은 말할 필요도 없다.

→ It goes without <u>saying</u> that she is pretty but flippant.

③ Simpson 씨는 더 좋은 가격에 집을 팔기 위해 집을 칠하고 있다.

→ Mr. Simpson is painting the house with a view to <u>selling</u> it for a better price.

④ 스스로 여호와의 증인이라고 규정한 사람들은 군복무에 반대한다.

→ Those who self-identified themselves as Jehovah's Witnesses object to <u>serve</u> in the army.

13 **우리말을 영어로 잘못 옮긴 것을 고르시오.** 2022. 국가직 9급

① 커피 세 잔을 마셨기 때문에, 그녀는 잠을 이룰 수 없다.

　→ Having drunk three cups of coffee, she can't fall asleep.

② 좁은 길을 따라 걷고 있는 동안 내 모자가 바람에 날아갔다.

　→ My hat was blown off by the wind while walking down a narrow street.

③ 모든 점이 고려된다면, 그녀가 그 직위에 가장 적임인 사람이다.

　→ All things considered, she is the best-qualified person for the position.

④ 다리를 꼰 채로 오랫동안 앉아 있는 것은 혈압을 상승시킬 수 있다.

　→ Sitting with the legs crossed for a long period can raise blood pressure.

정답 해설

01 밑줄 친 부분에 들어갈 말로 가장 적절한 것을 고르시오.

> The middle-class Americans who chose to avoid the suburban lifestyle were even more often people __________ central-city government services.

① receive
② received
③ receiving
④ have been received

해설 자릿값(동사 자리 / 준동사 자리)을 묻고 있다. 이 문장의 동사는 **were**이므로 밑줄 친 부분은 준동사가 필요하다. 또한 빈칸 뒤에 목적어가 있으므로 능동의 형태가 있어야 한다. 따라서 밑줄 친 부분에 들어갈 말로 가장 적절한 것은 ③ **receiving**이다

해석 교외 생활이 싫어서 도심에서 사는 중산층 미국인들은 훨씬 더 자주 중앙 시 정부 서비스를 받는 사람들이었다.

01
suburban ① 교외의, 시골의
② 평온한

02 밑줄 친 부분 중 어법상 틀린 것은?
① We suggest <u>using</u> the safe to protect money.
② This will enable you <u>to understand</u> English words.
③ We will absolutely appreciate <u>to be</u> with us tonight.
④ Should they postpone <u>buying</u> new mobile phones?

해설 ③ **appreciate**는 동명사를 목적어로 취하는 동사이므로 **to be**는 **being**으로 고쳐 써야 한다.
① **suggest**는 동명사를 목적어로 취하는 동사이므로 **using**의 사용은 어법상 옳다.
② **enable**은 목적격 보어 자리에 **to**부정사가 필요하므로 **to understand**의 사용은 어법상 적절하다.
④ **postpone**은 동명사를 목적어로 취하는 동사이므로 **buying**의 사용은 어법상 적절하다.

해석 ① 우리는 돈을 보관하려면 금고를 사용할 것을 제안한다.
② 이것은 당신이 영단어를 이해하는 것을 가능하게 해 줄 것이다.
③ 우리는 진심으로 오늘 밤 우리와 함께 해 준 것에 감사한다.
④ 그들이 새 휴대폰 사는 것을 미루어야만 합니까?

02
safe 금고
absolutely 절대적으로
postpone 미루다, 연기하다

정답
01 ③ **02** ③

03
repeatedly 반복적으로
govern 지배하다
three quarters (분수) 3/4
surround 둘러싸다, 에워싸다

03 밑줄 친 부분에 들어갈 말로 가장 적절한 것을 고르시오.

> The country which has been repeatedly governed is a small one with the three quarters of the land ____________ by the sea.

① surround
② surrounds
③ surrounded
④ surrounding

해설 자릿값에 의해 준동사 자리이고 뒤에 목적어가 없으므로 수동의 형태가 필요하다. 따라서 빈칸에 들어가기에 가장 적절한 것은 ③ surrounded이다.

해석 반복적으로 지배를 받았던 그 나라는 국토의 3/4이 바다로 둘러싸여 있는 작은 나라이다.

04
deport 추방하다
scatter 흩어지다
elsewhere 도처에

04 밑줄 친 부분 중 어법상 틀린 것은?

> Most countries denied their ① coming and failed ② to welcome them after the war, which drove them ③ to deport and considered ④ to scatter elsewhere.

해설 ④ consider는 동명사를 목적어로 취해야 하므로 to scatter는 scattering으로 고쳐 써야 한다.
① deny는 뒤에 동명사를 목적어로 취해야 하므로 coming의 사용은 어법상 적절하다.
② fail은 뒤에 to부정사를 목적어로 취해야 하므로 to welcome의 사용은 어법상 옳다.
③ drive는 to부정사를 목적격 보어로 취해야 하므로 to deport의 사용은 어법상 적절하다.

해석 대부분의 나라들은 전쟁 후에 그들이 오는 것을 거부했고 그들을 환영하지도 않았다. 그로 인해 그 난민들은 추방됐고 도처에 흩어질 것을 고려했다.

정답
03 ③ **04** ④

05 밑줄 친 부분에 들어갈 말로 가장 적절한 것을 고르시오.

> ______________ hard in the university then, he has lots of troubles.

① Not studying   ② Having not studied
③ Studying not   ④ Not having studied

해설 준동사의 부정은 준동사 바로 앞에 not을 사용해야 하고 과거표시부사 then이 있으므로 대학에서 공부한 것이 지금 현재보다 한 시제 앞서야 한다. 따라서 빈칸에 들어가기에 가장 적절한 것은 ④ Not having studied이다.

해석 그 당시 대학에서 열심히 공부하지 않았기 때문에, 그는 많은 어려움을 가지고 있다.

05
then 그 당시, 그때에는

06 다음 우리말을 영어로 옮긴 것 중 밑줄 친 부분이 어법상 옳은 것은?

① 그는 며칠 전에 친구를 배웅하기 위해 역으로 갔다.
   → He went to the station a few days ago <u>to see</u> off his friend.
② 버릇없는 그 소년은 아버지가 부르는 것을 못 들은 체했다.
   → The spoiled boy made believe he didn't hear his father <u>calling</u>.
③ 나는 버팔로에 가본 적이 없어서 그곳에 가기를 고대하고 있다.
   → I have never been to Buffalo, so I am looking forward <u>to go</u> there.
④ 나는 아직 오늘 신문을 못 읽었어. 뭐 재미있는 것 있니?
   → I have not read today's newspaper yet. Is there anything <u>interested</u> in it?

해설 ① 과거표시부사 ago가 있으므로 과거시제 went는 어법상 적절하고 완성된 문장 다음 부사역할을 하는 to부정사 to see off(배웅하다) 역시 어법상 적절하다.
② 지각동사 hear 다음 calling 뒤에 목적어가 없으므로 어법상 적절하지 않다. 따라서, 문맥상 calling 뒤에 him을 사용해야 한다.
③ look forward to 다음에는 동명사나 명사가 위치해야 하므로 go는 going으로 고쳐 써야 한다.
④ interest는 감정표현동사이므로 사물이 주체일 때에는 ⓥ-ing가 필요하다. interest의 주체가 anything(사물)이므로 interested는 interesting으로 고쳐 써야 한다.

06
see off 배웅하다
spoiled ① 버릇없는 ② 망친
make believe (that) ~인 체하다
look forward to ⓥ-ing
ⓥ를 학수고대하다

05 ④   **06** ①

07
mind 꺼려하다
attempt 시도하다
ponder 곰곰이 생각하다,
　　심사숙고하다
respect ① 존경(하다)
　　② 관점
put off 연기하다, 미루다
construct 건설하다, 짓다

07 밑줄 친 부분 중, 어법상 적절하지 않은 것은?

> Since I minded ① <u>reading</u> the recent newspaper, I have attempted ② <u>to ponder</u> what now happen in our environment. In that respect, we have to choose ③ <u>to put off</u> ④ <u>to construct</u> the new hospital.

해설 ④ put off는 동명사를 목적어로 취해야 하므로 to construct는 constructing으로 고쳐 써야 한다.
① mind는 동명사를 목적어로 취해야 하므로 reading의 사용은 어법상 옳다.
② attempt는 to부정사를 목적어로 취해야 하므로 to ponder의 사용은 어법상 적절하다.
③ choose는 to부정사를 목적어로 취해야 하므로 to put off의 사용은 어법상 옳다.

해석 내가 최근 신문 읽기를 꺼려한 후 계속해서 우리 환경에 무슨 일이 일어났는지 생각하기를 시도했다. 그런 관점에서 우리는 새로운 병원을 건설하는 것을 미루기를 선택해야 한다.

08
vote 투표하다
boil 끓이다

08 우리말을 영어로 옮긴 것 중 밑줄 친 부분이 어법상 옳은 것은?

① 토마스는 투표하기에 충분한 나이다.
　→ Thomas is <u>old enough</u> to vote.
② 나는 네 열쇠를 잃어버렸다고 네게 말한 것을 후회한다.
　→ I regret <u>to tell</u> you that I lost your key.
③ 도착했을 때 영화는 이미 시작했었다.
　→ The movie had already started <u>when arriving</u>.
④ 바깥 날씨가 추웠기 때문에 나는 차를 마시려 물을 끓였다.
　→ <u>Being cold</u> outside, I boiled some water to have tea.

해설 ① enough는 형용사를 수식할 때 후치수식을 해야 하므로 old enough의 사용은 어법상 적절하다.
② regret 다음 to부정사의 사용은 '앞으로 할 일에 대한 유감'을 나타내므로 '과거사실에 대한 후회'를 나타내는 우리말은 적절한 영작이 될 수 없다. 따라서 주어진 우리말을 영어로 적절하게 옮기려면 to tell을 telling으로 고쳐 써야 한다.
③ 주절의 주어와 분사구문의 의미상 주어가 서로 다르기 때문에 when arriving은 when we arrived로 고쳐 써야 한다.
④ 주절의 주어와 분사구문의 의미상의 주어가 서로 다르기 때문에 적절한 영작이 될 수 없다. 따라서 Being cold는 It being cold로 고쳐 써야 한다.

정답
07 ④　08 ①

09 밑줄 친 부분 중 어법상 틀린 것은?

① <u>Domesticated</u> animals are the earliest and most effective way available to humans. They take the strain off the human back and arms. ② <u>Utilizing</u> with other techniques, animals can raise human living standards very considerably, both as supplementary foodstuffs (protein in meat and milk) and as machines ③ <u>to carry</u> burdens, life water, and grind grain. Since they are so obviously of great benefit, we might be allowed ④ <u>to employ them</u>.

해설 ② 자리값에 의해 준동사 자리이고 뒤에 목적어가 없으므로 Utilizing은 Utilized로 고쳐 써야 한다.
① 문맥상 명사(animals)를 전치수식하는 과거분사 Domesticated의 사용은 어법상 적절하다.
③ 앞에 있는 명사(machines)를 후치수식하는 to부정사(to carry)의 사용은 어법상 적절하다.
④ 허락동사 allow 뒤에 목적격 보어 역할을 하는 to부정사(to employ)의 사용은 어법상 적절하다.

해석 동물들을 길들인다는 것은 인간이 이용할 수 있는 가장 오래되고 효율적인 방법이다. 그들은 인간의 등과 팔의 긴장을 없애준다. 다른 기술들을 이용해서 고기와 우유에 있는 단백질을 제공하는 보조 음식으로서, 그리고 짐과 물을 나르고, 곡식을 가는 기계로서도 가축들은 인간의 생활수준을 매우 상당히 높일 수 있다. 가축들은 분명히 매우 이익이 되기 때문에, 우리는 동물들을 이용하도록 허락된 것 같다.

10 우리말을 영어로 옮긴 것 중 밑줄 친 부분이 어법상 옳은 것은?

① 그 남자는 머리를 흩날리며 나에게 뛰어왔다.
→ With his hair <u>flying</u> in the wind, he ran to me.
② 그 여자는 서울에 있었을 때 아주 부자였다고 사람들이 말한다.
→ The woman is said <u>to be</u> very rich while in Seoul.
③ 이번 학기에 등록한 학생 숫자가 감소했다.
→ The number of students <u>registering</u> in this semester has decreased.
④ 전화를 켜 보니 문자함에 새로운 문자가 와 있었다.
→ After <u>turning</u> on the phone, a new text was found in the message box.

해설 ① 'with A B'구문을 묻고 있다. fly는 자동사이므로 B 자리에 능동의 형태 flying은 어법상 옳다. 따라서 적절한 영작이다.
② 부자였던 시점과 사람들이 말하는 시점이 서로 다르기 때문에(부자였던 시점이 말하는 시점보다 한 시제 앞서기 때문에) to be는 to have been으로 고쳐 써야 한다.
③ 자릿값에 의해 준동사 자리이고 뒤에 목적어가 없으므로 수동의 형태가 필요하다. 따라서 registering은 registered로 고쳐 써야 한다.
④ turning on의 의미상 주어와 주절의 주어 a new test가 서로 일치하지 않기 때문에 turning의 사용은 어법상 적절하지 않다. 따라서 After turning을 After he turned on으로 고쳐 써야 한다.

09
domesticate 길들이다
available 이용 가능한
strain 긴장
utilize 이용하다, 활용하다
raise 올리다
living standard 생활수준
considerably 상당히, 아주, 매우
supplementary 보조의
foodstuff 식품
protein 단백질
burden 짐, 부담
grind 갈다
grain 곡식, 곡물
obviously 분명히, 명백하게

10
register 등록하다
semester 학기

정답
09 ② 10 ①

11
take a vacation 휴가를 얻다
campaign 캠페인, 운동
raise (끌어)올리다
awareness 인식
at the same time 동시에

11 우리말을 영어로 옮긴 것 중 밑줄 친 부분이 어법상 틀린 것은?

① 많은 일꾼들이 휴가 얻기를 간절히 바란다.
→ Many workers look forward <u>to taking</u> a vacation.

② 이 캠페인은 건강문제에 관한 자각을 끌어올리는 데 기여한다.
→ This campaign contributes <u>to raising</u> awareness of health issue.

③ 나는 그가 참회하고 올바른 일을 하려고 한다면 그를 용서하고 싶다.
→ I would feel like <u>to forgiving</u> him if he were penitent and tried to do the right thing.

④ 일하는 어머니들은 동시에 회사 일과 집안일을 하느라 바쁘다.
→ Working mothers are busy <u>doing</u> office work and house work at the same time.

> **해설** ③ feel like ⓥ-ing 구문을 묻고 있다. 따라서 to를 없애야 올바른 영작이 된다.
> ① 동명사의 관용적 표현으로 look forward to ⓥ -ing는 '~하기를 간절히 바라다'라는 뜻이다. 따라서 적절한 영작이다.
> ② 동명사의 관용적 표현으로 contribute to ⓥ - ing는 '~하는 데 기여하다'라는 뜻이다. 따라서 적절한 영작이다.
> ④ 동명사의 관용적 표현으로 be busy ⓥ -ing는 '~하느라 바쁘다'라는 뜻이다. 따라서 적절한 영작이다.

12
push ahead 밀어붙이다,
　　　단호하게 나아가다
flippant 경박[천박]한, 경솔한
Jehovah 여호와
witness 증인, 목격자
serve in the army (military)
군복무를 하다

12 우리말을 영어로 옮긴 것 중 밑줄 친 부분이 어법상 틀린 것은?

① 그는 이 계획을 밀어붙이는 능력이 있다.
→ He is equal to <u>pushing</u> ahead with the project.

② 그녀는 예쁘지만 경박하다는 것은 말할 필요도 없다.
→ It goes without <u>saying</u> that she is pretty but flippant.

③ Simpson 씨는 더 좋은 가격에 집을 팔기 위해 집을 칠하고 있다.
→ Mr. Simpson is painting the house with a view to <u>selling</u> it for a better price.

④ 스스로 여호와의 증인이라고 규정한 사람들은 군복무에 반대한다.
→ Those who self-identified themselves as Jehovah's Witnesses object to <u>serve</u> in the army.

> **해설** ④ 동명사의 관용적 표현으로 object to ⓥ -ing는 '~하는 것을 반대하다'라는 뜻이다. 따라서 serve는 serving으로 고쳐 써야 한다.
> ① 동명사의 관용적 표현으로 be equal to ⓥ -ing는 '~할 능력이 있다'라는 뜻이다. 따라서 pushing의 사용은 어법상 옳다.
> ② 동명사의 관용적 표현으로 it goes without saying that ~ 은 '~은 말 할 필요도 없다'의 뜻으로 적절한 영작이다.
> ③ 동명사의 관용적 표현으로 with a view (an eye) to ⓥ -ing는 '~하기 위하여'라는 뜻이다. 따라서 selling의 사용은 어법상 적절하다.

정답
11 ③　**12** ④

13 우리말을 영어로 잘못 옮긴 것을 고르시오.　　　　　2022. 국가직 9급

① 커피 세 잔을 마셨기 때문에, 그녀는 잠을 이룰 수 없다.

　→ Having drunk three cups of coffee, she can't fall asleep.

② 좁은 길을 따라 걷고 있는 동안 내 모자가 바람에 날아갔다.

　→ My hat was blown off by the wind while walking down a narrow street.

③ 모든 점이 고려된다면, 그녀가 그 직위에 가장 적임인 사람이다.

　→ All things considered, she is the best-qualified person for the position.

④ 다리를 꼰 채로 오랫동안 앉아 있는 것은 혈압을 상승시킬 수 있다.

　→ Sitting with the legs crossed for a long period can raise blood pressure.

해설　② 접속사 while 다음 '(주어 + be동사)'가 생략될 때에는 문법상의 주어와 일치하거나 또는 접속사의 주어가 막연한 일반인일 때 생략 가능한데 문법상의 주어(my hat)와 while 다음 주어가 문맥상 일치하지 않으므로 while walking의 사용은 어법상 적절하지 않다. 따라서 while walking은 while I was walking으로 고쳐 써야 한다.

① 분사구문 Having drunk 다음 목적어가 있으므로 능동의 형태는 어법상 적절하고 커피를 마신 시점이 지금 현재 잠을 잘 수 없다는 시점보다 한 시제 앞서기 때문에 having p.p.(having drunk)의 사용 역시 어법상 적절하다.

③ 분사구문 considered 다음 목적어가 없으므로 과거분사 considered의 사용은 어법상 적절하고 분사구문의 의미상 주어와 문법상의 주어가 서로 다르기 때문에 All things의 사용 역시 어법상 옳다.

④ 'with A B' 구문을 묻고 있다. B 자리에 과거분사 crossed 다음 목적어가 없으므로 crossed의 사용은 어법상 적절하다.

09
blow off ~을 날려버리다
narrow 좁은
best-qualified 최고의 자격을 갖춘
position 직위
period 기간
raise 올리다
blood pressure 혈압

정답
13 ②

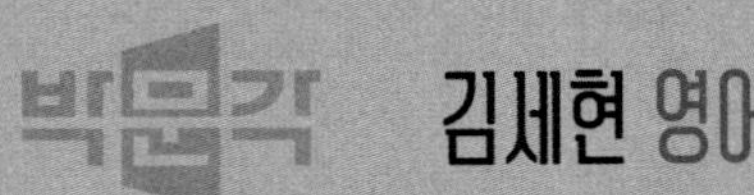 김세현 영어

PART

03

연결사

CHAPTER 01 관계사

Unit 01 · 관계대명사의 정의와 종류

01 관계대명사의 정의

'접속사(and) + 대명사'로서 공통된 명사가 있는 서로 다른 두 문장을 한 문장으로 연결할 때 사용되는 연결사를 관계대명사라 한다.

① 그 선생님은 나를 도와주셨다. + 그는(그 선생님은) 아주 친절하셨다.
→ 나를 도와준 선생님은 매우 친절했다.

① The teacher helped me. + The teacher(=He) was very kind.
→ The teacher helped me and the teacher(=he) was very kind.
→ The teacher who helped me was very kind.

② 나는 그 시계를 잃어버렸다. + 내 아버지가 그것(그 시계)을 나에게 사 줬다.
→ 나는 아버지가 나에게 사 준 그 시계를 잃어버렸다.

② I have lost the watch. + My father bought the watch(＝ it) for me.
→ I have lost the watch and my father bought the watch(＝ it) for me.
→ I have lost the watch which my father bought for me.

③ 나는 그 여자 분을 알고 있다. + 그녀(그 여자 분)의 아들이 이 차를 빌려갔다.
→ 나는 이 차를 빌려간 아들을 둔 여자 분을 알고 있다.

③ I know the woman. + The woman's(＝ her) son borrowed this car.
→ I know the lady and the lady's(＝ her) son borrowed this car.
→ I know the lady whose son borrowed this car.

One Tip⁺ 관계대명사의 종류

선행사 \ 격	주격	소유격	목적격	문장에서의 역할
사람	who	whose	who(m)	형용사절(선행사 수식)
사물	which	whose / of which	which	형용사절(선행사 수식)
사람, 동물, 사물	that	×	that	형용사절(선행사 수식)
×	what	×	what	명사절(주어, 목적어, 보어)

확인학습문제

다음 두 문장을 한 문장으로 연결하시오.

01 I have a friend. + He lives in Australia.

→ ____

02 The woman sells flowers. + She is sick today.

→ ____

03 Korea has many mountains. + Their advantages are various.

→ ____

04 The book was very interesting. + I borrowed it.

→ ____

05 I want you to give me the thing + I need the thing.

→ ____

→ ____

확인학습문제 Answer & Review

다음 두 문장을 한 문장으로 연결하시오.

01 I have a friend. + He lives in Australia.

[정답] I have a friend who lives in Australia

[해설] 두 문장의 공통된 명사 a friend와 He를 이용하여 두 문장을 관계대명사로 연결시키면 된다. 선행사가 사람(a friend)이므로 주격 관계대명사 who(that)를 사용하여 완성한다.

[해석] 나는 호주에 살고 있는 친구가 한 명 있다.

02 The woman sells flowers. + She is sick today.

[정답] The woman who is sick today sells flowers.

[해설] 두 문장의 공통된 명사 woman과 She를 주격 관계대명사인 who를 사용하여 두 문장을 연결시키면 된다.

[해석] 오늘 몸이 아픈 저 여성이 꽃을 팔고 있다.

03 Korea has many mountains. + Their advantages are various.

[정답] Korea has many mountains of which[whose] advantages are various.

[해설] 두 문장의 공통된 명사 mountains와 Their를 소유격 관계대명사인 of which 또는 whose 를 사용하여 두 문장을 연결시키면 된다.

[해석] 한국에는 다양한 이점들을 가진 많은 산이 있다.

[어휘] advantage 이익, 장점 various 다양한

04 The book was very interesting. + I borrowed it.

[정답] The book that I borrowed was very interesting.

[해설] 두 문장의 공통된 명사 The book과 it을 이용하여 두 문장을 관계대명사로 연결시키면 된다. 선행사가 사물(book)이므로 목적격 관계대명사 which(that)을 사용하여 완성한다.

[해석] 내가 빌린 그 책은 매우 흥미로웠다.

05 I want you to give me the thing + I need the thing.

[정답] I want you to give me the thing (which[that]) I need.
→ I want you to give me what I need.

[해설] 두 문장의 공통된 명사 the thing을 목적격 관계대명사인 which[that]을 사용하여 두 문장을 연결시키면 된다. 목적격 관계대명사는 생략할 수 있다.

[해석] 나는 당신이 나에게 내가 필요한 것을 주길 바란다.

02 관계대명사 who, whose, who(m)

- 사람 명사 + who(주격 관계대명사)   ‖ + 동사   〈주어가 없다〉
- 사람 명사 + who(m)(목적격 관계대명사) ‖ + S + V   〈목적어가 없다〉
- 사람 명사 + whose(소유격 관계대명사)   ‖ + <u>무관사</u> 명사   〈관사가 없다〉
  └→ 소유격(×) / 지시형용사(×)

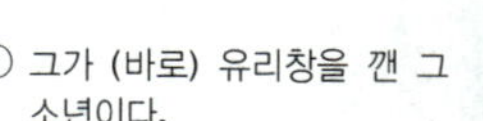
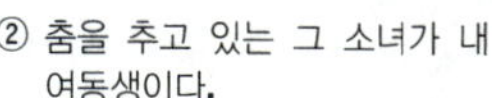

① He is the boy **who** broke the window.

② The girl **who** is dancing is my sister.

③ He is the boy **(who(m))** I met yesterday.

④ I know the teacher **whose** son borrowed the book.

① 그가 (바로) 유리창을 깬 그 소년이다.

② 춤을 추고 있는 그 소녀가 내 여동생이다.

③ 그가 (바로) 내가 어제 만났던 소년이다.

④ 나는 그 책을 빌려 간 아들을 둔 그 선생님을 알고 있다.

One Tip 관계사절에서의 수 일치

> 선행사 + **who**(주격 관계대명사) + 동사
> └———— 수 일치 ————┘

- Look at the women **who** were beautiful.
  아름다웠던 저 여인들을 봐라.
- The children **who** were in the school were all happy.
  학교에 있었던 아이들은 모두 행복했다.
- The people at the party **who** knew her smiled.
  그 파티에 있던 그녀를 아는 사람들은 미소지었다.

확인학습문제 1

다음 [　]안에서 어법상 옳은 것을 고르시오.

01 He met many people [who / which] are famous to the public.

02 I have the watch whose [band / the band] is made of leather.

03 You must explain the examples which [is / are] easy to us.

04 The friends from school [which / who] visited me left gifts.

05 I met a girl whose [brother / her brother] is a poet and novelist.

06 It's very difficult to find clothes in Chicago which [fits / fit] me.

07 The boy [who / whom] is handsome is really smart and nice.

08 The student [who / whose] phone rang in class was embarrassed.

09 The professor gave us the solution we want to know [it / ∅].

10 The photos on the wall which [show / shows] the ceremony were taken last year.

확인학습문제 **Answer & Review**

다음 [ ]안에서 어법상 옳은 것을 고르시오.

01 He met many people [who / which] are famous to the public.
- 해설 선행사가 사람(people)이므로 who가 정답이 된다.
- 해석 그는 대중에게 유명한 많은 사람들을 만났다.
- 어휘 famous 유명한 public 대중(적인)

02 I have the watch whose [band / the band] is made of leather.
- 해설 소유격 관계대명사 whose 뒤에는 무관사 명사가 있어야 하므로 band가 정답이 된다.
- 해석 나는 가죽 끈을 가진 손목시계가 있다.
- 어휘 band 줄, 끈, 띠 leather 가죽

03 You must explain the examples which [is / are] easy to us.
- 해설 관계대명사 which의 선행사가 examples이므로 관계사절의 동사는 복수동사가 필요하다. 따라서 are가 정답이 된다.
- 해석 당신은 우리에게 쉬운 예시들은 설명해야만 한다.
- 어휘 explain 설명하다

04 The friends from school [which / who] visited me left gifts.
- 해설 선행사가 문맥상 사람(friends)이므로 who가 정답이 된다.
- 해석 나를 방문한 학교 친구들이 선물을 두고 갔다.
- 어휘 visit 방문하다 leave 남겨두다

05 met a girl whose [brother / her brother] is a poet and novelist.
- 해설 소유격 관계대명사 whose 뒤에는 명사 앞에 소유격을 사용할 수 없으므로 brother가 정답이 된다.
- 해석 나는 오빠가 시인이자 소설가인 소녀를 만났다.
- 어휘 poet 시인 novelist 소설가

06 It's very difficult to find clothes in Chicago which [fits / fit] me.
- 해설 주격 관계대명사 다음 동사는 선행사와 수 일치시켜야 하는데 문맥상 선행사는 Chicago가 아니라 clothes(복수명사)이므로 단수동사 fits는 복수동사 fit으로 고쳐 써야 한다.
- 해석 내게 맞는 옷을 시카고에서 찾는 것은 어렵다.
- 어휘 solution 해결책, 대책 clothes 옷 fit ~에게 맞다

07 The boy [who / whom] is handsome is really smart and nice.
- 해설 관계대명사 whom은 선행사가 사람이고 뒤따르는 절 안에서 목적어의 역할을 해야 한다. 하지만 whom 다음에는 주어가 없으므로 whom을 주격 관계대명사 who로 고쳐 써야 한다.
- 해석 잘생긴 그 소년은 정말로 똑똑하고 친절하다.

08 The student [who / whose] phone rang in class was embarrassed.
- 해설 관계대명사 다음 명사가 위치하고 동사가 바로 이어지므로 소유격 관계대명사 whose가 정답이 된다.
- 해석 수업 중 전화가 울려 그 학생은 당황스러웠다.
- 어휘 ring-rang-rung 벨이 울리다 embarrass 당황하게 하다

09 The professor gave us the solution we want to know [it / ∅].
- 해설 solution 다음 목적격 관계대명사가 생략된 구조로 solution 다음 문장구조는 불완전해야 하므로 it을 없애야 한다. 따라서 ∅가 정답이 된다.
- 해석 그 교수님이 우리가 알고 싶은 해결책을 주었다.
- 어휘 solution 해결책, 대책

10 The photos on the wall which [show / shows] the ceremony were taken last year.
- 해설 주격 관계대명사 다음 동사는 선행사와 수 일치시켜야 하는데 문맥상 선행사는 wall이 아니라 photos(복수명사)이므로 복수동사 shows가 정답이 된다.
- 해석 그 행사를 보여주는 벽에 걸린 사진들은 작년에 찍힌 것이다.
- 어휘 take photo 사진을 찍다

01 밑줄 친 (A), (B)에 들어갈 말로 가장 적절한 것은?

> The engineer ____(A)____ designed the new bridge received an award for innovation. The bridge ____(B)____ connects two major cities has reduced travel time significantly.

	(A)	(B)
①	who	who
②	who	which
③	which	who
④	which	which

02 밑줄 친 (A), (B)에 들어갈 말로 가장 적절한 것은?

> The volunteers of the concert ____(A)____ helped the event also thanked the sponsors. And some of the performers ____(B)____ they had invited personally expressed their gratitude as well.

	(A)	(B)
①	who	whose
②	which	whom
③	who	which
④	which	whose

확인학습문제 **Answer & Review**

01 밑줄 친 (A), (B)에 들어갈 말로 가장 적절한 것은?

> The engineer ___(A)___ designed the new bridge received an award for innovation. The
> bridge ___(B)___ connects two major cities has reduced travel time significantly.

	(A)	(B)
①	who	who
②	who	which
③	which	who
④	which	which

[해설] 선행사가 사람(engineer)이므로 (A)에는 관계대명사 who가 필요하고 (B) 앞에 선행사가
사물(bridge)이므로 (B)에는 관계대명사 which가 있어야 한다. 따라서 정답은 ②이다.

[해석] 새로운 다리를 설계한 그 엔지니어는 혁신에 대한 공로로 상을 받았다. 두 주요 도시를 연결
하는 그 다리는 이동 시간을 꽤 많이 줄였다.

[어휘] engineer 엔지니어, 기술자 design 설계하다 bridge 다리 receive 받다 award 상
innovation 혁신 connect 연결하다 major 주요한 reduce 줄이다
travel time 이동 시간 significantly 상당히, 꽤 많이

02 밑줄 친 (A), (B)에 들어갈 말로 가장 적절한 것은?

> The volunteers of the concert ___(A)___ helped the event also thanked the sponsors.
> And some of the performers ___(B)___ they had invited personally expressed their
> gratitude as well.

	(A)	(B)
①	who	whose
②	which	whom
③	who	which
④	which	whose

[해설] 문맥상 선행사가 사람(volunteers)이므로 (A)에는 관계대명사 who가 필요하고 (B) 다음 문
장에 목적어가 없는 불완전한 문장이 이어지므로 (B)에는 whom이 있어야 한다. 따라서 정
답은 ①이다.

[해석] 그 행사를 도운 콘서트 자원봉사자들은 후원자들에게도 감사를 전했다. 그리고 그들이 직접
초대한 몇몇 공연자들 또한 감사를 표현했다.

[어휘] volunteer 자원봉사자 event 행사 sponsor 후원자 performer 공연자, 연기자
invite 초대하다 personally 직접 express 표현하다 gratitude 감사, 고마움
as well 또한, 역시

[정답]

01 ② **02** ①

03 관계대명사 which, whose

- 사물 명사 + which (주격 관계대명사)   ‖ + 동사   〈주어가 없다〉
- 사물 명사 + which (목적격 관계대명사) ‖ + S + V   〈목적어가 없다〉
- 사물 명사 + whose (소유격 관계대명사) ‖ + 무관사 명사   〈관사가 없다〉
  └→ 소유격(×) / 지시형용사(×)

① He has the house **which** is very expensive.

② I have the bag **whose** color is red and blue.
   참고 I know the girl **whose** sister is a movie star.

③ This is one of the books **(which)** we all want.

① 그는 매우 비싼 집을 소유하고 있다.

② 나는 빨갛고 파란 색을 지닌 가방이 있다.
   참고 나는 영화배우인 여동생을 둔 그 소녀를 알고 있다.

③ 이것이 우리 모두가 원하는 책 중에 하나다.

04 관계대명사 that

- 사람 · 사물명사 + that(주격 관계대명사)　‖ + 동사　　　〈주어가 없다〉
- 사람 · 사물명사 + that(목적격 관계대명사) ‖ + S + V　　〈목적어가 없다〉

① Where is the letter that came to him yesterday?

② Look at the girl and her cat that are running toward us.

③ He didn't say anything (that) I wanted to hear.

① 어제 그에게 온 편지가 어디에 있습니까?

② 우리를 향해 뛰어오고 있는 그 여자아이와 고양이를 봐라.
toward ~를 향하여

③ 그는 내가 듣고 싶어 하는 어떤 것도 말하지 않았다.

One Tip 반드시 관계대명사 that을 사용하는 경우

❶ 사람과 동물[사물] 둘이 동시에 선행사인 경우는 반드시 관계대명사 that을 사용한다.
- Look at the picture of men and horses that are crossing the river.
  강을 건너고 있는 사람들과 말들의 사진을 보아라.

❷ all이 선행사 또는 선행사에 포함된 경우에는 반드시 관계대명사 that을 사용한다.
- The teacher said all that glitters is not gold.
  선생님께서 반짝인다고 다 금은 아니라고 말씀하셨다.

❸ the only, the very, the same, the next 등이 선행사에 포함되어 있는 경우에는 반드시 관계대명사 that을 사용한다.
- Man is the only animal that is able to think.
  인간은 생각할 수 있는 유일한 동물이다.

❹ 선행사가 형용사의 최상급이나 서수로 수식을 받는 경우에는 반드시 관계대명사 that을 사용한다.
- The elephant is the largest animal that I have ever seen.
  코끼리는 내가 봤던 가장 큰 동물이다.

❺ 선행사가 의문사인 경우 반드시 관계대명사 that을 사용한다.
- Who that has common sense would do such a thing?
  상식이 있는 사람이라면 누가 그런 짓을 했겠는가?

Two Tip 관계대명사 that을 사용하지 않는 경우

❶ ,(comma) 다음에는 관계대명사 that을 사용할 수 없다.
- Everybody likes the toy, **that** is very expensive. (×)
  → which (○)
  모든 이가 아주 비싼 그 장난감을 좋아한다.

❷ 전치사 다음에는 관계대명사 that을 사용할 수 없다.
- This is the boy for **that** I was looking. (×)
  → whom (○)
  이 아이가 내가 찾고 있는 소년이다.

확인학습문제

다음 [　]안에서 어법상 옳은 것을 고르시오.

01 I saw the boy and his dog [who / which / that] are taking a walk together.

02 She spent all the money [what / which / that] she had yesterday.

03 She is the very woman [who / whose / that] I have wanted to marry.

04 This is the oldest building [what / which / that] I have ever seen.

05 This is the house for [that / which / what] I am looking all the way.

06 There are many theories, [that / which / what] I'm interested in.

확인학습문제 Answer & Review

다음 [ ]안에서 어법상 옳은 것을 고르시오.

01 I saw the boy and his dog [who / which / that] are taking a walk together.

> **해설** 사람(boy)과 동물(dog)이 동시에 선행사인 경우 관계대명사 **that**을 사용해야 하므로 **that**이 정답이 된다.

> **해석** 나는 함께 산책하는 그 소년과 개를 보았다.

02 She spent all the money [what / which / that] she had yesterday.

> **해설** 선행사에 **all**이 포함되어 있어 관계대명사 **that**을 사용해야 하므로 **that**이 정답이 된다.

> **해석** 그녀는 어제 그녀가 가지고 있던 모든 돈을 써버렸다.

03 She is the very woman [who / whose / that] I have wanted to marry.

> **해설** 선행사가 **the very**의 수식을 받고 있어 관계대명사 **that**을 사용해야 하므로 **that**이 정답이 된다.

> **해석** 그녀가 내가 결혼하길 원했던 바로 그 여자다.

04 This is the oldest building [what / which / that] I have ever seen.

> **해설** 선행사가 최상급(the oldest)의 수식을 받고 있어 관계대명사 **that**을 사용해야 하므로 **that**이 정답이 된다.

> **해석** 이것은 내가 봤던 것 중 가장 오래된 건물이다.

05 This is the house for [that / which / what] I am looking all the way.

> **해설** '전치사 + 관계대명사'의 구조에서 관계대명사 **that**은 사용할 수 없다. 따라서 **which**가 정답이 된다.

> **해석** 이 집이 (바로) 내가 시종일관 찾고 있는 집이다.

06 There are many theories, [that / which / what] I'm interested in.

> **해설** ,(comma) 다음 관계대명사 **that**을 사용할 수 없으므로 **which**가 정답이 된다.

> **해석** 내가 관심을 갖는 이론들은 많다.

> **어휘** theory 이론

05 관계대명사 what

- 선행사(×) ＋ what (주격 관계대명사)　∥ ＋ 동사　〈주어가 없다〉
- 선행사(×) ＋ what (목적격 관계대명사) ∥ S ＋ V　〈목적어가 없다〉

① I don't know **what** happened on the crosswalk.

② I couldn't understand **what** she was saying.

③ Tell me about **what** you have already known.

① 나는 횡단보도에서 발생한 일을 (무슨 일이 일어났는지) 모른다.

② 나는 그녀가 말했던 것을(무슨 말을 하는지) 이해할 수 없었다.

③ 당신이 이미 알고 있던 것(무엇을 이미 알고 있었는지)에 대하여 나에게 말해 주세요.

One Tip⁺ 전치사 ＋ 관계대명사

전치사 + whom ∥ 완전한 문장	전치사 + which ∥ 완전한 문장
전치사 + what ∥ 불완전한 문장	전치사 + that （×）

- Tom is the student **of whom** Jack is proud.
  Tom은 **Jack**이 자랑스러워하는 학생이다.

- This is the bag **into which** I put my book.
  이것은 내가 책을 넣어 둔 가방이다.

- He is interested **in what** we offered at that time.
  그는 그때 우리가 제공했던 것에 흥미를 갖는다.

Two Tip⁺ ,(comma) 다음 부정대명사 + of which(whom) ‖ **불완전한 문장(주어가 없다)**

| all, both, some, many, much, any, several, half, the rest, the last, most, either, each, one | + of which(whom) + 불완전한 문장 |

- The company employs ten graphic artists, all of [which/whom] [is/are] men.
  그 회사는 열 명의 그래픽 아티스트를 채용하는데, 모두 남자들이다.

- She had five books, some of [which/whom] [is/are] really useful to me.
  그녀는 책이 5권 있었는데, 그것들 중 몇 권은 내게 정말로 유용하다.

Three Tip⁺ 삽입절

관계대명사 + S + V +(S)+V ~
→ think, believe, say, know, feel, hope, guess

- The man who I thought was honest told me a lie.
  내가 생각하기에 정직했던 그 남자가 거짓말을 했다.

- He is the officer who I felt was smart and nice.
  내가 느끼기에 그는 명석하고 멋진 관료이다.

확인학습문제 1

다음 [   ] 안에서 알맞은 것을 고르시오.

01 I don't really know the thing [which / what] she is saying.

02 He is the second runner [who / that] I met in the race.

03 I picked the man [who / whom] I believed was honest.

04 Let me think about [what / which] you proposed to me.

05 This is the bike of [which / that] I spoke in the class.

06 Let me explain some themes, a lot of [which / whom] [is / are] important.

확인학습문제 **Answer & Review**

다음 [   ] 안에서 알맞은 것을 고르시오.

01 I don't really know the thing [which / what] she is saying.

> **해설** 선행사가 사물(the thing)이므로 관계대명사 **which**가 적절하다.

> **해석** 나는 그녀가 말하고 있는 내용을 정말 모르겠다.

02 He is the second runner [who / that] I met in the race.

> **해설** 선행사가 서수(the second)를 포함하고 있을 경우에는 관계대명사 **that**을 사용해야 한다.

> **해석** 그는 내가 경주에서 만났던 두 번째 주자이다.

03 I picked the man [who / whom] I believed was honest.

> **해설** 삽입절 I believed 다음에 동사가 바로 나오므로 주어가 생략되었다. 따라서 주격 관계대명사 **who**가 적절하다.

> **해석** 나는 내가 정직했다고 생각하는 그 남자를 선택했다.

04 Let me think about [what / which] you proposed to me.

> **해설** 관계대명사 앞에 선행사가 없다. 따라서 선행사를 포함하고 있는 관계대명사 **what**이 적절하다.

> **해석** 당신이 내게 제안했던 것에 대하여 생각을 좀 해 보겠습니다.

> **어휘** propose 제안하다

05 This is the bike of [which / that] I spoke in the class.

> **해설** '전치사 + 관계대명사' 다음에는 완전한 문장이 와야 한다. 또한 이 경우에 관계사 **that**은 사용할 수 없다. 따라서 **which**가 적절하다.

> **해석** 이것이 내가 교실에서 언급했던 (바로) 그 자전거다.

> **어휘** bike 자전거, 오토바이크   speak of ~에 대해 말하다

06 Let me explain some themes, the last of [which / whom] [is / are] important.

> **해설** themes가 사물이므로 **which**가 필요하고 a lot이 부분주어이고 of 다음 which가 복수명사(themes)를 대신하므로 동사는 **are**이 있어야 한다.

> **해석** 몇 개의 주제를 설명하겠는데, 그 중 많은 것들이 중요하다.

> **어휘** theme 주제

01 다음 밑줄 친 부분 중 어법상 틀린 것은?

> Bananas contain resistant starch ① <u>which</u> people ② <u>know</u> ③ <u>blocks</u> conversion of some carbohydrates into fuel, ④ <u>that</u> boosts fat burning.

02 다음 밑줄 친 부분 중 어법상 틀린 것은?

> Mr. Becket employs ten graphic illustrators, all of ① <u>whom consist</u> of women. One of them ② <u>has</u> a lot of professional books, some of ③ <u>which are</u> really useful to Mr. Becket. So, he also hires a few private security detectives, half of ④ <u>whom has</u> an eye out for the valuables.

확인학습문제 Answer & Review

01 다음 밑줄 친 부분 중 어법상 틀린 것은?

> Bananas contain resistant starch ① <u>which</u> people ② <u>know</u> ③ <u>blocks</u> conversion of some carbohydrates into fuel, ④ <u>that</u> boosts fat burning.

해설 ④ 관계대명사 that 앞에 ,(콤마)가 있으므로 관계대명사 that은 which로 고쳐 써야 한다.
① which의 선행사가 starch(단수명사)이므로 단수동사 blocks의 사용은 어법상 적절하다.
② people know는 삽입절이고 주어가 복수명사(people)이므로 know의 사용은 어법상 적절하다.
③ which의 선행사가 starch(단수명사)이므로 단수동사 blocks의 사용은 어법상 적절하다.

해석 바나나는 사람들이 알고 있는 것처럼 탄수화물이 에너지로 전환되는 것을 막는 저항전분을 함유하고 있는데 이것이 지방연소를 가속시킨다.

어휘 contain 포함하다 resistant 저항성의 starch 전분 block 막다, 방해하다 conversion 전환 carbohydrate 탄수화물 fuel 연료, 에너지 boost 가속화하다 fat 지방

02 다음 밑줄 친 부분 중 어법상 틀린 것은?

> Mr. Becket employs ten graphic illustrators, all of ① <u>whom consist</u> of women. One of them ② <u>has</u> a lot of professional books, some of ③ <u>which are</u> really useful to Mr. Becket. So, he also hires a few private security detectives, half of ④ <u>whom has</u> an eye out for the valuables.

해설 ④ whom앞에 선행사가 사람(detective)이므로 관계대명사 whom은 어법상 적절하지만 half가 부분주어이고 전치사 of 다음 whom이 지칭하는 명사가 detectives(복수명사)이므로 단수동사 has는 복수동사 have로 고쳐 써야 한다.
① whom앞에 선행사가 사람(illustrator)이므로 관계대명사 whom은 어법상 적절하고 all이 사람을 지칭하므로 복수동사 consist의 사용 역시 어법상 적절하다.
② 주어가 단수명사(one)이므로 단수동사 has는 어법상 적절하다.
③ which 앞에 선행사가 사물(book)이므로 관계대명사 which는 어법상 적절하고 some이 부분주어이고 전치사 of 다음 which가 지칭하는 명사가 books(복수명사)이므로 복수동사 are는 어법상 적절하다.

해석 Mr. Becket는 10명의 그래픽 삽화가들을 고용하고 그들 모두 여성이다. 그들 중 한명은 많은 전문서적을 가지고 있는데 그 책들 중 일부는 Mr. Becket에게 아주 소중하다. 그래서 그는 또한 몇몇 사설 경호원들을 고용하는데, 그들 중 절반이 그 소중한 책들을 감시한다.

어휘 illustrator 삽화가 consist of ~로 구성되다 hire 고용하다
private-security detective 사설 경호원 have an eye out for ~을 감시하다

01 ④ 02 ④

Unit 02 관계부사

01 관계부사의 정의와 종류

전치사 + 관계대명사로서 공통된 명사가 있는 서로 다른 두 문장을 한 문장으로 연결할 때 사용되는 연결사를 관계부사라 한다.

① I know the quiet place. + We can talk at it(= the place).
   → I know the quiet place which we can talk at.
   → I know the quiet place at which we can talk.
   → I know the quiet place where we can talk.

① 나는 조용한 장소를 알고 있다.
+ 우리는 그곳(그 장소)에서 대화를 나눌 수 있다.
→ 나는 조용한 장소를 알고 있고 우리는 그곳(그 장소)에서 대화를 나눌 수 있다.
→ 나는 우리가 대화를 나눌 수 있는 조용한 장소를 알고 있다.

One Tip 관계부사의 종류

선행사	관계부사	전치사 + 관계대명사
시간을 나타내는 명사	when + S + V	on / at / in + which
장소를 나타내는 명사	where + S + V	on / at / in + which
reason, cause	why + S + V	for + which
way, method	how + S + V	in + which

확인학습문제

다음 두 문장을 한 문장으로 연결하시오.

01 Tell me the day. + Your parents will come back on the day.

→ ____

→ ____

→ ____

02 I forgot the name of the hotel. + My parents are staying in the hotel.

→ ____

→ ____

→ ____

03 She knew the reason. + My parents wanted her to come for the reason.

→ ____

→ ____

→ ____

04 I don't like the way + My parents treat me in front of her in the way.

→ ____

→ ____

→ ____

→ ____

확인학습문제 **Answer & Review**

다음 두 문장을 한 문장으로 연결하시오.

01 Tell me the day. + Your parents will come back on the day.

> **정답** → Tell me the day which your parents will come back on.
> → Tell me the day on which your parents will come back.
> → Tell me the day when your parents will come back.

> **해설** 앞 문장의 **the day**와 뒤 문장의 부사구 안에 **the day**가 공통된 명사이다. 따라서 시간을 나타내는 '전치사 +
> 관계대명사(on which)'나 관계부사(when)를 사용해서 두 문장을 연결하면 된다.

> **해석** 당신 부모님이 돌아오실 날을 저에게 알려 주세요.

02 I forgot the name of the hotel. + My parents are staying in the hotel.

> **정답** → I forgot the name of the hotel which my parents are staying in.
> → I forgot the name of the hotel in which my parents are staying.
> → I forgot the name of the hotel where my parents are staying.

> **해설** 앞 문장의 **the hotel**과 뒤 문장의 부사구 안에 **the hotel**이 공통된 명사이다. 따라서 장소를 나타내는 '전치사
> + 관계대명사(in which)'나 관계부사(where)를 사용해서 두 문장을 연결하면 된다.

> **해석** 나는 부모님이 머물고 있는 호텔의 이름을 잊어버렸다.

03 She knew the reason. + My parents wanted her to come for the reason.

> **정답** → She knew the reason which my parents wanted her to come for.
> → She knew the reason for which my parents wanted her to come.
> → She knew the reason why my parents wanted her to come.

> **해설** 앞 문장의 **the reason**과 뒤 문장의 부사구 안에 **the reason**이 공통된 명사이다. 따라서 이유를 나타내는 '전치사 + 관계대명사(for which)'나 관계부사(why)를 사용해서 두 문장을 연결하면 된다.

> **해석** 그녀는 나의 부모님이 그녀가 오기를 바라는 이유를 알고 있었다.

04 I don't like the way + My parents treat me in front of her in the way.

> **정답** → I don't like the way which my parents treat me in front of her in.
> → I don't like the way in which my parents treat me in front of her.
> → I don't like how my parents treat me in front of her.
> → I don't like the way my parents treat me in front of her.

> **해설** 앞 문장의 **the way**와 뒤 문장의 부사구 안에 **the way**가 공통된 명사이다. 따라서 방법을 나타내는 '전치사 + 관계대명사(in which)'나 관계부사(why)를 사용해서 두 문장을 연결하면 된다. 단, 선행사 **the way**와 관계부사 **how**는 같이 사용할 수 없다. 따라서 둘 중 하나만 사용해야 한다.

> **해석** 나는 나의 부모님이 그녀 앞에서 나를 대하는 방법이 맘에 들지 않는다.

02 관계부사의 주의할 용법

관계대명사 다음의 문장 구조는 불완전하지만 관계부사 다음의 문장 구조는 완전하다. 관계부사도 관계대명사처럼 생략이 가능하다.

① This is the book **which** I have chosen.
  참고 This is the book **where** I found much information.

② This is the place I met a friend of mine.

③ He explained **(the way) (how)** we could get lower transportation costs.

① 이 책이 (바로) 내가 고른 그 책이다.
  참고 이것이 (바로) 내가 많은 정보를 찾아낸 그 책이다.

② 여기가 (바로) 내가 내 친구 중 한 명을 만났던 장소이다.

③ 그는 우리가 더 저렴한 운송 비용을 들일 수 있는 방법을 설명했다.
lower 더 낮은; 아래쪽에 있는
transportation 운송, 수송
cost 비용

[   ] 안에 알맞은 것을 고르시오.

01 I remember the way [in which / how] you solve the problem.

02 They spotted a shark in the sea [which / where] they were invited.

03 I forgot the day [which / when] we first met him.

04 This is the reason [why / which] he wants to live here.

05 I would like to live in a community [which / where] there are parks.

확인학습문제 Answer & Review

[   ] 안에 알맞은 것을 고르시오.

01 I remember the way [in which / how] you solve the problem.

> **해설** 선행사 the way는 관계부사 how와 같이 사용할 수 없다. 따라서 in which가 적절하다.
>
> **해석** 나는 당신이 그 문제를 해결한 방법을 기억한다.

02 They spotted a shark in the sea [which / where] they were invited.

> **해설** 관계사 뒤 문장은 완전한 절이다. 따라서 관계부사(where)가 적절하다.
>
> **해석** 그들은 그들이 초대된 바다에서 상어 한 마리를 목격했다.
>
> **어휘** spot 목격하다

03 I forgot the day [which / when] we first met him.

> **해설** 관계사 뒤 문장은 완전한 절이다. 따라서 관계부사(when)가 적절하다.
>
> **해석** 나는 우리가 그를 처음 만났던 날을 잊었다.

04 This is the reason [why / which] he wants to live here.

> **해설** 관계사 뒤 문장은 완전한 절이다. 따라서 관계부사(why)가 적절하다.
>
> **해석** 이게 바로 그가 이곳에 살고 싶은 이유다.

05 I would like to live in a community [which / where] there are parks.

> **해설** 관계사 뒤 문장은 완전한 절이다. 따라서 관계부사(where)가 적절하다.
>
> **해석** 나는 공원이 있는 지역[이웃]에 살기를 바란다.

03 복합관계대명사와 복합관계부사

복합관계대명사는 '관계대명사 + ever'이고, 복합관계부사는 '관계부사 + ever'이다.

① 나는 티켓을 원하는 누구에게라도 그 티켓을 주겠다.

② 당신은 당신이 원하는 무엇이든지 할 수 있다.

③ 그녀가 곤경에 빠질 때마다, 그녀는 나에게 도움을 청한다.

④ 그녀가 어디에 가던지 그녀를 보려고 기다리는 많은 사람들이 있다.

① I'll give the ticket to whoever wants it.

② You can do whatever you want.

③ Whenever she is in trouble, she asks me for help.

④ There are many people waiting to see her wherever she goes.

One Tip 복합관계대명사와 복합관계부사의 의미

복합관계대명사	의미	복합관계부사	의미
who(m)ever = no matter who(m)	~하는 사람은 누구든지 = 비록 누가 ~한다 하더라도	however = no matter how	비록 ~일지라도 = ~하는 것이면 어떻게든지
whatever = no matter what	~하는 것이면 무엇이든지 = 비록 무엇이 ~한다 하더라도	whenever = no matter when	~할 때마다 = ~할 때면 언제든지
whichever = no matter which	~하는 것이면 무엇이든지 = 비록 무엇이 ~한다 하더라도	wherever = no matter where	~하는 곳마다 = ~하는 곳이면 어디든지

Two Tip⁺ 복합관계사 다음 문장 구조

복합관계대명사	다음 문장 구조	복합관계부사	다음 문장 구조
who(m)ever **whatever** **whichever**	불완전한 문장	**however** **whenever** **wherever**	완전한 문장

복합관계대명사나 복합관계부사는 선행사를 필요로 하지 않는다.

- **Whoever** comes first will get a prize.
  먼저 오는 사람은 누구든지 상을 받을 것이다.

- Give the money to **whomever** you trust.
  당신이 신뢰하는 사람이면 누구든지 그 돈을 줘라.

- **Whatever** happens to you does not matter.
  당신에게 무슨 일이 일어나는지는 중요하지 않다.

- I'll see him **whenever** he visits us.
  나는 그가 우리를 방문할 때마다 그를 볼 것이다.

- **However** stupid she is, she won't believe it.
  비록 그녀가 어리석다 하더라도, 그녀는 그것을 믿지 않을 것이다.

확인학습문제 1

[   ] 안에서 알맞은 것을 고르시오.

01 I'll take [whoever / whenever] wants to go with me.

02 [Whatever / Whenever] you may visit him, you'll find him reading something.

03 She leaves the window open, [however / whoever] cold it is outside.

04 I'll give the ticket to [whoever / whomever] you recommend.

05 However [rich he may be / he may be rich], he is never happy.

06 [Whichever / Wherever] road you may take, you'll come to the same place.

확인학습문제 Answer & Review

[ ] 안에서 알맞은 것을 고르시오.

01 I'll take [whoever / whenever] wants to go with me.

> **해설** 복합관계대명사 다음의 문장 구조는 불완전해야 한다. 따라서 whoever가 적절하다.
>
> **해석** 나와 가고 싶은 사람은 누구든지 내가 데려갈 것이다.

02 [Whatever / Whenever] you may visit him, you'll find him reading something.

> **해설** 복합관계부사 다음에 뒤따르는 문장은 완전하다. 따라서 Whenever가 적절하다.
>
> **해석** 당신이 그를 방문할 때마다, 당신은 그가 뭔가 읽고 있는 것을 보게 될 것이다.

03 She leaves the window open, [however / whoever] cold it is outside.

> **해설** 복합관계부사는 형용사를 수식할 수 있다. 따라서 cold를 수식하는 however가 적절하다.
>
> **해석** 그녀는 창문을 열어 두었는데, 바깥이 얼마나 춥든지 상관없었다.

04 I'll give the ticket to [whoever / whomever] you recommend.

> **해설** 복합관계대명사의 격을 묻고 있다. 뒤의 문장에서 recommend의 목적어가 없으므로 목적격 (whomever)이 필요하다.
>
> **해석** 나는 당신이 추천한 누구에게나 그 티켓을 주겠다.

05 However [rich he may be / he may be rich], he is never happy.

> **해설** 복합관계부사 However는 be동사의 보어가 바로 뒤에 위치해야 하므로 rich he may be가 적절하다.
>
> **해석** 얼마나 그가 부유한지 몰라도 그는 절대로 행복하지 않다.

06 [Whichever / Wherever] road you may take, you'll come to the same place.

> **해설** 복합관계대명사는 명사를 수식할 수 있다. 따라서 road를 수식하는 whichever가 필요하다.
>
> **해석** 어떤 길을 당신이 선택하더라도, 당신은 같은 곳으로 가게 될 것이다.

확인학습문제 2

01 다음 빈칸에 들어갈 말로 가장 적절한 것은?

> The sales industry is one __________ constant interaction is required, so good social skills are a must.

① whatever　　　　　　　② in which
③ those which　　　　　　④ which

02 다음 빈칸에 들어갈 말로 가장 적절한 것은?

> In the aircraft I saw a man ________ I thought was a criminal.

① whom　　　　　　　　② whoever
③ whomever　　　　　　④ who

03 다음 빈칸에 들어갈 말로 가장 적절한 것은?

> If you were here, you could eat all the eggplants on the table of this store __________ fresh.

① which was　　　　　　② that was
③ which were　　　　　④ that were

04 다음 빈칸에 들어갈 내용으로 가장 적절한 것은?

> The corporation employed 10 air maintenance mechanics, ____________ a master's degree.

① all of which gets　　　② all of whom get
③ some of which get　　④ some of whom gets

확인학습문제 Answer & Review

01 다음 빈칸에 들어갈 말로 가장 적절한 것은?

> The sales industry is one __________ constant interaction is required, so good social skills are a must.

① whatever
② in which
③ those which
④ which

해설 빈칸 다음에 오는 문장 구조는 완전하므로 빈칸에는 관계부사 또는 전치사 + 관계대명사가 필요하다. 관계부사는 선택지에 없으므로 ②가 정답이 된다.

해석 영업의 세계란 지속적인 상호작용이 요구되는 곳이다, 따라서 능숙한 사교 능력은 필수적이다.

어휘 sales industry 영업(세계) constant 지속적인 interaction 상호작용
social 사회의; 사교적인 must 필수적인 것, 필수품

02 다음 빈칸에 들어갈 말로 가장 적절한 것은?

> In the aircraft I saw a man ________ I thought was a criminal.

① whom
② whoever
③ whomever
④ who

해설 삽입절 I thought 다음에 이어지는 문장에서 주어 자리가 비어 있으므로 빈칸에는 주격 관계대명사 who가 필요하다. 따라서 정답은 ④가 된다.

해석 비행기에서 나는 (내 생각에) 범인 같은 사람을 보았다.

어휘 aircraft 비행기, 항공기 criminal 범죄자

정답

01 ② 02 ④

03 다음 빈칸에 들어갈 말로 가장 적절한 것은?

> If you were here, you could eat all the eggplants on the table of this store __________ fresh.

① which was ② that was
③ which were ④ that were

해설 빈칸에 있는 관계사의 선행사는 **eggplants**이고 선행사 앞에 **all**이 있으므로 일단 관계대명사는 **that**이 필요하고 수 일치는 주어가 **eggplants**(복수)이므로 복수동사가 필요하다. 따라서 ④가 정답이 된다.

해석 만약 당신이 여기에 있다면 이 가게 탁자 위에 있는 신선한 가지를 모두 먹을 수 있을 텐데.

어휘 eggplant (채소) 가지

04 다음 빈칸에 들어갈 내용으로 가장 적절한 것은?

> The corporation employed 10 air maintenance mechanics, __________ a master's degree.

① all of which gets ② all of whom get
③ some of which get ④ some of whom gets

해설 ② 선행사가 **mechanics**(정비공 → 사람)이므로 관계대명사 **whom**이 필요하고 또한 **all**이 사람을 대신하므로 복수동사 **get**이 빈칸에 있어야 한다. 따라서 ②가 정답이 된다.

해석 그 회사는 열 명의 항공기 정비사를 고용했는데 이들 모두는 석사 학위를 가지고 있다.

어휘 corporation 회사, 법인 maintenance 유지, 관리; 보수, 정비
mechanic 기계공, 정비사, 수리공 master's degree 석사학위

정답
03 ④ 04 ②

02 병렬 구조

01 등위(대등)접속사 병렬

대등접속사(and, or, but, so)를 기준으로 동일한 문법 구조가 나열되는 것을 병렬 구조라 한다.

병렬 구조 문법포인트

1. 등위(대등)접속사 병렬
2. 상관접속사 병렬
3. 비교급 병렬

① He has a <u>notebook</u> and a <u>book</u>. (명사)

① 그는 공책과 책을 가지고 있다.

② My English teacher is <u>handsome</u> and <u>nice</u>. (형용사)

② 내 영어 선생님은 잘생기고 친절하다.

③ The doctor's records must be kept <u>easily</u> and <u>safely</u>. (부사)

③ 의사의 (진료) 기록은 쉽고 안전하게 보관되어야만 한다.

④ The bus <u>leaves</u> at 9 o'clock and <u>arrives</u> at 10 o'clock. (동사)

④ 그 버스는 9시에 출발해서 10시에 도착한다.

⑤ They warned us <u>to stay</u> quiet or <u>to leave</u>. (부정사)

⑤ 그들은 우리에게 조용히 있다가 가라고 경고했다.

⑥ I don't like sports. I prefer <u>reading</u> or <u>watching</u> movies. (동명사)

⑥ 나는 운동이 싫다. 나는 독서나 영화 감상을 선호한다.

⑦ You can find some pencils <u>on the desk</u> or <u>in the box</u>. (전치사구)

⑦ 당신은 연필 몇 자루를 책상 위나 상자 안에서 찾을 수 있다.

⑧ <u>He is rich</u> but <u>I'm poor</u>. (절)

⑧ 그는 부유하지만 나는 가난하다.

⑨ <u>She is beautiful</u> so <u>she is popular</u>. (절)

⑨ 그녀는 예쁘다 그래서 그녀는 인기가 있다.

One Tip 병렬 구조를 확인하는 과정

A, B		C
A, B, C	and, or	D
A, B, C, D		E

❶ 우선 **and, or** 다음에 어떤 형태의 문법 요소가 있는지 확인한다.

❷ 앞에 ,(comma)가 있으면 마찬가지로 ,(comma) 다음에 어떤 문법 요소가 있는지 확인해서 병렬의 시작점(A)을 찾는다.

❸ 그리고 그 (A)를 찾았으면 (A)가 무엇과 연결됐는지 확인한다.

- He likes to hike, to swim and to jog.
  그는 하이킹, 수영 그리고 조깅을 좋아한다.

- She must talk and explain the problem to her parents.
  그녀는 부모님에게 그 문제를 말하고 설명해야 한다.

- He loves hiking, swimming, jogging, fishing and shopping.
  그는 하이킹, 수영, 조깅, 낚시 그리고 쇼핑을 사랑한다.

확인학습문제 1

다음 문장을 보고 병렬의 짝을 찾아 밑줄 그으시오.

01 He discussed the problem with the nurse and the doctor.

02 They could survive by catching some insects or picking up fruit.

03 To hear, to speak, and to write good English require constant practice.

04 There are meetings in the morning, in the afternoon, in the evening and at night.

05 She went on winning contest and singing on concert tours so she became a world-famous solo singer.

다음 문장을 보고 병렬의 짝을 찾아 밑줄 그으시오.

01 He discussed the problem with the nurse and the doctor.

> 해설 대등접속사 and 다음에 명사 the doctor가 있으므로 병렬의 짝은 the nurse이다.

> 해석 그는 그 문제에 관하여 간호사랑 의사와 논의했다.

02 They could survive by catching some insects or picking up fruit.

> 해설 대등접속사 or 다음에 동명사 picking이 있으므로 병렬의 짝은 catching이다.

> 해석 그들은 곤충을 잡고 과일을 채집해서 살아남을 수 있었다.

> 어휘 insect 곤충

03 To hear, to speak, and to write good English require constant practice.

> 해설 대등접속사 and 다음에 to부정사 to write가 있으므로 앞에 있는 To hear, to speak가 병렬의 짝이다.

> 해석 영어를 잘 듣고, 말하고 쓰려면 지속적인 연습이 필요하다.

> 어휘 constant 지속적인 practice 연습, 훈련; 관행

04 There are meetings in the morning, in the afternoon, in the evening and at night.

> 해설 대등접속사 and 다음에 전치사구 at night가 있다. 따라서 접속사 and 앞에 있는 in the morning, in the afternoon, in the evening이 병렬의 짝을 이룬다.

> 해석 아침, 점심, 저녁, 그리고 밤에 회의가 있다.

05 She went on winning contest and singing on concert tours so she became a world-famous solo singer.

> 해설 대등접속사 and 다음에 동명사 singing이 있다. 따라서 접속사 and 앞에 있는 winning이 병렬의 짝을 이룬다. 또한 대등접속사 so 다음에 주어 + 동사(she became)가 있으므로 so 앞에 주어 + 동사(she went)가 병렬의 짝을 이룬다.

> 해석 그녀는 계속해서 대회에서 승리하고 콘서트에서 노래를 해서 결국 그녀는 세계적으로 유명한 솔로 가수가 되었다.

확인학습문제 2

01 밑줄 친 (A), (B)에 들어갈 말로 가장 적절한 것은?

> The work is completely and ____(A)____ done, or it is ____(B)____ and professional.

	(A)	(B)
①	skillful	neat
②	skillful	neatly
③	skillfully	neat
④	skillfully	neatly

02 다음 [ ]안에서 어법상 옳은 것을 고르시오.

① Jane is [young / youth], devoted and talented.

② My English teacher is handsome, thorough and [decent / decently].

③ We learned what to do, when to do and [how to do / how we should do].

④ He stopped playing tennis, making cakes and [to swim / swimming] in the pool.

⑤ The man went to the library, turned to page 720 and [to see / saw] the list of the greatest baseball players.

확인학습문제 Answer & Review

01 밑줄 친 (A), (B)에 들어갈 말로 가장 적절한 것은?

> The work is completely and ____(A)____ done, or it is ___(B)___ and professional.

	(A)	(B)		(A)	(B)
①	skillful	neat	②	skillful	neatly
③	skillfully	neat	④	skillfully	neatly

해설 (A) completely와 병렬을 이루는 부사가 필요하므로 (A)에는 skillfully가 필요하다.
(B) professional과 병렬을 이루는 형용사가 필요하므로 (B)에는 neat가 있어야 한다. 따라서 정답은 ③이다.

해석 작업은 완전히 그리고 능숙하게 수행되었거나, 깔끔하고 전문적으로 되어 있다.

어휘 completely 완벽하게, 철저하게 neat 깔끔한, 깨끗한 professional 전문적인

02 다음 [ ]안에서 어법상 옳은 것을 고르시오.

① Jane is [young / youth], devoted and talented.

해설 대등접속사 and 앞에 병렬의 짝을 이루는 devoted와 talented가 과거분사로 형용사 역할을 한다. 따라서 형용사와 병렬을 이루어야 하므로 young이 정답이 된다.

해석 Jane은 젊고 헌신적이며 재능이 있다.

어휘 youth 젊음 devoted 헌신적인 talented 재능 있는

② My English teacher is handsome, thorough and [decent / decently].

해설 대등접속사 and 앞에 병렬을 이루는 두 단어 handsome, through의 품사가 형용사이다. 따라서 and 다음에도 형용사가 있어야 한다. 따라서 형용사 decent가 정답이 된다.

해석 내 영어 선생님은 잘생기고, 철저하고, 품위가 있다.

어휘 thorough 철저한, 완전한 decent 품위 있는, 예의 바른; 괜찮은, 적절한 *decently 점잖게, 단정히; 꽤

③ We learned what to do, when to do and [how to do / how we should do].

해설 대등접속사 and 앞에 의문사구 what to do, when to do가 병렬의 짝을 이루고 있다. 따라서 and 뒤에도 의문사구가 필요하다. 따라서 how to do가 정답이 된다.

해석 우리는 무엇을 해야 할지, 언제 해야 할지 그리고 어떻게 해야 할지를 배웠다.

④ He stopped playing tennis, making cakes and [to swim / swimming] in the pool.

해설 대등접속사 and 앞에 동명사 playing과 making이 병렬의 짝을 이루고 있다. 따라서 동명사 swimming이 정답이 된다.

해석 그는 테니스를 치고, 케이크를 만들고 풀장에서 수영하는 것을 모두 중단했다.

⑤ The man went to the library, turned to page 720 and [to see / saw] the list of the greatest baseball players.

해설 대등접속사 and 앞에 과거동사 went, turned가 병렬의 짝을 이루고 있다. 따라서 saw가 정답이 된다.

해석 그 남자는 도서관으로 가서 720쪽을 찾아 가장 위대한 야구선수의 명단을 보았다.

정답
01 ③

Unit 02 · 상관접속사

01 상관접속사 병렬

둘 이상의 단어가 항상 커플로 다니며 연결어의 역할을 하는 상관접속사는 접속사의 짝이 동일한 문법 구조를 갖추고 있어야 한다.

---

1 not only A but (also) B A뿐만 아니라 B 역시
2 either A or B A, B 둘 중 하나
3 neither A nor B A, B 둘 다 아니다
4 both A and B A, B 둘 다
5 between A and B A와 B 사이에서
6 not A but B A가 아니라 B다
7 no longer A but B 더 이상 A가 아니라 B다
8 not because A but (because) B A 때문이 아니라 B 때문이다
9 neither (not) A nor B but C A도 B도 아닌 C이다

---

① He <u>not only</u> helped her cook <u>but (also)</u> did the dishes.

> ① 그는 그녀가 요리하는 것을 도왔을 뿐만 아니라 접시도 닦아 줬다.

② She should <u>either</u> take the responsibility <u>or</u> leave the company.

> ② 그녀는 그 책임을 지든지 이 회사를 떠나든지 해야 합니다.

③ This novel is <u>neither</u> interesting <u>nor</u> informative.

> ③ 이 소설은 재미도 없고 교훈도 없다.

④ He is experienced <u>both</u> in theory <u>and</u> in practice.

> ④ 그는 이론과 실행 둘 다에 경험이 많다.

⑤ There is much difference <u>between</u> what he said <u>and</u> what he did.

> ⑤ 그가 했던 말과 그가 했던 행동에는 큰 차이가 있다.

⑥ It is <u>not</u> you <u>but</u> me that she really cares for.

> ⑥ 그녀가 정말 좋아하는 사람은 당신이 아니라 나다.

⑦ He is <u>no longer</u> a child <u>but</u> an adult.

> ⑦ 그는 더 이상 어린아이가 아니라 다 큰 어른이다.

⑧ She quit her job <u>not because</u> she wanted <u>but (because)</u> she was forced.

> ⑧ 그녀가 일을 관둔 이유는 그녀가 원해서가 아니라 강요받아서였다.

⑨ The creature is <u>neither</u> carnivorous <u>nor</u> herbivorous <u>but</u> omnivorous.

> ⑨ 그 생물은 육식도 초식도 아닌 잡식성이다.
> **carnivorous** 육식(성)의
> **herbivorous** 초식(성)의
> **omnivorous** 잡식(성)의

One Tip⁺ 비교급 병렬

비교 대상도 서로 병렬을 이룬다.

• People are more interested in real <u>passion</u> than <u>true love</u>.

확인학습문제 1

다음 문장에서 무엇과 무엇이 병렬을 이루고 있는지 찾아서 밑줄을 그으시오.

01 The author's last name is either Raymond or Rachel.

02 Both the winner and the loser were satisfied with the game.

03 He not only read the book, but remembered what he had read.

04 He can neither write nor read English, but he can understand it.

05 I hate Thai food not because of its taste but because of its smell.

확인학습문제 Answer & Review

다음 문장에서 무엇과 무엇이 병렬을 이루고 있는지 찾아서 밑줄을 그으시오.

01 The author's last name is either Raymond or Rachel.

> **해설** 상관접속사 either A or B의 구조이다. Raymond와 Rachel이 서로 병렬의 짝을 이룬다.

> **해석** 그 작가의 성은 Raymond 아니면 Rachel 둘 중에 하나이다.

> **어휘** author 작가   last name 성(씨)

02 Both the winner and the loser were satisfied with the game.

> **해설** 상관접속사 both A and B의 구조이다. the winner와 the loser가 서로 병렬의 짝을 이룬다.

> **해석** 승자와 패자 둘 모두 그 경기에 만족했다.

03 He not only read the book, but remembered what he had read.

> **해설** 상관접속사 not only A but (also) B의 구조이다. 과거동사 read와 remembered가 병렬의 짝이다.

> **해석** 그는 책을 읽었을 뿐만 아니라 그가 읽었던 것을 기억했다.

04 He can neither write nor read English, but he can understand it.

> **해설** 상관접속사 neither A nor B의 구조이다. 동사 write와 read가 병렬의 짝이다. 또 대등접속사 but 앞의 문장 He can ~과 뒤의 문장 he can ~도 역시 병렬의 짝을 이룬다.

> **해석** 그는 영어를 쓸 줄도 읽을 줄도 모르지만 이해는 할 수 있다.

05 I hate Thai food not because of its taste but because of its smell.

> **해설** 상관접속사 not because A but (because) B의 구조이다. because of its taste와 because of its smell이 병렬의 짝이다.

> **해석** 나는 태국 음식을 그것의 맛 때문이 아니라 그것의 향 때문에 싫어한다.

> **어휘** Thai 태국(= Thailand)   taste 맛

확인학습문제 2

[   ] 안에서 알맞은 것을 고르시오.

01 Respecting privacy, sharing household chores, and [take / taking] turns in using the telephone are major rules in living together.

02 He preferred to play baseball, go to the movies or [spent / spend] his time in the street with other boys.

03 She could either do the homework or [play / played] video game.

04 The system involves anything from taking a long walk after dinner to [join / joining] a full service health club.

05 Writing a poem is as difficult as [to finish / finishing] a 400 page novel.

06 To arrive correctly is more important than [going / to go] quickly.

확인학습문제 Answer & Review

[ ] 안에서 알맞은 것을 고르시오.

01 Respecting privacy, sharing household chores, and [take / taking] turns in using the telephone are major rules in living together.

> **해설** 대등접속사 and 앞에 동명사 Respecting, sharing이 있으므로 and 다음에 taking이 적절하다.
>
> **해석** 사생활을 존중하고 집안일을 분담하며 전화 사용을 번갈아 하는 것이 함께 사는 데 있어서 중요한 규칙들이다.
>
> **어휘** privacy 사생활 household 가사 chore 허드렛일 take turns 순서를 바꾸다 major 중요한

02 He preferred to play baseball, go to the movies or [spent / spend] his time in the street with other boys.

> **해설** 대등접속사 or 앞에 동사원형 play와 go가 있으므로 or 다음에 spend가 적절하다.
>
> **해석** 그는 다른 친구들과 야구하거나 영화를 보러 가거나 길에서 빈둥거리는 것을 선호한다.
>
> **어휘** prefer to ⓥ ⓥ하기를 선호하다[좋아하다] spend time in the street 빈둥거리다

03 She could either do the homework or [play / played] video game.

> **해설** 상관접속사 either A or B의 구조이다. 따라서 do와 병렬의 짝인 play가 적절하다.
>
> **해석** 그녀는 숙제를 하든지 비디오 게임을 하든지 둘 중 하나를 할 수 있다.
>
> **어휘** do the homework 숙제를 하다

04 The system involves anything from taking a long walk after dinner to [join / joining] a full service health club.

> **해설** from A to B의 구조이다. 동명사 taking과 병렬의 짝을 이루는 joining이 적절하다.
>
> **해석** 그 시스템은 저녁 식사 후 한참을 산책하는 것으로부터 풀서비스로 제공되는 헬스클럽에 가입하는 것에 이르기까지 어떤 것이든 포함된다.
>
> **어휘** involve 포함하다 take a walk 산책하다

05 Writing a poem is as difficult as [to finish / finishing] a 400 page novel.

> **해설** A as ~ as B의 구조이다. 비교대상이 시를 쓰는 것과 400페이지짜리 소설을 쓰는 것이므로 동명사 Writing과 병렬의 짝을 이루는 finishing이 적절하다.
>
> **해석** 시를 쓰는 것은 400페이지짜리 소설을 완성하는 것만큼이나 어려운 일이다.

06 To arrive correctly is more important than [going / to go] quickly.

> **해설** A more than B의 구조이다. 비교대상이 to arrive와 병렬의 짝을 이루어야 하므로 to go가 적절하다.
>
> **해석** 올바르게 도착하는 것이 빨리 가는 것보다 더 중요하다.
>
> **어휘** correctly 올바르게, 바르게

CHAPTER 03 접속사

Unit 01 · 명사절을 이끄는 접속사

01 명사절을 이끄는 접속사

접속사 + S + V를 갖춘 절이 문장에서 주어, 목적어, 보어 역할을 하면 명사절이 된다.

S	+	V	+	O	or	C
접속사 S + V				접속사 S + V		접속사 S + V
명사절(주어)				명사절(목적어)		명사절(보어)

① 그가 우리와 함께하고 싶다는 것은 진실이다.
→ 그가 우리와 함께하고 싶다는 것은 진실이었다.

② 나는 **John**이 집에 있는지 (없는지) 모른다.

③ 문제는 내가 컴퓨터를 사야 할지 말지이다.

① That he wants to join us is true.
→ It was true that he wants to join us.

② I don't know if John is at home.

③ The question is whether I should buy a new computer.

☞One Tip⁺ 명사절이 만들어지는 과정

	접속사 선택	어순
Sentence + 의문사 있는 의문문	의문사	S + V
Sentence + 의문사 없는 의문문	if, whether	S + V
Sentence + 평서문	that	S + V

- I don't know + Where is she? 나는 모른다 + 그녀는 어디에 있지?
  = I don't know where she is. 나는 그녀가 어디에 있는지 모른다.
- He asks me. + Are you tired? 그는 내게 묻는다 + 너 피곤해?
  = He asks me if(whether) I'm tired. 그는 내게 피곤한지 묻는다.
- I told him. + It was raining outside. 나는 그에게 말했다 + 밖에 비가 왔었다.
  = I told him that it was raining outside. 나는 그에게 밖에 비가 왔었다고 말했다.

☞Two Tip⁺ 동격의 접속사 that

- They have the belief that economy will soon get better.
  그들은 경제가 곧 회복될 거라는 믿음을 가지고 있다.
- We heard the news that our team had won.
  우리는 우리 팀이 이겼다는 소식을 들었다.

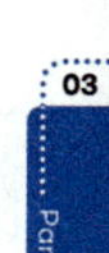

• 확인학습문제 1

다음 문장을 연결하여 다시 쓰시오.

01 I cannot ensure. + He will keep his word.

→ ____

02 I was wondering. + Did you send flowers to her?

→ ____

03 He has to decide. + Does he add another color to the painting or leave it as it is?

→ ____

04 She is certain. + Dick will stay in Busan for a long time.

→ ____

05 I don't know + When will you begin to write songs together?

→ ____

06 He didn't tell me. + What was he doing at that moment?

→ ____

확인학습문제 Answer & Review

다음 문장을 연결하여 다시 쓰시오.

01 I cannot ensure. + He will keep his word.

> 정답 cannot ensure that he will keep his word.

> 해설 타동사 ensure 뒤에 평서문이 있으므로 접속사 that을 사용하여 두 문장을 연결할 수 있다.

> 해석 나는 그가 그의 말을 지킬 것(약속을 지킬 것)이라고 확신할 수 없다.

02 I was wondering. + Did you send flowers to her?

> 정답 was wondering if you sent flowers to her.

> 해설 타동사 wonder 뒤에 의문사가 없는 의문문이 있으므로 접속사 if나 whether를 사용하여 두 문장을 연결할 수 있다.

> 해석 나는 당신이 그녀에게 꽃을 보냈는지 궁금해하고 있었다.

03 He has to decide. + Does he add another color to the painting or leave it as it is?

> 정답 He has to decide if he adds another color to the painting or leaves it as it is.

> 해설 타동사 decide 뒤에 의문사가 없는 의문문이 있으므로 접속사 if나 whether를 사용하여 두 문장을 연결할 수 있다.

> 해석 그는 그 그림에 다른 색을 더해야 할지 그냥 놔둘지 결정해야만 한다.

04 She is certain. + Dick will stay in Busan for a long time.

> 정답 She is certain that Dick will stay in Busan for a long time.

> 해설 She is certain 다음 평서문이 있으므로 접속사 that을 사용하여 두 문장을 연결할 수 있다.

> 해석 그녀는 Dick이 오랫동안 부산에 머무를 거라고 확신한다.

05 I don't know + When will you begin to write songs together?

> 정답 I don't know when you will begin to write songs together.

> 해설 타동사 know 뒤에 의문사가 있는 의문문이 있으므로 의문사를 접속사로 이용하고 간접의문문의 어순(의문사 + S + V 어순)으로 하여 두 문장을 연결시킬 수 있다.

> 해석 나는 언제 당신이 함께 작곡을 했는지 모른다.

06 He didn't tell me. + What was he doing at that moment?

> 정답 He didn't tell me what he was doing at that moment.

> 해설 tell 뒤에 의문사가 있는 의문문이 있으므로 의문사를 접속사로 이용하고 간접의문문 어순으로 하면 두 문장을 연결시킬 수 있다.

> 해석 그는 나에게 그가 그 순간 무엇을 하고 있었는지에 대해 말해 주지 않았다.

확인학습문제 2

다음 [ ]안에서 어법상 옳은 것을 고르시오.

01 I never knew the fact [which / that] he was a liar.

02 [If / Whether] he will succeed is doubtful in that situation.

03 He was afraid [of that / that] he didn't know the truth.

04 I don't know [if / whether] he will come to the party or not.

05 She asked me [that / if] she was allowed to go home now.

06 Man differs from animals in [that / what] he can speak and talk.

07 Let me ask her about [if / whether] she will attend the meeting.

08 I don't know how much money [do they have / they have].

다음 [ ]안에서 어법상 옳은 것을 고르시오.

01 I never knew the fact [which / **that**] he was a liar.

해설 which / that 다음 문장구조가 완전하므로 동격의 접속사 that이 정답이 된다.

해석 나는 그가 거짓말쟁이라는 사실을 절대로 알지 못했다.

02 [If / **Whether**] he will succeed is doubtful in that situation.

해설 If가 명사절을 이끄는 접속사로 쓰이려면 목적어나 보어의 역할만 해야 한다. 즉 주어 역할로는 사용할 수 없다. 따라서 Whether가 정답이 된다.

해석 그가 성공할지 못할지는 그런 상황에서는 의심스럽다.

03 He was afraid [of that / **that**] he didn't know the truth.

해설 접속사 that절 앞에 전치사는 사용할 수 없다. 따라서 that이 정답이 된다.

해석 그는 그가 진실을 몰랐던 것에 대해 걱정했다.

04 I don't know [if / **whether**] he will come to the party or not.

해설 명사절을 유도하는 접속사 if는 or not과 함께 사용할 수 없다. 따라서 whether가 정답이 된다.

해석 나는 그가 파티에 올지 안 올지 모른다.

05 She asked me [that / **if**] she was allowed to go home now.

해설 ask는 4형식 동사로 직접목적어 자리에 that절을 사용할 수 없으므로 if가 정답이 된다.

해석 그녀는 내게 그녀가 지금 집에 가도 되는지에 대해 물었다.

06 Man differs from animals in [**that** / what] he can speak and talk.

해설 연결사 다음 문장구조가 완전하므로 접속사가 필요하다. 따라서 that이 정답이 된다.

해석 인간은 말한다는 점에서 동물과 다르다.

07 Let me ask her about [if / **whether**] she will attend the meeting.

해설 명사절을 유도하는 접속사 if는 전치사와 함께 사용할 수 없으므로 whether가 정답이 된다.

해석 그녀가 회의에 참석할지 내가 물어보겠다.

08 I don't know how much money [do they have / **they have**].

해설 명사절을 유도하는 의문사 how much money 다음 주어 + 동사 어순이 필요하므로 they have가 정답이 된다.

해석 나는 그들이 얼마나 많은 돈을 가지고 있는지 모른다.

02 명사절을 유도하는 접속사 that의 생략

접속사 that(목적어, 보어 역할을 하는 that절)은 언제나 생략이 가능하다.

$$\left[\begin{array}{l} S + V \\ S + be동사 + 형용사 \end{array}\right] + (that)\ S + V$$

① I think (that) he comes from Japan.

② The trouble is (that) my father is ill in bed.

③ I am certain (that) my English teacher will be angry.

① 내 생각엔 그는 일본 출신인 것 같다.

② 문제는 내 아버지가 병상에 계시다는 것이다.

③ 나는 내 영어 선생님이 화가 날 거라 확신한다.

확인학습문제

다음 문장에서 that이 생략된 곳을 찾아 V 표시하시오.

01 You cannot deny you are nothing in this infinite space.

02 My hope is I will marry John someday.

03 The trouble is we are short of money.

04 We forget chewing gum is not good for our teeth.

05 I am sure you will succeed in the future.

확인학습문제 Answer & Review

다음 문장에서 that이 생략된 곳을 찾아 V 표시하시오.

01 You cannot deny you are nothing in this infinite space.

> **해설** 타동사 deny가 목적어 역할을 하는 명사절이 필요하다. deny와 you 사이에 that이 생략되었다.

> **해석** 당신은 이 무한한 우주에서 아무것도 아니라는 사실을 부인할 수 없다.

> **어휘** deny ~을 부인하다, 부정하다 infinite 무한한, 끝없는 space 우주, 공간

02 My hope is I will marry John someday.

> **해설** 동사 is 다음에 주격 보어 역할을 하는 명사절이 필요하다. is와 I 사이에 that이 생략되었다.

> **해석** 내 소원은 언젠가 내가 John과 결혼하는 것이다.

03 The trouble is we are short of money.

> **해설** 동사 is 다음에 주격 보어 역할을 하는 명사절이 필요하다. is와 we 사이에 that이 생략되었다.

> **해석** 문제는 우리가 돈이 부족하다는 거다.

> **어휘** short of ~이 부족한

04 We forget chewing gum is not good for our teeth.

> **해설** 타동사 forget의 목적어 역할을 하는 명사절이 필요하다. forget과 chewing 사이에 that이 생략되었다.

> **해석** 우리는 껌을 씹는 것이 치아에 좋지 않다는 것을 잊고 있다.

> **어휘** chew 씹다 gum 껌; 잇몸

05 I am sure you will succeed in the future.

> **해설** I am sure와 you 사이에 접속사 that이 생략되었다.

> **해석** 나는 당신이 미래에 성공할 것이라고 확신한다.

Unit 02 · 부사절을 이끄는 접속사

01 부사절을 이끄는 접속사

접속사 ＋ S ＋ V를 갖춘 절이 문장에서 부사 역할을 하면 부사절이 된다.

시간	when(~할 때), as(~할 때, ~하면서), since(~ 이래로), while(~ 동안에), before(~전에), after(~후에), by the time(~할 무렵에, ~할 때까지), until(~할 때까지), as soon as(~하자마자), the moment(~하자마자), the instant(~하자마자), hardly[＝ scarcely] ~ when[before](~하자마자 …하다), no sooner ~ than (~하자마자 …하다), whenever(~할 때마다), every time(~할 때마다)
이유 · 원인	because, as, since, now that(~ 때문에), so ＋ 형용사 ＋ that ~ , such a(n) ＋ 명사 ＋ that, so that ~(너무 ~해서 그 결과 …하다)
조건	if(만약 ~라면), once(일단 ~하면), unless(만약 ~이 아니라면)
양보	although, though, as, even though, even if(비록 ~일지라도), no matter how, however(아무리 ~지라도)
목적	so that ~ may[can], in order that ~ may[can](~하기 위하여)
양태	as, as though, as if(마치 ~처럼)
범위, 정도	as(so) far as, as(so) long as ~(~하는 한, ~이기만 한다면)

❶ 시간

① **When** I have finished my work, I will telephone you.

② **As** she was going out, the telephone rang.

③ I have known her **since** she was child.

④ Don't telephone me **while** I'm at the office.

⑤ Stay here **until** the sun rises.

⑥ Look both ways **before** you cross the road.

① 내가 일을 마치면, 너한테 전화할게.

② 그녀가 외출하려던 때에, 전화가 울렸다.

③ 나는 그녀를 그녀가 어렸을 때부터 알고 있다.

④ 근무 중일 때 나한테 전화하지 마세요.

⑤ 태양이 뜰 때까지 이곳에 있어.

⑥ 양방향 모두를 보고서 길을 건너세요.

⑦ 열차가 떠난 후, 나는 역에 도착했다.

⑧ 폭풍이 멈추었을 때, 그들은 집에 가지 못했다.

⑨ 그는 집에 오자마자, 잠자리에 들었다.

⑩ 그는 이곳에 오자마자, 잠자리에 들었다.

⑪ 그는 집에 오자마자 잠자리에 들었다.

⑫ 그는 집에 오자마자 잠자리에 들었다.

⑬ 그는 집에 오자마자 잠자리에 들었다.

⑭ 내가 이 사진을 볼 때마다, 난 그녀를 그리워한다.

⑮ 그의 컵이 빌 때마다, 그녀가 차와 설탕을 채웠다.

① 내가 거짓말한 이유는 두려워서였다.

② 그녀는 7세 미만이라서, 반값만 지불하면 된다.

③ 당신이 그렇게 말해서, 나는 그게 진실일 거라 믿었다.

④ 이제 너는 고등학생이니까, 이렇게 행동해야만 한다.

⑤ 그는 매우 정직해서 절대로 거짓말하지 않는다.

⑥ 그는 매우 정직한 사람이라 절대로 거짓말하지 않는다.

⑦ 그는 정직하다, 그래서 거짓말은 절대 하지 않는다.

---

⑦ **After** the train had left, I arrived at the station.

⑧ **By the time** the storm stopped, they didn't go home.

⑨ **As soon as** he came home, he went to bed.

⑩ **The moment[instant]** he arrived here, he went to bed.

⑪ He had **hardly** come home **when[before]** he went to bed.

⑫ **No sooner** had he come home **than** he went to bed.

⑬ **Scarcely** had he come home **when[before]** he went to bed.

⑭ **Whenever** I see this picture, I miss her.

⑮ **Everytime** his cup was empty, she filled it with tea and sugar.

❷ 이유 · 원인

① I lied **because** I was afraid.

② **As** she is under 7, she pays only half-price.

③ **Since** you said so, I believed it to be true.

④ **Now that** you are a high-school student, you must behave like this.

⑤ He is **so** honest **that** he never tells a lie.

⑥ He is **such** an honest man **that** he never tells a lie.

⑦ He is honest, **so that** he never tells a lie.

❸ 조건

① You will fail **if** you are not careful.

② **Once** he arrives, we can start.

③ **Unless** you study hard, you won't pass the exam.

❹ 양보

① **Although[=Though]** he is poor, he is happy.

② Smart **as** he was, he never answered.

③ **However** rich he is, he is not happy.

④ **No matter how** pretty she is, I am not interested in her.

⑤ **Even if** we could afford it, we wouldn't go abroad for our vacation.

❺ 목적

① Let's start early **so that** we may arrive before dark.

② We started early **in order that** we might arrive before dark.

❻ 양태

① Do **as** I say!

② He shook his head **as if [=though]** he said no.

① 당신이 실패한다면 조심하지 않아서다.

② 일단 그가 와야지, 우리는 출발할 수 있다.

③ 열심히 공부하지 않으면, 너는 시험을 통과하지 못할 것이다.

① 그는 가난하지만 행복하다.

② 그는 똑똑하지만, 절대로 대답하지 않았다.

③ 그가 아무리 부유하더라도, 그는 행복하지 않다.

④ 그녀가 아무리 예쁘더라도, 나는 그녀에게 관심이 없다.

⑤ 비록 우리가 여유가 되더라도, 우리는 해외여행을 가진 않을 것이다.

① 일찍 출발하자, 그래야 우리가 어두워지기 전에 도착할 수 있다.

② 우리는 어두워지기 전에 도착하기 위해 일찍 출발했다.

① 내가 하라는 대로 해!

② 그는 마치 아니라고 말하는 듯이 고개를 저었다.

7 범위, 정도

① 나는 내가 할 수 있는 한 너를 도울 것이다.

① I will help you **as far as** I can.

② 네가 **11**시 전에 돌아오겠다고 약속만 한다면 외출해도 좋다.

② You can go out **as long as** you promise to be back before 11 o'clock.

02 부사절에서의 도치

양보절에서 동사 다음에 위치하는 보어나 부사는 도치되어야 하는 경우가 있다.

① 그는 비록 가난하더라도 항상 행복하다.

① However he may be poor, he is always happy. (×)
→ However poor he may be, he is always happy. (○)

② 그가 비록 뛰어나다 하더라도 그 문제는 풀지 못할 것이다.

② As he is brilliant, he won't solve the problem. (×)
→ Brilliant as he is, he won't solve the problem. (○)

③ 비록 그가 아이일지라도 그는 많은 것을 이해할 수 있다.

③ As he is a child, he can understand many things. (×)
→ Child as he is, he can understand many things. (○)

④ 비록 그가 힘은 세지만 이 돌을 들 수는 없다.

④ Though he is strong, he cannot lift this stone. (○)
→ Strong though he is, he cannot lift this stone. (○)

03 전치사 vs 접속사

전치사 다음에는 명사가 위치해야 하고 접속사 다음에는 S + V가 와야 한다.

전치사 + 명사	접속사 + S + V
during (~동안에)	while
because of (~때문에)	because
despite (~에도 불구하고)	(al)though (비록 ~일지라도)
in case of (~의 경우에 대비해서)	in case
according to (~에 따르면)	according as

① She could not move during her sickness.
　→ She could not move while she was sick.

① 그녀는 아픈 동안에 움직일 수 없었다.

② He cannot solve the problem because of his ignorance.
　→ He cannot solve the problem because he is ignorant.

② 그는 자신의 무지 때문에 그 문제를 풀 수 없다.

04 접속사 다음 주어 + 동사가 없는 경우

주절의 주어와 종속절의 주어가 같을 때 접속사 다음 S + Be 동사를 생략할 수 있다. 또한 분사구문 앞에서 의미를 분명하게 하기 위해 접속사를 사용할 수 있다.

① When he was young, he studied English.
　→ When young, he studied English.

① 그가 젊었을 때, 그는 영어를 공부했다.

② When I looked out the window, I thought of her.
　→ Looking out the window, I thought of her.
　→ When looking out the window, I thought of her.

② 나는 창 밖을 보면서 그녀를 생각했다.

확인학습문제

01 다음 빈칸에 들어갈 말로 가장 적절한 것은?

> The recital has been called off ___________ there has been little demand for tickets.

① now that
② which
③ because of
④ although

02 다음 빈칸에 들어갈 말로 가장 적절한 것은?

> Pure naphtha is highly explosive if ___________ to an open flame.

① it revealed
② is it revealed
③ revealed it
④ revealed

03 다음 밑줄 친 부분 중 어법상 옳은 것은?

① Let me ask him <u>if he finishes</u> this work until tomorrow.
② He got up <u>so early that</u> he can see the wonderful sunrise.
③ My husband gives me a feeling of <u>security, warm, and love</u>.
④ She is <u>such a nice employee that</u> everyone in this office likes her.

확인학습문제 **Answer & Review**

01 다음 빈칸에 들어갈 말로 가장 적절한 것은?

> The recital has been called off ____________ there has been little demand for tickets.

① now that
② which
③ because of
④ although

해설 ① 빈칸 다음이 완전한 문장 구조이므로 빈칸에는 접속사가 필요하다. 따라서 ② which(관계대명사)와 ③ because of(전치사)는 정답에서 제외된다. 또한 문맥상 '~ 때문에'의 의미가 필요하므로 ④ although(비록 ~일지라도)도 정답이 될 수 없다. 따라서 빈칸에는 접속사 now that(~ 때문에)이 필요하다. 그러므로 정답은 ①이 된다.

해석 그 연주회는 티켓이 거의 팔리지 않았기 때문에 취소되었다.

어휘 recital 연주회, 리사이틀 call off 취소하다(= cancel) demand 수요, 요구

02 다음 빈칸에 들어갈 말로 가장 적절한 것은?

> Pure naphtha is highly explosive if ____________ to an open flame.

① it revealed
② is it revealed
③ revealed it
④ revealed

해설 ④ if 다음 revealed는 과거분사이고 뒤에 목적어가 없으므로 어법상 옳다.
① revealed 다음 목적어가 없으므로 능동의 형태는 적절하지 않다.
② 접속사 다음에는 주어 + 동사 어순이어야 하므로 적절하지 않다.
③ if 다음 S + be동사가 생략되는 경우에 revealed는 과거분사이기 때문에 뒤에 목적어가 없어야 하므로 it의 사용은 어법상 적절하지 않다.

해석 순수 나프타는 불길에 노출되면 폭발할 가능성이 크다.

어휘 pure 순수한, 불순물이 없는 naphtha (화학) 나프타 explosive 폭발(성)의
open flame 불길

정답
01 ① **02** ④

03 다음 밑줄 친 부분 중 어법상 옳은 것은?

① Let me ask him <u>if he finishes</u> this work until tomorrow.
② He got up <u>so early that</u> he can see the wonderful sunrise.
③ My husband gives me a feeling of <u>security, warm, and love</u>.
④ She is <u>such a nice employee that</u> everyone in this office likes her.

해설 ④ such + 명사 + that S + V ~ 구문을 묻고 있다. 따라서 such a nice employee의 사용은 어법상 적절하다. 참고로 everyone이 주어가 될 때 단수동사로 수 일치시켜야 하므로 단수동사 likes의 사용은 어법상 옳다.
① ask의 목적어 역할을 하는 if절은 명사절이고 뒤에 미래표시부사 tomorrow가 있으므로 문맥상 현재동사 finishes는 미래시제 will finish로 고쳐 써야 한다.
② so + 형용사 / 부사 + that S + V ~ 구문의 사용은 어법상 적절하지만 주절의 시제가 과거이므로 종속절의 시제도 과거가 필요하다. 따라서 can은 could로 고쳐 써야 한다.
③ 명사 security가 있고 and 다음 명사 love가 있으므로 병렬구조상 형용사 warm은 명사 warmth로 고쳐 써야 한다.

해석 ① 내가 그에게 내일까지 이 일을 끝낼 수 있는지 물어볼게.
② 그는 너무 일찍 일어나서 멋진 일출을 볼 수 있었다.
③ 내 남편은 내게 안정감과 따뜻함 그리고 사랑을 준다.
④ 그녀는 너무 멋진 직원이라서 사무실에 있는 모든 이가 그녀를 좋아한다.

어휘 sunrise 일출 security 안전, 안보 warm 따뜻한 employee 직원, 근로자

정답
03 ④

• 실전 문제 •

01 밑줄 친 부분에 들어갈 말로 가장 적절한 것을 고르시오.

> To find a good starting point, one must return to the year 1800 during __________ the first modern electric battery was developed.

① which　　　　　　② that
③ what　　　　　　④ if

02 다음 밑줄 친 부분 중 어법상 적절하지 않은 것은?

> Books ① <u>which</u> are gateways into other minds and other people are valuable to us. Through them we can escape from the narrow little world ② <u>which</u> we reside and from fruitless brooding over our own selves. An evening spent reading great books for our mind is like ③ <u>what</u> a holiday in the mountains does for our bodies. We come down from the mountains stronger, we need our lungs and our mind which are cleansed of all impurities, and we prepare the challenge ④ <u>that</u> we have to face on the plains of daily life.

03 밑줄 친 부분에 들어갈 말로 가장 적절한 것을 고르시오.

> Contrary to ______(A)______ many believe, urban agriculture (UA) is found in every city, ______(B)______ it is sometimes hidden, sometimes obvious.

	(A)	(B)
①	what	where
②	which	which
③	what	which
④	which	where

04 우리말을 영어로 옮긴 것 중 밑줄 친 부분이 옳은 것은?

① 그녀는 돌봐야 하는 자폐증을 가진 아들이 있다.

→ She has a kid with autism <u>which</u> I should take care of.

② 바다에 지금 현존하는 가장 영리한 동물이 고래이다.

→ The most clever animals in the sea <u>that is</u> now existent are whales.

③ 꿀은 유방암을 줄이는 데 도움이 되는 항산화제를 포함하고 있다.

→ Honey contains an antioxidant, <u>which helps reducing</u> the breast cancer.

④ 그 회의를 구성하는 여성 대표의 비율은 5% 미만이다.

→ The proportion of the female representative <u>who consists</u> of the conference is below 5%.

05 밑줄 친 부분에 들어갈 말로 가장 적절한 것을 고르시오.

> A gift card will be given to _______________ completes the questionnaire.

① where
② which
③ whoever
④ whomever

06 밑줄 친 부분 중 어법상 가장 적절한 것은?

> Among the few things certain about the next century ① <u>that</u> it will be wired, networked and global ② <u>is</u> our dilemma. Because national borders will be able to block the flow of information and innovation, the societies ③ <u>what</u> thrive will become those which ④ <u>is</u> uncomfortable with openness and with the free flow of services, goods and ideas.

07 밑줄 친 부분에 들어갈 말로 가장 적절한 것을 고르시오.

> Drivers must follow traffic rules not to cause accidents and ______________ everyone's safety.

① ensure

② ensuring

③ to ensure

④ to ensuring

08 다음 밑줄 친 부분 중 어법상 틀린 것은?

> For ①<u>what is called</u> "enveloped" viruses, the capsid is surrounded by one or more protein envelopes. Biologists all know ② <u>that</u> this simplified structure makes them different than bacteria, but no less alive. And like seeds ③ <u>though</u> in a suspended state, they constantly monitor the exterior world around them, they really don't know ④ <u>where is it</u>.

09 밑줄 친 부분에 들어갈 말로 가장 적절한 것을 고르시오.

> The term 'subject' refers to something quite different from the more familiar term 'individual'. The latter term dates from the Renaissance and presupposes that man is a free, intellectual agent and ______ thinking processes are not coerced by historical or cultural circumstances.

① that
② what
③ which
④ whose

10 다음 밑줄 친 부분 중 어법상 가장 적절한 것은?

① Monkeys usually employ their feet to eat and <u>climbing</u>.
② Material possessions were seen as tangible evidence not only <u>people's work</u> but of their abilities.
③ I prefer my usual routine and <u>am</u> not inclined to try new things.
④ This book must be rewritten so as to update the theory and <u>provided</u> better practical advice.

11 다음 밑줄 친 부분 중 어법상 옳지 않은 것은?

> People who don't get sleep enough to rest or ① relax may lack energy, feel depressed or ② irritable, have trouble remembering everyday things and ③ getting sick more often than those ④ who do.

① that　　　　　　　　② what
③ which　　　　　　　④ whose

12 우리말을 영어로 옮긴 것 중 밑줄 친 부분이 어법상 옳은 것은?

① 그 어려운 숙제가 마침내 완전하게 그리고 철저하게 끝났다.

　→ The difficult homework was finally <u>entire and thorough</u> done.

② 수요와 공급 모두 가까운 미래에 증가할 것이다.

　→ Both the demand and the supply <u>are</u> expected to increase in the near future.

③ 나무와 숲이 주는 따뜻함과 아름다움 없는 삶을 떠올리기란 어려울 것이라고 나는 생각했다.

　→ I thought it would be difficult to imagine life without <u>warm and beauty</u> of trees and forests.

④ 끝까지 생존하는 종은 가장 강하지도 지적이지도 아닌 변화에 가장 잘 반응하는 생물이다.

　→ The species that survives to the end is not the strongest of the species, nor the most intelligent, <u>and</u> the most responsive one.

정답 해설

01 밑줄 친 부분에 들어갈 말로 가장 적절한 것을 고르시오.

> To find a good starting point, one must return to the year 1800 during ______ the first modern electric battery was developed.

① which
② that
③ what
④ if

[해설] 관계대명사 **that**이나 접속사 **if**는 전치사와 함께 사용할 수 없고 **what** 다음 문장구조가 완전하므로 관계대명사 **what**은 사용할 수 없다. 앞에 사물명사 **the year 1800**이 있고 전치사 **during** 다음 문장구조가 완전하므로 빈칸에 들어가기에 가장 적절한 것은 **which**이다.

[해석] 좋은 출발점을 찾기 위해 우리는 최초의 현대식 전기 배터리가 개발된 1800년으로 돌아가야 한다.

---

02 다음 밑줄 친 부분 중 어법상 적절하지 않은 것은?

> Books ① <u>which</u> are gateways into other minds and other people are valuable to us. Through them we can escape from the narrow little world ② <u>which</u> we reside and from fruitless brooding over our own selves. An evening spent reading great books for our mind is like ③ <u>what</u> a holiday in the mountains does for our bodies. We come down from the mountains stronger, we need our lungs and our mind which are cleansed of all impurities, and we prepare the challenge ④ <u>that</u> we have to face on the plains of daily life.

[해설] ② 선행사가 사물(world)이므로 관계대명사 **which**는 어법상 적절하지만 뒤에 문장구조가 완전(주어가 있고 동사가 자동사)하므로 **which**는 관계부사 **where**로 고쳐 써야 한다.
① 선행사가 사물(books)이므로 관계대명사 **which**는 어법상 적절하고 또한 뒤에 문장구조가 불완전(주어가 없다)하므로 관계대명사 **which**는 어법상 적절하다.
③ 선행사가 없고 뒤에 문장구조가 불완전(동사 **does**의 목적어가 없다)하므로 전치사 + 관계대명사(like what)의 사용은 어법상 옳다.
④ 선행사가 사물(challenge)이고 또한 뒤에 문장구조가 불완전(동사 **face**의 목적어가 없다)하므로 관계대명사 **that**의 사용은 어법상 적절하다.

[해석] 책은 다른 사람의 마음으로 통하는 우리의 통로이다. 책들을 통해 우리는 우리만이 사는 좁은 세상과 혼자서는 아무리 노력해도 풀리지 않는 마음앓이에서 벗어날 수 있다. 우리의 마음을 위해 저녁에 좋은 책을 읽는 것은 휴일에 산에 올라가는 것이 몸에 좋은 작용을 하는 것과 마찬가지이다. 우리는 산에서 내려오면서 더 튼튼해지고 우리의 폐나 마음은 더러운 것에서 씻겨지며 평범한 일상생활의 대처할 수 있는 도전을 준비한다.

01
starting point 시작점, 출발점
during ~동안에
develop 개발하다

02
gateway 통로
escape from ~로부터 벗어나다
narrow 좁은
fruitless 결실 없는
brood over 되씹다, 곱씹다
lung 폐
cleanse 깨끗이 하다
impurity 불순함
battle 전쟁, 전투
on the plains of 평범한

정답
01 ① **02** ②

03
contrary to ~와는 반대로
urban 도시의
agriculture 농업
obvious 분명한

03 밑줄 친 부분에 들어갈 말로 가장 적절한 것을 고르시오.

> Contrary to ______(A)______ many believe, urban agriculture (UA) is found in every city, ______(B)______ it is sometimes hidden, sometimes obvious.

	(A)	(B)
①	what	where
②	which	which
③	what	which
④	which	where

해설 ① (A) 다음 문장구조는 불완전(believe 뒤에 목적어가 없다)하고 (A) 앞에 선행사가 없으므로 (A)에는 관계대명사 what이 있어야 하고 (B) 다음 문장구조가 완전하므로 (B)에는 관계부사 where가 필요하다. 따라서 정답은 ①이다.

해석 많은 사람들이 믿는 것과는 반대로, 도시농업 (UA)은 모든 도시에서 발견되는데, 그곳은 때로는 눈에 띄지 않고 때로는 분명하다.

04
어휘] mammal 포유류
clever 영리한
existent 존재하는
antioxidant 항산화제
reduce 줄이다
breast cancer 유방암
proportion 비율
representative 대표자; 대표
consist of ~로 구성되다
conference 회의

04 우리말을 영어로 옮긴 것 중 밑줄 친 부분이 옳은 것은?

① 그녀는 돌봐야 하는 자폐증을 가진 아들이 있다.
→ She has a kid with autism <u>which</u> I should take care of.

② 바다에 지금 현존하는 가장 영리한 동물이 고래이다.
→ The most clever animals in the sea <u>that is</u> now existent are whales.

③ 꿀은 유방암을 줄이는 데 도움이 되는 항산화제를 포함하고 있다.
→ Honey contains an antioxidant, <u>which helps reducing</u> the breast cancer.

④ 그 회의를 구성하는 여성 대표의 비율은 5% 미만이다.
→ The proportion of the female representative <u>who consists</u> of the conference is below 5%.

해설 ④ 관계대명사 who의 선행사가 사람(representative)이므로 관계대명사 who의 사용은 어법상 적절하고 주격 관계대명사 who 다음 단수동사 consists의 사용 역시 (선행사가 단수명사 representative이다) 어법상 적절하다.

① 관계대명사 which의 선행사가 문맥상 autism(사물명사)이 아닌 kid(사람명사)이므로 관계대명사 which는 who로 고쳐 써야 한다.

② 선행사에 최상급이 있으므로 관계대명사 that의 사용은 어법상 적절하지만 관계대명사 that의 선행사가 문맥상 animals이므로 that절의 동사는 복수동사여야 한다. 따라서 is는 복수동사 are로 고쳐 써야 한다.

③ 선행사가 사물 명사이고 뒤에 불완전한 문장이 이어지므로 관계대명사 which의 사용은 어법상 적절하지만 동사 help 다음 목적어나 목적격 보어 자리에는 동사원형이나 to부정사가 위치해야 하므로 reducing의 사용은 어법상 적절하지 않다. 따라서 reducing은 (to) reduce로 고쳐 써야 한다.

정답

03 ① 04 ④

05 밑줄 친 부분에 들어갈 말로 가장 적절한 것을 고르시오.

> A gift card will be given to _______________ completes the questionnaire.

① where
② which
③ whoever
④ whomever

해설 ③ 빈칸 앞에 선행사가 없고 빈칸 다음 문장구조가 불완전(주어가 없다)하므로 빈칸에는 복합 관계대명사가 필요하다. 또한 빈칸 뒤에 주어가 없고 동사가 바로 위치해 있기 때문에 주격 복합관계대명사 whoever가 빈칸에 들어가기에 가장 적절하다.

해석 설문지를 완성하는 누구에게나 선물 카드가 주어질 예정이다.

05
complete 완성하다
questionnaire 설문지

06 밑줄 친 부분 중 어법상 가장 적절한 것은?

> Among the few things certain about the next century ① <u>that</u> it will be wired, networked and global ② <u>is</u> our dilemma. Because national borders will be able to block the flow of information and innovation, the societies ③ <u>what</u> thrive will become those which ④ <u>is</u> uncomfortable with openness and with the free flow of services, goods and ideas.

해설 ② 문두에 장소를 나타내는 전치사구(Among ~)가 위치하고 1형식 동사 is가 있으므로 주어 동사가 도치된 구조로 주어가 단수명사 dilemma이므로 단수동사 is의 사용은 어법상 적절하다.
① 관계대명사 that 다음 문장구조가 완전하므로 that의 사용은 어법상 적절하지 않다. 따라서 문맥상 that은 관계부사 when으로 고쳐 써야 한다.
③ 관계대명사 what 앞에 선행사 societies가 있으므로 어법상 적절하지 않다. 따라서 what 은 which나 that으로 고쳐 써야 한다.
④ which의 선행사가 those(복수대명사)이므로 주격 관계대명사의 동사는 복수동사로 수일 치시켜야 한다. 따라서 is는 are로 고쳐 써야 한다.

해석 선이 깔리고, 망처럼 연결되고, 세계화될 것이라는 다음 세기에 관한 확실한 몇 가지 중에 우 리의 딜레마가 있다. 국경선이 정보와 혁신의 흐름을 봉쇄할 수 있기 때문에, 번성하는 사회란 개방성 그리고 서비스, 상품 그리고 아이디어의 자유로운 흐름이 불편해지는 사회가 될 것이다.

06
wire ① 철사, 선 ② 연결하다
border 국경
block 차단하다
thrive 번성[번창]하다
flow 흐름, 흐르다
goods 상품

정답

05 ③ 06 ②

07
traffic rule 교통 법규
cause 초래하다, 야기하다
ensure 보장하다
safety 안전

07 밑줄 친 부분에 들어갈 말로 가장 적절한 것을 고르시오.

> Drivers must follow traffic rules not to cause accidents and ______________ everyone's safety.

① ensure
② ensuring
③ to ensure
④ to ensuring

해설 ① and 뒤에 빈칸과 병렬을 이룰 수 있는 내용은 follow와 to cause 두 개이므로 정답의 가능성은 ①과 ③이 될 수 있다. 문맥상 '모든 사람의 안전을 보장해야 한다'가 되어야 하므로 앞에 must와 연결되는 동사원형 ensure가 필요하다. 따라서 빈칸에 들어가기에 가장 적절한 것은 ①이다.

해석 운전자들은 사고를 일으키지 않고 모든 사람의 안전을 보장하기 위해 교통 법규를 따라야 한다.

08
envelop 감싸다, 봉해 넣다
*envelope 봉투, 외피
surround 에워싸다, 둘러싸다
protein 단백질
biologist 생물학자
simplify 단순화하다
structure 구조
suspended 정지된
state 상태
constantly 끊임없이
exterior 외부(의)

08 다음 밑줄 친 부분 중 어법상 틀린 것은?

> For ①<u>what is called</u> "enveloped" viruses, the capsid is surrounded by one or more protein envelopes. Biologists all know ② <u>that</u> this simplified structure makes them different than bacteria, but no less alive. And like seeds ③ <u>though</u> in a suspended state, they constantly monitor the exterior world around them, they really don't know ④ <u>where is it</u>.

해설 ④ 간접의문문의 어순을 묻고 있다. 따라서 의문사 where 다음 주어 + 동사 어순이어야 하므로 is it은 it is로 고쳐 써야 한다.
① what 다음 불완전(주어가 없다)한 문장구조가 이어지므로 관계대명사 what의 사용은 어법상 적절하고, 목적어가 없으므로 is called의 사용은 어법상 옳다. 참고로 call은 5형식 동사로 사용되었으므로 is called 뒤에 있는 명사 "enveloped" viruses는 call의 보어 역할을 한다.
② that 앞에 선행사가 없고 뒤에 문장구조가 완전하므로 접속사 that의 사용은 어법상 옳다.
③ 접속사 though 다음 주어 + 동사가 이어지므로 접속사 though의 사용은 어법상 적절하다.

해석 '봉해 넣은' 바이러스라 불리는 것에 어울리게 캡시드는 하나 이상의 단백질 외피에 둘러싸여 있다. 생물학자들은 이런 단순화된 구조로 그것(바이러스)은 박테리아와 다르게 되지만, (박테리아) 못지않게 활기차게 된다는 것을 모두 안다. 그리고 씨앗처럼 정지된 상태에서 그들이 자기 주변의 외부 세상을 끊임없이 관찰한다 하더라도, 그들은 정말로 어디에 그것이 있는지는 모른다.

정답
07 ① 08 ④

09 밑줄 친 부분에 들어갈 말로 가장 적절한 것을 고르시오.

> The term 'subject' refers to something quite different from the more familiar term 'individual'. The latter term dates from the Renaissance and presupposes that man is a free, intellectual agent and _______ thinking processes are not coerced by historical or cultural circumstances.

① that ② what
③ which ④ whose

해설 ① and를 기준으로 병렬구조를 묻고 있다. and 앞에 presuppose의 목적어 역할을 하는 that절과 병렬을 이루어야 하므로 and 다음에도 that절이 필요하다. 따라서 빈칸에 들어가기에 가장 적절한 것은 ① that이다.

해석 '국민'이라는 용어는 좀 더 익숙한 용어인 '개인'과는 아주 다른 무언가를 가리킨다. 후자의 용어는 르네상스 시대에서 시작되었고, 사람은 자유롭고 지적인 행위자이며, 생각을 처리하는 과정이 역사적 또는 문화적 상황에 강제되지 않는다는 것을 전제로 한다.

10 다음 밑줄 친 부분 중 어법상 가장 적절한 것은?

① Monkeys usually employ their feet to eat and <u>climbing</u>.
② Material possessions were seen as tangible evidence not only <u>people's work</u> but of their abilities.
③ I prefer my usual routine and <u>am</u> not inclined to try new things.
④ This book must be rewritten so as to update the theory and <u>provided</u> better practical advice.

해설 ③ and를 기준으로 prefer와 am이 서로 병렬 구조를 이루고 있으므로 am의 사용은 어법상 적절하다.

① and를 기준으로 to부정사와 동명사는 병렬을 이룰 수 없으므로 문맥상 climbing을 (to) climb으로 고쳐 써야 한다.

② 상관접속사 not only A but also B 구문에서 A와 B는 병렬을 이루어야 하는데 but 다음 전치사구 (of their abilities) 가 있으므로 not only 다음에도 명사 people's work 앞에 전치사 of가 있어야 한다.

④ and를 기준으로 and다음 provided는 문맥상 update와 병렬을 이루어야 하므로 provided는 provide로 고쳐 써야 한다.

해석 ① 원숭이는 먹고 몸짓하고 기어오르는 데 다리를 사용한다.
② 물질 소유는 사람들의 작품뿐만 아니라 그들의 능력에 대한 분명한 증거로서 여겨졌다.
③ 나는 평상시에 판에 박힌 일을 선호하며, 새로운 일을 시도하고 싶어 하지 않는다.
④ 이 책은 그것들이 기초하는 이론을 향상시켜주기 위해서 그리고 더 좋은 실질적인 충고를 제공하기 위해서 다시 쓰여 져야 한다.

정답

09 ①　10 ③

11
rest 휴식 (하다)
lack ~이 부족하다
depressed 우울한
irritable 짜증나는
have trouble -ing
-하는 데 어려움을 겪다

11 다음 밑줄 친 부분 중 어법상 옳지 않은 것은?

People who don't get sleep enough to rest or ①relax may lack energy, feel depressed or ②irritable, have trouble remembering everyday things and ③getting sick more often than those ④who do.

해설 ③ 접속사 and를 기준으로 병렬 구조를 묻고 있다. 병렬의 시작점이 lack이고 그 다음 각각 feel과 have와 병렬을 이루므로 getting은 동사원형 get으로 고쳐 써야 한다.
① 접속사 or를 기준으로 병렬 구조를 묻고 있다. rest와 병렬을 이루는 relax는 어법상 적절하다.
② 접속사 or를 기준으로 병렬 구조를 묻고 있다. 과거분사 depressed와 병렬을 이루는 형용사 irritable의 사용은 어법상 옳다.
④ 선행사 those가 문맥상 사람(people)을 지칭하므로 관계대명사 do의 사용은 어법상 적절하다.

해석 휴식과 긴장을 풀기 위해 충분한 잠을 자지 못한 사람들은 아마도 에너지가 부족할 수도 있고, 우울하거나 짜증이 날 수도 있고, 일상을 기억하는 데 어려움을 겪을 수도 있고, 충분히 잠을 이룬 사람들에 비하여 더 자주 아플 수도 있다.

12
entire 완전한
thorough 철저한
warm 따뜻한
* warmth 따뜻함
to the end 끝까지
responsive 반응하는

12 우리말을 영어로 옮긴 것 중 밑줄 친 부분이 어법상 옳은 것은?

① 그 어려운 숙제가 마침내 완전하게 그리고 철저하게 끝났다.
→ The difficult homework was finally entire and thorough done.
② 수요와 공급 모두 가까운 미래에 증가할 것이다.
→ Both the demand and the supply are expected to increase in the near future.
③ 나무와 숲이 주는 친절함과 아름다움 없는 삶을 떠올리기란 어려울 것이라고 나는 생각했다.
→ I thought it would be difficult to imagine life without kind and beauty of trees and forests.
④ 끝까지 생존하는 종은 가장 강하지도 지적이지도 아닌 변화에 가장 잘 반응하는 생물이다.
→ The species that survives to the end is not the strongest of the species, nor the most intelligent, and the most responsive one.

해설 ② 상관접속사 both A and B가 주어 자리에 있을 때 동사는 복수동사로 수 일치시켜야 하므로 복수동사 are의 사용은 어법상 적절하다.
① be + p.p 사이에는 부사가 위치해야 하므로 and를 기준으로 부사와 부사가 병렬을 이루어야 한다. 따라서 형용사 entire와 thorough는 각각 부사 entirely와 thoroughly로 고쳐 써야 한다.
③ and를 기준으로 문맥상 명사병렬이 이루어져야 하므로 형용사 kind는 명사 kindness로 고쳐 써야 한다.
④ 상관접속사 not (neither) A nor B but C구문을 묻고 있다. 따라서 접속사 and는 but으로 고쳐 써야 한다.

정답
11 ③ 12 ②

김세현 영어

Ⅱ

독해

Part 1. 유형별 독해

Part 2. 실용문

01

유형별 독해

CHAPTER

01 올바른 독해법
[Connecting Reading by David Nunan]

풀이 해법

1 독해는 해석을(우리말 말 바꾸기를) 잘하는 것이 아니라 (해석을 뛰어넘어) 이해를 잘하는 것이다.

+ comprehension : 이해

The school has grown from a small building holding 200 students to a large institute that educates 4,000 students a year.

2 독자는 무엇이 중요하고 중요하지 않은지 가려내면서 읽을 수 있어야 한다.

+ concentration : 집중 / summary : 요약

Playing too many online games in Internet that we use everyday will make a serious danger to our mental or physical health.

3 집중의 과정에서 중요치 않은 부분 또는 이해되지 않은 부분들은 Skip한다.

+ skipping : 건너 뛰기

I lost my way in the gravity of a short cedar with scooped puddles in the mountain.

4 Skip하되 읽었던 내용을 하나의 흐름으로 연결시킨다.

+ connecting : 연결시키기

5 영어의 본질을 이해한다.

(1) 영어는 동일어 반복을 극도로 꺼려한다.

Thank you for sending your poems to me. Your poetries are really good to me. I also feel that they show a lot of possibility despite your youth and lack of experience.

(2) 영어는 다의어 구조이다.

When my younger brother said he had a fever and headache, my mother stopped working and immediately <u>took</u> him to a hospital.

확인학습문제

Ex 1 다음 글의 주제로 가장 적절한 것은?

The once thriving bird life of Scotland's Northern Isles is disappearing, unable to produce offspring. The reason is starvation and the cause for that is thought to be climate change. The once teeming stocks of sand eels on which nearly all the local seabirds depend, have vanished, leaving the parent birds unable to feed their young or even themselves. Behind the sand eels' disappearance is a more sinister cause: global warming. Scientists believe the steadily rising temperature of the water in the North Sea, which has gone up by two degrees centigrade in twenty years, is having a calamitous effect on this cold-water species.

① 생태계 파괴의 원인
② 지구 온난화의 원인
③ 북해가 오염되고 있는 원인
④ 지구 온난화로 인한 생태계 파괴

확인학습문제 Answer & Review

Ex 1 다음 글의 주제로 가장 적절한 것은?

> The once thriving bird life of Scotland's Northern Isles is disappearing, unable to produce offspring. The reason is starvation and the cause for that is thought to be climate change. The once teeming stocks of sand eels on which nearly all the local seabirds depend, have vanished, leaving the parent birds unable to feed their young or even themselves. Behind the sand eels' disappearance is a more sinister cause: global warming. Scientists believe the steadily rising temperature of the water in the North Sea, which has gone up by two degrees centigrade in twenty years, is having a calamitous effect on this cold-water species.

① 생태계 파괴의 원인
② 지구 온난화의 원인
③ 북해가 오염되고 있는 원인
④ 지구 온난화로 인한 생태계 파괴

해석 후손을 생산할 수 없기 때문에 스코틀랜드 북부 섬들의 한때 번성했던 새 떼가 사라지고 있다. 그 이유는 굶주림이고 그 굶주림의 원인은 기후변화라고 생각된다. 한때, 거의 모든 지역 바닷새들이 먹는 한 무리의 바글거렸던 까나리들이 사라지고 있고, 그로 인해 부모 새들은 새끼들에게 또는 자기 자신들조차 먹이를 구할 수 없게 되었다. 까나리의 사라짐 뒤에는 더 불길한 원인이 있는데 그것은 바로 지구 온난화이다. 과학자들은 지난 **20**년 동안 **2°C** 정도 꾸준히 북해의 수온이 상승한 것이 이 냉수종의 재앙을 초래하는 원인이라고 믿는다.

해설 지구 온난화로 인한 해수 온도 상승으로 물고기가 점점 사라지고 그에 따른 새들의 개체 수 역시 사라진다는 내용의 글이므로 정답은 ④가 된다.

어휘 thrive 번성[번창]하다   offspring 후손, 자손   starvation 굶주림, 배고픔
teeming 바글거리는   stock 재고; 주식; 가축   sand eel 까나리   feed 먹이다
sinister 불길한   calamitous 재앙의, 재난의   species 종

정답
01 ④

CHAPTER 02 주제, 제목, 요지

출제 유형

1. 다음 글의 주제는?
2. 다음 글의 제목은?
3. 다음 글의 요지는?

풀이 해법

주제, 제목, 요지 공통

1. 선택지(보기)를 scanning한다.
2. 올바른 독해법에 맞추어 글을 읽고 정답을 유도한다.
3. 너무 광범위하지 않은 또는 너무 세부적이지 않은 정답을 유도한다.
   (not too general or not too specific)
4. 정답을 선택할 때 선택지의 재진술(restatement)에 유의한다.

Ex 1 다음 글의 주제로 가장 적절한 것을 고르시오.

People have various forms of communication. Words are the most commonly used: we speak or write to communicate ideas. It is, therefore, essential for people to use words effectively. Another form of communication can be pictures. Businesses use them successfully in posters, charts, and blueprints. Action is also an important communication method; actions speak loud than words. A frown, a hand-shake, a wink, and even silence have meaning; people will attach significance to these actions.

① communication
② communication with words
③ medium of communication
④ communication through pictures

확인학습문제 Answer & Review

Ex 1 다음 글의 주제로 가장 적절한 것을 고르시오.

> People have various forms of communication. Words are the most commonly used: we speak or write to communicate ideas. It is, therefore, essential for people to use words effectively. Another form of communication can be pictures. Businesses use them successfully in posters, charts, and blueprints. Action is also an important communication method; actions speak loud than words. A frown, a hand-shake, a wink, and even silence have meaning; people will attach significance to these actions.

① communication
② communication with words
③ medium of communication
④ communication through pictures

해석 사람들은 다양한 형태의 의사소통을 가지고 있다. 말이 가장 보편적으로 사용이 된다. 즉, 우리는 생각을 전달하기 위해 말하고 쓴다. 그래서 사람들이 효과적으로 말을 사용하는 것은 필수적이다. 의사소통의 또 다른 형태는 그림이다. 기업체들은 이 그림들을 포스터나 차트 그리고 청사진에서 사용한다. 행동 또한 의사소통의 중요한 방법이다. 즉, 행동은 말보다 더 큰 소리를 낸다. 얼굴을 찌푸리고 악수를 하고 윙크를 하고 심지어 침묵하는 것도 의미를 지닌다. 즉 사람들은 이러한 행동에 의미를 부여할 것이다.

해설 이 글은 의사소통의 세 가지 수단에 관한 글이므로 정답은 ③이다. ①은 너무 광범위한 선택지이고 ②, ④는 너무 세부적인 선택지이다. ③의 **medium**은 선택지의 재진술로 '매개체, 수단'의 뜻이 된다.

① 의사소통
② 말로 하는 의사소통
③ 의사소통의 수단
④ 그림을 통한 의사소통

어휘 **various** 다양한 **commonly** 보통으로, 보편적으로 **essential** 필수적인
effectively 효과적으로 **blueprint** 청사진 **frown** 얼굴을 찌푸리다; 찡그림, 찌푸림
hand-shake 악수 **attach** 붙이다, 첨부하다; 부여하다 **significance** 중요성(함)
medium 중간의; 매체, 매개체; 수단, 방법

정답
01 ③

확인학습문제 Answer & Review

Ex 2 다음 글의 제목으로 가장 적절한 것은?

> The sound we hear can travel through the air, but it can also travel through solid and liquid substances. The North American Indians, for instance, made use of the earth as a sound medium. By putting their ear to the ground, they could detect approaching animals or enemies, and also receive over fairly long distances, signals made by striking the ground. A swimmer underwater hears, very clearly, sounds made by clapping stones together. Two paper cups with a string stretched between them can be used as a simple telephone, in which the string act as the sound medium, too. All this indicates that sound can travel through many a different medium.

① What Is Sound?
② What Makes Sound?
③ What Carries Sound?
④ Why Is Sound Important?

확인학습문제 **Answer & Review**

Ex 2 다음 글의 제목으로 가장 적절한 것은?

> The sound we hear can travel through the air, but it can also travel through solid and liquid substances. The North American Indians, for instance, made use of the earth as a sound medium. By putting their ear to the ground, they could detect approaching animals or enemies, and also receive over fairly long distances, signals made by striking the ground. A swimmer underwater hears, very clearly, sounds made by clapping stones together. Two paper cups with a string stretched between them can be used as a simple telephone, in which the string act as the sound medium, too. All this indicates that sound can travel through many a different medium.

① What Is Sound?
② What Makes Sound?
③ What Carries Sound?
④ Why Is Sound Important?

해석 우리가 듣는 소리는 공기를 통해 이동할 수 있지만, 소리는 또한 고체나 액체를 통해 이동할 수 있다. 예를 들어, 북미 인디언들은 소리 매체로 땅을 이용했다. 땅에 귀를 댐으로써 그들은 다가오는 동물들이나 적들을 감지해낼 수 있었으며, 땅을 두드림으로써 나오는 신호를 상당히 먼 거리에서도 받을 수 있다. 물속의 수영 선수는 돌이 부딪힘으로써 나오는 소리를 매우 정확하게 듣는다. 실로 연결된 두 개의 종이컵은 단순한 형태의 전화로 사용될 수 있고, 그 전화에서 실 또한 소리 전달의 매개체 역할을 한다. 이런 모든 것들이 많은 다른 수단을 통해 소리가 이동할 수 있다는 것을 보여 주고 있다.

해설 이 글은 소리 전달 매개체의 종류(고체, 액체, 실)를 나열한 글이므로 정답은 ③이다.
① 소리란 무엇인가?
② 무엇이 소리를 만드는가?
③ 무엇이 소리를 전달하는가?
④ 왜 소리가 중요한가?

어휘 solid 고체의 liquid 액체의 substance 물질 make use of ~을 이용하다
medium 매개체, 매체(media의 단수형) detect 감지하다 fairly 아주, 매우, 꽤 *fair 공정한
clap 손뼉을 치다 string 실, 줄 indicate 암시하다, 보여 주다

02 ③

01 다음 글의 요지로 가장 적절한 것을 고르시오.

> To erase or not to erase? That is the question in many students' mind after they've penciled in one of those small circles in multiple choice tests. Folk wisdom has long held that when answering questions on such tests, you trust your first instincts. However, a teacher has found that students who change answers they're unsure of usually improve their scores. According to his research, revised answers were two-and-a-half times as likely to go from wrong to right as vice versa.

① 본능을 믿자.
② 슬픈 추억은 지우자.
③ 속담을 잘 활용하자.
④ 자신 없는 답은 고치자.

01 To erase or not to erase? That is the question in many students' mind after they've penciled in one of those small circles in multiple choice tests.

해석 지울 것이냐 아니면 지우지 않을 것이냐? 이것은 객관식 시험 문제 보기의 작은 동그라미 중의 하나에 색칠을 하고 난 후에 많은 학생들의 마음속에서 일어나는 문제이다.

01
erase 지우다
multiple 많은, 다수의
***multiple-choice** 객관식의

02 Folk wisdom has long held that when answering questions on such tests, you trust your first instincts.

해석 오랫동안 통하고 있는 민간 지혜에 따르면, 그런 시험에서 문제들의 답을 고를 때에는 처음의 본능을 믿으라는 것이다.

02
folk 민속(의); 사람들
wisdom 지혜 (**wise**의 명사형)
***wisdom tooth** 사랑니
instinct 본능

03 However, a teacher has found that students who change answers they're unsure of usually improve their scores.

해석 그녀는 자신의 아들에게 문을 고치라고 시켰다.

03
unsure 자신 없는, 분명하지 않은
improve 향상시키다

04 According to his research, revised answers were two-and-a-half times as likely to go from wrong to right as vice versa.

해석 그의 연구에 따르면, 고친 답은 그 반대보다 오답에서 정답으로 갈 확률이 두 배 반 정도가 더 많았다고 한다.

04
according to ~에 따라서;
        ~에 따르면
revise 수정하다, 고치다(= **alter,
        modify**)
times 배, 배수
likely 가능성 있는
***be likely to** ⓥ ⓥ인 것 같다;
        ⓥ할 가능성이 있다
vice versa 반대로, 역으로

정답
01 ④

02 다음 글의 요지로 가장 적절한 것을 고르시오.

More and more people are turning away from their doctors and, instead, going to individuals who have no medical training and who sell unproven treatments. They go to quacks to get everything from treatments for colds to cures for cancer. And they are putting themselves in dangerous situations. Many people don't realize how unsafe it is to use unproven treatments. First of all, the treatments usually don't work. They may be harmless, but, if someone uses these products instead of proven treatments, he or she may be harmed. Why? Because during the time the person is using the product, his or her illness may be getting worse. This can even cause the person to die.

① Better training should be given to medical students.
② Alternative medical treatments can be a great help.
③ Don't let yourself become a victim of fake health tips.
④ In any case, it is alright to delaying going to a doctor.

● **꼼꼼 독해** ●

01 More and more people are turning away from their doctors and, instead, going to individuals who have no medical training and who sell unproven treatments.

> **해석** 더더욱 많은 사람들이 의사로부터 그들의 등을 돌리고 있고, 대신에 의학적 훈련도 없고 검증되지 않은 치료법을 팔아대는 개개인에게로 향하고 있다.

01
individual 개인(의); 개성 있는
unproven 검증되지 않은
treatment 치료

02 They go to quacks to get everything from treatments for colds to cures for cancer.

> **해석** 그들은 돌팔이에게 가서 감기 치료부터 암 치료제에 이르기까지 모든 것을 구하고 있다.

02
quack 돌팔이
cold 감기
cure 치료(제)

03 And they are putting themselves in dangerous situations.

> **해석** 그리고 그들은 스스로를 위험 상황에 처하게 한다.

03
situation 상황

04 Many people don't realize how unsafe it is to use unproven treatments.

> **해석** 많은 사람들은 검증되지 않은 치료법을 이용하는 것이 얼마나 위험한지 알지 못한다.

04
realize 깨닫다, 알다; 실현하다

05 First of all, the treatments usually don't work. They may be harmless, but, if someone uses these products instead of proven treatments, he or she may be harmed.

> **해석** 무엇보다도, 치료가 대부분 효과가 없다. 그 치료가 해가 없을 수도 있으나 누군가 검증된 치료 대신 이러한 제품을 사용한다면 그 사람은 피해를 입을 수도 있다.

05
work 효과가 있다
harmless 무해한
***harm** 해, 해를 입히다
instead of ~대신에

06 Why? Because during the time the person is using the product, his or her illness may be getting worse.

> **해석** 왜 그런가? 왜냐하면 어떤 사람이 이 제품을 사용하는 동안, 그 사람의 병세가 더 나빠질 수도 있기 때문이다.

06
illness 질병; 병세
get worse 더 나빠지다

07 This can even cause the person to die.

> **해석** 이것은 그 사람을 죽게 할 수도 있다.

07
cause 야기하다, 초래하다

보기해석

① 더 좋은 훈련이 의과생들에게 주어져야만 한다.
② 대체 의료 치료가 큰 도움이 될 수 있다.
③ 스스로 거짓 건강 조언의 희생자가 되지 않도록 하라.
④ 가끔은 의사에게 가는 것을 미루는 것도 괜찮다.

보기어휘
alternative 대안의, 대체의
fake 거짓의, 가짜의
tip 충고, 조언
in any case 가끔
delay 미루다, 연기하다

정답
02 ③

03 다음 글의 주제로 가장 적절한 것을 고르시오.

A species that survives by eating another species is typically referred to as a predator. The word brings up images of some of the most dramatic animals on Earth: cheetahs, eagles, and killer whales. You might not picture wood warblers, a family of North American bird species characterized by their small size and colorful feathers, as predators; however, these beautiful birds are huge consumers of insects. The hundreds of millions of individual warblers collectively remove literally tons of insects from forest trees every summer. Most of these insects prey on plants. By reducing the number of insects in forests, warblers reduce the damage that insects inflict on forest plants. The results of a study that excluded birds from white oak seedlings showed that the trees were about fifteen percent smaller because of insect damage over two years, as compared to trees from which birds were not excluded.

① new ways to protect endangered species
② the role of wood warblers in forest preservation
③ the uniqueness of wood warblers' survival instinct
④ the rapid decrease in the number of predator species

● **꼼꼼 독해** ●

01 A species that survives by eating another species is typically referred to as a predator. The word brings up images of some of the most dramatic animals on Earth: cheetahs, eagles, and killer whales.

> **해석** 다른 종을 먹음으로써 생존하는 종은 일반적으로 포식자라고 일컬어진다. 그 단어는 치타, 독수리, 그리고 범고래와 같은 지구상에서 가장 인상적인 몇몇 동물들의 이미지를 떠오르게 한다.

01
species 종
typically 전형적으로, 늘 그렇듯이
refer to A as B A를 B라고 일컫다
　　　　　(지칭하다)
predator 포식자
dramatic 인상적인, 극적인
killer whale 범고래

02 You might not picture wood warblers, a family of North American bird species characterized by their small size and colorful feathers, as predators; however, these beautiful birds are huge consumers of insects.

> **해석** 사람들은 아마도 작은 크기와 다채로운 깃털을 특징으로 하는 북미 조류과인 숲솔새를 포식자로 상상하지 않을 수도 있지만, 이 아름다운 새는 엄청난 곤충 소비자이다.

02
picture 상상하다, 묘사하다
wood warbler 숲솔새
characterize by ~로 특징짓다
feather 깃털
huge 엄청난, 거대한
consumer 소비자
insect 곤충

03 The hundreds of millions of individual warblers collectively remove literally tons of insects from forest trees every summer. Most of these insects prey on plants.

> **해석** 수억 마리의 숲솔새 개체가 집단적으로 매년 여름마다 숲의 나무에서 문자 그대로 수 톤의 곤충을 제거한다(먹어치운다). 이 곤충들의 대부분은 식물을 먹이로 한다.

03
individual 개체; 개성
collectively 집단적으로, 집합적으로
remove 없애다, 제거하다
literally 말 그대로, 문자 그대로
prey on ~을 먹이로 하다
*prey 먹이(감)

04 By reducing the number of insects in forests, warblers reduce the damage that insects inflict on forest plants.

> **해석** 숲에 있는 곤충의 수를 줄임으로써, 숲솔새들은 곤충들이 숲속 식물에 가하는 피해를 경감시킨다.

04
by ⓥ-ing ⓥ함으로써
reduce 죽이다, 감소시키다
inflict A on B A를 B에 가하다

05 The results of a study that excluded birds from white oak seedlings showed that the trees were about fifteen percent smaller because of insect damage over two years, as compared to trees from which birds were not excluded.

> **해석** 껍질이 흰 참나무 묘목들로부터 새들의 출입을 차단했던 한 연구의 결과는 그 나무들이, 새들의 출입이 차단되지 않았던 나무들에 비해서, 2년 동안의 곤충 피해 때문에 15% 정도 더 작았다는 것을 보여 주었다.

05
exclude 제외하다, 배제하다
white oak 흰 참나무
seedling 묘목
as compared to ~와 비교해서

보기해석

① 멸종위기의 종들을 보호하기 위한 새로운 방법들
② 숲 보호에 있어서 숲솔새들의 역할
③ 숲솔새들의 생존 본능에 대한 독특함
④ 포식종 수의 급격한 감소

보기어휘

endangered 멸종위기의
preservation 보호, 보존
uniqueness 독특함
instinct 본능
rapid 빠른

정답

03 ②

04 다음 글의 제목으로 가장 적절한 것을 고르시오.

Small business bodies are unhappy about reports that the government may be considering giving new fathers six months of unpaid paternity leave. Most of the executives warned the scheme could be an administrative nightmare for small firms. The government, however, says babies are the workers of the future and more should be done to increase ways of caring for them, and that this plan could potentially be good for businesses. While the employers of most companies complain that extending parental leave at such an unprecedented rate will add more confusion and pressure to firms which are already struggling to compete, the government argues that supporting families during the early stages of looking after babies could lead to a more loyal and productive workforce in the long run.

① Disagreement Concerning Paternity Leave
② Potential Benefits of Paternity Leave
③ Paternity Leave: What Is Problem?
④ Paternity Leave: Always Good

꼼꼼 독해

01 Small business bodies are unhappy about reports that the government may be considering giving new fathers six months of unpaid paternity leave.

> **해석** 중소기업체들은 정부가 갓난아이의 아버지들에게 6개월 무급 육아 휴직을 고려하고 있다는 보도에 불쾌해 하고 있다.

02 Most of the executives warned the scheme could be an administrative nightmare for small firms.

> **해석** 대부분의 기업체 임원들은 이 계획이 중소기업에게 경영상의 어려움을 줄 수 있다고 경고했다.

03 The government, however, says babies are the workers of the future and more should be done to increase ways of caring for them, and that this plan could potentially be good for businesses.

> **해석** 그러나 정부는 아기들은 미래의 근로자들이고 따라서 그들을 보살피는 방안을 더 늘려야 한다고 말하며, 그래서 이 계획은 잠재적으로는 기업에 이득이 될 수 있다고 한다.

04 While the employers of most companies complain that extending parental leave at such an unprecedented rate will add more confusion and pressure to firms which are already struggling to compete, the government argues that supporting families during the early stages of looking after babies could lead to a more loyal and productive workforce in the long run.

> **해석** 대부분의 기업체 고용주들은 선례가 없는 높은 비율로 육아 휴직을 늘리는 것은 이미 경쟁에 허덕이는 기업들에게 더 많은 혼란과 압력을 줄 것이라고 불평하고 있는 반면에 정부는 아기를 돌보는 초기 단계에서 가족을 지원하는 것이 장기적으로 더 충성스럽고 생산적인 노동력을 이끌 수 있다고 주장한다.

보기해석

① 부성(父性) 육아 휴직에 관한 불일치
② 부성(父性) 육아 휴직의 잠재적 이점
③ 부성(父性) 육아 휴직: 무엇이 문제인가?
④ 부성(父性) 육아 휴직: 늘 좋다

어휘

01
business body 기업체
unpaid 무급의
paternity 부성(父性)
leave 휴가

02
executive ① 행하는, 집행하는
　　　　　　② 고위간부(관리)
scheme ① 계획 ② 음모, 계략
administrative 관리[행정]의
nightmare 악몽

03
care for 돌보다
potentially 가능성 있게,
　　　　　　잠재적으로

04
extend 연장하다, 늘이다
unprecedented 전례[선례]가 없는,
　　　　　　유례없는
confusion 혼란
pressure 압력, 압박
firm ① 회사 ② 굳은, 단단한
struggle 투쟁하다, 애쓰다,
　　　　　　노력하다
compete 경쟁하다, 겨루다
argue 주장하다
look after 돌보다
loyal 충성스러운
workforce 노동력
in the long run 장기적으로

보기어휘

concerning ~에 관하여
opportunity 기회

정답

04 ①

02 기출문제 분석

[1~2] 다음 글을 읽고 물음에 답하시오. 2025. 국가직 9급

(A)

Each year in July people all over the world aim to exclude common plastic waste items from their daily life, opting instead for reusable containers or those made from biodegradable materials. We think this is a great idea and why not make it a year-round effort at home and in the workplace.

The vision started in Western Australia in 2011 and has since moved across the world to help promote the vision and stop the earth becoming further saturated with plastic materials which are part of our convenience lifestyle.

Lots of items are designed to be used once and disposed of. They fill up bins in homes, schools, at work and on streets across the world.

You can assist in achieving the goal of having a world without plastic waste.

Choose what you will do
☐ Avoid single-use plastic packaging
☐ Target the takeaway items that could end up in the ocean
☐ Go completely plastic free

I will participate
☐ for 1 day   ☐ for 1 week
☐ for 1 month   ☐ from now on

01　(A)에 들어갈 윗글의 제목으로 가장 적절한 것은?

① Development of Single-Use Items

② Join the Plastic-Free Challenge

③ How to Dispose of Plastic Items

④ Simple Ways to Save Energy

02　윗글에서 캠페인에 관한 내용과 일치하지 않는 것은?

① 2011년 서호주에서 시작되었다.

② 플라스틱 과다 사용을 줄이기 위해 전 세계로 확산되었다.

③ 실천할 활동을 선택하여 참여할 수 있다.

④ 최대 한 달까지 참여할 수 있다.

• 정답 해설 •

01 **해설** 주어진 지문은 플라스틱 쓰레기를 줄이기 운동에 동참해 일상생활에서 플라스틱 사용을 줄이고 친환경 물품을 사용하도록 독려하는 내용의 글이다. 따라서 이 글의 제목으로 가장 적절한 것은 ② '플라스틱 없는 생활 도전에 참여하세요'이다.

① 일회용품의 개발
② 플라스틱 없는 생활 도전에 참여하세요
③ 플라스틱 제품을 처리하는 방법
④ 에너지를 절약하는 간단한 방법들

02 **해석** 매년 7월, 전 세계 사람들은 일상생활에서 흔히 사용하는 플라스틱 쓰레기 물품들을 줄이기 위해 노력하며, 그 대신 재사용 가능한 용기나 생분해성 소재로 만든 제품을 선택하곤 합니다. 저희는 이것이 매우 훌륭한 생각이라고 생각하며, 가정이나 직장에서도 연중 내내 실천해 보시는 것은 어떨까요?

이 아이디어는 2011년 서호주에서 시작되었으며, 그 이후 전 세계로 확산되어 우리의 편의 중심 생활방식의 일환인 플라스틱 소재로 지구가 더 이상 오염되는 것을 막고 이 아이디어를 널리 알리는 데 기여하고 있습니다.

많은 물품들이 한 번 사용한 뒤 버리도록 설계되어 있습니다. 이것들은 가정, 학교, 직장, 그리고 전 세계 거리 곳곳의 쓰레기통을 가득 채우고 있습니다.

여러분도 플라스틱 쓰레기가 없는 세상을 만드는 목표를 실현하는 데 도움을 줄 수 있습니다.

실천할 활동을 선택하세요
☐ 일회용 플라스틱 포장 사용하지 않기
☐ 바다로 흘러들어갈 수 있는 테이크아웃 용품들을 줄이는 데 집중하기.
☐ 완전히 플라스틱 없는 생활 실천하기

저도 참여하겠습니다
☐ 1일 동안 ☐ 1주일 동안
☐ 1개월 동안 ☐ 지금부터 계속

해설 주어진 지문의 마지막 부분 I will participate에 from now on(지금부터 계속)이 있으므로 ④ '최대 한 달까지 참여할 수 있다.'는 글의 내용과 일치하지 않는다.

어휘 aim 목표로 하다 exclude 제외하다 opt for ~ ~을 선택하다, 고르다
reusable 재사용 가능한 biodegradable 생분해성의, 자연 분해되는 material 물질, 재료
why not ~하는 게 어때 year-round 연중 내내, 일 년 내내 effort 노력, 수고
promote 촉진하다, 장려하다 further 더 한층, 더욱 더 saturated 가득 찬, 포화된
convenience 편리, 편의 dispose of ~을 버리다, 없애다 fill up 가득 채우다
bin 쓰레기통, 통 single-use 일회용의 target 목표로 삼다, 겨냥하다
takeaway 포장 음식, 테이크아웃 end up in 결국 ~에 이르게 되다 participate 참가하다

정답
01 ② 02 ④

03 다음 글의 주제로 가장 적절한 것은? 2025. 국가직 9급

Young people are fast learners. They are energetic, active and have a 'can-do' mentality. Given the support and right opportunities, they can take the lead in their own development as well as the development of their communities. In many developing countries, agriculture is still the largest employer and young farmers play an important role in ensuring food security for future generations. They face many challenges, however. For example, it is very difficult to own land or get a loan if you do not have a house — which, if you are young and only just starting your career, is often not yet possible. Working in agriculture requires substantial and long-term investments. It is also quite risky and uncertain, because it relies heavily on the climate: flooding, drought and storms can damage and destroy farmers' crops and affect livestock.

① the economic advantages of working in the agricultural sector
② the importance of technology in modern farming practices
③ the roles of young farmers and the challenges they face
④ young people's efforts for urban development

03 [해석] 젊은이들은 배우는 속도가 빠르다. 그들은 에너지가 넘치고 활동적이며, '할 수 있다'는 태도를 가지고 있다. 적절한 지원과 기회만 주어진다면, 그들은 자기 자신뿐만 아니라 지역사회의 발전에서도 주도적인 역할을 할 수 있다. 많은 개발도상국에서 농업은 여전히 가장 큰 고용 분야이며, 젊은 농부들은 미래 세대를 위한 식량 안보를 보장하는 데 중요한 역할을 한다. 하지만 이들은 많은 어려움에 직면해 있다. 예를 들어, 집이 없다면 토지를 소유하거나 대출을 받는 것이 매우 어렵다. 그런데 젊고 이제 막 경력을 시작한 경우에는 집을 마련하는 것이 아직 불가능한 경우가 많다. 농업 분야에서 일하는 것은 상당한 장기 투자를 필요로 한다. 또한 기후에 크게 의존하기 때문에 위험성과 불확실성이 크다. 홍수, 가뭄, 폭풍 등은 농작물을 해치거나 파괴할 수 있고, 가축에도 영향을 줄 수 있다.

[해설] 단락의 도입부에서 젊은 농부들의 중요한 역할을 설명하다가 중반부에 **However**를 기준으로 그들이 직면한 어려움을 언급하고 있으므로 주어진 글의 주제로 가장 적절한 것은 ③ '젊은 농부들의 역할과 그들이 직면한 어려움'이다.

① 농업 분야에서 일하는 경제적 이점
② 현대농업을 실천하는 데 있어서 기술의 중요성
③ 젊은 농부들의 역할과 그들이 직면한 어려움
④ 도시 개발을 위한 젊은이들의 노력

[어휘] can-do 할 수 있다는, 적극적인 mentality 정신, 태도 take the lead 이끌다, 선두에 서다
developing country 개발도상국 agriculture 농업 role 역할
ensure 보장하다, 확실하게 하다 food security 식량 안보 generation 세대 face 직면하다
own 소유하다 loan 대출 require 요구하다 substantial 상당한, 꽤 많은
long-term 장기적인 investment 투자 quite 아주, 매우, 꽤 risky 위험한
uncertain 불확실한 rely on ~에 의존하다, 의지하다 drought 가뭄 crop 작물
livestock 가축 sector 분야, 부문 practice 관행, 실행, 실천 urban 도시의

[정답]
03 ③

04 다음 글의 주제로 적절한 것은? 2024. 국가직 9급

It seems incredible that one man could be responsible for opening our eyes to an entire culture, but until British archaeologist Arthur Evans successfully excavated the ruins of the palace of Knossos on the island of Crete, the great Minoan culture of the Mediterranean was more legend than fact. Indeed its most famed resident was a creature of mythology: the half-man, half-bull Minotaur, said to have lived under the palace of mythical King Minos. But as Evans proved, this realm was no myth. In a series of excavations in the early years of the 20th century, Evans found a trove of artifacts from the Minoan age, which reached its height from 1900 to 1450 B.C.: jewelry, carvings, pottery, altars shaped like bull's horns, and wall paintings showing Minoan life.

① King Minos' successful excavations
② Appreciating artifacts from the Minoan age
③ Magnificence of the palace on the island of Crete
④ Bringing the Minoan culture to the realm of reality

정답 해설

04 **[해석]** 한 사람이 어떤 문화 전체에 대한 우리의 눈을 뜨게 해줄 수 있다는 것은 믿기지 않지만, 영국의 고고학자 Arthur Evans가 크레타섬의 크노소스 궁전의 유적을 성공적으로 발굴하기 전까지 지중해의 위대한 미노스 문화는 사실보다는 전설에 가까웠다. 실제로 그 문명에서 가장 유명한 것은 신화 속에 나오는 Minos 왕의 궁전 아래에 살았다고 전해지는 반인반수의 미노타우로스라는 신화 속 생물이었다. 그러나 Evans가 증명했던 것처럼 이 왕국은 신화가 아니었다. 20세기 초 일련의 발굴을 통해 Evans는 보석, 조각, 도자기, 황소 뿔 모양의 제단, 미노스의 삶을 보여 주는 벽화 등 기원전 1900년부터 1450년까지 절정에 다다른 미노스 시대의 귀중한 인공물들을 발견했다.

[해설] 주어진 지문은 미노스 시대의 유물을 발굴함으로써 신화로만 여겨졌던 미노스 문화가 사실로 판명되었다는 내용의 글이므로 이 글의 주제로 가장 적절한 것은 ④ '미노스 문명을 사실의 영역으로 가져오기'이다.

① Minos 왕의 성공적인 발굴
② 미노스시대의 인공물 감상하기
③ 크레타섬 궁전의 웅장함
④ 미노스 문명을 사실의 영역으로 가져오기

[어휘] incredible 믿기 어려운, 믿을 수 없는 responsible 책임지는 entire 전체의, 전반적인
archaeologist 고고학자 excavate 발굴하다 ruins 유적, 유물 palace 궁전 island 섬
Mediterranean 지중해 legend 전설 famed 유명한 resident 거주자 creature 생물
mythology 신화 half-man, half-bull 반인반수 (半人半獸) *bull 황소
mythical 신화 속에 나오는 prove 증명하다, 입증하다 excavation 발굴
a trove of 소중한, 귀중한 artifact 인공물 reach ~에 이르다, 다다르다
height ① 높이 ② 키 ③ 정점, 절정 jewelry 보석 carving 조각 pottery 도자기 altar 제단
horn 뿔 wall painting 벽화 appreciate 감상하다 magnificence 장엄함, 웅장함
reality 현실, 사실

정답
04 ④

03 통일성

다음 글에서 본문 전체의 흐름과 관계가 없는 문장은?

풀이 해법

1. **단락의 도입부에서 무엇에 관한 글인지 살펴본다. (Main Idea 확인)**
   정답을 구하려 하지 말고 처음 **3~4줄** 정도 읽어가면서 주어진 글이 무엇을 말하려고 하는가
   (중심 소재 + 작가의 견해)에 초점을 맞춘다.
   ↳ ⊕/⊖ 확인

2. **무엇에 관한 글인지 대충 파악이 됐으면 이제 정답을 찾으러 간다.**
   Main Idea를 기준으로 문장과 문장 간 논리를 확인하다 보면 글의 흐름을 방해하는(논
   리의 비약)부분을 만나게 된다. 그 부분이 정답이 된다.

3. **언어는 느낌이요, 감각이다.**
   이러한 과정을 따르다 보면 분명히 '어, 이건 아닌 것 같은데?'하고 고개가 갸웃거려지는
   부분이 있을 것이다. 그 부분이 정답이 된다. 물론, 고개가 두 번 또는 세 번 갸웃거려질
   수도 있다. 통일성 문제가 난해할 때에는 얼마든지 그럴 수 있다. 이런 경우에는 다시
   처음부터 내용을 빠르게 확인하면서 글의 흐름을 방해하는 부분을 찾는다.

확인학습문제

Ex 1 다음 글의 흐름상 어색한 문장은?

All around the world, people obtain their drinking water from several different places. In some regions, people take drinking water from special lakes called reservoirs. ① <u>In other districts, people get their water from steams and rivers.</u> ② <u>In mountainous areas, people also replace their drinking water with one from the mountains.</u> ③ <u>The water coming from mountain is delicious and clean.</u> ④ <u>People also dig deep holes in the ground for water, which is called wells.</u>

확인학습문제 Answer & Review

Ex 1 다음 글의 흐름상 어색한 문장은?

> All around the world, people obtain their drinking water from several different places. In some regions, people take drinking water from special lakes called reservoirs. ① <u>In other districts, people get their water from steams and rivers.</u> ② <u>In mountainous areas, people also replace their drinking water with one from the mountains.</u> ③ <u>The water coming from mountain is delicious and clean.</u> ④ <u>People also dig deep holes in the ground for water, which is called wells.</u>

해석 전 세계적으로 사람들은 그들의 식수를 몇몇 다른 장소에서부터 얻는다. 어떤 지역에서는 사람들은 저수지로 불리는 특별한 호수에서부터 식수를 얻는다. 다른 지역에서는 사람들은 개울이나 강에서 물을 얻는다. 산악 지역에서 사람들은 또한 그들의 식수를 산에서 물로 대체한다. (산속에서 나오는 물은 맛있고 깨끗하다.) 다른 지역에서는 사람들이 물을 얻기 위해서 땅속에 깊은 구멍을 파는데 이를 우물이라 부르기도 한다.

해설 주어진 지문은 식수를 얻을 수 있는 장소에 관한 글이므로 '산속에서 나오는 물은 맛있고 깨끗하다'는 ③의 내용은 전체 글의 흐름상 어색하다.

어휘 all around the world 전 세계적으로 obtain 얻다, 획득하다 drinking water 식수 several 몇몇 different 다른 region 지역, 영역 (= district, area, territory) take 얻다, 받다, 가지다 (= get) lake 연못 call 부르다 reservoir 저수지 stream 시내, 개울 mountainous 산악의 replace A with B A를 B로 대체하다 delicious 맛있는, 맛좋은 dig 파다 hole 구멍 well 우물

01 다음 글의 흐름상 어색한 문장은?

There are some useful tips on how you can prevent premature gray hair. You can massage your hair with coconut oil and lemon juice every day, which can help you to fight against gray hair. ① <u>Curry leaves are helpful in preventing it, too.</u> ② <u>You can make a paste of curry leaves and apply it on your hair.</u> ③ <u>You can also keep yourself from losing hair, using this paste or hair products such as special shampoos and hair conditioners.</u> ④ <u>Besides applying the paste, you can eat foods rich in iron, minerals and vitamin A and B for stopping gray hair.</u>

꼼꼼 독해

01 There are some useful tips on how you can prevent premature gray hair.

해석 너무 일찍 흰머리가 나는 것을 막는 몇 가지 유용한 조언들이 있다.

01
useful 유용한
prevent 예방하다, 막다
premature 너무 이른[일찍],
　　　　　　시기상조의
gray hair 흰 머리

02 You can massage your hair with coconut oil and lemon juice every day, which can help you to fight against gray hair.

해석 매일 레몬즙이나 코코넛 오일로 머리를 마사지 하면 흰머리와 맞서 싸우는 데 당신에게 도움을 줄 것이다.

02
massage 마사지 하다
every day 매일
against ①~에 반대하여[맞서]
　　　　　②~쪽으로

03 Curry leaves are helpful in preventing it, too.

해석 카레 잎 또한 그것을 막는 데 있어서 도움이 될 수도 있다.

03
leaves 나뭇잎들,
　　　　잎사귀들 (**leaf**의 복수형)
helpful 도움이 되는
in ~ing ~하는 데 있어서
prevent 막다, 못하게 하다

04 You can make a paste of curry leaves and apply it on your hair.

해석 카레 잎으로 반죽을 만들어 머리에 적용[바르면] 할 수 있다.

04
paste 반죽
apply 적용하다

05 You can also keep yourself from losing hair, using this paste or hair products such as special shampoos and hair conditioners.

해석 당신은 이런 반죽이나 특수한 샴푸와 컨디셔너와 같은 두발 용품을 사용하면서 탈모를 막을 수도 있다.

05
keep A from B A가 B하는 것을
　　　　　　막다, 못하게 하다
lose ①잃어버리다 ②빠지다
product 상품, 제품
A such as B B와 같은 A
　　　　　(A에 대한 구체적
　　　　　인 예가 B에 제시)

06 Besides applying the paste, you can eat foods rich in iron, minerals and vitamin A and B for stopping gray hair.

해석 반죽을 적용[바르는]시키는 것 이외에도, 당신은 철분이 풍부한 음식이나 미네랄과 비타민 A와 B를 섭취함으로써 흰머리를 막을 수 있다.

06
besides ~ 이외에도
rich 풍부한
iron 철[분]

정답
01 ②

02 다음 글의 흐름상 어색한 문장은?

Wherever there is a little patch of soil, there is likely to be grass growing. These green blades are actually the world's most important plants. Grass provides animals with food in the form of pasture grass, hay, and grain. ① <u>Humans, too, get much of their food from the grass family — cereals and flour from corn, wheat, oats, and rice, and meat, eggs, and milk produced by animals whose food is grass.</u> ② <u>Grass that grows on hillsides and along riverbanks holds back the soil and keeps it from washing away.</u> ③ <u>Grass provides protection and cover for many kinds of birds and wild animals.</u> ④ <u>Even grass that usually grows on land may be carried along roadsides or streets in rain water and settle between cobblestones and flagstones.</u>

꼼꼼 독해

01 Wherever there is a little patch of soil, there is likely to be grass growing. These green blades are actually the world's most important plants.

> **해석** 어디든지 흙이 조금이라도 있으면, 풀이 자랄 가능성이 있다. 이런 푸른 잎들은 실제로 세상에서 가장 중요한 식물들이다.

01
patch ① 헝겊 조각, 천 조각
　　　 ②(작은) 구역, 땅
soil 토양, 흙
be likely to ~할 가능성이 있다
grass 풀
grow 자라다, 성장하다
blade ① 칼날, 날 ② 풀잎
actually 실제로, 사실상

02 Grass provides animals with food in the form of pasture grass, hay, and grain.

> **해석** 풀은 동물에게 목초, 건초 그리고 곡식의 형태로 먹이를 제공한다.

02
provide A with B
A에게 B를 제공하다
pasture 초원, 목초지
***pasture grass** 목초
hay 건초
grain 곡물

03 Humans, too, get much of their food from the grass family — cereals and flour from corn, wheat, oats, and rice, and meat, eggs, and milk produced by animals whose food is grass.

> **해석** 인간도 역시 그들의 많은 식량, 즉 곡류나 옥수수가루, 통밀, 귀리 그리고 쌀 그리고 풀을 식량으로 하는 동물에 의해 만들어진 고기와 달걀과 우유를 식물군에서 얻는다.

03
cereal 곡류
flour 가루
corn 옥수수
wheat 밀
oat 귀리
meat 고기

04 Grass that grows on hillsides and along riverbanks holds back the soil and keeps it from washing away. Grass provides protection and camouflage for many kinds of birds and wild animals.

> **해석** 언덕이나 강둑을 따라 자라는 풀은 토양을 고정시켜, 토양을 떠내려 보내는 것을 막는다. 풀은 많은 종의 새들과 야생동물에게 보호나 위장을 제공해 준다.

04
hillside 언덕
along ~을 따라
riverbank 강둑
hold back 고정시키다
keep A from B
A가 B하는 것을 막다, 못하게 하다
wash away 씻어내다,
　　　　　　 떠내려 보내다
protection 보호
camouflage 위장, 속임, 가림 막

05 Even grass that usually grows on land may be carried along roadsides or streets in rain water and settle between cobblestones and flagstones.

> **해석** 심지어 보통 땅에서 자라는 풀마저도 빗물에 길가나 도로로 흘러가서 자갈과 판석 사이에 자리를 잡을지도 모른다.

05
even 심지어, ~조차도
usually 보통, 대체로
carry 운반하다, 나르다
roadside 도로
settle ① 정착하다
　　　　 ②(문제를) 해결하다
cobblestone 자갈
flagstone (바닥 포장용) 판석

정답
02 ④

03 다음 글의 흐름상 어색한 문장은?

Who hasn't been tempted to slip the overly complicated word into a report or letter to make themselves sound especially intelligent? ① <u>According to a study conducted by Daniel Oppenheimer, however, an unnecessary love of the complex word may have the opposite effect.</u> Oppenheimer systematically examined the complexity of the vocabulary used in various passages such as job applications and academic essays. ② <u>He then asked people to read the samples and rate the intelligence of the person who wrote them.</u> ③ <u>Even if the sophisticated language makes people arrogant, such a complexity prove effective in job applications and academic essays.</u> The simpler language resulted in significantly higher ratings of intelligence, showing that the unnecessary use of complex language sent out a bad impression. ④ <u>This study suggests that you can increase how bright people think you are simply by simplifying your language.</u>

• 꼼꼼 독해 •

01 Who hasn't been tempted to slip the overly complicated word into a report or letter to make themselves sound especially intelligent? According to a study conducted by Daniel Oppenheimer, however, an unnecessary love of the complex word may have the opposite effect.

> **해석** 누군들 아주 지적으로 보이고 싶어서 보고서나 편지에 지나치게 어려운 단어를 슬쩍 끼워 넣고 싶은 충동을 느껴보지 않았겠는가? 그런데 Daniel Oppenheimer가 행한 연구에 따르면, 어려운 단어를 불필요하게 애호하는 것은 정반대 효과를 가질 수 있다.

02 Oppenheimer systematically examined the complexity of the vocabulary used in various passages such as job applications and academic essays. He then asked people to read the samples and rate the intelligence of the person who wrote them.

> **해석** Oppenheimer는 지원서나 학술적인 에세이와 같은 다양한 글에서 사용된 어려운 어휘를 체계적으로 조사했다. 그런 다음 그는 사람들에게 견본들을 읽게 하고 그 글을 썼다고 사람의 지성을 평가해 보도록 했다.

03 Even if the sophisticated language makes people arrogant, such a complexity prove effective in job applications and academic essays.

> **해석** 비록 난해한 언어가 사람들로 하여금 거만해 보이기는 할지라도 그러한 어려운 어휘가 입사지원서나 학술적인 에세이에 있어서는 효과적이다.

04 The simpler language resulted in significantly higher ratings of intelligence, showing that the unnecessary use of complex language sent out a bad impression. This study suggests that you can increase how bright people think you are simply by simplifying your language.

> **해석** 더 단순한 언어가 훨씬 더 지성이 높다는 평가를 받는 결과를 가져왔고, 불필요하게 어려운 단어를 사용하는 것은 나쁜 인상을 주었다. 이 연구는 당신의 언어를 단순하게 하는 것만으로도 사람들이 당신을 얼마나 똑똑한 사람이라고 생각하는지를 보여 줄 수 있다는 점을 시사하고 있다.

01
tempt 유혹하다
* temptation 유혹
slip ① 슬쩍 끼워 넣다 ② 미끄러지다
overly 지나치게, 과도하게, 꽤
complicated 어려운, 복잡한 (=complex)
* complication 어려움, 복잡함 (=complexity)
intelligent 지적인
* intelligence ① 지성 ② 지능
according to ~에 따르면
conduct ① 수행하다, 실행하다 ② 지휘하다
* conductor 지휘자
unnecessary 불필요한
opposite 반대의
* opposite effect 역효과

02
systematically 체계적으로
examine 조사하다
various 다양한
passage 글, 지문
application 지원(서)
academic 학술적인
then 그리고 나서
rate ① 평가하다 ② 비율 ③ 속도

03
sophisticated ① 정교한, 세련된 ② 복잡한, 난해한
arrogant 오만한, 거만한
* arrogance 오만함, 거만함
application ① 지원 ② 적용 ③ 응용
*job application 입사지원서
academic 학술적인

04
result in 초래하다, 야기하다
significantly ① 상당히, 꽤 많이 ② 중요하게
impression 인상
bright ① 밝은 ② 똑똑한
suggest ① 제안하다 ② 암시하다
simplify 단순화하다
* simplification 단순화[성]

정답
03 ③

03 기출문제 분석

01 다음 글의 흐름상 어색한 문장은? 2025. 국가직 9급

As OECD countries prepare for an AI revolution, underscored by rapid advancements in generative AI and an increased availability of AI-skilled workers, the landscape of employment is poised for significant change. ① To navigate this shift, it's critical to prioritise training and education to equip both current and future workers with the necessary skills, and to support displaced workers with adequate social protection. ② Additionally, safeguarding workers' rights in the face of AI integration and ensuring inclusive labour markets become paramount. ③ Social dialogue will also be key to success in this new era. ④ Many experts believe that AI will completely replace all human jobs within the next decade. Together, these actions will ensure that the AI revolution benefits all, transforming potential risks into opportunities for growth and innovation.

• 정답 해설 •

01 [해석] OECD 국가들이 생성형 AI의 급속한 발전과 AI기술을 갖춘 노동자들의 증가로 강조되는 AI 혁명에 대비하면서, 고용 환경은 상당한 변화를 맞이할 것으로 보인다. 이러한 변화에 잘 적응하기 위해서는 현재와 미래의 노동자가 필요한 기술을 갖추도록 훈련과 교육을 우선시하고, 일자리를 잃은 노동자들에게 적절한 사회적 보호를 제공하는 것이 매우 중요하다. 또한, AI가 통합되는 과정에서 노동자의 권리를 보호하고 포용적인 노동시장을 보장하는 것도 최우선 과제가 된다. 새로운 시대에 성공하기 위해서는 사회적 대화도 핵심적인 역할을 할 것이다. (앞으로 10년 이내에 AI가 인간의 모든 일자리를 완전히 대체할 것이라고 많은 전문가들은 믿고 있다.) 이러한 조치들이 함께 이루어지면 AI혁명이 모두에게 이익이 되도록 보장하여 잠재적 위험을 성장과 혁신의 기회로 전환하도록 할 것이다.

[해설] 주어진 지문은 AI 시대를 맞아 고용 환경의 변화와 이에 대한 대응 방안에 관한 글이므로 'AI가 인간의 모든 일자리를 대체할 것'이라는 ④는 전체 글의 흐름상 어색한 문장이다.

[어휘] **prepare for** ~에 대비하다   **revolution** 혁명   **underscore** 강조하다   **rapid** 빠른
advancement 진보, 발전   **generative** 생성의, 생성형의   **availability** 이용 가능성, 유효성
AI-skilled AI 기술을 갖춘   **landscape** (특정 분야의) 환경, 정세, 판도
be poised for ~을 맞이하다, ~할 태세를 갖추다   **significant** 상당한
navigate shift 변화에 잘 적응하다   **critical** 중요한, 결정적인
prioritise(prioritize) 우선시하다, 우선순위를 정하다   **equip A with B** A에게 B를 갖추게 하다
displaced 실직한, 쫓겨난   **adequate** 적절한, 알맞은, 충분한   **additionally** 게다가
safeguard 보호하다, 지키다   **right** 권리   **in the face of** ~에 직면하여
integration 통합, 융합   **action** 행동, 조치   **ensure** 보장하다, 확실하게 하다
inclusive 포용적인, 포함하는   **paramount** 가장 중요한   **era** 시대, 시기   **expert** 전문가
replace 대체하다   **benefit** 이익을 주다   **transform** 변형시키다   **potential** 잠재적인
innovation 혁신

정답

01 ④

02 다음 글의 흐름상 어색한 문장은? 2024. 국가직 9급

In spite of all evidence to the contrary, there are people who seriously believe that NASA's Apollo space program never really landed men on the moon. These people claim that the moon landings were nothing more than a huge conspiracy, perpetuated by a government desperately in competition with the Russians and fearful of losing face. ① These conspiracy theorists claim that the United States knew it couldn't compete with the Russians in the space race and was therefore forced to fake a series of successful moon landings. ② Advocates of a conspiracy cite several pieces of what they consider evidence. ③ Crucial to their case is the claim that astronauts never could have safely passed through the Van Allen belt, a region of radiation trapped in Earth's magnetic field. ④ They also point to the fact that the metal coverings of the spaceship were designed to block radiation. If the astronauts had truly gone through the belt, say conspiracy theorists, they would have died.

정답 해설

02 **해석** 반대되는 모든 증거에도 불구하고 **NASA**의 아폴로 우주 프로그램이 실제로 결코 사람들을 달에 착륙시킨 적이 없다고 진지하게 믿는 사람들이 있다. 이 사람들은 달 착륙이 러시아와 필사적으로 경쟁하고 체면을 잃을까 두려워한 정부가 영속화시킨 거대한 음모론에 지나지 않는다고 주장한다. 이러한 음모론자들은 미국이 우주 경쟁에서 러시아와 경쟁할 수 없다는 것을 알았고, 따라서 일련의 성공적인 달 착륙을 조작하도록 강요를 받았다고 주장한다. 음모론 옹호자들은 그들이 증거로 여기는 몇 가지들을 인용한다. 우주비행사들이 지구 자기장에 갇힌 방사선 지역인 밴 앨런 벨트를 결코 안전하게 통과할 수 없었을 것이라는 주장이 그들의 사례에 결정적이다. (그들은 또한 그 우주선의 금속 덮개가 방사선을 차단하도록 설계되었다는 사실도 지적한다.) 우주비행사들이 정말 이 벨트를 통과했다면 그들은 사망 했을 것이라고 음모론자들은 말한다.

해설 주어진 지문은 미국의 달 착륙을 미국 정부가 가짜로 꾸며낸 음모론이라고 믿는 사람들과 그 근거에 관한 내용의 글이므로 '우주선의 금속 덮개가 방사선을 차단한다'는 ④는 전체 글의 흐름상 어색하다.

어휘 in spite of ~에도 불구하고   evidence 증거   to the contrary 반대되는
seriously 진지하게, 심각하게   land 착륙하다, 착륙시키다 *landing 착륙   claim 주장하다
nothing more than ~에 지나지 않는, ~에 불과한   huge 거대한   conspiracy 음모론, 음모
perpetuate 영속시키다, 영속화하다   desperately 필사적으로   competition 경쟁
fearful 두려운   lose face 체면을 잃다   theorist 이론가
fake ① 가짜의, 위조의 ② 위조[조작]하다   advocate 옹호자   cite 인용하다
crucial 결정적인, 중요한   case 사례, 경우   astronaut 우주비행사   safely 안전하게
pass through ~을 통과하다   region 지역, 영역   radiation 방사능, 방사선   trap 가두다
magnetic field 자기장   point to ~을 지적하다   metal 금속   covering 덮개
spaceship 우주선   block 차단하다, 막다   go through ~을 통과하다

정답

02 ④

03 다음 글의 흐름상 어색한 문장은? 2023. 지방직 9급

I once took a course in short-story writing and during that course a renowned editor of a leading magazine talked to our class. ① He said he could pick up any one of the dozens of stories that came to his desk every day and after reading a few paragraphs he could feel whether or not the author liked people. ② "If the author doesn't like people," he said, "people won't like his or her stories." ③ The editor kept stressing the importance of being interested in people during his talk on fiction writing. ④ Thurston, a great magician, said that every time he went on stage he said to himself, "I am grateful because I'm successful." At the end of the talk, he concluded, "Let me tell you again. You have to be interested in people if you want to be a successful writer of stories."

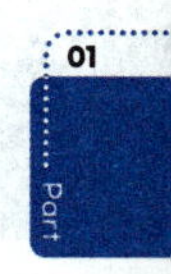

• 정답 해설 •

03 [해석] 나는 한때 단편 소설 쓰기 강좌를 들었는데, 그 강좌 중에 한 주도적인 잡지의 유명한 편집장이 우리 수업에서 이야기를 했다. 그는 매일 자신의 책상에 올라오는 수십 개의 이야기 중 어느 하나든 골라 몇 단락만 읽으면 그 소설을 쓴 작가가 사람들을 좋아하는지 아닌지를 느낄 수 있다고 말했다. "만약 그 작가가 사람들을 좋아하지 않는다면 사람들은 그 작가의 소설을 좋아하지 않을 것"이라고 그는 말했다. 그 편집장은 소설 쓰기에 대한 강연 내내 사람에게 관심을 갖는 것의 중요성을 계속해서 강조했다. (위대한 마술사 Thurston은 그가 무대에 올라갈 때마다 자기 자신에게 "나는 성공했기 때문에 감사하다"라고 말했다고 했다.) 강연이 끝날 때쯤, 그는 "다시 한 번 말씀드리지만 성공적인 소설 작가가 되고 싶다면 사람들에게 관심을 가져야 합니다."라며 끝맺었다.

[해설] 주어진 지문은 좋은 소설가가 되려면 사람에게 관심을 가져야 한다는 내용의 글이므로 '어떤 마술사가 무대에 오를 때마다 스스로에게 하는 말을 언급하는' 내용의 ④는 전체 글의 흐름상 어색하다. 따라서 정답은 ④이다.

[어휘] **once** 한때, 한 번 **take a course in** ~ 강의를 듣다 **short-story** 단편소설
renowned 유명한 **editor** 편집장, 편집자 **dozens of** 수십 개의 **paragraph** 단락
stress 강조하다 **magician** 마법사 **every time S + V** ~할 때마다
grateful 감사하는, 고마워하는

03 ④

CHAPTER

04 패턴과 시그널
[Pattern & Signal]

> **풀이 해법**

1. 나열(Listing)의 전개 방식

🔍 **나열의 Signal words**

• many	• several	• various	• a few	• some
많은	몇몇의	다양한	몇몇의	몇몇의

• first(of all)	• second	• third	• one	• also	• another
첫 번째(무엇보다도, 우선)	두 번째	세 번째	하나	또한	또 다른

• moreover(= in addition, additionally, besides, furthermore, further, what's more)
더욱이, 게다가

• for example(instance)	• finally(= lastly)
예를 들어서	마지막으로

>> 나열의 전개 방식을 알고 있으면 주제문을 쉽게 찾을 수 있다.

> **확인학습문제**

Ex 1 나열의 Signal 찾기

Diamonds are very expensive for several reasons. First, they are difficult to find. They are only found in a few places in the world. Second, they are useful. People use diamonds to cut other stones. Third, diamonds do not change. They stay the same for millions of years. And finally, they are very beautiful. So, many people want to buy them for beauty.

확인학습문제 **Answer & Review**

Ex 1 나열의 Signal 찾기

Diamonds are very expensive for several reasons. First, they are difficult to find. They are only found in a few places in the world. Second, they are useful. People use diamonds to cut other stones. Third, diamonds do not change. They stay the same for millions of years. And finally, they are very beautiful. So, many people want to buy them for beauty.

해석 다이아몬드는 여러 가지 이유로 매우 비싸다. 첫째, 그것들은 찾기가 어렵다. 그것들은 전 세계에서 오직 몇몇 장소에서만 발견된다. 둘째, 다이아몬드는 유용하다. 사람들은 다이아몬드를 사용해서 다른 돌을 자른다. 셋째, 다이아몬드는 변하지 않는다. 그것들은 수백만 년 동안 똑같은 상태를 유지한다. 그리고 마지막으로, 그것들은 매우 아름답다. 그래서 많은 사람들은 아름다움 때문에 다이아몬드를 사고 싶어 한다.

해설 이 글은 다이아몬드가 비싼 이유를 네 가지 근거로 설명하고 있다.

어휘 several 다양한, 여러 가지의 useful 유용한, 쓸모 있는

Ex  나열의 Signal 찾기

We know about many different kinds of pollution. One kind is air pollution. This usually is a problem for cities. Water pollution is another problem. It is found in rivers, lakes, and oceans. Also, pollution of the earth is sometimes a problem near farms. Finally, there is noise pollution, especially in crowded cities and near airports.

확인학습문제 Answer & Review

Ex 2 나열의 Signal 찾기

We know about many different kinds of pollution. One kind is air pollution. This usually is a problem for cities. Water pollution is another problem. It is found in rivers, lakes, and oceans. Also, pollution of the earth is sometimes a problem near farms. Finally, there is noise pollution, especially in crowded cities and near airports.

해석 우리는 다양한 종류의 오염에 대해 알고 있다. 한 종류는 공기 오염이다. 이것은 대개 도시에 관한 문제이다. 수질 오염은 또 다른 문제이다. 이 문제는 강이나, 호수, 바다에서 발견된다. 또한 토양 오염은 가끔 농장 주변에서의 문제이다. 마지막으로 소음 공해가 있다. 특히 북적대는 도시들과 공항들 주위에 존재한다.

해설 이 글은 오염의 네 가지 종류를 설명하고 있다.

어휘 pollution 오염, 공해 earth 지구; 땅, 대지 crowded 북적거리는, 붐비는

01 다음 글의 제목으로 가장 적절한 것을 고르시오.

It is important to use water carefully. Here are some ways you can use less water. First, be sure to turn off faucets tightly. They should not drip in the bathroom or kitchen sink. Second, do not keep the water running for a long time. Turn it off while you are doing something else. For example, it should be off while you are shaving, brushing your teeth or washing the dishes. Finally, in the summer you should water your garden in the evening. That way you will not lose a lot of water. During the day the sun dries up the earth too quickly.

① Effective Ways in Using Water to Wash Dishes
② Importance in Using Water Carefully
③ What to Do in the Garden?
④ How to Save Water?

01 It is important to use water carefully. Here are some ways you can use less water.

> **해석** 물을 신중히 사용하는 것은 중요하다. 여기 당신이 물을 적게 사용하는 몇 가지 방법이 있다.

01
carefully 신중히, 조심스럽게
less 덜, 적은

02 First, be sure to turn off faucets tightly. They should not drip in the bathroom or kitchen sink.

> **해석** 첫째, 수도꼭지를 꽉 잠그는 것을 명심하라. 화장실이나 부엌 싱크대에서 그것(수도꼭지)들이 물을 떨구어서는 안 된다(물이 새면 안 된다).

02
turn off 잠그다, 끄다
faucet 수도꼭지
tightly 꽉, 단단히
drip 똑똑 물을 흘리다

03 Second, do not keep the water running for a long time. Turn it off while you are doing something else. For example, it should be off while you are shaving, brushing your teeth or washing the dishes.

> **해석** 둘째, 오랫동안 물이 흐르게 두지 마라(물을 틀어 놓지 마라). 다른 일을 할 때에는 물을 잠가 두어라. 예를 들면, 면도를 하거나 이를 닦는 동안 또는 그릇을 씻을 때에도 물을 잠가야 한다.

03
run (물이) 흐르다
shave 면도하다

04 Finally, in the summer you should water your garden in the evening. That way you will not lose a lot of water. During the day the sun dries up the earth too quickly.

> **해석** 마지막으로, 여름철에는 저녁에 정원에 물을 주어야 한다. 그렇게 하면 당신은 물을 많이 낭비하지 않게 된다. 낮 동안에는 태양 때문에 땅이 너무 빨리 마른다.

04
water 물을 주다
lose 잃다, 낭비하다
earth 땅; 지구

보기해석

① 설거지를 위한 물 사용에 있어서 효과적인 방법
② 물을 신중히 사용하는 데 있어서의 중요성
③ 정원에서 무엇을 해야 하나?
④ 어떻게 물을 절약하나?

보기어휘
effective 효과적인
save 절약하다; 구하다

정답
01 ④

02 다음 글의 흐름으로 보아 주어진 문장이 들어가기에 가장 적절한 곳은?

> For example, in India, most coins stand out with their square sides, breaking the traditional round shape.

When we think of money, we usually imagine coins or paper bills that we use in daily life. These forms of currency are not only practical but also deeply tied to a country's culture and history. In the modern world, almost every nation uses coins and paper money as a standard means of exchanging goods and services. (①) They facilitate transactions more conveniently than barter systems of the past. (②) Interestingly, the sizes and shapes of coins are different in several countries, and the size and color of paper money also vary, reflecting their unique identities. (③) In Japan, many coins have small holes in the center, which makes them easy to distinguish and carry on strings. (④) Further, in Korea, coins are made in a variety of sizes and shapes, with different designs to represent historical figures or cultural symbols. Finally, in the United States, paper money is identical in size and color, with only the printed details distinguishing denominations.

*denominations: (화폐의) 액면가

● **꼼꼼 독해** ●

01 When we think of money, we usually imagine coins or paper bills that we use in daily life. These forms of currency are not merely practical but also deeply tied to a country's culture and history.

> **해석** 우리가 돈을 생각할 때, 우리는 보통 매일의 삶속에서 사용하는 동전이나 지폐를 떠올린다. 이러한 형태의 화폐는 실용적일 뿐만 아니라, 한 나라의 문화와 역사와도 깊이 연관되어 있다.

02 In the modern world, almost every nation uses coins and paper money as a standard means of exchanging goods and services. They facilitate transactions more conveniently than barter systems of the past.

> **해석** 현대 세계에서 거의 모든 국가는 동전과 지폐를 사용하여 상품과 서비스를 교환하는 표준 수단으로 삼고 있다. 이들은 과거의 물물교환 방식보다 훨씬 더 편리하게 거래를 용이하게 해준다.

03 Interestingly, the sizes and shapes of coins are different in several countries, and the size and color of paper money also vary, reflecting their unique identities. For example, in India, most coins stand out with their square sides, distinguished from the traditional round shape.

> **해석** 흥미롭게도, 동전의 크기와 모양은 몇몇 나라에서 다르며 또한 지폐의 크기와 색깔 역시 다르며, 그들의 독특한 정체성을 반영한다. 예를 들어, 인도에서는 대부분의 동전이 네모난 면을 갖고 있어 돋보이는데 전통적인 원형 디자인과 구별된다.

04 In Japan, many coins have small holes in the center, which makes them easy to carry on strings. Further, in Korea, coins are made in a variety of sizes and shapes, with different designs to represent historical figures or cultural symbols. Finally, in the United States, all paper money is identical in size and color, with only the printed details telling denominations.

> **해석** 일본에서는 많은 동전이 가운데에 작은 구멍이 나 있어 끈에 꿸 수 있어 휴대가 용이하다. 게다가, 한국에서는 동전이 다양한 크기와 모양으로 제작되며, 역사적 인물이나 문화적 상징을 표현하는 디자인이 담겨 있다. 마지막으로, 미국에서는 모든 지폐가 크기와 색상이 동일하며, 오직 인쇄된 디테일만이 액면가를 구분한다.

01
daily 매일의
currency 화폐, 통화
not merely A but also B A뿐만 아니라 B도 역시
practical 실용적인, 실질적인
deeply 깊이
tied to ~와 연관된, 관련된

02
standard 표준, 기준
means 수단
exchange 교환하다
goods 상품, 물건
facilitate 용이하게 하다, 돕다
transaction 거래
conveniently 편리하게
barter 물물교환
past 과거

03
interestingly 흥미롭게도
shape 모양
vary 다양하다
reflect 반영하다
unique 독특한, 유일무이한
identity 정체성
stand out 두드러지다, 눈에 띄다, 뛰어나다, 돋보이다
square side 네모난 면, 정사각형 모양의 면
distinguish 구별하다, 차별하다
traditional 전통적인
round 둥근

04
hole 구멍
carry 운반하다, 휴대하다
string 줄, 끈
further 더욱이, 게다가
a variety of 다양한
represent 표현하다, 보여주다
figure 인물
identical 동일한
print 인쇄하다
details 세부사항들

● **정답** ●
02 ③

풀이 해법

2. 시간 순서(Time order)의 전개 방식

시간 순서의 Signal words

• first 첫 번째	• first of all 무엇보다도, 우선	• to begin with 우선, 먼저	• the first step 첫 번째 단계
• second 두 번째	• next 그 다음에는	• then 그러고 나서, 그 당시에는	• later 그 후에 • after (that) 그런 다음에
• finally 마지막으로	• lastly 마지막으로	• the last step 마지막 단계	
• chronological order(연대순): in 2014 … two years later … in 2018			

>> 시간 순서의 전개 방식은 역사성이나 과정 · 절차를 설명한다.

확인학습문제

Ex 3 시간 순서의 Signal 찾기

Agriculture developed in the Middle East and Egypt at least 10,000 years ago. Farming communities soon became the basis for society in China, India, Europe, then spread throughout the world. Agricultural reorganization along more scientific and productive lines took place in Europe in the 18th century with improved crop rotation and the agricultural revolution. Mechanization made considerable progress in the USA and Europe during the 19th century. In the 1960s there was development of high yielding species, especially in the green revolution of the Third World.

확인학습문제 **Answer & Review**

Ex 3 시간 순서의 Signal 찾기

> Agriculture developed in the Middle East and Egypt at least 10,000 years ago. Farming communities soon became the basis for society in China, India, Europe, then spread throughout the world. Agricultural reorganization along more scientific and productive lines took place in Europe in the 18th century with improved crop rotation and the agricultural revolution. Mechanization made considerable progress in the USA and Europe during the 19th century. In the 1960s there was development of high yielding species, especially in the green revolution of the Third World.

해석 농업은 중동과 이집트에서 최소 **10,000**년 전에 발달했다. 농경 사회는 곧 중국, 인도, 유럽의 사회 기반이 되었으며 전 세계로 퍼져나갔다. 더 많은 과학적이고 생산적인 라인과 함께 농업의 재편성은 **18**세기 유럽에서 일어났으며, 향상된 윤작법과 농업 혁명을 낳았다. 기계화는 **19**세기 동안 미국과 유럽에 상당한 발전을 가져왔다. **1960**년대에 특히 제**3**세계의 녹색 혁명에서 생산성 높은 종의 개발이 있었다.

해설 이 글은 농업의 역사에 관한 글이다.

어휘 agriculture 농업 community 공동체, 사회 basis 기반, 기초 spread 퍼지다, 퍼트리다
throughout 도처에 reorganization 재편성, 개편 productive 생산적인
take place 발생하다, 일어나다 crop rotation 윤작법 mechanization 기계화
considerable 상당한, 꽤 많은 progress 발전, 진보 yield 생산하다; 양보하다; 굴복하다

Ex 4 시간 순서의 Signal 찾기

A trip to another country requires an amount of process. First, you must decide where you would like to go. Next, you need to look at maps and books about those places. When you have decided where to go, then, you should find out how to get there. An agent can tell you about ways to travel and the cost. After that, you should find out what kind of documents you will need to enter the country. In the meantime, you might want to learn a few important words and phrases. Finally, you should make a packing list to make sure you bring everything necessary for a pleasant trip.

확인학습문제 Answer & Review

Ex 4 시간 순서의 Signal 찾기

> A trip to another country requires an amount of process. First, you must decide where you would like to go. Next, you need to look at maps and books about those places. When you have decided where to go, then, you should find out how to get there. An agent can tell you about ways to travel and the cost. After that, you should find out what kind of documents you will need to enter the country. In the meantime, you might want to learn a few important words and phrases. Finally, you should make a packing list to make sure you bring everything necessary for a pleasant trip.

해석 다른 나라로 여행하는 데는 많은 과정이 필요하다. 첫째, 당신은 어디를 가고 싶은지를 결정해야 한다. 그다음에, 당신은 그 장소들에 관한 지도와 서적들을 봐야 할 필요가 있다. 어디로 갈지 정했다면, 그러면, 당신은 그곳에 갈 방법을 찾아야 한다. 여행사 직원은 당신에게 여행 방법과 비용을 알려 줄 수 있다. 그런 다음, 당신은 그 나라에 입국하는 데 필요한 서류가 어떤 종류인지 알아봐야 한다. 그러는 동안, 당신은 아마 몇 가지 중요한 단어와 어구를 배우기를 원할지도 모른다. 마지막으로 당신은 즐거운 여행에 필요한 모든 것을 가져가는지를 확인할 수 있는 짐 꾸리기 목록을 만들어야 한다.

해설 이 글은 해외여행의 준비 과정·절차를 설명하는 글이다.

어휘 require 요구하다, 필요로 하다 **an amount of** 상당한, 많은 **process** 과정, 절차
agent 여행사 직원, 대리인 **document** 서류 **in the meantime** 그동안, 그사이에
phrase 어구 **packing** 짐 꾸리기 **list** 목록 **pleasant** 즐거운, 유쾌한

01 다음 주어진 글 다음에 이어질 글의 순서로 가장 적절한 것은?

> One day when Brahms taught and traveled as a pianist, he served as a teacher and conductor.

> (A) During the last 30 years of his life, Brahms spent more and more time composing.
> (B) In 1863, in the end, he settled there as a conductor.
> (C) Brahms was composing large numbers of works by 1862, when he first visited Vienna.

① (A) − (C) − (B)
② (B) − (A) − (C)
③ (B) − (C) − (A)
④ (C) − (B) − (A)

꼼꼼 독해

01 One day when Brahms taught and traveled as a pianist, he served as a teacher and conductor.

[해석] Brahms가 피아니스트로서 가르치고 여행하던 어느 날, 그는 선생님과 지휘자로 일하고 있었다.

01
serve as ~로 일하다, 복무하다
conductor 지휘자

02 Brahms was composing large numbers of works by 1862, when he first visited Vienna.

[해석] Brahms가 많은 작품을 작곡했던 때는 1862년쯤이었고, 그때 그는 처음으로 비엔나를 방문했다.

02
compose 작곡하다; 작문하다; 구성하다

03 In 1863, in the end, he settled there as a conductor.

[해석] 1863년에 마침내, 그는 지휘자로 그곳에 자리 잡았다.

03
in the end 마침내
settle 자리 잡다, 정착하다

04 During the last 30 years of his life, Brahms spent more and more time composing.

[해석] 그의 여생의 마지막 30년 동안, Brahms는 더욱 더 많은 시간을 작곡에 바쳤다.

04
spend A ⓥ-ing A를 ⓥ하는 데 소비하다

정답

01 ④

02 다음 글의 제목으로 가장 적절한 것을 고르시오.

Powerful computers capable of translating documents from one language into another have recently been developed. To interpret a document from English into Japanese, the computer first analyzes an English sentence, determining its grammatical structure and identifying the subject, verb, objects, and modifiers. Next, the words are shifted by an English-Japanese dictionary. After that, another part of the computer program analyzes the awkward jumble of words and meanings and produces an intelligible sentence based on the rules of Japanese syntax and the machine's understanding of what the original English sentence meant. Finally, the computer-produced translation is polished by a human bilingual editor.

① Development of New Software
② Software for Language Translation
③ Process of Machine Translation
④ Assembling Sentences by Computer

꼼꼼 독해

01 Powerful computers capable of translating documents from one language into another have recently been developed.

> **해석** 문서를 한 언어에서 다른 언어로 번역할 수 있는 고성능 컴퓨터가 최근 개발되었다.

01
capable ~할 수 있는, 유능한
document 문서, 서류
translate 번역하다

02 To interpret a document from English into Japanese, the computer first analyzes an English sentence, determining its grammatical structure and identifying the subject, verb, objects, and modifiers.

> **해석** 영어 문서를 일본어로 해석하려면, 이 컴퓨터는 먼저 영어 문장을 분석하고, 문법적 구조를 결정하고 주어, 동사, 목적어 그리고 수식어를 확인한다.

02
interpret 해석하다
analyze 분석하다
sentence 문장
structure 구조
identify 확인하다
modifier 수식어

03 Next, the words are shifted by an English-Japanese dictionary.

> **해석** 그다음 단어들은 영-일 사전에 의해 변환된다.

03
shift 이동하다, 변환시키다

04 After that, another part of the computer program analyzes the awkward jumble of words and meanings and produces an intelligible sentence based on the rules of Japanese syntax and the machine's understanding of what the original English sentence meant.

> **해석** 그런 다음에, 컴퓨터 프로그램의 다른 부분에서 뒤죽박죽 섞인 어색한 단어들과 의미들을 분석해서 일본어 통사론의 규칙과 컴퓨터가 이해한 영어 원문이 의미하는 것을 기반으로 하여 이해할 수 있는 문장을 만들어 낸다.

04
awkward 어색한
jumble 뒤죽박죽 섞인 것
intelligible 이해할 수 있는
syntax 통사론, 구문론

05 Finally, the computer-produced translation is polished by a human bilingual editor.

> **해석** 마지막으로, 컴퓨터가 만들어 낸 번역은 이중 언어를 사용하는 인간 편집자에 의해 퇴고된다.

05
polish 광을 내다, 퇴고하다
bilingual 이중 언어를 구사하는
editor 편집자

[보기해석]

① 새로운 소프트웨어의 개발
② 언어 번역을 위한 소프트웨어
③ 기계 번역의 과정
④ 컴퓨터로 문장 조합하기

[보기어휘]

assemeble 모이다, 모으다; 조립하다, 조합하다

[정답]

02 ③

3. 비교(Comparison)/반대/대조(Contrast)의 전개 방식

비교(Comparison)의 Signal words

• (a)like ~처럼(같은)	• both 둘 다	• same 같은
• similar 비슷한	• similarly 마찬가지로(= likewise, in same way)	

확인학습문제

Ex 5 비교의 Signal 찾기

Lemons and limes are similar kinds of fruit. Both are grown in warm places. Both have hard skins and soft insides. People do not usually eat whole lemons and limes. That is because both of these fruits have a very sour taste. The two are often used in desserts and main dishes. People make juice from lemons and also from limes. Finally, both fruits have a lot of vitamin C in them.

확인학습문제 **Answer & Review**

Ex 5 비교의 Signal 찾기

> Lemons and limes are similar kinds of fruit. Both are grown in warm places. Both have hard skins and soft insides. People do not usually eat whole lemons and limes. That is because both of these fruits have a very sour taste. The two are often used in desserts and main dishes. People make juice from lemons and also from limes. Finally, both fruits have a lot of vitamin C in them.

해석 레몬과 라임은 비슷한 종류의 과일이다. 둘 다 따뜻한 기후에서 자란다. 둘 다 단단한 껍질과 부드러운 과육을 가지고 있다. 사람들은 보통 레몬과 라임을 통째로 먹지 않는다. 그 이유는 이 두 과일 모두 매우 신맛이 나기 때문이다. 이 둘은 종종 디저트나 주요리에 사용된다. 사람들은 레몬 또는 라임을 가지고 주스를 만든다. 마지막으로, 두 과일 모두 많은 양의 비타민 C가 들어 있다.

해설 이 글은 레몬과 라임의 유사점을 설명하는 글이다.

어휘 sour 신맛이 나는 dessert 후식, 디저트 *desert 사막 dish 접시; 요리

풀이 해법

⚲ 반대·대조(Contrast)의 Signal words

- but 그러나
- however 그러나(= though, still)
- in contrast 대조적으로
- unlike ~와 달리
- more(less) than 비교급
- fortunately 운좋게도(= luckily)
- nevertheless 그럼에도 불구하고(= nonetheless, even so)
- (and) yet 그렇지만
- al(though) 비록 ~일지라도(= despite)
- conversely 반대로, 거꾸로(= on the contrary)
- different (from) 다른
- while 반면에(= whereas, on the other hand)
- unfortunately 불행하게도(= unluckily)

확인학습문제

Ex 6 반대·대조의 Signal 찾기

Lemons and limes are both citrus fruits, but they are quite different. First of all, the color is different. Lemons are yellow. Limes are green. The taste is different, too. Also, lemons are grown all over the world, but limes are grown in only a few places. This is because lemons are an old kind of fruit, but limes are new. They are really a special kind of lemon. Scientists made them from lemons only about 50 years ago.

확인학습문제 **Answer & Review**

Ex 6 반대 · 대조의 Signal 찾기

> Lemons and limes are both citrus fruits, but they are quite different. First of all, the color is different. Lemons are yellow. Limes are green. The taste is different, too. Also, lemons are grown all over the world, but limes are grown in only a few places. This is because lemons are an old kind of fruit, but limes are new. They are really a special kind of lemon. Scientists made them from lemons only about 50 years ago.

해석 레몬과 라임은 둘 다 감귤류의 과일이지만 그것들은 매우 다르다. 무엇보다, 우선 색깔이 다르다. 레몬은 노란색이고 라임은 녹색이다. 맛 또한 다르다. 또한, 레몬은 전 세계에서 재배되지만, 라임은 몇몇 장소에서만 재배된다. 이것은 레몬은 오래된 종류의 과일이지만 라임은 새로운 과일이기 때문이다. 그것(라임)들은 레몬의 정말 특별한 한 종류이다. 과학자들이 레몬에서 라임을 만들어 낸 것은 고작 50년 전이다.

해설 이 글은 레몬과 라임의 차이점을 설명하는 글이다.

어휘 citrus 감귤류 grow 성장하다, 자라다; ~이다, 되다, ~지다; 재배하다, 기르다 sour (맛이) 신

01 다음 글을 읽고, 빈칸에 가장 적절한 것을 고르시오.

> Children will often express themselves openly. "Look at my painting! Isn't it pretty?" But adults are generally ______________ about their need for support. A grown-up who tried his or her best at something isn't likely to ask, "Didn't I do a good job?" But the adult needs to hear it all the same. In other words, children and adults alike want to hear positive remarks. Therefore, don't forget to praise others when they need support.

① more honest
② less revealed
③ less hidden
④ being sick

01 Children will often express themselves openly.

해석 아이들은 종종 공개적으로 스스로를 표현한다.

01
express 표현하다
openly 공개적으로

02 "Look at my painting! Isn't it pretty?"

해석 "내 그림을 보세요! 예쁘지 않아요?"

03 But adults are generally less revealed about their need for support.

해석 그러나 어른들은 지지를 받고 싶은 욕구에 대해 일반적으로 (아이들보다) 덜 솔직하다.

03
generally 일반적으로
reveal 드러내다

04 A grown-up who tried his or her best at something isn't likely to ask, "Didn't I do a good job?"

해석 어떤 일에 최선을 다한 어떤 어른이 "내가 일을 잘하지 않았나요?"라는 질문을 할 것 같지는 않다.

04
grown-up 성인

05 But the adult needs to hear it all the same.

해석 그러나 그는 항상 그 말을 들을 필요가 있다.

05
all the same 항상, 늘

06 In other words, children and adults alike want to hear positive remarks.

해석 즉, 아이들과 어른들은 똑같이 긍정적인 말을 듣길 원한다.

06
in other words 즉, 다시 말해서
positive 긍정적인
remark 논평, 말

07 Therefore, don't forget to praise others when they need support.

해석 따라서, 다른 사람들이 지원을 필요로 할 때 그들을 칭찬하는 것을 잊지 말아라.

07
praise 칭찬하다
support 지원

보기해석

① 더 정직한
② 덜 솔직한
③ 덜 숨기는
④ 병이 든

정답

01 ②

02 다음 글의 주제로 가장 적절한 것을 고르시오.

Advertising informs consumers of new products available on the market. It gives us more important information about everything from shampoo, to toothpaste, to computers and cars etc. But there is one serious problem with this. The 'information' is actually very often 'mis-information'. It tells us the products' benefits but hides their disadvantages. Advertising not just leads us to buy things that we don't need and can't afford, it also confuses our sense of reality. "Zuk-yum Toothpaste prevents cavities and gives you white teeth!" the advertisement tells us. But it doesn't tell us the complete truth — a healthy diet and a good toothbrush will have the same effect.

① 광고의 양면성　　　　② 광고의 문제점
③ 광고의 특수성　　　　④ 광고의 절대성

• **꼼꼼 독해** •

01 Advertising informs consumers of new products available on the market.

해석 광고는 소비자들에게 시중에 나와 있는 구입 가능한 새로운 상품들에 대해 알려준다.

01
advertising 광고
consumer 소비자
available 이용 가능한,
구입할 수 있는

02 It gives us more important information about everything from shampoo, to toothpaste, to computers and cars etc.

해석 광고는 우리에게 샴푸에서부터 치약, 컴퓨터, 자동차 등에 이르는 모든 것에 관한 더 중요한 정보를 알려 준다.

03 But there is one serious problem with this. The 'information' is actually very often 'mis-information'. It tells us the products' benefits but hides their disadvantages.

해석 하지만 이것에 따른 심각한 문제가 하나 있다. 그 '정보'는 실제로 매우 자주 '잘못된 정보'이다. 광고는 우리에게 상품의 장점을 알려 주지만 단점은 숨긴다.

03
serious 심각한; 진지한
actually 실제로
benefit 장점, 이점
hide 숨기다
disadvantage 단점

04 Advertising not just leads us to buy things that we don't need and can't afford, it also confuses our sense of reality.

해석 광고는 단지 우리에게 필요도 없고 구매할 능력이 안 되는 것들을 사도록 할 뿐만 아니라 우리의 현실 감각을 혼란스럽게도 한다.

04
afford 구매할 능력이 있다
confuse 혼동을 주다

05 "Zuk-yum Toothpaste prevents cavities and gives you white teeth!" the advertisement tells us.

해석 "죽염 치약은 충치도 예방하고 치아도 하얗게 해 줍니다!"라고 우리에게 광고한다.

05
prevent 예방하다, 막다
cavity 충치

06 But it doesn't tell us the complete truth — a healthy diet and a good toothbrush will have the same effect.

해석 그러나 광고는 완전한 진실을 알려 주진 않는다. 즉 건강한 식습관과 좋은 칫솔이 똑같은 효과를 낸다는 것이다.

06
complete 완전한, 완벽한

• **정답** •
02 ②

풀이 해법

4. 공간 순서(Spatial Order)의 전개 방식

나열의 공간 개념

> ┌ B 설명이 끝나면 그다음 C를 설명한다.
> 단락의 도입부에 A, B, C …를 제시하고 순서대로 A부터 설명한다.
> A부터 설명한다 ┘ └ A 설명이 끝나면 그다음 B를 설명한다.

[참고] 단락의 도입부에 ABC …를 제시하지 않고(생략하고) 바로 A부터 설명하는 전개 방식도 가능하다.

>> 나열의 공간 개념은 빈칸 완성이나 일관성(글의 순서/삽입)에서 적용할 수 있다.

확인학습문제

Ex 7 다음 글을 읽고, 빈칸에 가장 적절한 것을 고르시오.

According to psychologists, your physical appearance makes up 55% of a first impression. The physical appearance includes facial expressions, eye contact, and general appearance. The way you sound makes up 35% of the first impression. This includes how fast or slowly, loudly or softly you speak, and your tone of voice. The actual words you use count for only 10%. Therefore, it is safe to conclude that people form their first impressions based mostly on how you look, then on how you speak, and least of all on _______________.

① who you are　　② where you speak
③ what you say　　④ the way you sound

확인학습문제 **Answer & Review**

Ex 7 다음 글을 읽고, 빈칸에 가장 적절한 것을 고르시오.

> According to psychologists, your physical appearance makes up 55% of a first impression. The physical appearance includes facial expressions, eye contact, and general appearance. The way you sound makes up 35% of the first impression. This includes how fast or slowly, loudly or softly you speak, and your tone of voice. The actual words you use count for only 10%. Therefore, it is safe to conclude that people form their first impressions based mostly on how you look, then on how you speak, and least of all on ________________.

① who you are
② where you speak
③ what you say
④ the way you sound

해석 심리학자들에 따르면, 당신의 외모는 첫인상의 **55%**를 차지한다. 외모는 얼굴 표정, 눈 맞춤 그리고 일반적인 모습을 포함한다. 당신의 말하는 방식이 첫인상의 **35%**를 차지한다. 여기에는 당신이 얼마나 빠르게 아니면 느리게, 얼마나 크게 아니면 부드럽게 말하는가, 그리고 당신 목소리의 말투[어조]도 포함된다. 실제 당신이 사용하는 말은 고작 **10%** 정도 차지한다. 그러므로 사람들이 자신의 첫인상을 형성하는 데 대부분 어떻게 보이나, 그다음 어떻게 말하는가 그리고 가장 적게 <u>무엇을 말하는가</u>를 기반으로 한다고 결론지어도 무방하다.

해설 첫인상을 결정짓는 데에는 외모가 **55%**를 차지하고, 그다음 말하는 방식이 **35%**를, 그리고 실질적인 말이 **10%**를 차지한다고 했다. 결론을 이끄는 부분에서 순서대로 외모와 말하는 방식을 언급했으므로 빈칸에는 실질적인 말에 대한 내용이 나와야 한다. 따라서 정답은 ③이 된다.

어휘 **psychologist** 심리학자 **physical appearance** 외모, 용모, 모습 **make up** 차지하다
impression 인상 **facial** 얼굴의, 표정의 **tone** 어조, 말투
count for 중요하다, 가치가 있다 **conclude** 결론을 내리다

정답
07 ③

풀이 해법

🔍 반대·대조의 공간의 개념

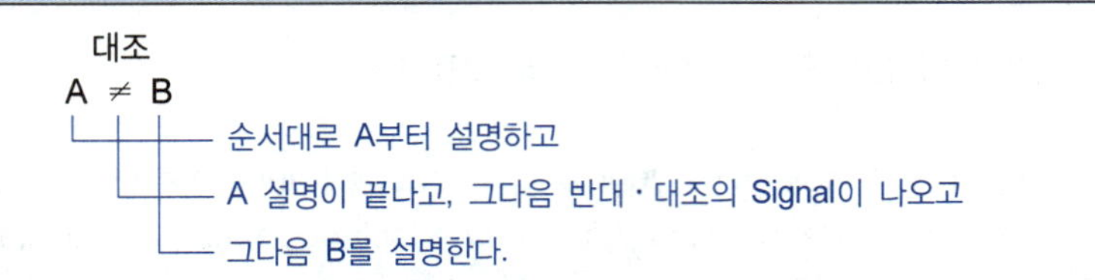

[참고] 단락의 도입부에 AB를 제시하지 않고(생략하고) 바로 A부터 설명하는 전개 방식도 가능하다. 또한 A에서 B로 넘어가는 과정에서 문맥의 흐름이 명확할 때에는 반대·대조의 연결어가 생략되는 경우도 있다.

≫ 반대/대조의 공간 개념은 빈칸완성이나 일관성에서 적용할 수 있다.

확인학습문제

Ex 8 다음 글을 읽고, 빈칸에 가장 적절한 것을 고르시오.

Sociologists and psychologists have argued for centuries about how a person's character is formed. The argument between the two main opposing theories has long been known as Nature vs. Nurture. The first theory says that character is formed genetically before birth. According to this theory, nature—through genetics—determines what a person will be like. The other theory says, on the contrary, that a person's character is formed after birth. According to this theory, the most important factors are ________________.

① natural and environmental　　② hereditary and natural

③ cultural and environmental　　④ genetical and cultural

확인학습문제 Answer & Review

Ex 8 다음 글을 읽고, 빈칸에 가장 적절한 것을 고르시오.

> Sociologists and psychologists have argued for centuries about how a person's character is formed. The argument between the two main opposing theories has long been known as Nature vs. Nurture. The first theory says that character is formed genetically before birth. According to this theory, nature — through genetics — determines what a person will be like. The other theory says, on the contrary, that a person's character is formed after birth. According to this theory, the most important factors are ______________.

① natural and environmental
② hereditary and natural
③ cultural and environmental
④ genetical and cultural

해석 사회학자들과 심리학자들은 수 세기 동안 어떻게 인간의 성격이 형성되는가에 대해 논쟁해 왔다. 이 둘 사이의 주된 상반된 이론의 논쟁은 천성(타고난 것) 대 양육(후천적인 것)으로 오랜 기간 알려져 왔다. 첫 번째 이론은 성격이 유전적으로 출생 이전에 형성되었다고 말한다. 이 이론에 따르면 유전학 관점에서 천성은 한 사람이 어떤지를 결정한다는 것이다. 나머지 다른 이론에 따르면, 이와 반대로 한 개인의 성격은 출생 이후에 형성된다고 말한다. 이 이론에 따르면 대부분의 중요한 요소는 <u>문화적이고 환경적</u>이라는 것이다.

해설 이 글은 인간의 본성을 두 가지 다른 개념(Nature와 Nurture)으로 설명하고 있다. 빈칸 앞에는 Nature(태어나기 전에 유전적으로 결정됨)에 대한 설명이 나오는데, on the contrary가 있으므로 빈칸에는 Nurture에 대한 설명이 있어야 한다. 따라서 정답은 ③이 된다.

어휘 sociologist 사회학자 argue 주장하다, 논쟁하다 character 성격 argument 논쟁, 주장 opposing 상반된, 서로 다른 theory 이론 nature 천성, 본성 nurture 양육(하다) genetically 유전적으로 *genetics 유전학 determine 결정하다 on the contrary 이와 반대로 factor 요소 hereditary 유전적인, 세습되는

정답

08 ③

풀이 해법

5. 원인(cause) · 결과(effect)의 전개 방식

인과 관계의 Signal words

- as ~ 때문에(= since, because)
- as a result 그 결과로서
- thus 그래서, 그러므로[= therefore, hence, thereby, and(so)]
- give rise to 야기시키다(= cause, lead to, result in, bring about, touch off)
- due to ~ 때문에(= owing to, on account of, because of)
- the cause(reason) of ~의 원인(이유)
- the result(effect, consequence) of ~의 결과
- this is why 그래서, 그러므로
- this is because 왜냐하면 ~ 때문에

확인학습문제

Ex 9 인과관계의 Signal 찾기

There are many different causes for car accidents in the United States. Sometimes accidents are caused by bad weather. Ice or snow can make roads dangerous. Accidents also can result from problems with the car. A small problem like a flat tire can be serious. Bad roads are another cause of accidents. Some accidents happen because the driver falls asleep. Finally, some accidents are caused by drinking too much alcohol. In fact, this is one of the most important causes of accidents.

확인학습문제 **Answer & Review**

Ex 9 인과관계의 Signal 찾기

> There are many different causes for car accidents in the United States. Sometimes accidents are caused by bad weather. Ice or snow can make roads dangerous. Accidents also can result from problems with the car. A small problem like a flat tire can be serious. Bad roads are another cause of accidents. Some accidents happen because the driver falls asleep. Finally, some accidents are caused by drinking too much alcohol. In fact, this is one of the most important causes of accidents.

해석 미국 내 자동차 사고에는 다양한 원인들이 있다. 때로는 악천후가 원인이 되기도 한다. 빙판이나 눈은 길을 위험하게 한다. 사고는 또한 자동차의 차체 문제가 원인이 될 수도 있다. 펑크난 타이어와 같은 작은 문제가 심각해질 수도 있다. 좋지 않은 길들도 또 다른 사고의 원인이다. 때때로 운전자가 졸아서 사고가 발생하기도 한다. 마지막으로 몇몇 사고들은 술을 너무 많이 마셔서 일어나기도 한다. 사실, 이것이 사고의 가장 주요한 원인 중 하나이다.

해설 이 글은 자동차 사고의 원인을 다섯 가지로 설명하는 글이다.

어휘 cause 원인, 유발하다 result from ~로부터 기인하다, 원인이 되다
flat 평평한; 펑크 난 *flat tire 펑크 난 타이어

확인학습문제

Ex 10 인과관계의 Signal 찾기

If you are too fat, you may soon have serious problems with your health. A group of doctors wrote a report about some of the effects of too much fat. One important effect is stress on the heart. If you are fat, your heart has to work harder. This may lead to a heart attack or to other heart problems. Extra fat can also change the amount of sugar in your blood. This can cause serious diseases, such as diabetes. High blood pressure is another possible result of being fat. Even cancer can sometimes be a result. More studies are needed about all these problems, but one thing is clear: Extra fat may make your life shorter.

확인학습문제 Answer & Review

Ex 10 인과관계의 Signal 찾기

> If you are too fat, you may soon have serious problems with your health. A group of doctors wrote a report about some of the effects of too much fat. One important effect is stress on the heart. If you are fat, your heart has to work harder. This may lead to a heart attack or to other heart problems. Extra fat can also change the amount of sugar in your blood. This can cause serious diseases, such as diabetes. High blood pressure is another possible result of being fat. Even cancer can sometimes be a result. More studies are needed about all these problems, but one thing is clear: Extra fat may make your life shorter.

해석 당신이 너무 뚱뚱하다면 당신은 건강상 심각한 문제가 생길 수 있다. 한 그룹의 의사들이 너무 살찐 것의 몇 가지 영향에 대해 보고서를 썼다. 한 가지 중요한 영향은 심장에 무리를 준다는 것이다. 만약 당신이 뚱뚱하다면, 당신의 심장은 더 세게 뛰어야 한다. 이것이 아마도 심장마비를 초래하거나 다른 심장 문제를 야기할지도 모른다. 과다한 지방은 또한 혈액 내 당분의 양을 변화시킬 수도 있다. 이것은 당뇨와 같은 심각한 질병들을 야기할 수도 있다. 고혈압은 또 다른 있을 수도 있는 비만의 결과이다. 심지어 암도 가끔씩 유발될 수 있다. 이런 모든 문제들에 대해서 더 많은 연구가 필요하지만, 한 가지 확실한 것은 과다한 지방은 당신의 생명을 단축시킬지도 모른다는 것이다.

해설 이 글은 비만으로 인한 네 가지 건강상 문제를 설명하는 글이다.

어휘 effect 영향, 결과, 효과 lead to ~을 초래하다, 유발하다 extra 여분의; 추가되는; 과다한 diabetes 당뇨(병) high blood pressure 고혈압

01 다음 글을 읽고, 빈칸에 가장 적절한 것을 고르시오.

Different groups develop ideas in different ways. In successful groups, individuals are encouraged to produce imaginative and original ideas and share them with others. In unsuccessful groups, individual members are not encouraged to do so. Instead, they are always asked to do group-think. In the beginning, there are no differences in the abilities and qualities among the members of these two kinds of groups. However, in the end, the groups which encourage individual members to ________________ will prosper, whereas those which do not will fail. Therefore, group leaders must learn this lesson and put it into practice in order to achieve productive and positive results.

① learn quickly   ② understand others

③ respond properly   ④ think creatively

꼼꼼 독해

01 Different groups develop ideas in different ways.

해석 서로 다른 그룹은 아이디어를 개발하는 데 서로 다른 방법을 취한다.

02 In successful groups, individuals are encouraged to produce imaginative and original ideas and share them with others.

해석 성공적인 그룹들에서, 구성원들은 창의적이고 독창적인 아이디어를 내도록 격려되고 그런 것들을 다른 사람들과 공유한다.

02
encourage 격려하다, 독려하다
imaginative 상상력이 풍부한, 창의적인
original 독창적인

03 In unsuccessful groups, individual members are not encouraged to do so.

해석 실패하는 그룹들에서, 개인 구성원들은 그렇게 하도록 독려되지 않는다.

04 Instead, they are always asked to do group-think.

해석 대신 항상 집단적 사고를 하도록 강요받는다.

05 In the beginning, there are no differences in the abilities and qualities among the members of these two kinds of groups.

해석 출발에 있어서, 이 두 그룹 구성원의 능력이나 자질은 차이가 없다.

05
quality 자질; 특성

06 However, in the end, the groups which encourage individual members to think creatively will prosper, whereas those which do not will fail.

해석 하지만, 결국에는, 창조적인 생각을 하도록 고무되었던 개개인의 구성원들은 성공할 것이고, 반면에 그렇지 않았던 사람들은 실패할 것이다.

06
prosper 번성하다, 성공하다
whereas 반면에

07 Therefore, group leaders must learn this lesson and put it into practice in order to achieve productive and positive results.

해석 그러므로, 그룹의 리더들은 이것을 교훈으로 삼아야 하며, 생산적이고 긍정적인 결과를 성취하기 위해서는 이 점을 실행해야 한다.

07
lesson 교훈
put A into practice
A를 실행[실천]하다
in order to ⓥ ⓥ하기 위해서
productive 생산적인

보기해석

① 빠르게 배우다
② 다른 사람들을 이해하다
③ 적절하게 대답하다
④ 창의적으로 생각하다

정답

01 ④

02 다음 글의 요지로 가장 적절한 것을 고르시오.

> Soil management is the application of specific techniques to increase soil productivity in order to preserve soil resources. The most common practices are fertilization, irrigation, and drainage. Fertilizers are utilized in 'poor' soils in which continuous crops have depleted the nutrients in the soil or in which plant nutrients are present in very small quantities due to natural processes. Irrigation has allowed the production of two or more harvests from any piece of land by applying through different methods the amount of water necessary for a crop in dry periods. Drainage is used in places where excessive water makes growing crops very difficult; adequate drainage enhances the amount of land available for agriculture. If well applied, these practices will tend to increase productivity without deterioration of soil resources.

① 농토의 배수 처리가 가장 중요하다.
② 토양관리가 잘 돼야 생산성이 증대된다.
③ 토양의 생산성 증대가 농업 정책의 핵심이다.
④ 토양 자원의 보존을 위해 비료, 관개, 배수 처리가 이용된다.

꼼꼼 독해

01 Soil management is the application of specific techniques to increase soil productivity in order to preserve soil resources.

> **해석** 토양 관리란 특정한 기법을 적용하여 토지 생산성을 향상시켜 토양 자원을 보존하려는 것이다.

01
soil 토양, 토지
application 적용, 응용
specific 특정한, 특별한; 구체적인
productivity 생산성
preserve 보존하다
resource 자원, 원천

02 The most common practices are fertilization, irrigation, and drainage.

> **해석** 가장 흔한 방법은 (토지) 비옥화와 관개 그리고 배수다.

02
practice 실천, 실행; 방법; 관습
fertilization 비옥화
irrigation 관개
drainage 배수

03 Fertilizers are utilized in 'poor' soils in which continuous crops have depleted the nutrients in the soil or in which plant nutrients are present in very small quantities due to natural processes.

> **해석** 비료는 토양에서 지속적인 수확으로 양분이 고갈된 토양이나 자연적인 과정으로 식물의 양분이 매우 적은 수량만 남은 '좋지 못한' 토양에 사용된다.

03
fertilizer 비료
utilize 이용하다, 활용하다
crop 작물, 수확(량)
deplete 고갈시키다
nutrient 영양분
present 존재하는, 있는
due to ~ 때문에

04 Irrigation has allowed the production of two or more harvests from any piece of land by applying through different methods the amount of water necessary for a crop in dry periods.

> **해석** 관개는 건기에 작물에 필요한 물의 양의 다른 방법들을 적용함으로써 어떤 토지에서나 이모작 이상의 생산을 가능하게 해 주었다.

04
harvest 수확, 추수
apply 적용하다; 응용하다

05 Drainage is used in places where excessive water makes growing crops very difficult; adequate drainage enhances the amount of land available for agriculture. If well applied, these practices will tend to increase productivity without deterioration of soil resources.

> **해석** 배수는 과도한 수량으로 작물 재배가 매우 힘든 곳에 이용된다. 즉 적절한 배수가 농작에 이용할 수 있는 토지의 양을 향상시킨다. 잘만 적용된다면, 이런 방법들은 토양 자원을 악화시키지 않고 생산성을 높여 주는 경향이 있게 된다.

05
excessive 지나친, 과도한
adequate 적절한, 적당한
enhance 향상시키다
deterioration 악화, 하락
*deteriorate 악화시키다

정답

02 ④

CHAPTER

04 기출문제 분석

01 주어진 글 다음에 이어질 글의 순서로 적절한 것은? 2024. 국가직 9급

Interest in movie and sports stars goes beyond their performances on the screen and in the arena.

(A) The doings of skilled baseball, football, and basketball players out of uniform similarly attract public attention.

(B) Newspaper columns, specialized magazines, television programs, and Web sites record the personal lives of celebrated Hollywood actors, sometimes accurately.

(C) Both industries actively promote such attention, which expands audiences and thus increases revenues. But a fundamental difference divides them: What sports stars do for a living is authentic in a way that what movie stars do is not.

① (A) – (C) – (B) 　　　　　② (B) – (A) – (C)
③ (B) – (C) – (A) 　　　　　④ (C) – (A) – (B)

정답 해설

01 **[해석]** 영화와 스포츠 스타에 대한 관심은 극장과 경기장에서 그들이 행하는 것들을 뛰어 넘는다.

(B) 신문 칼럼, 전문 잡지, 텔레비전 프로그램 그리고 웹 사이트는 유명 할리우드 배우의 사생활을 때로는 정확하게 기록한다.

(A) 마찬가지로 유니폼을 입지 않은 노련한 야구, 축구, 농구 선수의 행동도 대중의 관심을 끈다.

(C) 두 업계 모두 그러한 관심을 능동적으로 장려하는데, 이는 관객을 늘리고 그래서 수익을 증가시킨다. 하지만 그들을 나누는 근본적인 차이가 있다. 즉, 그것은 스포츠 스타가 생계를 유지하기 위해 하는 일이 영화 스타가 하는 일과는 다르게 진정성이 있다는 점이다.

[해설] two 개념(movie stars vs. sports stars)과 지시형용사(such)를 이용해야 한다. 주어진 글에서 영화와 스포츠 스타 둘을 모두 설명하고 있고 (B)에서 영화 스타들을 설명하고 (A)에서 similarly(서로 다른 소재에 대한 공통점 설명)를 이용하여 스포츠 스타에 대한 설명을 이어나가는 것이 글의 흐름상 자연스럽다. 또한 (C)의 such attention 바로 앞에는 attention이 있어야 하므로 (C) 바로 앞에는 (A) 가 위치해야 한다. 따라서 주어진 글 다음 이어질 글의 순서로 가장 적절한 것은 ② (B) - (A) - (C)이다.

[어휘] go beyond 뛰어 넘다 performance 성과, 실적 arena 경기장 doing 행동
skilled 노련한, 숙련된 attract 매혹시키다 attention 관심, 주의 column 칼럼
specialized 전문화된 record 기록하다 celebrated 유명한 accurately 정확하게
industry 업계 actively 능동적으로, 적극적으로 promote 장려하다
expand 확장하다, 늘리다 revenue 수익 fundamental 근본적인 divide 나누다, 구분하다
do for a living 생계를 유지하다 authentic 진짜인, 진정한

정답

01 ②

02 주어진 글 다음에 이어질 글의 순서로 가장 적절한 것은? 2023. 지방직 9급

Just a few years ago, every conversation about artificial intelligence (AI) seemed to end with an apocalyptic prediction.

(A) More recently, however, things have begun to change. AI has gone from being a scary black box to something people can use for a variety of use cases.

(B) In 2014, an expert in the field said that, with AI, we are summoning the demon, while a Nobel Prize winning physicist said that AI could spell the end of the human race.

(C) This shift is because these technologies are finally being explored at scale in the industry, particularly for market opportunities.

① (A) − (B) − (C) ② (B) − (A) − (C)

③ (B) − (C) − (A) ④ (C) − (A) − (B)

정답 해설

02 **해석** 몇 년 전만 해도, 인공지능(AI)에 대한 모든 대화는 종말론적인 예측으로 끝나는 것 같았다.

(B) 2014년에 이 분야의 한 전문가는 AI를 통해 우리는 악마를 소환하고 있다고 말했고, 노벨상을 수상한 한 물리학자는 AI가 인류의 종말을 불러올 수 있다고 말했다.

(A) 하지만 최근에는 상황이 달라지기 시작했다. AI는 무서운 블랙박스에서 사람들이 다양한 활용 사례에 이용할 수 있는 무언가로 바뀌었다.

(C) 이러한 변화는 이 기술들이 마침내 업계에서 적정 규모로 특히 시장 기회를 위해 탐색되고 있기 때문이다.

해설 Two 개념(반대/대조의 공간개념)을 이용해야 한다. 제시문과 (B)는 인공지능의 (⊖)개념을 설명하고 있고 (A)의 however를 기준으로 인공지능의 (⊕)개념이 이어져야 하므로 글의 순서로 가장 적절한 것은 ② (B)-(A)-(C)이다.

어휘 artificial intelligence (AI) 인공지능   apocalyptic 종말론적인   prediction 예측, 예상
scary 무서운   a variety of 다양한   use cases 활용 사례   summon 소환하다
demon 악마   spell ① 철자(를 쓰다, 말하다) ② 가져오다, 의미하다   human race 인류
shift 변화   explore 탐구하다, 탐험하다   at scale 적정 규모로

정답

02 ②

03 다음 글의 제목으로 가장 적절한 것은? 2022. 국가직 9급

Do people from different cultures view the world differently? A psychologist presented realistic animated scenes of fish and other underwater objects to Japanese and American students and asked them to report what they had seen. Americans and Japanese made about an equal number of references to the focal fish, but the Japanese made more than 60 percent more references to background elements, including the water, rocks, bubbles, and inert plants and animals. In addition, whereas Japanese and American participants made about equal numbers of references to movement involving active animals, the Japanese participants made almost twice as many references to relationships involving inert, background objects. Perhaps most tellingly, the very first sentence from the Japanese participants was likely to be one referring to the environment, whereas the first sentence from Americans was three times as likely to be one referring to the focal fish.

① Language Barrier Between Japanese and Americans
② Associations of Objects and Backgrounds in the Brain
③ Cultural Differences in Perception
④ Superiority of Detail-oriented People

정답 해설

03 **[해석]** 다른 문화의 사람들은 세상을 달리 볼까? 한 심리학자는 일본과 미국 학생들에게 물고기와 다른 수중 물체의 사실적인 애니메이션 장면을 보여 주었고 그들이 본 것을 보고하도록 요청했다. 미국인들과 일본인들은 이 초점 대상인 물고기를 거의 같은 수로 언급했지만, 일본인들은 물, 바위, 거품, 그리고 비활성식물과 동물들을 포함한 배경 요소들에 대해 **60%** 이상 언급했다. 게다가, 일본과 미국의 참가자가 대략 같은 수의 활동적인 동물을 포함한 움직임을 언급했던 반면, 일본 참가자는 비활성 배경 물체와 관련된 관계에 대해서는 거의 두 배 가까이 더 언급을 했다. 아마도 가장 확실한 것은 일본인 참가자의 첫 번째 문장은 환경을 언급하는 문장이었을 것이고 반면에, 미국인의 첫 번째 문장은 초점 대상인 물고기를 언급하는 문장이었을 것인데 그 가능성은 **3**배 더 높았다.

[해설] 단락의 도입부에 반대·대조를 나타내는 시그널 **different**(서로 다른 소재에 대한 차이점)를 이용해야 한다. 주어진 지문은 똑같은 사물을 보는 두 문화 사람들(미국인 **vs.** 일본인)의 차이점을 소개하는 내용의 글이므로 이 글의 제목으로 가장 적절한 것은 ③ '인식의 문화적 차이'이다.

① 일본인과 미국인사이의 언어장벽
② 뇌 안의 물체와 배경의 연관성
③ 인식의 문화적 차이
④ 세부지향적인 사람들의 우월성

[어휘] present 보여주다, 제공하다   realistic 사실적인
animated ① 생생한, 살아있는 ② 만화영화로 된   scene 장면   reference ① 언급 ② 참고
focal 중심의, 초점의   inert 무기력한, 비활성의   participant 참가자
tellingly 확실하게, 강력하게   barrier 장벽, 장애물   association 연관성, 관련
perception 인식   superiority 우월성   A-oriented A지향적인

03 ③

04 다음 글의 흐름상 가장 어색한 문장은? 2021. 국가직 9급

The term burnout refers to a "wearing out" from the pressures of work. Burnout is a chronic condition that results as daily work stressors take their toll on employees. ① The most widely adopted conceptualization of burnout has been developed by Maslach and her colleagues in their studies of human service workers. Maslach sees burnout as consisting of three interrelated dimensions. The first dimension — emotional exhaustion — is really the core of the burnout phenomenon. ② Workers suffer from emotional exhaustion when they feel fatigued, frustrated, used up, or unable to face another day on the job. The second dimension of burnout is a lack of personal accomplishment. ③ This aspect of the burnout phenomenon refers to workers who see themselves as failures, incapable of effectively accomplishing job requirements. ④ Emotional labor workers enter their occupation highly motivated although they are physically exhausted. The third dimension of burnout is depersonalization. This dimension is relevant only to workers who must communicate interpersonally with others (e.g. clients, patients, students) as part of the job.

정답 해설

04 〔해석〕 번아웃은 일의 압박으로부터 "기진맥진"을 일컫는 용어이다. 번아웃은 일상적인 업무스트레스 요인의 결과물이 직원들에게 큰 해를 입히는 만성질환이다. 가장 널리 채택된 번아웃의 개념화는 **Maslach**와 그녀의 동료들이 사람을 대하는 근로자들에 대한 연구에서 개발되었다. **Maslach**는 번아웃을 세 가지 서로 관련된 관점으로 구성되어 있다고 여긴다. 첫 번째 관점인 감정적 피로감이 진정으로 번아웃 현상의 핵심이다. 근로자들이 피로감, 좌절감 그리고 몹시 지쳤다고 느끼거나 직장에서 또 다른 하루에 직면할 수 없을 때 감정적 피로로부터 고통을 받는다. 번아웃의 두 번째 관점은 개인적 성취의 부족이다. 번아웃 현상의 이러한 관점은 자기 스스로 업무 요구 사항을 효과적으로 달성할 수 없는 실패자로 여기는 근로자들을 일컫는다. (비록 감정 노동자들이 육체적으로는 피곤하다 하더라도 상당히 동기 부여된 상태로 자신들의 일을 시작한다.) 번아웃의 세 번째 관점은 비인격화이다. 이 관점은 단지 업무상 다른 사람들(예를 들어 고객, 환자, 학생)과 관계를 맺어야 하는 노동자들에 해당된다.

〔해설〕 주어진 지문은 번아웃의 ⊖ 관점 세 가지를 나열하는 내용의 글이다. 따라서 ④ '비록 감정 노동자들이 육체적으로는 피곤하다 하더라도 상당히 동기 부여된 상태로 자신들의 일을 시작한다'는 내용의 ⊕ 관점은 글의 흐름상 어색하다. 따라서 정답은 ④이다.

〔어휘〕 **refer to** ① ~을 참고하다 ② ~을 언급하다, ~라고 일컫다　**wear out** 닳아빠지다, 기진맥진하다
stressor 스트레스 요인　**chronic condition** 만성질환
take a toll on ~에게 해를 입히다, ~에게 피해를 주다　**adopt** 채택하다
conceptualization 개념화　**colleague** 동료　**see A as B** A를 B로 여기다, 간주하다
consist of ~로 구성되다　**interrelated** 상호 관련된　**dimension** ① 차원 ② 관점
exhaustion 피로, 탈진　**fatigued** 피로한, 지친　**frustrated** 좌절된　**used up** 몹시 지친
phenomenon 현상　**failure** 실패　**incapable** 할 수 없는　**highly** 아주, 매우, 상당히
requirement 요구 사항　**motivated** 동기 부여된, 의욕을 가진　**depersonalization** 비인격화
interpersonally 대인관계에서

〔정답〕

04 ④

CHAPTER 05 연결사

빈칸에 들어갈 말로 가장 적절한(자연스러운) 것을 고르시오.

풀이 해법

올바른 독해법(독해의 최소화) + 단락의 전개 방식

1. 단락의 도입부에서 나열의 signal이 있는지 확인한다.

many	several	various	a few	some	for example(instance)

확인학습문제

Ex 1 다음 글에서 빈칸에 들어갈 가장 적절한 말은?

City dwellers prefer urban life because it makes many aspects of the good life readily available. First of all, more diverse educational institutions are at hand — college and art schools. The city also offers more conveniences and more services — medical centers, libraries, and financial institutions. The greater concentration of population also provides more career opportunities in business and industry. ________________, access to work and leisure activities in the city is made possible by efficient internal transportation systems, too.

① In addition ② However
③ For instance ④ On the contrary

확인학습문제 Answer & Review

Ex 1 다음 글에서 빈칸에 들어갈 가장 적절한 말은?

City dwellers prefer urban life because it makes many aspects of the good life readily available. First of all, more diverse educational institutions are at hand — college and art schools. The city also offers more conveniences and more services — medical centers, libraries, and financial institutions. The greater concentration of population also provides more career opportunities in business and industry. ________________, access to work and leisure activities in the city is made possible by efficient internal transportation systems, too.

① In addition　　　　② However

③ For instance　　　　④ On the contrary

[해석] 도시 거주민들이 도심 생활을 선호하는 이유는 도심 생활이 풍족한 삶의 측면들을 손쉽게 구할 수 있게 해 주기 때문이다. 무엇보다도, 대학, 미술 학교와 같은 더욱 다양한 교육 기관들이 가까이 있다. 도시는 또한 의료 시설, 도서관 그리고 금융 기관과 같은 더 많은 편의시설과 서비스를 제공한다. 더 높은 인구 밀도 또한 기업과 산업에서 더 많은 직업 기회를 제공한다. 게다가 도시에서는 효율적인 내부 교통망에 의해 직장이나 여가 활동으로의 접근이 가능하게 되었다.

[해설] 나열의 전개 방식 구조이다. 따라서 빈칸에 들어갈 연결사는 ①이 된다.

[어휘] dweller 거주자　urban 도시의, 도심의　readily 손쉽게　available 이용 가능한, 구할 수 있는　diverse 다양한　institution 기관　convenience 편의(시설)　financial 금융의, 재정의　concentration 집중, 밀도　access 접근　leisure activity 여가 활동　efficient 효율적인　internal 내부의, 안쪽의

[정답]

01 ①

풀이 해법

2. 단락의 도입부에서 two 개념이 있는지 확인한다. (반대·대조의 공간 개념)

확인학습문제

Ex 2 다음 글에서 빈칸에 들어갈 가장 적절한 말은?

Two Colombian rhythms which are very different have a foreign origin. The "cumbia" was created by African slaves who were brought to the hot regions of the country to work in the gold mines. It was a sad song of these people who missed their families. _______________, the "bambuco" has a white, Spanish origin. It was created in colder zones and used when the Spanish wanted to express love to their girlfriends.

① Moreover
② As a result
③ In short
④ In contrast

확인학습문제 Answer & Review

Ex 2 다음 글에서 빈칸에 들어갈 가장 적절한 말은?

> Two Colombian rhythms which are very different have a foreign origin. The "cumbia" was created by African slaves who were brought to the hot regions of the country to work in the gold mines. It was a sad song of these people who missed their families. _____________, the "bambuco" has a white, Spanish origin. It was created in colder zones and used when the Spanish wanted to express love to their girlfriends.

① Moreover ② As a result
③ In short ④ In contrast

해석 매우 다른 두 가지의 콜롬비아 리듬은 외국에서 유래되었다. "cumbia"를 만든 아프리카 노예들은 그 나라의 뜨거운 지역으로 끌려와 금광에서 일했다. 그것은 자신의 가족을 그리워하는 이런 사람들의 슬픈 노래였다. 반면에 "bambuco"는 백인계 스페인을 기원으로 한다. 그것은 추운 지역에서 만들어졌고 스페인 사람들이 그들의 여자친구에게 사랑을 표현하길 원할 때 사용되었다.

해설 이 글은 콜롬비아의 두 가지 리듬에 대한 차이점을 설명하고 있다. 따라서 빈칸에는 반대·대조의 연결사가 필요하므로, 정답은 ④가 된다.

어휘 foreign 외래의, 외국의 origin 기원, 유래 slave 노예 region 지역, 지방 mine 광산 zone 지역 express 표현하다

정답
02 ④

풀이 해법

3. 결론을 이끄는 연결사를 떠올린다.

Thus	Therefore	Hence
For these reasons	In conclusion	In short
In summary(In sum)	In brief	Briefly

참고 단락의 마지막 문장에 빈칸이 위치한다.

확인학습문제

Ex 3 다음 글에서 빈칸 (A)와 (B)에 들어갈 말로 가장 적절한 것은?

> Some experts say that by concentrating our thoughts on certain colors, we can cause energy to go to the parts of the body that need treatment. __(A)__, white is said to be cleansing, and it can balance the body's entire system. And yellow also stimulates the mind and creates a positive attitude, so it can help against depression. Green, which has a calming and restful effect, is supposed to improve heart condition. __(B)__, it is believed that colors can be used to heal.

	(A)	(B)
①	For instance	In short
②	In brief	In short
③	For instance	However
④	In brief	However

확인학습문제 **Answer & Review**

Ex 3 다음 글에서 빈칸 (A)와 (B)에 들어갈 말로 가장 적절한 것은?

> Some experts say that by concentrating our thoughts on certain colors, we can cause energy to go to the parts of the body that need treatment. ___(A)___, white is said to be cleansing, and it can balance the body's entire system. And yellow also stimulates the mind and creates a positive attitude, so it can help against depression. Green, which has a calming and restful effect, is supposed to improve heart condition. ___(B)___, it is believed that colors can be used to heal.

	(A)	(B)
①	For instance	In short
②	In brief	In short
③	For instance	However
④	In brief	However

해석 몇몇 전문가들이 말하기를 특정 색에 우리의 생각을 집중함으로써 우리는 치료가 필요한 우리 신체의 부분으로 에너지가 흘러가도록 만들 수 있다고 한다. 예를 들어, 흰색은 정화한다고 전해지고 이것이 신체의 전체 시스템에 균형을 맞출 수 있다. 그리고 노란색은 또한 마음을 자극시켜 긍정적인 태도를 만들어 내고 그래서 우울증을 이겨내는 데 도움을 줄 수 있다. 녹색은 진정과 편안함을 주는 효과가 있는데 심장질환을 개선한다고 추정된다. 요약하면, 색들이 치료에 이용될 수 있다고 생각된다.

해설 (A) 다음 색깔에 대한 구체적인 예(white, yellow, green)가 나열되고 있으므로 (A)에는 For instance가 필요하고 (B) 다음 이 글의 결론을 설명하므로 In short가 필요하다. 따라서 정답은 ①이 된다.

어휘 expert 전문가 concentrate 집중하다 treatment 치료 cleansing 정화 entire 전체적인 stimulate 자극하다 attitude 태도, 자세 depression 우울증 calming 진정 restful 평온한, 편안한 heart condition 심장질환 heal 치료하다

정답
03 ①

풀이 해법

4. 문장과 문장 간의 전후 관계 논리(작은 흐름)를 살펴본다.

① 나열이나 **two** 개념이 아니라고 판단이 되면 빈칸을 기준으로 앞뒤 문장에서 반대·대조의 내용이 있는지 확인한다.

② 반대·대조의 내용이 없을 때에는 예시의 연결사를 떠올린다.

> A > B
> 예시 └ 고유명사가 나올 수 있다
> a + 명사가 나올 수 있다

확인학습문제

Ex 4 다음 빈칸 (A), (B)에 들어갈 말로 가장 적절한 것은?

> The assessments of physical quantities such as distance, size, depth, or height are all based on data of limited, subjective judgement. _____(A)_____, a distance of between objects is determined in part by its clarity. The more sharply the object is seen, the closer it appears to be. This rule has some validity, because in any given scene the more distant objects are seen less apparently than nearer objects. In fact, the reliance on this rule leads to systematic errors in the estimation of distance. Specifically, distances are often overestimated when visibility is poor because the contours of objects are blurred. _____(B)_____, distances are often underestimated when visibility is good because the objects are seen sharply. Thus, the reliance on clarity as an indication of distance leads to common biases.

	(A)	(B)
①	For example	Thus
②	For example	However
③	As a result	Thus
④	As a result	However

확인학습문제 Answer & Review

Ex 4 다음 빈칸 (A), (B)에 들어갈 말로 가장 적절한 것은?

> The assessments of physical quantities such as distance, size, depth, or height are all based on data of limited, subjective judgement. ____(A)____, a distance of between objects is determined in part by its clarity. The more sharply the object is seen, the closer it appears to be. This rule has some validity, because in any given scene the more distant objects are seen less apparently than nearer objects. In fact, the reliance on this rule leads to systematic errors in the estimation of distance. Specifically, distances are often overestimated when visibility is poor because the contours of objects are blurred. ____(B)____, distances are often underestimated when visibility is good because the objects are seen sharply. Thus, the reliance on clarity as an indication of distance leads to common biases.

(A)	(B)
① For example	Thus
② For example	However
③ As a result	Thus
④ As a result	However

해석 거리, 크기, 깊이, 높이와 같은 물리적 양의 평가는 모두 제한적이고 주관적 판단에 근거를 둔다. 예를 들어, 물체 사이의 거리는 부분적으로 그것의 선명도에 의해 결정된다. 물체가 더 명확하게 보일수록 그것이 그만큼 더 가까이 있는 것처럼 보인다. 이 규칙은 어떤 주어진 장면에서도 더 멀리 있는 물체가 더 가까이 있는 물체보다 덜 선명하게 보이기 때문에 약간의 타당성이 있다. 사실상 이 규칙에 의존하는 것은 거리를 판단할 때 조직적인 잘못을 저지르게 할 수 있다. 구체적으로, 물체의 윤곽이 흐려지기 때문에 가시도가 나쁠 때 거리는 종종 과대평가된다. 하지만, 물체가 선명하게 보이기 때문에 가시도가 좋을 때 거리는 종종 과소평가된다. 따라서 거리의 지표로서 선명도에 의존하는 것은 흔한 선입견을 초래한다.

해설 physical quantities(물리적 양)의 구체적 예로서 distance를 제시했으므로 (A)에는 예시의 연결사가 필요하고 (B) 앞에는 가시도가 나쁠 때 거리는 종종 과대평가된다고 했고 (B) 뒤에는 가시도가 좋을 때 거리는 종종 과소평가된다고 했으므로 반대·대조의 연결사가 필요하다. 따라서 정답은 ② 이다.

어휘 assessment 평가 *assess 평가하다 physical ① 신체적인, 신체의 ② 물리적인 quantity 양(↔ quality 질) depth 깊이 height 높이 subjective 주관적인 judgement 판단 determine 결정[결심]하다 in part 부분적으로 clarity 명료함, 명확함 *clarify 명료[명확]하게 하다 sharp ① 날카로운, 예리한 ② 선명한 validity ① 유효함 ② 타당성 *valid ① 유효한 ② 타당한 apparent 명백한, 분명한, 선명한 reliance 의지, 의존 *rely on ~에 의지[의존]하다 systematic 조직적인, 체계적인 estimation 판단 *estimate ① 추정하다, 어림잡다 ② 추정(치) *overestimate 과대평가하다 (↔ underestimate 과소평가하다) specifically 구체적으로, 세부적으로 *specific ① 구체적인, 세부적인 ② 특정한 visibility 시계(視界), 가시도 *visible 눈에 보이는 *invisible 보이지 않는 indication ① 암시 ② 지표 bias 편견(= prejudice), 선입견

정답
04 ②

풀이 해법

5. 반대·대조나 예시가 적용되지 않을 때에는 다음의 기타 연결사를 떠올린다.

Q 전후관계의 논리를 이용해야 하는 기타 연결사

종류	의미	연결사	특징
유사	마찬가지로	likewise, similarly, in the same way	두 개의 서로 다른 소재에 대한 공통점(같은 점)을 설명할 때 사용된다.
재진술	즉, 다시 말해서	that is (to say), in other words, namely (that)	똑같은 내용이 반복될 때 사용되고 주로, 내용은 같은데 단어만 바꾼다.
원인과 결과	왜냐하면, ~때문에, 그래서, 그러므로, 결과적으로	as, since, because, thereby, thus, therefore, consequently, as a result, owing to, on account of, due to, because of	인과 관계(원인과 결과)를 설명할 때 사용된다.
의미의 연결어	~에 관계없이, ~을 제외하고, 만약 그렇지 않으면, 사실은, 기껏해야, 고작, 마침내, 결국, ~에도 불구하고	regardless of, except(for), otherwise, unless, in fact, in effect, at best, at most, at last, in the end, in spite of, though	빈칸을 기준으로 전후 관계의 논리를 살펴본다.

확인학습문제

Ex 5 빈칸 (A)와 (B)에 들어가기에 가장 적절한 말은?

> The work week in America is generally 40 hours: eight hours a day, five days a week. Some companies have experimented with a new schedule: ten hours a day, four days a week. One effect of the four-day week may be happier workers. With a three-day weekend, workers have an extra day for leisure or for shopping. ___(A)___, the other effect of the new schedule may be ineffective at work. It is difficult to work ten hours a day, by the end of the day, workers may be tired. ___(B)___, they will not work as well and be less productive.

	(A)	(B)
①	Thus	For example
②	However	As a result
③	In addition	Therefore
④	On the other hand	However

확인학습문제 Answer & Review

Ex 5 빈칸 (A)와 (B)에 들어가기에 가장 적절한 말은?

The work week in America is generally 40 hours: eight hours a day, five days a week. Some companies have experimented with a new schedule: ten hours a day, four days a week. One effect of the four-day week may be happier workers. With a three-day weekend, workers have an extra day for leisure or for shopping. ___(A)___, the other effect of the new schedule may be ineffective at work. It is difficult to work ten hours a day, by the end of the day, workers may be tired. ___(B)___, they will not work as well and be less productive.

	(A)	(B)
①	Thus	For example
②	However	As a result
③	In addition	Therefore
④	On the other hand	However

해석 미국에서 주당 근로 시간은 보편적으로 40시간이다. 즉 하루 8시간, 주 5일을 말한다. 어떤 회사들은 하루에 10시간, 주 4일을 일하는 새로운 스케줄을 가지고 실험을 해보았다. 주 4일 근무의 효과 중 하나는 직원이 더 행복할 수도 있다. 3일간의 주말이 생겼기에, 노동자들은 여가나 쇼핑에 하루가 늘어난다. 그러나 이 새로운 스케줄의 다른 영향은 직장에서 비효율적일 수도 있다. 하루에 10시간 근무하는 것은 어렵다. 일과를 마칠 때쯤 노동자들은 지칠지도 모른다. 그 결과, 그들은 일을 잘하지 못할 뿐만 아니라 덜 생산적이게 될 것이다.

해설 (A)는 two 개념을 이용해야 하므로 반대·대조의 연결사가 필요하고 (B)는 인과 관계이므로 ②가 정답이 된다.

어휘 work week 주당 근로 시간 experiment 실험(하다) extra 추가의, 여분의 leisure 여가 ineffective 비효율적인, 효과가 없는 as well 뿐만 아니라 productive 생산적인

정답

05 ②

Ex 6 다음 빈칸 (A), (B)에 들어갈 말로 가장 적절한 것은?

Kohlrabi is one of the vegetables many people avoid, mainly because of its odd shape and strange name. ___(A)___ public avoidance, kohlrabi is delicious, versatile and good for you. Kohlrabi is a member of Brassica, which also includes broccoli and cabbage. Broccoli has much antioxidant. ___(B)___, kohlrabi is no exception. Additionally, kohlrabi contains fiber, useful amounts of vitamin C, together with vitamin B, potassium and calcium. Kohlrabi can be eaten raw: it's delicious when thinly sliced and mixed into salads. You can also roast chunks of it in the oven, or use it as the base for a soup.

*brassica : 배추속(屬)

**antioxidant 항산화제, 산화방지제

	(A)	(B)
①	In spite of	Similarly
②	Owing to	Similarly
③	In spite of	In contrast
④	Owing to	In contrast

확인학습문제 Answer & Review

Ex 6 다음 빈칸 (A), (B)에 들어갈 말로 가장 적절한 것은?

Kohlrabi is one of the vegetables many people avoid, mainly because of its odd shape and strange name. _____(A)_____ public avoidance, kohlrabi is delicious, versatile and good for you. Kohlrabi is a member of Brassica, which also includes broccoli and cabbage. Broccoli has much antioxidant. _____(B)_____, kohlrabi is no exception. Additionally, kohlrabi contains fiber, useful amounts of vitamin C, together with vitamin B, potassium and calcium. Kohlrabi can be eaten raw: it's delicious when thinly sliced and mixed into salads. You can also roast chunks of it in the oven, or use it as the base for a soup.

*brassica : 배추속(屬)

**antioxidant 항산화제, 산화방지제

	(A)	(B)
①	In spite of	Similarly
②	Owing to	Similarly
③	In spite of	In contrast
④	Owing to	In contrast

해석 콜라비는 이상한 생김새와 이름 때문에 많은 사람들이 피하는 채소들 중 하나이다. 대중의 회피에도 불구하고 콜라비는 맛있고 여러 용도로 쓸 수 있고 당신에게 유익하다. 콜라비는 배추속과의 채소이며 브로콜리와 양배추도 여기에 포함된다. 브로콜리는 항산화제 성분을 많이 갖고 있다. 마찬가지로, 콜라비도 예외는 없다. 게다가 콜라비는 비타민 B, 칼륨 그리고 칼슘과 더불어 상당한 양의 유용한 비타민 C를 함유한 식이 섬유를 포함하고 있다. 콜라비는 날것으로 먹을 수 있다. 얇게 잘라서 샐러드와 섞어 먹으면 맛이 좋다. 당신은 이것을 덩어리로 오븐에서 굽거나 수프의 기본 재료로 사용할 수 있다.

해설 (A)를 기준으로 반대·대조의 내용이 이어지므로 (A)에는 In spite of가 필요하고 (B)를 기준으로 서로 다른 소재에 대한 공통점을 설명하고 있으므로 (B)에는 Similarly가 있어야 한다. 따라서 정답은 ① 이다.

어휘 odd 이상한, 낯선 versatile 다용도의, 다목적의 cabbage 양배추 exception 예외 fiber 식이 섬유, 섬유질 potassium 칼륨 calcium 칼슘 raw 날것의, 요리하지 않은 thinly 얇게 roast 굽다 chunk 덩어리

정답
06 ①

Ex 7 다음 글의 빈칸 (A), (B)에 들어갈 말로 가장 적절한 것은?

We're always seeking the next opportunity for something big. If you talk to a cab driver in Manhattan, you're likely to find that he's going to school to get a better job. ___(A)___ , if you meet a waitress in Southern California, she's likely to tell you that she has an audition for a movie next week. The cab driver might never get out of his cab and the waitress might be serving food for the next twenty years, but the sense that they're moving toward something more glamorous is very important to them personally. ___(B)___ , those who fail to act, who accept the limitations of their work without complaining are likely to feel miserable about their lives. The hopelessness of their jobs has done critical damage to their identities.

	(A)	(B)
①	Likewise	However
②	Likewise	Similarly
③	On the contrary	Similarly
④	On the contrary	Therefore

확인학습문제 Answer & Review

Ex 7 다음 글의 빈칸 (A), (B)에 들어갈 말로 가장 적절한 것은?

> We're always seeking the next opportunity for something big. If you talk to a cab driver in Manhattan, you're likely to find that he's going to school to get a better job. ___(A)___, if you meet a waitress in Southern California, she's likely to tell you that she has an audition for a movie next week. The cab driver might never get out of his cab and the waitress might be serving food for the next twenty years, but the sense that they're moving toward something more glamorous is very important to them personally. ___(B)___, those who fail to act, who accept the limitations of their work without complaining are likely to feel miserable about their lives. The hopelessness of their jobs has done critical damage to their identities.

	(A)	(B)
①	Likewise	However
②	Likewise	Similarly
③	On the contrary	Similarly
④	On the contrary	Therefore

해석 우리는 항상 무언가 큰 것을 위해 다음 기회를 찾고 있다. 맨해튼에서 한 택시기사와 이야기를 해보면 그가 더 좋은 직장을 얻기 위해 학교에 다니고 있다는 사실을 알게 될 것이다. <u>마찬가지로</u> 캘리포니아 남부에서 한 음식점 여종업원을 만나면 그녀가 다음 주에 영화 오디션을 본다는 이야기를 듣게 될 것이다. 그 운전기사는 아마 택시를 벗어나지 못할 것이고 그 여종업원도 향후 20년간 음식 서빙을 할 가능성이 높지만, 좀 더 매력적인 무언가를 향해 그들이 움직이고 있다는 의식은 개인적으로 그들에게 매우 중요하다. <u>반면에</u>, 행동에 옮기는 것을 실패하고 불평도 없이 자신이 하고 있는 일의 한계를 받아들이는 사람들은 자신의 삶을 비참하다고 느끼는 경향이 있다. 자신의 일에 대한 희망을 가지지 않는 것은 정체성에 대한 치명적인 손상을 가져 온다.

해설 (A)를 기준으로 서로 다른 소재(cab driver vs. waitress)에 대한 유사점을 설명하고 있으므로 (A)에는 Likewise가 필요하고 (B) 앞에는 ⊕ 개념이 있고 (B) 뒤에는 ⊖ 개념이 있으므로 (B)에는 However가 있어야 한다. 따라서 정답을 ①이다.

어휘 seek 찾다(= search for, look for), 구하다 opportunity 기회 cab 택시
*yellow cab (미국에서) 택시 be likely to ⓥ ⓥ인 것 같다(= seem/appear to ⓥ)
*likely 가능성 있는, 있을 법한 glamorous 매혹적인 *glamour 매혹하다(= attract)
limitation 제한, 한계 complain 불평하다 miserable 불쌍한, 초라한 *misery 고통, 불행
*miserably 비참하게 *miser 구두쇠 hopelessness 절망(= despair) [hopeless 절망적인
(= desperate)] critical 비판적인, 결정적인; 중요한(= crucial, significant)
*criticize 비평하다(= blame, censure, condemn) *critic 비평가 identity 정체성
*identify 확인[증명]하다; 동일시하다

정답
07 ①

06 일관성

1. 글의 흐름으로 보아 주어진 문장이 들어가기에 가장 적절한 곳은? **삽입**
2. 주어진 글 다음에 이어질 글의 순서로 가장 적절한 것은? **배열**

풀이 해법

1. 단락의 전개 방식을 이용
   Q 나열(Listing)의 Signal 이용

확인학습문제

Ex 1 다음 글의 흐름으로 보아 주어진 문장이 들어가기에 가장 적절한 곳은?

> There are some ways in which people try to solve the problem of energy.

(①) One way is the greater production of common energy sources, such as coal, oil and gas. (②) Another way is energy conservation, which means using energy more efficiently. (③) In some very cold countries people build special houses to save energy. (④) They put materials between the inside and the outside of the walls of the house. Finally, renewable energy sources are used even though they are often expensive to exploit. One form of these is geothermal energy.

확인학습문제 Answer & Review

Ex 1 다음 글의 흐름으로 보아 주어진 문장이 들어가기에 가장 적절한 곳은?

There are some ways in which people try to solve the problem of energy.

(①) One way is the greater production of common energy sources, such as coal, oil and gas. (②) Another way is energy conservation, which means using energy more efficiently. (③) In some very cold countries people build special houses to save energy. (④) They put materials between the inside and the outside of the walls of the house. Finally, renewable energy sources are used even though they are often expensive to exploit. One form of these is geothermal energy.

해석 사람들이 에너지 문제를 해결하기 위해 노력하는 몇몇 방법들이 있다. 한 가지 방법은 석탄, 석유, 가스와 같은 일반적인 에너지 자원의 생산을 더 늘리는 것이다. 또 다른 방법은 에너지 보존인데, 이것은 에너지를 더 효율적으로 사용하는 것을 의미한다. 몇몇 아주 추운 나라 사람들은 에너지를 절약하기 위해서 특별한 집을 짓는다. 그들은 집 벽의 안쪽과 바깥쪽 사이에 자재를 넣는다. 마지막으로 재생 가능한 에너지 자원은 비록 그것들이 흔히 개발하기에 비용이 많이 들더라도 사용된다. 이런 것들 중의 하나는 지열 에너지이다.

해설 주제문을 이끄는 나열의 Signal이 제시문에 있고 첫 번째 나열을 알리는 Signal(one)이 ①에 있으므로 정답은 ①이 된다.

어휘 material 물질, 재료; 교재   coal 석탄   conservation 보존, 보호
efficiently 효율[능률]적으로   renewable 재생 가능한   exploit 사용[이용]하다; 착취하다
geothermal 지열의

정답

01 ①

풀이 해법

Q 시간 순서(Time Order)의 Signal 이용

확인학습문제

Ex 2 다음 주어진 문장에 이어질 글의 순서로 가장 적절한 것은?

> Politically, students these days are different from students in the past.

> (A) In the 1960s and 1970s, many students demonstrated against the government and hoped to make big changes in society.
>
> (B) Today, however, students seem to be a combination of the two: they want to make good money when they graduate, but they are also interested in helping society.
>
> (C) In the 1980s, most students are interested only in their studies and future jobs.

① (A) – (C) – (B)   ② (B) – (A) – (C)
③ (B) – (C) – (A)   ④ (C) – (A) – (B)

확인학습문제 Answer & Review

Ex 2 다음 주어진 문장에 이어질 글의 순서로 가장 적절한 것은?

Politically, students these days are different from students in the past.

(A) In the 1960s and 1970s, many students demonstrated against the government and hoped to make big changes in society.
(B) Today, however, students seem to be a combination of the two: they want to make good money when they graduate, but they are also interested in helping society.
(C) In the 1980s, most students are interested only in their studies and future jobs.

① (A) – (C) – (B)　　　　　　② (B) – (A) – (C)
③ (B) – (C) – (A)　　　　　　④ (C) – (A) – (B)

해석 정치적으로 요즘 학생들은 과거의 학생들과 다르다.
(A) 1960년대에서 1970년대에는 많은 학생들이 정부에 대항하여 시위 운동을 했으며 사회에 큰 변화를 가져오기를 바랐었다.
(C) 1980년대에는 대부분의 학생들이 자신들의 공부와 미래의 직업에만 관심을 가졌다.
(B) 하지만 오늘날의 학생들은 이 둘을 결합한 것처럼 보인다. 그들은 졸업하면 많은 돈을 벌고 싶어 하지만, 사회에 도움을 주는 데에도 관심을 가지고 있다.

해설 이 글은 시간 순서의 전개 방식이다. (A)에 1960s and 1970s이 있고 (C)에 1980s 그리고 (B)에 today가 있으므로 글의 순서는 ① (A)-(C)-(B)이다.

어휘 politically 정치적으로　these days 요즘, 요즘에는　demonstrate 설명하다; 시위하다

정답
02 ①

확인학습문제

Ex 3 다음 글의 흐름으로 보아 주어진 문장이 들어가기에 가장 적절한 곳은?

> Make a plan for a bookcase that suits your own library.

If you want to make a bookcase yourself, follow these simple steps. (①) Then, choose wood materials for the bookcase from a wood materials store. (②) When you have bought the wood, carefully cut it according to your design. (③) The next step is to put the different parts together with glue and nails. (④) After that, add the finishing touch by painting the woodwork. Now you have a fine piece of furniture.

확인학습문제 Answer & Review

Ex 3 다음 글의 흐름으로 보아 주어진 문장이 들어가기에 가장 적절한 곳은?

Make a plan for a bookcase that suits your own library.

If you want to make a bookcase yourself, follow these simple steps. (①) Then, choose wood materials for the bookcase from a wood materials store. (②) When you have bought the wood, carefully cut it according to your design. (③) The next step is to put the different parts together with glue and nails. (④) After that, add the finishing touch by painting the woodwork. Now you have a fine piece of furniture.

해석 당신 스스로 책상을 만들려고 한다면, 다음의 간단한 과정을 따라라. <u>당신 서재에 어울리는 책장을 설계해라.</u> 그러고 나서, 목재상에서 책장에 알맞은 목재를 골라라. 목재를 샀다면, 조심스럽게 설계에 따라 잘라라. 다음 단계는 아교와 못으로 서로 다른 부분들을 결합시키는 것이다. 그 후에는, 그 목제품에 칠을 함으로써 마무리 손질을 해라. 이제 당신은 멋진 가구를 가진 것이다.

해설 시간 순서의 전개 방식을 이용해야 한다. 계획을 세우고 그다음 목재를 선택해야 하므로 정답은 ①이 된다.

어휘 suit ~에 잘맞다, 어울리다 wood material 목재 according to ~에 따라서; ~에 따르면 put A with B A를 B로 붙이다

정답
03 ①

풀이 해법

Q 반대 · 대조(Contrast)의 Signal 이용

확인학습문제

Ex 4 다음 글의 흐름으로 보아, 주어진 문장이 들어가기에 가장 적절한 곳은?

> But many people seem to learn how to use a computer by reading the manual.

> Some people can learn a foreign language just by hearing it, and then trying to speak it. Other people have to read it and write it in order to learn it. (①) So some people use their ears more, and others use their eyes more to learn new things. (②) Take another example. (③) I can't learn how to use a computer just by reading an instruction manual. (④) In short, people learn things in different ways.

확인학습문제 Answer & Review

Ex 4 다음 글의 흐름으로 보아, 주어진 문장이 들어가기에 가장 적절한 곳은?

> But many people seem to learn how to use a computer by reading the manual.

> Some people can learn a foreign language just by hearing it, and then trying to speak it. Other people have to read it and write it in order to learn it. (①) So some people use their ears more, and others use their eyes more to learn new things. (②) Take another example. (③) I can't learn how to use a computer just by reading an instruction manual. (④) In short, people learn things in different ways.

해석 어떤 사람들은 단지 들음으로써, 그리고 그것을 말하려고 시도함으로써 외국어를 배울 수 있다. 다른 사람들은 그것[외국어]을 읽고 씀으로써 배워야 한다. 그래서 몇몇 사람들은 귀를 더 많이 이용하고 다른 사람들은 새로운 것을 배우기 위해 눈을 더 많이 이용한다. 또 다른 예를 들어 보자. 나는 사용 설명서를 읽어서는 어떻게 컴퓨터를 사용할지 배울 수 없다. <u>하지만 많은 사람들은 사용 설명서만 읽어도 어떻게 컴퓨터를 사용할지 배우는 것 같다.</u> 결론적으로 사람들은 각기 다른 방식으로 무언가를 배운다.

해설 제시문의 But을 이용해야 한다. But 다음에 사람들이 컴퓨터 사용 설명서로 컴퓨터를 배울 수 있다고 했으므로 정답은 ④가 된다.

어휘 manual 손으로 하는; 사용 설명서   foreign language 외국어
instruction 지시; 가르침; 설명

정답
04 ④

풀이 해법

🔍 결론을 유도하는 Signal 이용

확인학습문제

Ex 5 다음 주어진 문장에 이어질 글의 순서로 가장 적절한 것은?

A farmer needs to be very careful about changing the food of his cows.

(A) In addition, the cow that suddenly eats lots of a new food may give less milk.
(B) If the farmer makes a sudden change in food for a cow, the cow may first lose weight.
(C) For these reasons, the farmer changes the cow's food slowly so that the cow can adapt to the new food.

① (A) − (C) − (B) ② (B) − (A) − (C)
③ (B) − (C) − (A) ④ (C) − (A) − (B)

확인학습문제 Answer & Review

Ex 5 다음 주어진 문장에 이어질 글의 순서로 가장 적절한 것은?

A farmer needs to be very careful about changing the food of his cows.

(A) In addition, the cow that suddenly eats lots of a new food may give less milk.
(B) If the farmer makes a sudden change in food for a cow, the cow may first lose weight.
(C) For these reasons, the farmer changes the cow's food slowly so that the cow can adapt to the new food.

해석 농장주는 소의 사료를 바꾸는 것에 대해 매우 주의해야 할 필요가 있다.
(B) 만약 농장주가 소를 위한 사료를 갑자기 바꾼다면, 그 소는 먼저 체중을 잃을 수도 있다.
(A) 더구나, 갑작스레 사료를 많이 먹는 소는 우유를 덜 생산할 수 있다.
(C) 이러한 이유들 때문에, 농장주는 그 소가 새로운 사료에 적응할 수 있도록 소의 사료를 점차적으로 바꾼다.

해설 나열과 결론의 전개 방식을 이용해야 한다. (B)에 first(첫 번째 나열)가 있고, (A)의 In addition(두 번째 나열), 그리고 (C)의 For these reasons(결론) 순으로 글이 이어져야 하므로 정답은 ②가 된다.

어휘 careful 주의 깊은 lose weight 살이 빠지다 adapt 적응하다[시키다]

정답
05 ②

풀이 해법

Q 인과 관계(Cause and effect)의 Signal 이용

확인학습문제

Ex 6 다음 글의 흐름으로 보아, 주어진 문장이 들어가기에 가장 적절한 곳은?

So the leopard began to attack dogs and cattle in the village.

Villagers heard a deer barking in the distance, but they were not the only ones to hear it. A leopard, stretched full-length on a large tree branch, heard it, too. (①) The leopard raised its head and then got up slowly. (②) Deer were its natural prey, but there weren't many left in this area. (③) After several attacks, the villagers no longer allowed their cattle to wander far, and at night they were securely locked into their barns. (④) Favorite dogs, used to walking around the village at night, were now called indoors before sunset.

확인학습문제 Answer & Review

Ex 6 다음 글의 흐름으로 보아, 주어진 문장이 들어가기에 가장 적절한 곳은?

> So the leopard began to attack dogs and cattle in the village.

> Villagers heard a deer barking in the distance, but they were not the only ones to hear it. A leopard, stretched full-length on a large tree branch, heard it, too. (①) The leopard raised its head and then got up slowly. (②) Deer were its natural prey, but there weren't many left in this area. (③) After several attacks, the villagers no longer allowed their cattle to wander far, and at night they were securely locked into their barns. (④) Favorite dogs, used to walking around the village at night, were now called indoors before sunset.

해석 마을 사람들은 멀리서 한 사슴의 울음소리를 들었다. 그러나 그들만이 그 소리를 들은 것은 아니었다. 큰 나뭇가지 위에서 다리를 쭉 뻗고 있었던 한 표범도 그 소리를 들었다. 표범은 고개를 들고 서서히 일어났다. 사슴은 표범의 천연 먹이감이었으나 이 지역에 많이 남아 있지 않았다. <u>그래서 표범은 그 마을에 있는 개들과 가축들을 공격하기 시작했다.</u> 몇 번의 공격 후에 그 마을 사람들은 더 이상 그들의 가축들이 멀리 배회하도록 하지 않았다. 그리고 그들의 헛간으로 가축들을 안전하게 가두어 놓았다. 밤에 마을 주위를 걸어 다니곤 했던 가장 좋아하는 개는 이제 해가 지기 전에 실내로 불러들여졌다.

해설 인과 관계와 시간 순서의 전개 방식을 이용해야 한다. 먹잇감이 없어서 개나 소를 공격하고 그다음 시간 순서에 의해 '공격 후에'라는 말이 이어져야 하므로 정답은 ③이 된다.

어휘 leopard 표범 full-length 다리를 쭉 뻗고, 전신이 다 보이는 branch 가지 prey 먹이 cattle 소, 소떼 wander 배회하다 securely 안전하게 barn 곳간, 헛간

정답

06 ③

풀이 해법

Q 예시의 Signal(for example, for instance) 이용
① 큰 흐름의 예시: 예가 하나, 둘, 셋 나열될 때 첫 번째 예를 들면서 **for example** (instance)가 나온다.

확인학습문제

Ex 7 다음 주어진 문장이 들어가기에 가장 적절한 곳은?

> For example, people associate red with a strong feeling like anger.

> Many expressions in English use colors and these expressions show how people feel about the colors. (①) When someone is very angry, people say that he or she sees red. (②) Green is also an happy color. (③) When someone grows plants well, people would be happy and delightful. (④) Blue is a sad color, especially, when someone is very sad, she says she is blue.

확인학습문제 Answer & Review

Ex 7 다음 주어진 문장이 들어가기에 가장 적절한 곳은?

For example, people associate red with a strong feeling like anger.

Many expressions in English use colors and these expressions show how people feel about the colors. (①) When someone is very angry, people say that he or she sees red. (②) Green is also an happy color. (③) When someone grows plants well, people would be happy and delightful. (④) Blue is a sad color, especially, when someone is very sad, she says she is blue.

해석 영어에 있어서 많은 표현들은 색깔과 그 색깔에 대해 사람들이 어떻게 느끼는가를 보여 준다. 예를 들어서, 사람들은 빨강색을 보면 분노와 같은 강렬한 감정을 연상시킨다. 누군가는 아주 화날 때 사람들은 그가 몹시 화를 낸다(**see red**)고 말한다. 초록색은 또한 행복한 색깔이다. 누군가가 식물을 잘 재배할 때 사람들은 행복하고 기쁘다. 파란색은 슬픈 색이다. 특히 누군가가 슬플 때 그녀는 자신이 우울하다(**blue**)고 말한다.

해설 큰 흐름의 예시를 이용해야 한다. 이 글은 감정과 색깔의 연관성에 관한 글이다. 첫 번째 예에서 빨강색으로 분노의 감정, 그리고 두 번째 예에서 초록색과 행복, 마지막 예로 파랑색과 우울의 감정이 나열되므로 제시문은 ①에 위치해야 한다.

어휘 associate 관계[관련]시키다; 연상시키다; 연합[결합]시키다
grow 자라다, 성장하다; 재배하다, 기르다; 되다, 지다   blue 파란; 우울한

정답
07 ①

풀이 해법

Q 예시의 Signal(for example, for instance) 이용
② 작은 흐름의 예시: 예가 하나, 둘, 셋 나열되지 않고 단지 한 문장에 대한 구체적인 예
가 제시될 때 사용된다.

확인학습문제

Ex 8 다음 주어진 문장에 이어질 글의 순서로 가장 적절한 것은?

> There are some important differences between British and American English.

> (A) For example, Americans use the word elevator, but the British say the word lift.
> (B) Sounds are very different, too.
> (C) First of all, words are not same.

① (A) − (C) − (B)　　　　② (B) − (A) − (C)
③ (B) − (C) − (A)　　　　④ (C) − (A) − (B)

확인학습문제 Answer & Review

Ex 8 다음 주어진 문장에 이어질 글의 순서로 가장 적절한 것은?

> There are some important differences between British and American English.

> (A) For example, Americans use the word elevator, but the British say the word lift.
> (B) Sounds are very different, too.
> (C) First of all, words are not same.

해석 영국영어와 미국영어에는 중요한 몇 가지 차이점이 있다.
(C) 무엇보다도 우선 단어가 다르다.
(A) 예를 들어서, 미국에서는 엘리베이터라는 단어를 사용하지만 영국에서는 리프트라는 단어를 사용한다.
(B) 발음 또한 아주 다르다.

해설 나열의 전개 방식과 작은 흐름의 예시를 이용해야 한다. (C)에 First of all이 있고 words에 대한 예로 (A)가 이어져야 하고 (B)에 too(두번째 나열)가 있으므로 글의 순서는 ④가 된다.

어휘 British 영국의 lift 들어 올리다; (영국) 엘리베이터

정답
08 ④

풀이 해법

2. 지시어 이용

Q 지시형용사 이용

① 지시형용사: this(these) + ⓝ / that(those) + ⓝ / such + ⓝ

위의 지시형용사 다음에 나오는 명사는 반드시 바로 앞 문장에 있어야 한다.

확인학습문제

Ex 9 다음 보기를 보고 순서대로 2개씩 짝지으시오.

① Such solutions　　　　② the trouble
③ this machine　　　　　④ Solutions
⑤ A computer　　　　　　⑥ that problem

Ex 10 다음 주어진 문장 다음에 이어질 글의 순서로 가장 적절한 것은?

We have the good fortune to live in a democracy.

(A) Without this freedom, the decision-makers may make our lives difficult because they wouldn't know what we think.
(B) We should, therefore, be ready to fight for the right to tell truth whenever it is threatened.
(C) But what does the democracy mean to us if we don't have the freedom to tell the truth?

① (A) − (C) − (B)　　　　② (B) − (C) − (A)
③ (C) − (A) − (B)　　　　④ (C) − (B) − (A)

확인학습문제 Answer & Review

Ex 9 다음 보기를 보고 순서대로 2개씩 짝지으시오.

① Such solutions ② the trouble
③ this machine ④ Solutions
⑤ A computer ⑥ that problem

해설 ① such solutions 바로 앞에는 ④ solutions가 있어야 한다.
③ this machine 바로 앞에는 ⑤ machine(A computer)이 있어야 한다.
⑥ that problem 바로 앞에는 ② problem(the trouble)이 있어야 한다.

Ex 10 다음 주어진 문장 다음에 이어질 글의 순서로 가장 적절한 것은?

> We have the good fortune to live in a democracy.

(A) Without this freedom, the decision-makers may make our lives difficult because they wouldn't know what we think.
(B) We should, therefore, be ready to fight for the right to tell truth whenever it is threatened.
(C) But what does the democracy mean to us if we don't have the freedom to tell the truth?

① (A) − (C) − (B) ② (B) − (C) − (A)
③ (C) − (A) − (B) ④ (C) − (B) − (A)

해석 우리는 민주주의에서 사는 행운을 가지고 있다.
(C) 그러나 만약에 우리가 진실을 말할 수 있는 자유가 없다면, 민주주의가 우리에게 무슨 의미가 있겠는가?
(A) 이러한 자유가 없다면, 의사결정자들은 우리가 무엇을 생각하는지 알지 못하기 때문에 우리의 생활을 힘들게 했을지도 모른다.
(B) 그러므로 우리는 위협을 당할 때는 언제나 진실을 말할 수 있는 권리를 위해 투쟁할 준비가 되어 있어야 한다.

해설 (A)의 this freedom 바로 앞 문장에는 freedom이 있어야 하므로, (A) 바로 앞에는 (C)가 있어야 하고, (B)에 결론을 유도하는 therefore가 있으므로 정답은 ③이 된다.

어휘 democracy 민주주의 decision-makers 의사결정자 threaten 위협하다

정답
09 ④-①/⑤-③/②-⑥ 10 ③

풀이 해법

ᗩ 지시(인칭)대명사 이용
② 지시(인칭)대명사: · this(these) + ⓥ / that(those) + ⓥ / it(they) + ⓥ he, she ···
위의 지시(인칭)대명사는 가리키는 명사가 반드시 바로 앞 문장에 있어야 한다.

확인학습문제

Ex 11 다음 글의 흐름으로 보아, 주어진 문장이 들어가기에 가장 적절한 곳은?

> Koreans tend to have one job for their whole life.

A professor of business studied employment patterns in Korea and the United States. She described in her book some important differences. (①) Among them, she paid particular attention to the number of years a person stays with a job. (②) When they are young, they go to work for a company, and they stay with that company. (③) In the United States, people move from one company to another. (④) They change jobs very frequently.

확인학습문제 Answer & Review

Ex 11 다음 글의 흐름으로 보아, 주어진 문장이 들어가기에 가장 적절한 곳은?

> Koreans tend to have one job for their whole life.

A professor of business studied employment patterns in Korea and the United States. She described in her book some important differences. (①) Among them, she paid particular attention to the number of years a person stays with a job. (②) When they are young, they go to work for a company, and they stay with that company. (③) In the United States, people move from one company to another. (④) They change jobs very frequently.

해석 한 경제학 교수는 한국과 미국의 고용 형태를 공부하였다. 그녀의 저서에는 몇 가지의 중요한 차이점들이 설명되어 있다. 그녀는 그들 중 특정적으로 한 사람이 몇 년 동안 한 직업에 종사하고 있는지에 관해 중점을 두었다. <u>한국인은 일생에 한 가지 일에 종사하는 경향을 보인다.</u> 젊었을 때 그들은 한 직장에서 일을 하고, 또 그 직장에 머물러 있는다. 미국에서는, 사람들은 한 직장에서 다른 직장으로 옮긴다. 그들은 매우 자주 직장을 바꾼다.

해설 ② 뒤의 they는 제시문의 Koreans를 지칭하므로 주어진 문장이 들어가기에 가장 적절한 곳은 ②가 된다.

어휘 pay attention to ~에 집중하다 frequently 자주, 빈번하게

정답

11 ②

풀이 해법

Q 정관사 이용

① 정관사: • the + ⓝ

(a) + ⓝ 다음에 위의 정관사 **the** + ⓝ가 나온다. (이때 명사는 동일 명사이다)

참고 반드시 a + ⓝ가 the + ⓝ 앞에 나오는 것은 아니다.

확인학습문제

Ex 12 다음 글의 흐름으로 보아, 주어진 문장이 들어가기에 가장 적절한 곳은?

> A new study shows that kids are becoming multitasking media users.

When doing your homework, do you listen to music or talk on the phone at the same time? (①) The study has measured kids' use of non-school media including television, videos and DVDs, music, video games, computers, movies, magazines, books and other print materials. (②) The finding is that kids who get the lowest grades spend more time playing video games and less time reading than did kids who received the highest grades though the total amount of time spent on non-school media use hasn't changed much. (③) Still, it is unclear if multitasking has any effect on kids' ability to focus on their studies. (④) Spending more time with more media is bad but this is something all parents have to decide based on their kids' age, their performance in school and the parents' own values.

확인학습문제 **Answer & Review**

Ex 12 다음 글의 흐름으로 보아, 주어진 문장이 들어가기에 가장 적절한 곳은?

A new study shows that kids are becoming multitasking media users.

When doing your homework, do you listen to music or talk on the phone at the same time? (①) The study has measured kids' use of non-school media including television, videos and DVDs, music, video games, computers, movies, magazines, books and other print materials. (②) The finding is that kids who get the lowest grades spend more time playing video games and less time reading than did kids who received the highest grades though the total amount of time spent on non-school media use hasn't changed much. (③) Still, it is unclear if multitasking has any effect on kids' ability to focus on their studies. (④) Spending more time with more media is bad but this is something all parents have to decide based on their kids' age, their performance in school and the parents' own values.

해석 당신은 숙제를 하면서 동시에 음악을 듣거나 전화를 하는가? <u>새로운 연구는 아이들이 동시에 여러 가지 일을 할 수 있는 매체 사용자들임을 보여 준다.</u> 그 연구는 아이들이 TV, 비디오, DVD, 음악, 비디오 게임, 컴퓨터, 영화, 잡지, 책 그리고 다른 인쇄 자료를 포함한 학교 매체 이외의 자료들을 사용하는 것을 측정해 왔다. 그 연구는 비록 학교 매체 이외의 자료 사용으로 보낸 시간이 많이 바뀌지 않았다 하더라도, 성적이 최하인 아이들이 성적이 최상에 있는 아이들보다 책을 덜 읽고 비디오 게임을 하는 데 더 많은 시간을 보낸다고 밝혀졌다. 그러나 여러 가지 일을 하는 것은 그들 연구에 집중할 수 있는 아이들 능력에 어떤 영향을 주는지는 명확하지 않다. 더 많은 매체와 함께 많은 시간을 보내는 것은 나쁘지만 이것은 아이들의 나이, 학교에서의 성적 그리고 부모의 가치에 기초해서 결정해야 하는 것이다.

해설 ① The study 앞에 a study가 있어야 하므로 정답은 ①이 된다.

어휘 measure 재다, 측정하다; 대책, 조치 material 물질; 재료, 자료; 교재 finding 연구 grade 성적; 등급; 학년 amount 양; 금액 still 아직도; 그러나

정답
12 ①

풀이해법

3. 공간적 순서(Spatial Order)이용
Q 나열의 Signal을 이용한 공간 개념
  ① 같은 내용의 것들은 하나의 공간으로 묶는다.
  ② 나열의 **Signal**을 이용하여 공간을 분할시킨다.

확인학습문제

Ex 13 다음 글의 흐름으로 보아, 주어진 문장이 들어가기에 가장 적절한 곳은?

> In addition, bathing a cat is almost never necessary.

> Some of the most attractive features of cats as pets have their ease of care. First of all, cats do not have to be walked. (①) They get plenty of exercise as they play in the house. (②) That's because cats can clean themselves. (③) Finally, cats can be left home alone for a few hours without fear. (④) Unlike some pets, most cats will not destroy the furnishings when left alone.

확인학습문제 Answer & Review

Ex 13 다음 글의 흐름으로 보아, 주어진 문장이 들어가기에 가장 적절한 곳은?

> In addition, bathing a cat is almost never necessary.

> Some of the most attractive features of cats as pets have their ease of care. First of all, cats do not have to be walked. (①) They get plenty of exercise as they play in the house. (②) That's because cats can clean themselves. (③) Finally, cats can be left home alone for a few hours without fear. (④) Unlike some pets, most cats will not destroy the furnishings when left alone.

해석 애완동물로서 고양이의 가장 매력적인 특징들 중 몇몇은 쉽게 돌볼 수 있다는 것이다. 무엇보다도 우선 고양이는 산책시킬 필요가 없다. 그들은 집에서 놀 때 충분히 운동을 한다. <u>게다가 고양이를 목욕시키는 것은 결코 필요치 않다.</u> 고양이는 스스로 깨끗이 할 수 있기 때문이다. 마지막으로 고양이는 무서워하지 않고 집에서 혼자 남아 있을 수 있다. 몇몇 애완동물과는 달리 대부분의 고양이는 혼자 있을 때에도 가구를 파괴하지 않는다.

해설 나열의 공간 개념을 이용해야 한다. 고양이 목욕과 관련된 내용이 하나의 공간에 있어야 하고 In addition이 먼저 와야 하므로 정답은 ②가 된다.

어휘 attractive 매력적인 feature 특징 walk 산책시키다 plenty of 많은 destroy 파괴하다 furnishings 가구류

정답
13 ②

확인학습문제

Ex 14 다음 글의 흐름으로 보아, 주어진 문장이 들어가기에 가장 적절한 곳은?

Finally, very cold weather can cause health problems.

A cold winter causes several problems in Florida. First of all, very cold weather can cause orange trees to die. (①) Cold weather also results in fewer tourists. (②) There are many hotels and vacation places in Florida, so these places are in trouble if there are fewer tourists. (③) Many people do not have heating in their homes, so they become ill from the cold. (④)

확인학습문제 Answer & Review

Ex 14 다음 글의 흐름으로 보아, 주어진 문장이 들어가기에 가장 적절한 곳은?

> Finally, very cold weather can cause health problems.

> A cold winter causes several problems in Florida. First of all, very cold weather can cause orange trees to die. (①) Cold weather also results in fewer tourists. (②) There are many hotels and vacation places in Florida, so these places are in trouble if there are fewer tourists. (③) Many people do not have heating in their homes, so they become ill from the cold. (④)

해석 추운 겨울은 플로리다에 몇 가지 문제점을 야기한다. 우선 추운 날씨로 인해 오렌지 나무가 죽는다. 추운 날씨는 또한 관광객의 수를 감소시킨다. 많은 호텔과 휴양지가 플로리다에 있다. 그래서 이 지역들은 관광객이 감소하면 어려움에 빠진다. <u>마지막으로 추운 날씨는 건강 문제를 초래한다.</u> 많은 사람들은 그들의 집에 난방 기구를 갖고 있지 않아서 감기로부터 아플 수 있다.

해설 나열의 공간 개념을 이용해야 한다. 날씨가 추워서 생기는 건강상 문제를 하나의 공간으로 묶어야 하고, **finally**가 먼저 나와야 하므로 정답은 ③이 된다.

어휘 result in 초래하다, 야기시키다(＝cause) cold 감기

정답
14 ③

풀이 해법

반대·대조의 공간 개념(two 개념)

두 개의 상반된 내용이 하나의 단락을 이룬다.

┌ 대조 ┐
A ≠ **B**

순서대로 A부터 설명하고
A 설명이 끝나고, 그다음
반대·대조의 연결어가 나오고,
(However, But, On the other hand, In contrast)
그리고 나서 B를 설명한다.

두 개의 상반된 내용이 하나의 단락을 이룰 때에는 대체로 다음과 같다.

① 단락의 도입부에서 A와 B를 제시하고 순서대로 A와 B를 설명한다. 이때에는 **two**라는 숫자가 나올 수 있다.

② A를 설명할 때 **one** 또는 **the first**를 제시할 수 있고 B를 설명하면서 **the other** 또는 **the second**를 제시할 수 있다.

확인학습문제

Ex 15 다음 글의 흐름으로 보아 주어진 문장이 들어가기에 가장 적절한 곳은?

> In contrast, nonmaterial culture consists of human creations that are not physical.

> Elements of culture can be divided into two categories. The first is the material culture, which is made up of all the physical objects that people make and give meaning to. (①) Books, clothing, and buildings are some examples. (②) We have a shared understanding of their purpose and meanings. (③) Examples of nonmaterial culture are values and customs. (④) Our beliefs and the languages we speak are also part of our nonmaterial culture.

확인학습문제 Answer & Review

Ex 15 다음 글의 흐름으로 보아 주어진 문장이 들어가기에 가장 적절한 곳은?

> In contrast, nonmaterial culture consists of human creations that are not physical.

> Elements of culture can be divided into two categories. The first is the material culture, which is made up of all the physical objects that people make and give meaning to. (①) Books, clothing, and buildings are some examples. (②) We have a shared understanding of their purpose and meanings. (③) Examples of nonmaterial culture are values and customs. (④) Our beliefs and the languages we speak are also part of our nonmaterial culture.

해석 문화의 요소들은 두 범주로 나뉠 수 있다. 첫째는 물질적 문화인데, 그것은 사람들이 만들면서 의미를 부여한 모든 가시적 물체들로 이루어져 있다. 책, 의류, 건물 등이 그 예들이다. 우리는 그것들의 목적과 의미에 대한 공감적 이해를 하고 있다. 대조적으로 비물질적 문화는 눈에 보이지 않는 인간의 창조로 이루어진다. 비물질적인 문화의 예로는 가치관과 관습이 있다. 우리의 믿음과 우리가 쓰는 언어 또한 비물질적인 문화의 일부이다.

해설 반대·대조의 공간 개념과 대명사를 이용해야 한다. 도입부에 물질 문화에 대한 설명과 ②, ③부터 비물질 문화에 대한 설명이 이어지는데 ②의 **their**는 물질 문화를 대신하므로 비물질 문화에 대한 설명은 ③부터 시작해야 한다. 따라서 정답은 ③이 된다.

어휘 nonmaterial 비물질적인   consist of ~로 구성되다   creation 창조
physical 물질적인; 신체의   make up of ~을 구성하다   element 요소
divide 나누다   category 범주, 카테고리

15 ③

풀이 해법

유사의 공간 개념

서로 다른 소재에 대한 공통점이 하나의 단락을 이룰 때 하나의 소재에서 다른 소재로 전환되는(A에서 B로 넘어가는) 지점에서 유사의 **Signal**이 나올 수 있다.

┌ 유사 ┐
A ≒ B

순서대로 A부터 설명하고
A 설명이 끝나고, 그다음
유사의 Signal Word가 나오고,
그다음, B를 설명한다.

확인학습문제

Ex 16 주어진 글 다음에 이어질 글의 순서로 가장 적절한 것은?

The impact of color has been studied for decades. For example, in a factory, the temperature was maintained at 72°F and the walls were painted a cool blue-green. The employees complained of the cold.

(A) Similarly, the psychological effects of warm and cool hues seem to be used effectively by the coaches of the Notre Dame football team. The locker rooms used for half-time breaks were reportedly painted to take advantage of the emotional impact of certain hues.

(B) The home-team room was painted a bright red, which kept team members excited or even angered. The visiting-team room was painted a blue-green, which had a calming effect on the team members. The success of this application of color can be noted in the records set by Notre Dame football teams.

(C) The temperature was maintained at the same level, but the walls were painted a warm coral. The employees stopped complaining about the temperature and reported they were quite comfortable.

① (A) − (C) − (B)   ② (B) − (A) − (C)
③ (C) − (A) − (B)   ④ (C) − (B) − (A)

확인학습문제 Answer & Review

Ex 16 주어진 글 다음에 이어질 글의 순서로 가장 적절한 것은?

> The impact of color has been studied for decades. For example, in a factory, the temperature was maintained at 72°F and the walls were painted a cool blue-green. The employees complained of the cold.

> (A) Similarly, the psychological effects of warm and cool hues seem to be used effectively by the coaches of the Notre Dame football team. The locker rooms used for half-time breaks were reportedly painted to take advantage of the emotional impact of certain hues.
>
> (B) The home-team room was painted a bright red, which kept team members excited or even angered. The visiting-team room was painted a blue-green, which had a calming effect on the team members. The success of this application of color can be noted in the records set by Notre Dame football teams.
>
> (C) The temperature was maintained at the same level, but the walls were painted a warm coral. The employees stopped complaining about the temperature and reported they were quite comfortable.

① (A) – (C) – (B) ② (B) – (A) – (C)
③ (C) – (A) – (B) ④ (C) – (B) – (A)

해석 색깔의 영향은 수십 년 동안 연구되어 왔다. 예를 들어, 어떤 공장에서 온도가 **72°F**로 유지되었으며 벽들은 시원한 청록색으로 칠해졌다. 직원들은 춥다고 불평했다.

(C) 온도는 동일한 수준으로 유지되었지만, 벽들이 따뜻한 산호색으로 칠해졌다. 직원들은 온도에 관한 불평을 멈추었고 그들은 아주 편안하다고 보고했다.

(A) 이와 비슷하게, 따뜻하고 시원한 색조의 심리적 효과는 **Notre Dame** 미식축구 팀 코치들에 의해서 효율적으로 사용되는 것 같다. 하프타임 휴식 시간에 사용되는 라커룸들이 특정한 색조의 감정적 영향을 이용하기 위해서 칠해졌다고 한다.

(B) 홈 팀의 라커룸은 밝은 빨간색으로 칠해졌는데, 이것이 팀원들을 흥분하거나 심지어 분노에 찬 상태로 있게 했다. 방문 팀의 라커룸은 청록색으로 칠해졌는데, 이것이 팀원들을 차분하게 하는 효과를 나타냈다. 이런 색깔 적용의 성공은 **Notre Dame** 미식축구 팀의 전적에서 찾아볼 수 있다.

해설 유사의 공간 개념(서로 다른 소재에 대한 공통점)을 이용해야 한다. 제시문에 공장 근로자들의 이야기로 시작되었으므로 이와 같은 개념인 (C)가 제시문 다음에 위치해야 하고 (A)에 Similarly가 있으므로 (C) 다음에 (A)가 위치하는 것이 글의 흐름상 적절하다. 따라서 ③ (C) – (A) – (B)가 정답이 된다.

어휘 impact 영향, 충격 decade 10년 maintain 유지하다; 주장하다

employee 근로자, 피고용인 complain 불평하다 psychological 심리적인

hue 색조, 색상 break 깨다, 부수다; 휴식 take advantage of ~을 이용하다

calming (마음을) 가라앉히는, 진정하는 application 적용, 응용

coral 산호; 산호색(분홍이나 주황색)

정답
16 ③

01 다음 주어진 글에 이어질 글의 순서로 가장 적절한 것은?

> Do you worry about losing your good health? Do you fear that crime, war, or terrorist attacks will disrupt the economy and your security?

(A) It's because television focuses on news that makes the world seem like a more dangerous place than it actually is. Afraid of the world that is portrayed on TV, people stay in their homes with close family and do not build bonds with their neighbors.

(B) These are legitimate concerns that many people share. We live in difficult and uncertain times. But are these fears real? Research shows that people who watch a lot of news on television overestimate the threats to their well-being. Why?

(C) Thus, they become more vulnerable. Surrounding ourselves with a wall of fear, however, is not the answer. The only way to overcome this problem is to be more connected to others, and this connection will reduce fear and isolation.

① (A) − (C) − (B)
② (B) − (A) − (C)
③ (C) − (A) − (B)
④ (C) − (B) − (A)

어휘

01 Do you worry about losing your good health? Do you fear that crime, war, or terrorist attacks will disrupt the economy and your security?

> **해석** 당신은 당신의 좋은 건강을 잃을까봐 걱정하고 있는가? 범죄, 전쟁, 혹은 테러리스트들의 공격이 경제와 당신의 안전에 지장을 줄까봐 두려운가?

01
disrupt 방해하다(= **interfere with**), 지장을 주다
security 안전
*secure 안전한; 안전하게

02 These are legitimate concerns that many people share. We live in difficult and uncertain times. But are these fears real? Research shows that people who watch a lot of news on television overestimate the threats to their well-being. Why?

> **해석** 이것들은 많은 사람들이 공유하고 있는 정당한 걱정이다. 우리는 어렵고 불확실한 시대에 살고 있다. 그러나 이러한 두려움들은 현실적인가? 연구는 텔레비전에서 많은 뉴스를 보는 사람들이 그들의 안녕[웰빙]에 대한 위협을 과대평가하고 있다는 것을 보여 주고 있다. 이유는?

02
legitimate 정당한, 타당한; 합법적인(= **legal**)
concern 걱정; 관심
uncertain 불확실한(↔ **certain**)
*uncertainty 불확실성
overestimate 과대평가하다
*estimate 추정하다, 어림잡다
threat 위협(= **fright**)
*threaten 위협하다
 (= **horrify, terrify, frighten**)

03 It's because television focuses on news that makes the world seem like a more dangerous place than it actually is. Afraid of the world that is portrayed on TV, people stay in their homes with close family and do not build bonds with their neighbors.

> **해석** 그것은 텔레비전이 세상을 실제보다도 더 위험한 장소처럼 보이게 만드는 뉴스에 집중하기 때문이다. 텔레비전에서 묘사되는 세상을 두려워하여, 사람들은 가까운 가족들과 함께 그들의 집에서만 머물면서 그들의 이웃들과 유대를 형성하지 않는다.

03
portray 묘사하다; (초상화를) 그리다
*portrait 묘사; 초상화
close 가까운; 닫다
bond 유대, 결속(= **tie, cohesion**)

04 Thus, they become more vulnerable. Surrounding ourselves with a wall of fear, however, is not the answer. The only way to overcome this problem is to be more connected to others, and this connection will reduce fear and isolation.

> **해석** 그리하여 그들은 더 공격받기 쉬워진다. 하지만, 우리들 자신을 두려움의 벽으로 둘러싸는 것이 해답은 아니다. 이 문제를 극복하는 유일한 방법은 타인들과 더 연결되는 것이고, 이 연결은 두려움과 고립을 줄일 것이다.

04
vulnerable 공격받기 쉬운, 취약한
surround 에워[둘러]싸다
*surrounding 에워[둘러]싸는
*surroundings 환경(= **environment**)
only 단지, 다만, 오직; 유일한
overcome 극복하다
isolation 고립
*isolate 고립시키다
*isolated 고립된

정답

01 ②

02 다음 글의 흐름으로 보아, 주어진 문장이 들어가기에 가장 적절한 곳은?

> The DNA extracted from these bits of whale skin not only identifies the individuals in the group, but also reveals their relationships to each other.

Sperm whales travel in social groups that cooperate to defend and protect each other, and may even share suckling of calves. It is difficult to determine the membership of these groups from sightings alone, because of the practical difficulties of observing whale behavior, most of which happens underwater. (①) To make things even more difficult, sperm whales can travel across entire oceans and can dive to a depth of a kilometer. (②) Biologists who study whale behavior generally have to be content with hanging around in boats, waiting for their subjects to surface. (③) But when they do surface, in addition to taking photos which allow individual whales to be identified, biologists can zip over in worryingly small boats and pick up the bits of skin that the whales leave behind on the surface when they re-submerge. (④) This has allowed researchers to describe sperm whale social groups in detail.

• 꼼꼼 독해 •

01 Sperm whales travel in social groups that cooperate to defend and protect each other, and may even share suckling of calves. It is difficult to determine the membership of these groups from sightings alone, because of the practical difficulties of observing whale behavior, most of which happens underwater.

> **해석** 향유고래는 서로를 방어하고 보호하기 위해서 협동하는 사회적 집단을 이루어 이동하고, 심지어는 새끼 젖을 먹이는 것을 공유할 수도 있다. 고래의 행동은 대부분이 수중에서 이루어져 실질적으로 관찰하기가 어렵기 때문에, 단지 목격만으로 이 집단의 구성원을 밝혀내기는 어렵다.

01
sperm whale 향유고래
suckle 젖을 먹이다
calf(복수형 **calves**) 송아지; 새끼; 종아리
determine 결정[결심]하다(= **decide**, **resolve**); 알아내다, 밝히다
sighting 목격
practical 실질적인
observe 관찰하다; 지키다, 준수하다

02 To make things even more difficult, sperm whales can travel across entire oceans and can dive to a depth of a kilometer. Biologists who study whale behavior generally have to be content with hanging around in boats, waiting for their subjects to surface.

> **해석** 향유고래는 전 대양을 가로질러 이동할 수 있고, 1킬로미터의 깊이까지 잠수할 수 있어서 (구성원을 가려내는) 일은 훨씬 더 어려워진다. 고래의 행동을 연구하는 생물학자들은 보통 그들의 관찰 대상이 수면으로 올라오는 것을 기다리면서 보트 안에서 서성거리는 것에 만족해야만 한다.

02
dive 다이빙하다; 잠수하다(= **submerge**)
entire 전체의; 완전한
depth 깊이
*****deep** 깊은
be content with ~에 만족하다
*****content** 내용; 목차, 차례; 만족한
hang around 거닐다, 서성거리다, 배회하다
subject 주제; 과목; 피실험자
surface 표면; 표면으로 나오다

03 But when they do surface, in addition to taking photos which allow individual whales to be identified, biologists can zip over in worryingly small boats and pick up the bits of skin that the whales leave behind on the surface when they re-submerge.

> **해석** 그러나 그것들[고래들]이 수면으로 올라올 때, 생물학자들은 개별 고래들을 확인할 수 있도록 해 주는 사진을 촬영할 뿐만 아니라 우려될 정도로 작은 보트를 타고 재빠르게 나아가서 고래들이 다시 잠수할 때, 표면에 남겨 두고 간 피부의 조각들을 주워 담을 수 있다.

03
in addition to ~ 이외에도 (= **besides** + 명사)
zip over 재빠르게 나아가다
worryingly 우려[걱정]할 정도로
leave behind 남겨두고 가다
submerge 잠수하다

04 The DNA extracted from these bits of whale skin not only identifies the individuals in the group, but also reveals their relationships to each other. This has allowed researchers to describe sperm whale social groups in detail.

> **해석** 이러한 고래의 피부 조각에서 추출한 DNA는 집단에 있는 개별 개체들을 확인할 수 있을 뿐만 아니라, 서로에 대한 그들의 관계를 드러내기도 한다. 이것은 연구자들이 향유고래의 사회 집단에 대해 자세하게 설명할 수 있도록 해 주었다.

04
extract 추출하다, 뽑다; 추출물, 발췌
*****subtract** 빼다(↔ **add** 더하다)
identify 확인하다; 동일시하다
*****identify A with B** A와 B를 동일시하다
reveal 드러내다(= **disclose**) (↔ **hide, conceal** 숨기다)
in detail 자세하게

정답
02 ④

03 다음 주어진 글에 이어질 글의 순서로 가장 적절한 것은?

Even worse than reaching a conclusion with just a little evidence is the fallacy of reaching a conclusion without any evidence at all. Sometimes people mistake a separate event for a cause-and-effect relationship.

(A) You therefore leap to the conclusion that the man in the black jacket has robbed the bank. However, such a leap tends to land far from the truth of the matter. You have absolutely no evidence — only a suspicion based on coincidence. This is a post hoc fallacy.

(B) They see that "A" happened before "B", so they mistakenly assume that "A" caused "B". This is an error known in logic as a post hoc fallacy.

(C) For example, suppose you see a man in a black jacket hurry into a bank. You notice he is nervously carrying his briefcase, and a few moments later you hear a siren.

① (A) − (C) − (B)
② (B) − (A) − (C)
③ (B) − (C) − (A)
④ (C) − (B) − (A)

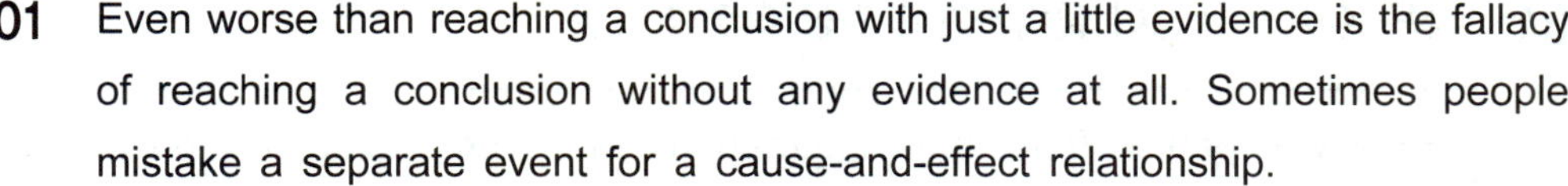

01 Even worse than reaching a conclusion with just a little evidence is the fallacy of reaching a conclusion without any evidence at all. Sometimes people mistake a separate event for a cause-and-effect relationship.

> **해석** 단지 약간의 증거만을 가지고 결론에 도달하는 것보다 훨씬 더 나쁜 것은 전혀 어떤 증거도 없이 결론에 이르는 오류이다. 때때로 사람들은 분리된 사건을 인과 관계로 오해한다.

01
conclusion 결론
*conclude 결론짓다
reach ~에 이르다, 다다르다
evidence 증거
*evident (증거가) 명백한; 분명한
separate 분리된
relationship 관계

02 They see that "A" happened before "B", so they mistakenly assume that "A" caused "B". This is an error known in logic as a post hoc fallacy.

> **해석** 그들은 A가 B보다 먼저 일어난 것을 보고, A가 B의 원인이었다는 잘못된 추정을 한다. 이것은 논리학에서 인과관계의 오류라고 알려진 오류이다.

02
assume 추정하다, 생각하다
mistakenly 잘못하여, 실수로
logic 논리 *logical 논리적인
fallacy 오류(= flaw)
*post hoc fallacy 인과관계의 오류

03 For example, suppose you see a man in a black jacket hurry into a bank. You notice he is nervously carrying his briefcase, and a few moments later you hear a siren.

> **해석** 예를 들어, 당신은 검은 웃옷을 입은 사람이 은행으로 급히 들어가는 것을 본다고 추정해 보자. 당신은 그가 그의 가방을 초조하게 가지고 가는 것을 주시하고, 몇 분 있다가 사이렌 소리를 듣는다.

03
suppose 추정하다, 생각하다
nervously 초조하게
briefcase (서류용) 가방

04 You therefore leap to the conclusion that the man in the black jacket has robbed the bank. However, such a leap tends to land far from the truth of the matter.

> **해석** 따라서 당신은 그 불길한 검은 웃옷을 입은 사람이 은행에서 강도질을 했다고 속단한다. 그러나 그러한 비약은 그 문제의 진실과 거리가 먼 경향이 있다.

04
rob 강탈하다
*rob A of B A에게서 B를 빼앗다
leap 건너뛰다; 건너뜀, 도약
tend ~하려는 경향이 있다; 돌보다

05 You have absolutely no evidence — only a suspicion based on coincidence. This is a post hoc fallacy.

> **해석** 당신은 단지 우연의 일치에 기초한 의심만 있을 뿐 증거가 전혀 없다. 이것이 인과관계의 오류이다.

05
absolute 절대적인
suspicion 의심
*suspicious 의심스러운
*suspect 의심하다
coincidence 우연의 일치

정답

03 ③

04 다음 주어진 문장이 들어가기에 가장 적절한 곳은?

> However, people from more interdependent cultural contexts tend to be less focused on issues of individual success and agency and more motivated towards group goals and harmony.

> People from more individualistic cultural environment tend to be motivated to maintain self-focused agency or control as these play a role as the basis of one's self-esteem. (①) With this form of agency comes the belief that individual successes depend primarily on one's own abilities and actions, and thus, whether by influencing the environment or trying to accept one's circumstances, the use of control ultimately centers on the individual. (②) The independent self may be more driven to cope by appealing to a sense of agency or control. (③) Research has shown that East Asians prefer to seek more social support rather than do personal control in certain cases. (④) Therefore, people who are interdependent may prefer to cope in a way that promotes harmony in relationships.

01 People from more individualistic cultural environment tend to be motivated to maintain self-focused agency or control as these play a role as the basis of one's self-worth.

> **해석** 더 개인주의적인 문화 환경의 출신자들은 자신에게 초점을 맞춘 주체성이나 통제력을 유지하려는 동기를 가지는 경향이 있는데 이는 이러한 것들이 자존감의 토대 역할을 하기 때문이다.

02 With this form of agency comes the belief that individual successes depend primarily on one's own abilities and actions, and thus, whether by influencing the environment or trying to accept one's circumstances, the use of control ultimately centers on the individual.

> **해석** 이러한 형태의 주체성의 결과로 개인의 성공이 주로 자신의 능력과 행동에 달려 있다는 믿음이 생기며, 따라서 환경에 영향을 미치거나, 자신의 상황을 받아들이려고 노력함에 의해서든, 통제력의 사용은 궁극적으로 개인에게 집중된다.

03 The independent self may be more driven to cope by appealing to a sense of agency or control.

> **해석** 독립적 자아는 주체 의식이나 통제 의식에 호소함으로써 대처하도록 더 많이 유도될 수도 있다.

04 However, people from more interdependent cultural contexts tend to be less focused on issues of individual success and agency and more motivated towards group goals and harmony.

> **해석** 하지만 더 상호의존적인 문화 환경의 출신자들은 개인의 성공과 주체성의 문제에 덜 집중하며 집단의 목표와 화합 쪽으로 더 많은 동기부여가 되는 경향이 있다.

05 Research has shown that East Asians prefer to seek more social support rather than do personal control in certain cases.

> **해석** 연구는 동아시아인들은 어떤 경우에 개인적인 통제를 추구하기보다는 오히려 더 많은 사회적인 지원을 추구하는 것을 선호한다는 것을 보여준다.

06 Therefore, people who are interdependent may prefer to cope in a way that promotes harmony in relationships.

> **해석** 그러므로 상호의존적인 사람들은 관계 속에서의 화합을 증진하는 방식으로 대처하는 것을 선호할 수 있다.

01
individualistic 개인주의적인
tend to ⓥ ⓥ하려는 경향이 있다
motivate 동기부여하다
maintain 유지하다
agency 주체성, 주도성
play a role 역할을 하다
self-esteem 자존감

02
primarily 주로
ability 능력
circumstance 상황
ultimately 궁극적으로
center on ~에 집중되다

03
self 자아
drive 유도하다
cope 대처하다
appealing 호소하는

04
interdependent 상호의존적인
tend to ⓥ ⓥ하려는 경향이 있다
motivate 동기부여하다

05
prefer A rather than B
B보다 A를 더 선호하다
seek 찾다, 구하다
certain 어떤

06
prefer 선호하다
cope 대처하다
promote 증진시키다, 발전시키다
relationship 관계

정답
04 ③

06 기출문제 분석

01 주어진 글 다음에 이어질 글의 순서로 가장 적절한 것은? 2025. 국가직 9급

> The idea that society should allocate economic rewards and positions of responsibility according to merit is appealing for several reasons.

(A) An economic system that rewards effort, initiative, and talent is likely to be more productive than one that pays everyone the same, regardless of contribution, or that hands out desirable social positions based on favoritism.

(B) Rewarding people strictly on their merits also has the virtue of fairness; it does not discriminate on any basis other than achievement.

(C) Two of these reasons are generalized versions of the case for merit in hiring — efficiency and fairness.

① (A) – (C) – (B)

② (B) – (C) – (A)

③ (C) – (A) – (B)

④ (C) – (B) – (A)

• 정답 해설 •

01 **해석** 사회가 경제적 보상과 책임의 지위를 능력에 따라 배분해야 한다는 생각은 여러 가지 이유에서 매력적이다.

(C) 이러한 이유 중 두 가지는 채용에 있어서 능력을 중시해야 한다는 주장을 일반화한 것으로, 바로 효율성과 공정성이다.

(A) 노력, 주도성, 재능을 보상하는 경제 체제는 개인의 기여 여부와 관계없이 모두에게 동일한 보수를 지급하거나, 연줄에 따라 원하는 사회적 지위를 배분하는 경제 시스템보다 더 생산성이 더 높을 가능성이 크다.

(B) 사람들을 엄격하게 능력에 따라 보상하는 것은 또한 공정성의 미덕도 있는데, 이는 성취 이외의 어떤 기준으로도 차별하지 않는다는 것이다.

해설 (C)의 these reasons는 주어진 문장의 reasons를 가리키므로 주어진 문장 다음 (C)가 위치해야 한다. (C)의 Two of these reasons는 efficiency와 fairness이고 (A)는 효율성을 설명하고 (B)에 나열의 시그널 also(두 번째 나열)가 있고 (B)는 공정성에 대한 설명이므로 주어진 글 다음 이어질 글의 순서로 가장 적절한 것은 ③ '(C) - (A) - (B)'이다.

어휘 allocate 분배하다, 할당하다 reward 보상하다 position 지위, 직책
according to ~에 따라, ~에 따르면 merit ① 능력 ② 이점, 장점 appealing 매력적인
effort 노력, 수고 initiative 진취성, 주도적 행동 be likely to ~할 가능성이 있다
productive 생산적인 regardless of ~에 관계없이 contribution 기여, 공헌
hand out 나눠주다, 배포하다 desirable 바람직한 based on ~에 근거하여
favoritism 편애, 편파, 특혜 strictly 엄격하게 virtue 미덕, 덕목 fairness 공정성
discriminate 차별하다 basis 기준, 근거 other than ~이외에는, ~을 제외하고는
achievement 업적, 성취, 달성 generalize 일반화하다, 보편화하다 hire 고용하다
efficiency 효율성, 능률

01 ③

02 주어진 문장이 들어갈 위치로 적절한 것은? 2024. 국가직 9급

Tribal oral history and archaeological evidence suggest that sometime between 1500 and 1700 a mudslide destroyed part of the village, covering several longhouses and sealing in their contents.

From the village of Ozette on the westernmost point of Washington's Olympic Peninsula, members of the Makah tribe hunted whales. (①) They smoked their catch on racks and in smokehouses and traded with neighboring groups from around the Puget Sound and nearby Vancouver Island. (②) Ozette was one of five main villages inhabited by the Makah, an Indigenous people who have been based in the region for millennia. (③) Thousands of artifacts that would not otherwise have survived, including baskets, clothing, sleeping mats, and whaling tools, were preserved under the mud. (④) In 1970, a storm caused coastal erosion that revealed the remains of these longhouses and artifacts.

• 정답 해설 •

02 [해석] 워싱턴주의 올림픽 반도 가장 서쪽 지점에 있는 **Ozette** 마을에서 **Makah**족의 구성원들은 고래를 사냥했다. 그들은 포획물을 선반 위나 훈제실에서 훈제했고 **Puget Sound**만 주변 및 **Vancouver**섬 근처에 있는 인근 부족들과 거래했다. **Ozette**는 그 지역에 수천 년간 터를 잡고 살아온 토착민인 **Makah**족이 거주하던 다섯 개의 주요 마을 중 하나였다. 부족의 구전 역사와 고고학적 증거는 **1500**년에서 **1700**년 사이 어느 때에 진흙 사태가 마을 일부를 파괴하면서, 여러 채의 전통가옥들을 덮어 그 안에 들어있는 내용물들이 빠져나가지 못하게 했다는 것을 보여준다. 그러지 않았다면[내용물들이 빠져나갔다면] 살아남지 못했을, 바구니, 의복, 수면 매트, 고래잡이 도구를 포함한 수천 개의 인공물들이 진흙 아래에 보존되어 있었다. **1970**년, 한 폭풍으로 인해 해안 침식이 일어났고, 그것이 이 전통가옥들과 인공물들의 유물들을 드러냈다.

[해설] 논리의 공백을 찾는 문제이다. ② 뒤에서 '**Ozette**는 수천 년간 터를 잡고 살아온 원주민인 **Makah**족이 거주하던 다섯 개의 주요 마을 중 하나였다'는 설명을 한 다음 '수천 개의 유물이 진흙 아래에 보존되어 있었다'는 ③의 내용은 글의 흐름상 매우 어색하다. 바로 이 부분에서 논리의 공백이 생겼기 때문에 주어진 문장이 들어가기에 가장 적절한 곳은 ③이다.

[어휘] **tribal** 부족의 **oral** 말로 하는, 구전의 **archaeological** 고고학적인 **evidence** 증거
mudslide 진흙 사태 **destroy** 파괴하다 **longhouse** 전통가옥
seal in ~을 빠져 나가지 못하게 하다 **content** 내용(물) **westernmost** 가장 서쪽에 있는
peninsula 반도 **tribe** 부족 **hunt** 사냥하다 **whale** 고래 **smoke** (고기나 생선을) 훈제하다
catch 포획물 **rack** 선반, 받침대 **smokehouse** 훈제실 **trade** 거래하다
neighboring 인근의, 이웃의 **nearby** 근처에 **inhabit** 거주하다
indigenous 토착의, 고유의 **be based in** ~에 터를 잡다 **region** 지역, 영역
millennia(millennium의 복수형) 수천 년 *millennium 천년 **artifact** 인공물
otherwise 그렇지 않으면 **survive** 살아남다, 생존하다 **whaling** 고래잡이
preserve 보존하다 **mud** 진흙 **coastal** 해안의 **erosion** 침식 **reveal** 드러내다, 밝히다
remains 유물, 유적

정답

02 ③

03 주어진 글 다음에 이어질 글의 순서로 가장 적절한 것은? 2022. 국가직 9급

Today, Lamarck is unfairly remembered in large part for his mistaken explanation of how adaptations evolve. He proposed that by using or not using certain body parts, an organism develops certain characteristics.

(A) There is no evidence that this happens. Still, it is important to note that Lamarck proposed that evolution occurs when organisms adapt to their environments. This idea helped set the stage for Darwin.

(B) Lamarck thought that these characteristics would be passed on to the offspring. Lamarck called this idea inheritance of acquired characteristics.

(C) For example, Lamarck might explain that a kangaroo's powerful hind legs were the result of ancestors strengthening their legs by jumping and then passing that acquired leg strength on to the offspring. However, an acquired characteristic would have to somehow modify the DNA of specific genes in order to be inherited.

① (A) − (C) − (B)
② (B) − (A) − (C)
③ (B) − (C) − (A)
④ (C) − (A) − (B)

· 정답 해설 ·

03 **해석** 오늘날 Lamarck는 어떻게 적응이 진화로 이어지는지에 대한 잘못된 설명으로 아주 많이 부당하게 기억된다. 그는 생명체가 특정 신체 부위를 사용하거나 사용하지 않음으로써 특정 형질을 발달시킨다고 제안했다.

(B) Lamarck는 이러한 형질이 자손에게 전해질 것이라고 생각했다. Lamarck는 이 생각을 '획득형질의 유전'이라고 불렀다.

(C) 예를 들어, Lamarck는 캥거루의 강력한 뒷다리가 조상들이 뛰면서 그들의 다리를 강화시키고 그렇게 얻은 다리 힘을 자손들에게 전달한 결과라고 설명할지도 모른다. 하지만, 획득 형질은 유전되기 위해서 특정 유전자의 DNA를 어떻게든 변형시켜야만 할 것이다.

(A) 이런 일이 일어난다는 증거는 없다. 그러나, Lamarck가 생명체가 자신의 환경에 적응할 때 진화가 발생한다는 것을 제시한 것에 주목하는 것은 중요하다. 이 생각은 Darwin을 위한 무대를 마련하는 데 도움이 되었다.

해설 (B)에 these characteristics는 제시문의 characreristics를 지칭하므로 주어진 지문 다음에는 (B)가 위치해야 하고 (C)의 캥거루 조상들이 강력한 뒷다리를 후손에게 물려줄 수 있었던 것은 획득형질유전의 구체적인 예가 되므로 (B) 뒤에는 (C)가 이어져야 한다. 그리고 (A)의 this는 (C)의 DNA의 변형을 지칭하므로 주어진 글 다음에 이어질 글의 순서로는 ③ (B) – (C) – (A)이다.

어휘 unfairly 부당하게   explanation 설명   adaptation 적응 *adapt 적응하다   evolve 진화하다
propose 제안하다   certain 특정한   organism 유기체, 생명체
characteristics 특성, (유전학) 형질   evidence 증거   still ① 아직도, 여전히 ② 그러나
note 주목하다   evolution 진화   pass on 전달하다   offsprin 자손, 후손
inheritance 유산, 유전 *inherit 물려받다, 상속받다   acquired 획득된, 습득된
hind 뒤쪽의, 후방의   ancestor 선조, 조상   strengthen 강화시키다 *strength 힘
modify 수정하다, 고치다, 변형시키다   specific 특정한   gene 유전자

정답

03 ③

07 빈칸 완성 (Cloze task)

밑줄 친 부분에 들어갈 말로 가장 적절한 것을 고르시오.

1. Clues that Signal Main Idea

확인학습문제

Ex 1 밑줄 친 부분에 들어갈 말로 가장 적절한 것을 고르시오

We push down our feelings because most of us have been brought up to believe that there are feelings which are unacceptable. Some of us learned that all emotions are unacceptable, while others learned that specific emotions such as anger or crying are unacceptable, In fact, there is absolutely nothing wrong with any kind of feeling. When someone tells you not to feel sad or angry, he or she is asking the impossible. You can deny the feelings you are having but you cannot stop them from coming. All that feelings need, in order to pass, is to be acknowledged and accepted. Just saying to yourself, or someone else, "I feel angry" (or sad, or frightened) is a great start. Let yourself ___________ the feelings, good or bad.

① deny   ② respect

③ choose   ④ disclose

확인학습문제 Answer & Review

Ex 1 밑줄 친 부분에 들어갈 말로 가장 적절한 것을 고르시오

> We push down our feelings because most of us have been brought up to believe that there are feelings which are unacceptable. Some of us learned that all emotions are unacceptable, while others learned that specific emotions such as anger or crying are unacceptable, In fact, there is absolutely nothing wrong with any kind of feeling. When someone tells you not to feel sad or angry, he or she is asking the impossible. You can deny the feelings you are having but you cannot stop them from coming. All that feelings need, in order to pass, is to be acknowledged and accepted. Just saying to yourself, or someone else, "I feel angry" (or sad, or frightened) is a great start. Let yourself ___________ the feelings, good or bad.

① deny
③ choose
② respect
④ disclose

해석 우리는 우리들 대부분 받아들일 수 없는 감정이 있다는 것을 믿도록 길러졌기 때문에 우리의 감정을 억누른다[밀어서 밖으로 몰아낸다]. 우리들 중 어떤 이들은 모든 감정을 받아들일 수 없다고 배웠지만 반면에 다른 이들은 화나 울음 같은 특별한 감정을 받아들일 수 없다고 배웠다. 사실 어떤 종류의 감정이라도 절대 틀리는 것이란 없다. 어떤 사람이 당신에게 슬퍼하거나 화내지 말라고 말할 때 그 사람은 불가능한 것을 요구하는 것이다. 당신이 가지고 있는 감정을 부정할 수는 있지만 당신은 그 감정이 다가오는 것을 막을 수는 없다. 감정이 필요한 모든 것은 지나치기 위해서 알아채는 것이고 받아들이는 것이다. 당신 자신에게나 타인에게 '화가 난다(슬프다 혹은 놀랐다.)'라고 말하는 것은 훌륭한 시작이다. 당신 스스로에게 좋은 것이든 나쁜 것이든 그 감정을 드러내도록 하라.

해설 이 글은 자신의 감정을 숨기지 말고 드러내라는 내용의 글이므로 정답은 ④가 된다.

① 거부하도록
② 존중하도록
③ 선택하도록
④ 드러내도록

어휘 bring up 기르다 acknowledge 인정하다 disclose 드러내다, 노출시키다

01 ④

2. Clues that Signal Patterns

확인학습문제

Ex 2 밑줄 친 부분에 들어갈 말로 가장 적절한 것을 고르시오.

> The idea of evolution involves two processes. First is the gradual change of a population of living organisms. Usually these changes are adaptive; that is, the organisms become increasingly efficient at exploiting their environment. Second is the formation of new species. If we assume that life has arisen only once on the earth, the 1.2 million known species of microorganisms, plants and animals living today must have arisen from ancestors that they shared in common. So a theory of evolution must tell us not only how organisms become better adapted to their environment but also ___________________.

① how some of them become extinct
② how the environment changes
③ what the organisms need to survive
④ how new species are produced

확인학습문제 **Answer & Review**

Ex 2 밑줄 친 부분에 들어갈 말로 가장 적절한 것을 고르시오.

The idea of evolution involves two processes. First is the gradual change of a population of living organisms. Usually these changes are adaptive; that is, the organisms become increasingly efficient at exploiting their environment. Second is the formation of new species. If we assume that life has arisen only once on the earth, the 1.2 million known species of microorganisms, plants and animals living today must have arisen from ancestors that they shared in common. So a theory of evolution must tell us not only how organisms become better adapted to their environment but also ___________________.

① how some of them become extinct
② how the environment changes
③ what the organisms need to survive
④ how new species are produced

해석 진화의 과정에는 두 가지가 있다. 첫 번째는 살아 있는 유기체의 점진적인 변화이다. 대체로 이 변화는 적응이다. 즉, 다시 말해서 유기체가 주변 환경을 이용하는 데 상당히 효율적이 되어 가는 것이다. 두 번째는 새로운 종을 만드는 것이다. 만약 우리가 생명체가 지구상에 딱 한 번만 나타난다고 추정할 때 오늘날 살아 있는 **120**만 종의 미생물, 식물 그리고 동물들은 그들이 보편적으로 공유했던 선조들로부터 생겨났음에 틀림없다. 따라서 진화의 이론은 우리에게 유기체가 어떻게 환경에 잘 적응했는가 뿐 아니라 어떻게 새로운 종을 만드는가도 말해준다.

해설 이 글은 진화의 두 가지 관점에 관한 글이다. 빈칸의 위치는 진화의 두 번째 과정(**the formation of new species**)이므로 정답은 ④가 된다.

① 어떻게 그들 중 일부가 멸종되는가
② 어떻게 환경이 변하는가
③ 유기체의 생존에 필요한 것이 무엇인가
④ 어떻게 새로운 종을 만드는가

어휘 gradual 점진적인 organism 유기체 adaptive 적응하는 efficient 효율적인
exploit 이용하다 assume 추정[생각]하다 microorganism 미생물 extinct 멸종한

정답
02 ④

3. Clues that Signal Likeness

확인학습문제

Ex 3 밑줄 친 부분에 들어갈 말로 가장 적절한 것을 고르시오.

> Young writers visiting the National Library are brought to a special section where the rough drafts of famous authors are kept. This practice has quite an impact on those writers who previously thought that the works of geniuses arrived complete in a single stroke of inspiration. Here, young writers can examine how often a successful author starts with an apparently random series of ideas. Later, many of these ideas are not excluded in the final design, but they were essential to the process of developing a new concept. That is, the early drafts are not discarded like mistakes, but are viewed as the initial steps in ______________________.

① repeating mistakes
② unfolding the new idea
③ checking the catalogue
④ distracting young writers

확인학습문제 Answer & Review

Ex 3 밑줄 친 부분에 들어갈 말로 가장 적절한 것을 고르시오.

Young writers visiting the National Library are brought to a special section where the rough drafts of famous authors are kept. This practice has quite an impact on those writers who previously thought that the works of geniuses arrived complete in a single stroke of inspiration. Here, young writers can examine how often a successful author starts with an apparently random series of ideas. Later, many of these ideas are not excluded in the final design, but they were essential to the process of developing a new concept. That is, the early drafts are not discarded like mistakes, but are viewed as the initial steps in ________________.

① repeating mistakes
② unfolding the new idea
③ checking the catalogue
④ distracting young writers

해석 국립 도서관을 방문하는 젊은 작가들은 유명 작가들의 다듬지 않은 초고가 보관된 특별 구역으로 보내진다. 이러한 실습은 그 이전에 천재적 작가들의 작품이 단 한 번 찾아든 영감으로 완성에 이른다고 생각한 그 젊은 작가들에게 상당한 충격이 된다. 이곳에서 젊은 작가들은 성공한 작가가 얼마나 흔히 두서없이 연속된 아이디어로 작품을 시작하는지를 확인할 수 있다. 나중에 이러한 아이디어들 중 다수는 최종 구성에 제외되는 것이 아니라 새로운 개념을 개발하는 과정에 있어서 꼭 필요했던 것이다. 다시 말해, 초고는 잘못된 생각처럼 폐기되는 것이 아니라 <u>새로운 아이디어를 펼쳐가는 데</u> 있어서 초기 절차로 간주된다.

해설 빈칸 앞에 **That is**를 기준으로 Likeness를 이용한다. 빈칸 문장 앞에 **developing a new concept**(새로운 개념을 발전시키는 것)과 비슷한 내용의 글이 이어져야 하므로 빈칸에는 ② 가 정답이 된다.

① 실수를 반복하는 데
② 새로운 아이디어를 펼쳐가는 데
③ 목록을 검토하는 데
④ 젊은 작가들이 산만한 데

어휘 rough 거친 draft 초안 practice 훈련; 관행 previously 이전에 stroke 타격; 뇌졸중 inspiration 영감 apparently 명백하게 exclude 제외시키다, 배제하다 discard 버리다 distract 흩어지게[산만하게] 하다

정답
03 ②

4. Clues that Signal Differences

확인학습문제

Ex 4 밑줄 친 부분에 들어갈 말로 가장 적절한 것을 고르시오.

> The hazards of migration range from storms to starvation, but they are outweighed by the advantages to be found in the temporary superabundance of food in the summer home. The process of evolution ensures that a species migrates only if it pays it to do so. Birds of the same species may be migratory in one area, but *sedentary elsewhere. Most song *thrushes migrate from northern Scotland; but in the south of England, the balance of advantage against disadvantage is so delicate that while some migrate to Spain and Portugal, the majority normally ________________ over winter. Moreover, England's winters have been getting warmer since the late 1980's and if the trend continues it is likely that our song thrushes will become increasingly sedentary.
>
> *sedentary: 이주하지 않는
>
> *song thrush: [조류] 노래지빠귀

① suffer from a scarcity of food

② stay in England

③ fly back to Scotland

④ migrate somewhere north of England

확인학습문제 **Answer & Review**

Ex 4 밑줄 친 부분에 들어갈 말로 가장 적절한 것을 고르시오.

The hazards of migration range from storms to starvation, but they are outweighed by the advantages to be found in the temporary superabundance of food in the summer home. The process of evolution ensures that a species migrates only if it pays it to do so. Birds of the same species may be migratory in one area, but *sedentary elsewhere. Most song *thrushes migrate from northern Scotland; but in the south of England, the balance of advantage against disadvantage is so delicate that while some migrate to Spain and Portugal, the majority normally _________________ over winter. Moreover, England's winters have been getting warmer since the late 1980's and if the trend continues it is likely that our song thrushes will become increasingly sedentary.

*sedentary: 이주하지 않는
*song thrush: [조류] 노래지빠귀

① suffer from a scarcity of food
② stay in England
③ fly back to Scotland
④ migrate somewhere north of England

해석 (계절성) 이주의 위험은 폭풍에서 굶주림까지 범위에 이르지만 여름 이주지의 일시적인 먹이의 풍부함에서 발견되는 이점들은 그러한 이주의 위험보다 더 중요하다. 진화의 과정은 한 종이 이주가 그럴 만한 보상을 할 경우에만 이주를 하게 만든다. 같은 종의 새들이 한 지역에서는 이주를 하고, 그 밖의 지역에서는 이주를 하지 않을 수도 있다. 대부분의 노래지빠귀는 스코틀랜드 북쪽에서 이주해 온다. 그러나 영국 남부에서는 (이주로 인한) 이익과 불이익의 차이가 너무도 미세해서, 일부는 스페인이나 포르투갈로 이주하는 반면 대다수는 겨울철에 대개 <u>영국에 머문다</u>. 게다가, 영국의 겨울은 1980년대 이래로 점점 더 따뜻해지고 있다. 그리고 만일 이러한 경향이 계속된다면 아마도 우리의 노래지빠귀는 점점 더 이주를 하지 않게 될 수 있다.

해설 반대·대조의 연결사 while 다음에 '이주한다(migrate)'가 있으므로 빈칸에는 '이주하지 않는다'가 있어야 한다. 따라서 정답은 ②이다.

① 식량 부족을 겪는다
② 영국에 머문다
③ 스코틀랜드로 돌아간다
④ 영국 북쪽 어딘가로 이주한다

어휘 hazard 위험 migration 이주 starvation 굶주림 outweigh ~보다 더 크다
temporary 일시적인 superabundance 과다 delicate 미묘한 majority 다수

04 ②

풀이 해법

5. Clues that Signal Cause and Effect

확인학습문제

Ex 5 밑줄 친 부분에 들어갈 말로 가장 적절한 것을 고르시오.

In Chinese food, the idea is that it should be boiling hot, because that is crucial to its flavor, embodied in the phrase wok hei, which means the 'breath' or essence of the combination of tastes added by a hot *wok. In 2005 Belgian researchers at Leuven University confirmed just how the link between temperature and taste works. They identified microscopic channels in our taste buds, which seem to respond differently at different temperatures. Apparently, the higher the temperature, the more intense the flavor. This is why ______________________________, which is why ice cream makers add stacks of sugar as you can tell all too clearly when ice cream melts. In a similar way, some bitter tastes, like tea, taste better when hot because they are more intense.

*wok: 중국 요리용 냄비

① ice cream tastes better when tea flavors are added
② ice cream does not taste that sweet straight from the fridge
③ it is not recommended to eat ice cream while drinking hot tea
④ ice cream tastes sweeter especially in the winter time

확인학습문제 **Answer & Review**

Ex 5 밑줄 친 부분에 들어갈 말로 가장 적절한 것을 고르시오.

> In Chinese food, the idea is that it should be boiling hot, because that is crucial to its flavor, embodied in the phrase wok hei, which means the 'breath' or essence of the combination of tastes added by a hot *wok. In 2005 Belgian researchers at Leuven University confirmed just how the link between temperature and taste works. They identified microscopic channels in our taste buds, which seem to respond differently at different temperatures. Apparently, the higher the temperature, the more intense the flavor. This is why ________________________, which is why ice cream makers add stacks of sugar as you can tell all too clearly when ice cream melts. In a similar way, some bitter tastes, like tea, taste better when hot because they are more intense.
>
> *wok: 중국 요리용 냄비

① ice cream tastes better when tea flavors are added

② ice cream does not taste that sweet straight from the fridge

③ it is not recommended to eat ice cream while drinking hot tea

④ ice cream tastes sweeter especially in the winter time

[해석] 중화요리에서는 뜨겁게 끓여야 한다는 생각이 있는데, 즉 wok(웍; 중화요리 기구)의 숨결 혹은 뜨거운 웍 안에서 이루는 그 진미를 뜻하는 wok hei(웍헤이)라는 문구가 표현하듯이 그것은 맛을 내는 데 굉장히 중요하다. 2005년 벨기에 루벤 대학(Leuven University)의 논문에선 음식의 온도와 맛의 연관성이 입증된 바 있다. 연구진은 각각의 맛을 느끼는 기관 속에 온도의 차이에 따라 다르게 반응하는 미세한 전달 통로가 있는 것을 알아냈다. 명백히 우리는 더 높은 온도에서 더 강한 맛을 느끼는 것이다. 이것이 바로 우리가 <u>차가운 아이스크림을 냉장고에서 바로 꺼내 먹었을 때 덜 달게 느끼는</u> 이유이며 아이스크림 회사가 (아이스크림이 녹을수록 더욱 단맛이 강해짐을 알듯이) 많은 양의 설탕을 넣는 이유이기도 하다. 또한 이것과 유사한 방법으로 차와 같이 쓴맛이 있는 것을 뜨거울 때 먹으면 더욱 좋은 맛이 나는 이유가 여기에 있다.

[해설] 빈칸 바로 다음 which(원인) is why(결과)가 있으므로 빈칸의 내용은 why에 대한 원인이어야 한다. 아이스크림을 만드는 사람들이 왜 설탕을 넣었는가에 대한 원인으로는 아이스크림이 달지 않았기 때문일 것이므로 정답은 ②가 된다.

① 아이스크림은 차 맛이 추가되었을 때 더 맛있는

② 차가운 아이스크림을 냉장고에서 바로 꺼내 먹었을 때 덜 달게 느끼는

③ 아이스크림을 뜨거운 차와 함께 먹는 것은 권장되지 않는

④ 아이스크림은 특히 겨울에 더 달게 느끼는

[어휘] crucial 결정적인 flavor 맛 embody 포함하다 phrase 구, 문구 confirm 확인하다 identify 확인하다; 동일시하다 microscopic 미세한 taste bud 미뢰(맛 봉우리) apparently 명백하게, 명백히 intense 강력한, 격렬한 stacks of 많은 bitter (맛이) 쓴

[정답]

05 ②

풀이해법

6. Clues that Signal Inference(Most Likely Answer)

확인학습문제

Ex 6 밑줄 친 부분에 들어갈 말로 가장 적절한 것을 고르시오.

The human auditory system ___________________________________.
A psychologist named Richard Warren demonstrated this particularly well. He recorded a sentence and cut out a piece of the sentence from the recording tape. He replaced the missing piece with a burst of *static of the same duration. Nearly everyone who heard the altered recording could report that they heard both a sentence and static. But a majority of people could not tell where the static was! The auditory system had filled in the missing speech information, so that the sentence seemed uninterrupted. Most people reported that there was static and that it existed apart from the spoken sentence. The static and the sentence formed separate perceptual streams due to differences in the quality of sound that caused them to group separately.

*static: 잡음(雜音)

① plays an important role in speaking
② has its own version of perceptual completion
③ reacts differently according to different languages
④ analyzes auditory and visual cues at the same time

확인학습문제 **Answer & Review**

Ex 6 밑줄 친 부분에 들어갈 말로 가장 적절한 것을 고르시오.

> The human auditory system ＿＿＿＿＿＿＿＿＿＿＿＿＿＿＿＿. A psychologist named Richard Warren demonstrated this particularly well. He recorded a sentence and cut out a piece of the sentence from the recording tape. He replaced the missing piece with a burst of *static of the same duration. Nearly everyone who heard the altered recording could report that they heard both a sentence and static. But a majority of people could not tell where the static was! The auditory system had filled in the missing speech information, so that the sentence seemed uninterrupted. Most people reported that there was static and that it existed apart from the spoken sentence. The static and the sentence formed separate perceptual streams due to differences in the quality of sound that caused them to group separately.
>
> *static: 잡음(雜音)

① plays an important role in speaking
② has its own version of perceptual completion
③ reacts differently according to different languages
④ analyzes auditory and visual cues at the same time

해석 인간의 청각 체계는 <u>그 나름대로의 지각의 완성 방식을 지니고 있다</u>. Richard Warren이라는 이름의 한 심리학자는 이를 특별히 잘 입증했다. 그는 한 문장을 녹음한 후 녹음테이프에서 그 문장의 일부를 떼어냈다. 그는 비어 있는 부분을 같은 시간 동안 지속되는 잡음의 분출로 대체했다. 변경된 녹음 내용을 들은 거의 모든 사람들은 문장과 잡음을 모두 들었다고 알릴 수 있었다. 하지만 대다수의 사람들은 잡음이 어디에서 들렸는지를 말할 수 없었다. 청각 체계가 사라진 발화정보를 채워서 그 문장은 중단되지 않은 것처럼 보인 것이다. 대부분의 사람들은 잡음이 있었고 그것은 발화된 문장과는 분리되어 존재했다고 알렸다. 잡음과 문장이 음질의 차이 때문에 분리된 집단을 이루어서 분리된 지각의 흐름을 형성한 것이다.

해설 이 글은 우리의 청각 체계가 자발적으로 빠져 있는 정보를 채워 준다는 글이므로 정답은 ②가 된다.

① 말하기에서 중요한 역할을 한다
② 그 나름대로의 지각의 완성 방식을 지니고 있다
③ 다른 언어에 따라 다르게 반응한다
④ 청각적 단서와 시각적 단서를 동시에 분석한다

어휘 auditory 청각의 demonstrate 설명하다 replace A with B A를 B로 대체하다
burst 폭발, 소음 duration (지속) 기간 alter 바꾸다 uninterrupted 방해받지 않는
apart from ~와는 별도로, ~는 제쳐 두고 perceptual 인지의 stream 흐름; 개울

06 ②

01 밑줄 친 부분에 들어갈 말로 가장 적절한 것을 고르시오.

Think of taking a picture of a couple on the beach at sunrise. The sunlight is behind them and you're getting a beautiful silhouette. If they rotate by 90 degrees, the sunlight from their side adds dramatic effects to the subjects and brings out the pattern and texture. Now take the same photo at noon in the same location. You get an entirely different look from the sun when it is high above your subjects as opposed to when it is behind or to the side of them. This is just one example that shows the importance of ______________________. For a photographer, it is critical because it can give shape, make things appear flat, create mood, and do many other things.

① position of things
② light direction
③ brightness and darkness
④ fresh perspective

꼼꼼 독해

01 Think of taking a picture of a couple on the beach at sunrise. The sunlight is behind them and you're getting a beautiful silhouette.

> **해석** 일출에[해가 뜰 무렵에] 해변에 있는 남녀 한 쌍의 사진을 찍는다고 생각해 보라. 햇빛이 그들 뒤에 있어서 아름다운 실루엣이 나올 것이다.

01
take a picture 사진을 찍다
silhouette 실루엣

02 If they rotate by 90 degrees, the sunlight from their side adds dramatic effects to the subjects and brings out the pattern and texture.

> **해석** 그들이 90도쯤 회전한다면 그들의 옆쪽에서 비추는 햇빛은 그 (촬영) 대상들에 극적인 효과를 더해 주고 그 모양과 질감을[많은 효과를] 만들어낸다.

02
rotate 회전(자전)하다; 순환하다 (= circulate)
*rotation 회전, 자전; 순환 (= circulation)
degree 온도; 정도; 학위
dramatic 극적인, 드라마틱한
subject 주제; 피실험자; 대상
bring out 끌어내다, 만들어내다
texture 감촉; 질감

03 Now take the same photo at noon in the same location. You get an entirely different look from the sun when it is high above your subjects as opposed to when it is behind or to the side of them.

> **해석** 이제 같은 위치에서 똑같은 사진을 정오에 찍어 보라. 태양이 (촬영) 대상의 뒤 또는 옆에 있었을 때와는 반대로 위쪽 높은 곳에 있을 때에는 완전히 다른 모습을 보게 된다.

03
entirely 전반[체]적으로(= wholly); 완전하게(= wholly)
*entire 전반[체]적인(= whole); 세금(= whole)
look (~처럼) 보이다; 모습, 표정 (= appearance)
as opposed to~ ~와는 반대로

04 This is just one example that shows the importance of light direction. For a photographer, it is critical because it can give shape, make things appear flat, create mood, and do many other things.

> **해석** 이것은 바로 빛의 방향의 중요성을 보여 주는 하나의 사례이다. 사진작가에게 그것은 매우 중요한데, 그 이유는 그것이 모습을 만들어내고 사물을 납작하게 보이게 하고 분위기를 창출하고 그 밖에 다른 것들을 할 수 있기 때문이다.

04
just 단지, 다만, 오직(= only); 정당한
*justice 정의(↔ injustice 불의)
direction 방향
critical 비판적인; 결정적인, 중요한
flat 평평한, 납작한

보기해석

① 사물의 위치
② 빛의 방향
③ 명암
④ 신선한 원근법

보기어휘

direction 방향
perspective 인식; 원근법

정답 

01 ②

02 다음 빈칸에 들어갈 말로 가장 적절한 것을 고르시오.

For 250 million years, reptiles — which appeared on Earth long before the first mammals — have been fighting over territory. Today, human beings do battle over property as well. But the reptiles' way of fighting is generally more ______________ than that of human beings. Two lizards will take a few rushes at one another to test which one is stronger. After a few passes, the loser rolls over on his back to signal defeat. The winner allows him to flee unharmed. Rattlesnakes, similarly, will duel over territory. But they do it with their necks twined together so that they cannot injure each other with their fangs. Unfortunately, humans generally fight with the intent of injuring one another. The winner seems to feel he hasn't really won until he has wounded and humiliated his opponent.

① powerful
② complicated
③ merciful
④ thrilling

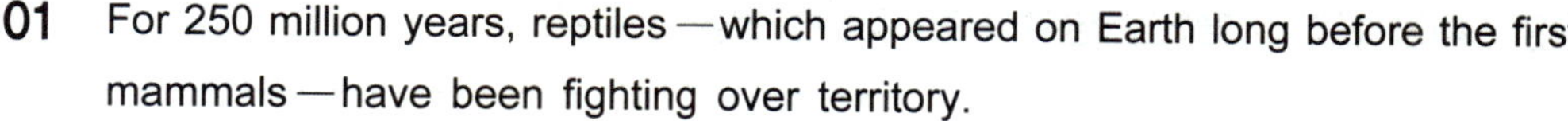

01 For 250 million years, reptiles —which appeared on Earth long before the first mammals —have been fighting over territory.

> **해석** 최초의 포유동물보다 훨씬 전에 지구상에 나타난 파충류들은 2억 5천만 년 동안 영토를 놓고 싸움을 벌여 왔다.

01
reptile 파충류
*lizard 도마뱀
*rattle snake 방울뱀
mammal 포유류
territory 영토, 영역

02 Today, human beings do battle over property as well. But the reptiles way of fighting is generally more merciful than that of human beings.

> **해석** 오늘날, 인간도 또한 재산을 놓고 전투를 벌이고 있다. 하지만 파충류들이 싸우는 방식이 일반적으로 인간들이 싸우는 방식보다 더 자비롭다.

02
human being 인간, 인류
battle 전투, 싸움
property 재산
as well 또한
generally 일반적으로
merciful 자비로운

03 Two lizards will take a few rushes at one another to test which one is stronger. After a few passes, the loser rolls over on his back to signal defeat.

> **해석** 두 마리 도마뱀은 누가 더 힘이 센지 테스트하기 위해 서로를 향해 몇 차례 돌진할 것이다. 몇 번의 돌진이 있은 후 패자는 패배를 알리기 위해 등을 대고 구른다.

03
lizard 도마뱀
rush 돌진
roll 구르다; 감다, 말다
*rolled cake 롤[감겨진] 케이크
signal 신호, 시그널; 신호를 보내다
defeat 패배; 패배시키다

04 The winner allows him to flee unharmed. Rattlesnakes, similarly, will duel over territory. But they do it with their necks twined together so that they cannot injure each other with their fangs.

> **해석** 승자는 패자가 해를 입지 않은 상태로 도망치는 것을 허락한다. 마찬가지로 방울뱀도 영토를 놓고 결투를 벌일 것이다. 하지만 그것들은 그들의 송곳니로 서로를 다치게 하지 않도록 서로 목을 휘감으면서 결투를 벌인다.

04
flee 도망치다, 달아나다
rattlesnake 방울뱀
duel 결투; 결투하다
*dual 두 개[이중]의
twine 노끈; 휘감다
*twin 쌍둥이
fang 송곳니

05 Unfortunately, humans generally fight with the intent of injuring one another. The winner seems to feel he hasn't really won until he has wounded and humiliated his opponent.

> **해석** 불행히도, 인간은 대체로 서로를 다치게 할 의도로[목적으로] 싸운다. 승자는 상대방을 다치게 하고 굴욕감을 느끼게 할 때까지 (가야) 진정으로 승리했다는 느낌을 갖는 것 같다.

05
intent 의도, 목적
injure 부상을 입다[입히다](= wound)
humiliate 굴욕감을[창피를] 주다
*humiliating 굴욕적인, 창피한
*humiliation 굴욕, 창피
opponent 상대방; 적, 적수

〔보기해석〕

① 강력한
② 복잡한
③ 자비로운
④ 흥분되는

〔보기어휘〕

complicated 복잡한
merciful 자비로운
thrilling 흥분되는

〔정답〕

02 ③ 

03 다음 빈칸에 들어갈 말로 가장 적절한 것을 고르시오.

In a classic set of studies over a ten-year period, biologist Gerald Wilkinson found that when vampire bats return to their communal nests from a successful night's foraging, they frequently vomit blood and share it with other nest-mates, including even non-relatives. The reason, it turns out, is that blood-sharing greatly improves each bat's chances of survival. A bat that fails to feed for two nights is likely to die. Wilkinson showed that the blood donors are typically sharing their surpluses and, in so doing, are saving unsuccessful foragers that are close to starvation. So the costs are relatively low and the benefits are relatively high. Since no bat can be certain of success on any given night, it is likely that the donor will itself eventually need help from some nest-mate. In effect, the vampire bats have created a kind of _______________________.

① complex social hierarchy
② ecological diversity
③ mutual insurance system
④ parasitic relationship

• 꼼꼼 독해 •

01 In a classic set of studies over a ten-year period, biologist Gerald Wilkinson found that when vampire bats return to their communal nests from a successful night's foraging, they frequently vomit blood and share it with other nest-mates, including even non-relatives.

> **해석** 10년에 걸친 한 세트의 고전적인 연구에서 생물학자인 Gerald Wilkinson은 밤에 성공적으로 먹이를 찾아다닌 흡혈 박쥐들이 공동생활을 하는 둥지로 돌아오면 빈번히 (섭취한) 피를 토해내서 동족(同族)이 아닌 박쥐까지 포함해서 둥지에서 함께 사는 박쥐들과 그것을 함께 나눈다는 것을 알아냈다.

02 The reason, it turns out, is that blood-sharing greatly improves each bat's chances of survival. A bat that fails to feed for two nights is likely to die.

> **해석** 이것은 피를 함께 나누어 먹음으로써 모든 박쥐의 생존 가능성을 대폭 향상시킨다는 이유 때문이라는 사실이 밝혀지고 있다. 이틀 밤 동안 먹이를 먹지 못하는 박쥐는 죽을 가능성이 있다.

03 Wilkinson showed that the blood donors are typically sharing their surpluses and, in so doing, are saving unsuccessful foragers that are close to starvation. So the costs are relatively low and the benefits are relatively high.

> **해석** 피를 제공하는 박쥐는 일반적으로 자기에게서 남는 것을 함께 나누고, 그렇게 해서 아사에 처한 먹이를 찾는 데 성공하지 못한 박쥐들을 구한다고 Wilkinson은 밝혀냈다. 그래서 비용은 비교적 저렴하고 이익은 비교적 높아진다.

04 Since no bat can be certain of success on any given night, it is likely that the donor will itself eventually need help from some nest-mate. In effect, the vampire bats have created a kind of mutual insurance system.

> **해석** 어떤 박쥐도 어떤 특정한 밤에 성공할 수 있다고 확신할 수 없기 때문에 (피를) 제공하는 박쥐 자신도 언젠가는 둥지에서 함께 사는 어떤 박쥐로부터 도움을 필요로 할 것이다. 사실상 흡혈 박쥐들은 일종의 상호 보험 체계를 만들어 낸 것이다.

보기해석

① 복잡한 사회적 계급
② 생태적 다양성
③ 상호 보험 체계
④ 기생 관계

01
vampire bat 흡혈 박쥐
communal 공동[공유]의
nest 둥지
forage 먹이를 찾아 다니다
vomit 토하다(= throw up)
relative 친척; 상대적인
*relatively 비교적, 꽤

02
turn out 판명되다, 밝혀지다; 생산하다
feed 먹다, 먹이다

03
donor 기증자
*donee 기증받는 자
typically 전형적으로
*typical 전형적인
surplus 잉여(물), 나머지
forage 먹이를 찾아다니다
starvation 배고픔(= famine, hunger), 기아
relatively 비교적, 상대적으로

04
certain 확실한; 어떤
eventually 결국, 마침내
in effect 사실상, 사실은(= in fact)
mutual 상호 간의
insurance 보험

보기어휘

hierarch 계급, 위계
ecological 생태적인
insurance 보험
parasitic 기생의

정답

03 ③

04 다음 빈칸에 들어갈 말로 가장 적절한 것을 고르시오.

> Televised sports, a couch, and a remote control are the elements that have made modern spectating possible. Now, without leaving our homes, we can enjoy athletic competition of every kind. It's the fun that comes from cheering on our team and celebrating its skills while grumbling at the opposing team's good luck. But some individuals sit and watch a football game or tennis match or golf tournament without cheering for anyone or any team. They aren't willing to risk the possible disappointment of picking the loser, so they give up the possible joy of picking the winner. They live in the world of neutrality. Don't be one of them. Sure, your team might lose. But then again, your team might win. Either way, your spectator experience will have been a fun one, and you will have shunned being merely _________________.

① a passionate fan
② a true sportsman
③ a keen spectator
④ a passive observer

• **꼼꼼 독해** •

01 Televised sports, a couch, and a remote control are the elements that have made modern spectating possible. Now, without leaving our homes, we can enjoy athletic competition of every kind.

> **해석** TV로 방영되는 스포츠, 소파 그리고 리모콘은 현대의 관람[문화]을 가능하게 해 주는 요인이다. 지금은 집을 떠나지 않고서도 모든 종류의 운동 경기[시합]를 즐길 수 있다.

02 It's the fun that comes from cheering on our team and celebrating its skills while grumbling at the opposing team's good luck. But some individuals sit and watch a football game or tennis match or golf tournament without cheering for anyone or any team.

> **해석** 그 즐거움은 우리 팀을 응원하면서 그리고 우리 팀의 기술을 축하[감탄해]하면서 반면에 상대 팀의 행운은 투덜거리면서 오는 것이다. 하지만 몇몇 사람들은 어떤 사람도 또는 어떤 팀도 응원하지 않은 채 축구나 테니스 또는 골프 토너먼트를 앉아서 보기만 한다.

03 They aren't willing to risk the possible disappointment of picking the loser, so they give up the possible joy of picking the winner. They live in the world of neutrality.

> **해석** 그들은 패배자를 선택해서[우리 팀이 지는 것에 대해서] 생길 수 있는 실망감을 기꺼이 위험으로 무릅쓰려 하지 않는다[피하려고 한다]. 그래서 그들은 우리가 이길 수 있다는 즐거움을 포기한다. 그들은 중립의 세계에서 산다.

04 Don't be one of them. Sure, your team might lose. But then again, your team might win. Either way, your spectator experience will have been a fun one, and you will have shunned being merely a passive observer.

> **해석** 그들 중 하나[응원하지 않는 사람]가 되지 말자. 분명히 당신의 팀은 질 수 있다. 하지만 또는 당신의 팀이 이길 수도 있다. 이기든 지든 당신의 관람 경험은 즐거울 수 있고 당신이 그저 수동적 관찰자임을 피하게 될 수도 있을 것이다.

보기해석

① 열정적인 팬
② 진정한 스포츠맨
③ 열렬한 관객
④ 수동적인 관찰자

01
televised TV로 방송되는
couch 소파, 카우치
remote (거리가) 먼(= distant)
element 요소, 요인
spectate 관람하다
*spectation 관람
*spectator 관중
athletic 운동의; 탄탄한
competition 경쟁, 시합

02
cheer 응원하다
grumble 투덜거리다, 불평하다
opposing 반대의, 반대하는

03
be willing to ⓥ 기꺼이 ⓥ하다
(↔ be reluctant to ⓥ 마지못해 ⓥ하다)
give up 포기하다
neutrality 중립
*neutral 중립적인

04
merely 단순하게
*mere 단순한
shun 피하다(= avert, evade)
passive 수동적인
    (↔ active 능동적인)
observer 관찰자, 관객

보기어휘

passionate 열정적인
keen 열렬한; 열망하는

정답

04 ④

05 다음 빈칸에 들어갈 말로 가장 적절한 것을 고르시오.

Not all authors trusted that the theater audience would automatically understand their plays in the intended manner. Thus, they repeatedly attempted to make it clear to their public that visiting the theater was not merely for the purpose of entertainment, but to draw lessons from the play offered onstage. It was, therefore, important for the viewer _________________________ so as to facilitate interpretation of the content. This idea was developed by Bertolt Brecht with his 'epic theater,' which used alienation as a strategy to prevent the identification of the public with the figures of the drama. Through scattered narration and commentary throughout the play, for example, the viewers are invited to take a step back from the performance. In this way, they are given hints to better understand the play while the conclusion is left open so as to leave them to draw their own conclusions.

① to imitate the actor's performance

② to identify himself with the actors on the stage

③ to bridge the gap between himself and the actors

④ to create a distance from the actions on the stage

01 Not all authors trusted that the theater audience would automatically understand their plays in the intended manner. Thus, they repeatedly attempted to make it clear to their public that visiting the theater was not merely for the purpose of entertainment, but to draw lessons from the play offered onstage.

> **해석** 모든 (희곡) 작가들은 연극을 찾는 관객이 작가의 의도된 방식대로 자신의 연극을 이해한다고 믿지는 않는다. 그래서 작가들은 그들의 관객이 자신들의 연극을 보면서 재미만을 위해서가 아니라 교훈도 얻기를 분명히 하려는 시도를 해왔다.

01
intended 의도된
manner 방식
repeatedly 반복해서
attempt 시도하다
not merely A but B
A뿐만 아니라 B도 역시
onstage 무대 위에서

02 It was, therefore, important for the viewer to create a distance from the actions on the stage so as to facilitate interpretation of the content. This idea was developed by Bertolt Brecht with his 'epic theater,' which used alienation as a strategy to prevent the identification of the public with the figures of the drama.

> **해석** 그러므로 관객이 연극의 내용을 좀 더 쉽게 이해하기 위해서 무대 위에서 연극을 하는 배우들과 거리를 두는 것이 중요했다. 이러한 생각은 '서사극장'이라 불리어지는데 관객과 연극배우들을 동일시하려는 것을 막으려는 전략으로서 고립을 사용한 Bertolt Brecht에 의해 개발되었다.

02
so as to ~하기 위하여
facilitate 용이하게 하다
interpretation 해석
content 내용
alienation 고립
strategy 전략
identification of A with B
A와 B를 동일시함
*identify A with B A와 B를 동일시하다
figure 인물

03 Through scattered narration and commentary throughout the play, for example, the viewers are invited to take a step back from the performance.

> **해석** 예를 들어, 연극 곳곳에 산만한 이야기와 해설을 통해서 관객을 연극으로부터 한발 물러서도록 하게한다.

03
scatter 흩어지게 하다, 산만하게 하다
narration 이야기
commentary 해설

04 In this way, they are given hints to better understand the play while the conclusion is left open so as to leave them to draw their own conclusions.

> **해석** 이러한 방식으로 관객들로 하여금 결론을 직접 이끌어낼 수 있도록 연극의 결말을 남겨둔 채 연극을 더 잘 이해할 수 있게 힌트만을 제공하게 된다.

04
draw conclusion 결론을 내리다

보기해석
① 배우의 공연을 모방하는 것
② 자신을 무대 위에 있는 배우들과 동일시하는 것
③ 자신과 배우들 사이의 격차를 줄이는 것
④ 무대 위에 있는 배우들과 거리를 두는 것

보기어휘
imitate 모방하다
bridge a gab 간극을 메우다, 격차를 줄이다

정답

05 ④

06 다음 빈칸에 들어갈 말로 가장 적절한 것을 고르시오.

When we think of physical capital, what comes to mind are tools, machines, equipment, and factories. A new generation of management consultants and economists, however, is counseling companies to evade amassing physical capital. They say, "We need to walk away from the idea that owning is a necessary resource for fulfilling market needs. It often doesn't pay to own capital equipment and ownership can prove to be something which will interfere with the firm's ability to move rapidly out of one business line and into another." They understand that in a network economy, the capital as inventory must give way to 'just-in-time' capital as access to the use. Their first principle about capital is "____________________________."

① Use it, don't own it
② Make a swift decision
③ Buy it, don't borrow it
④ Save it, don't spend it

• 꼼꼼 독해 •

01 When we think of physical capital, what comes to mind are tools, machines, equipment, and factories.

> **해석** 우리가 물적 자본에 대해 생각할 때, 마음속에 떠오르는 것은 도구, 기계, 장비와 공장이다.

02 A new generation of management consultants and economists, however, is counseling companies to evade amassing physical capital.

> **해석** 하지만 새로운 세대의 관리 상담자들과 경제학자들은 회사들이 물적 자본을 축적하는 것을 피하라고 상담해 주고 있다.

03 They say, "We need to walk away from the idea that owning is a necessary resource for fulfilling market needs.

> **해석** 그들은, "소유한다는 것이 시장의 필요를 충족시키기 위해 필요한 자원이라는 생각으로부터 한 발짝 물러나 걸을[벗어날] 필요가 있습니다.

04 It often doesn't pay to own capital equipment and ownership can prove to be something which will interfere with the firm's ability to move rapidly out of one business line and into another."

> **해석** 자본 설비를 소유하는 것은 종종 이득이 되지 않으며 소유권은 하나의 사업 노선에서 빠르게 나와서 다른 사업 노선으로 가는 회사의 능력을 방해할 것으로 입증될 수 있습니다."라고 말한다.

05 They understand that in a network economy, the capital as inventory must give way to 'just-in-time' capital as access to the use. Their first principle about capital is "Use it, don't own it."

> **해석** 그들은 네트워크 경제에서는, 재고 목록으로서의 자본은 사용하기 위해 접근할 수 있는 '때에 알맞은' 자본에 양보해야[길을 내주어야] 한다고 이해한다. 자본에 대한 그들의 첫 번째 원칙은 "그것을 소유하지 말고 사용하라."이다.

보기해석

① 그것을 소유하지 말고 사용하라
② 빠른 결정을 하라
③ 그것을 빌리지 말고 사라
④ 그것을 소비하지 말고 저축하라

01
physical 신체적인, 물리적인; 물질적인
capital 자본; 수도; 대문자(= Capital letter)
equipment 장비; 준비

02
generation 세대
consultant 상담가
counsel 상담하다
evade 피하다
amass 모으다, 축적하다 (= accumulate)

03
own 소유하다
resource 자원
fulfill 수행[실행]하다 (= perform, carry out)

04
pay 지불하다; 이익이 되다
interfere with ~을 방해하다
firm 견고한, 단단한; 회사
rapidly 빠르게, 신속하게

05
inventory 재고물품[목록]
just-in-time 제때에, 때에 맞는
give way to ~에 양보하다
access 접근(하다)
principle 원리, 원칙

보기어휘
swift 빠른, 신속한
borrow 빌리다
save 저축하다; 절약하다

정답
06 ①

CHAPTER 07 기출문제 분석

01 밑줄 친 부분에 들어갈 말로 가장 적절한 것을 고르시오. 2025. 국가직 9급

Active listening is an art, a skill and a discipline that takes ___________________.
To develop good listening skills, you need to understand what is involved in effective communication and develop the techniques to sit quietly and listen. This involves ignoring your own needs and focusing on the person speaking — a task made more difficult by the way the human brain works. When someone talks to you, your brain immediately begins processing the words, body language, tone, inflection and perceived meanings coming from the other person. Instead of hearing one noise, you hear two: the noise the other person is making and the noise in your own head. Unless you train yourself to remain vigilant, the brain usually ends up paying attention to the noise in your own head. That's where active listening techniques come into play. Hearing becomes listening only when you pay attention to what the person is saying and follow it very closely.

① a sense of autonomy
② a creative mindset
③ a high degree of self-control
④ an extroverted personality

정답 해설

01　**해석**　능동적 경청은 예술이자 기술이며 <u>높은 수준의 자제력</u>이 필요한 훈련이다. 좋은 경청 기술을 개발하려면 효과적인 의사소통에 무엇이 수반되는지를 이해하고 조용히 앉아서 상대방의 말을 듣는 기술을 익혀야 한다. 이 과정은 자신의 욕구를 무시하고 말하는 사람에게 집중하는 것을 포함하는데, 이는 인간의 뇌가 작동하는 방식 때문에 더 어려워진다. 누군가가 당신에게 말을 걸어오면, 당신의 뇌는 곧바로 상대방의 말, 몸짓, 어조, 억양, 그리고 그에 따른 의미를 처리하기 시작한다. 당신은 한 가지 소리만 듣지 않고 두 가지 소리를 듣게 되는데, 그 두 가지 소리는 상대방이 내는 소리와 자기 머릿속에서 울리는 소리이다. 스스로 집중력을 유지하도록 훈련하지 않으면, 뇌는 대체로 자기 머릿속 소음에 결국 주의를 기울이게 된다. 바로 그 지점에서 능동적인 경청 기술이 중요한 역할을 하게 된다. 그 사람이 말하는 것에 주의를 기울이고 아주 가까이 그것을 따라갈 때만 비로소 듣는 것(hearing)은 경청(listening)이 된다.

해설　빈칸 완성의 처음 시작은 이 글이 무엇에 관한 글(Main Idea)인가를 떠올리는 것이다. 주어진 지문은 능동적 '경청'을 위해서는 자신의 욕구를 억제하고 상대방에게 집중해야 한다는 내용의 글이므로 빈칸에 들어갈 말로 가장 적절한 것은 ③ '높은 수준의 자제력'이다

① 자율성의 감각
② 창의적인 사고방식
③ 높은 수준의 자제력
④ 외향적인 성격

어휘　active 능동적인, 적극적인　discipline 훈련, 규율　involve 포함하다, 관련시키다
effective 효과적인　ignore 무시하다　immediately 즉시　process 처리하다
inflection 억양, 어조　perceive 인지하다　vigilant 집중하는, 경계하는, 방심하지 않는
end up ~ing 결국 ~하게 되다　come into play 중요한 역할을 하기 시작하다, 효과를 발휘하다
autonomy 자율성, 자치　mindset 사고방식, 마음가짐　degree 정도, 수준
self-control 자기 통제력　extroverted 외향적인, 사교적인

정답

01 ③

02 밑줄 친 부분에 들어갈 말로 가장 적절한 것을 고르시오. 2025. 국가직 9급

> The holiday season is a time to give thanks, reflect on the past year, and spend time with family and friends. However, if you're not careful, it can also be a time you overspend on holiday purchases. People have an innate impulse to overspend, experts say. They are "wired" to be consumers. The short-term gratification of giving gifts to loved ones can eclipse the long-term focus that's needed to be good with money. That's where many people fall short. We can overspend because our long-term goals are much more abstract, and it actually requires us to do extra levels of cognitive processing to delay instant gratification. Additionally, consumers may feel ＿＿＿＿＿＿＿＿＿＿＿＿＿＿＿＿＿＿＿＿＿ because they don't want to appear "cheap." Many companies also promote deals during the holidays that can encourage people to spend more than usual.

① a desire to work at overseas companies

② responsible for establishing their long-term goals

③ like limiting their spending during the holiday season

④ the social pressure to spend more than they might like

02 [해석] 연휴 시즌은 감사를 나누고, 지난 한 해를 되돌아보며, 가족 및 친구들과 시간을 보내는 시기이다. 하지만 주의하지 않으면, 그것은 또한 연휴 쇼핑에 과소비를 하게 되는 시기가 될 수 있다. 전문가들은 사람들이 과소비에 대한 타고난 충동이 있다고 말한다. 사람들은 소비자가 되도록 "설계되어" 있다. 사랑하는 사람들에게 선물을 주는 단기적인 만족감은 돈을 잘 관리하는 데 필요한 장기적인 집중력을 가릴 수 있다. 바로 그 지점에서 많은 사람이 어려움을 겪는다. 우리는 장기적인 목표가 훨씬 더 추상적이고 즉각적인 만족을 미루기 위해서는 실제로 더 많은 수준의 인지적 노력이 필요하므로 과소비를 하게 되는 것이다. 게다가, 소비자들은 "인색해" 보이고 싶지 않아서 원하는 것보다 더 많이 소비해야 한다는 사회적 압박을 느낄 수도 있다. 많은 기업 또한 연휴기간 동안 사람들로 하여금 평소보다 더 많이 소비하도록 유도하는 할인 행사를 홍보한다.

[해설] 빈칸 완성은 문장과 문장 간 논리도 필요하다. 빈칸 다음 because를 이용해서 인과관계의 논리가 필요하다. because 다음 원인에 해당하는 '많은 기업이 사람들을 평소보다 더 많이 소비하도록 부추긴다'는 내용이 있으므로 이에 대한 결과가 빈칸에 있어야 한다. 따라서 문맥상 빈칸에 들어갈 말로 가장 적절한 것은 ④ '원하는 것보다 더 많이 소비해야 한다는 사회적 압박'이다.

① 해외 기업에서 일하고자 하는 욕구
② 장기적 목표를 세울 책임
③ 연휴 시즌 동안 소비 제한을 원함
④ 원하는 것보다 더 많이 소비해야 한다는 사회적 압박

[어휘] **reflect on** 되돌아보다 **overspend** 과소비하다 **purchase** 구매 **innate** 타고난, 선천적인
impulse 충동, 자극 **expert** 전문가 **wired** ① 전선이 연결된 ② 타고난, 설계된
consumer 소비자 **short-term** 단기간의 **gratification** 만족감, 기쁨
eclipse 가리다, 희미하게 하다 **long-term** 장기간인 **fall short** 부족하다, 어려움을 겪다
abstract 추상적인 **require** 요구하다 **cognitive** 인식의, 인지적인 **processing** 처리, 가공
delay 미루다, 지연시키다 **instant** 즉각적인 **additionally** 게다가, 더욱이
appear ~처럼 보이다 **cheap** 인색한, 구두쇠 같은 **promote** 홍보하다
deal ① 거래, 계약 ② 할인행사 **than usual** 평소보다 **desire** 욕구, 욕망
overseas 해외의, 해외에서 **establish** 세우다, 설립하다 **pressure** 압박

02 ④

03 밑줄 친 부분에 들어갈 말로 적절한 것을 고르시오. 2024. 국가직 9급

_________________________________. Nearly every major politician hires media consultants and political experts to provide advice on how to appeal to the public. Virtually every major business and special-interest group has hired a lobbyist to take its concerns to Congress or to state and local governments. In nearly every community, activists try to persuade their fellow citizens on important policy issues. The workplace, too, has always been fertile ground for office politics and persuasion. One study estimates that general managers spend upwards of 80 % of their time in verbal communication — most of it with the intent of persuading their fellow employees. With the advent of the photocopying machine, a whole new medium for office persuasion was invented — the photocopied memo. The Pentagon alone copies an average of 350,000 pages a day, the equivalent of 1,000 novels.

① Business people should have good persuasion skills
② Persuasion shows up in almost every walk of life
③ You will encounter countless billboards and posters
④ Mass media campaigns are useful for the government

03 [해석] <u>설득은 거의 각계각층에서 나타난다</u>. 거의 모든 주요 정치가들은 대중에게 어떻게 호소해야 하는지에 관한 조언을 제공하는 미디어 상담사와 정치적 전문가를 고용한다. 사실상 모든 주요 기업 및 특수 이익 단체는 자신들의 관심사를 의회나 주 정부 또는 지방 정부에 가져가기 위해 로비스트들을 고용해 왔다. 거의 모든 지역사회에서 활동가들은 중요한 정책 문제에 대해 동료 시민들을 설득하기 위해 노력한다. 직장 역시 언제나 사무실 정치와 설득 활동을 위한 비옥한 터전이 되어 왔다. 일반 관리자들은 업무 시간의 **80%** 이상을 언어적 의사소통에 소비하며 이 중 대부분은 동료 직원을 설득하기 위한 의도로 사용한다고 한 연구는 추정한다. 복사기의 출현으로 전 직원의 설득을 위한 완전히 새로운 매체, 즉 복사 메모가 발명되었다. 미국 국방부에서만 하루 평균 **350,000**페이지를 복사하는데, 이는 소설 **1,000**권과 맞먹는 분량이다.

[해설] 빈칸 완성은 항상 이 글이 무엇에 관한 글인지를 떠올려야 한다. 주어진 지문은 사회의 여러 분야에서 흔히 이루어지고 있는 설득의 다양한 모습을 나타내는 내용의 글이므로 빈칸에 들어가기에 가장 적절한 것은 ② '설득은 거의 각계각층에서 나타난다'이다.

① 기업인은 좋은 설득 기술을 가져야 한다
② 설득은 거의 각계각층에서 나타난다
③ 당신은 수많은 광고판이나 포스터와 마주칠 것이다
④ 대중 매체 캠페인은 정부에게 유용하다

[어휘] **nearly** 거의 **major** 주된, 주요한 **politician** 정치가 **consultant** 상담사, 컨설턴트 **expert** 전문가 **provide** 제공하다 **appeal** 호소하다 **virtually** 사실상 **special-interest group** 특수 이익 단체 **hire** 고용하다 **concern** 관심, 관심사 **state** 주 **activist** 활동가 **persuade** 설득하다 **fellow** 동료 **policy** 정책 **workplace** 직장 **fertile** 비옥한 **persuasion** 설득 **estimate** 추정하다, 추산하다 **upwards** 위쪽으로, 이상 **verbal** 언어적인, 말로 하는 **intent** 의도, 목적 **advent** 출현, 도래 **photocopy** 복사하다 **whole** ① 전체의 ② 완전한 **medium** 매체 **invent** 발명하다 **Pentagon** 미국 국방부 **equivalent** 동등한, 맞먹는 **show up** 나타나다, 등장하다 **every walk of life** 각계각층의 **encounter** 만나다, 마주치다 **countless** 수많은, 셀 수 없는 **billboard** 광고판 **mass media** 대중 매체

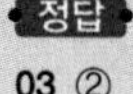

03 ②

04 밑줄 친 부분에 들어갈 말로 적절한 것을 고르시오. 2024. 국가직 9급

It is important to note that for adults, social interaction mainly occurs through the medium of language. Few native-speaker adults are willing to devote time to interacting with someone who does not speak the language, with the result that the adult foreigner will have little opportunity to engage in meaningful and extended language exchanges. In contrast, the young child is often readily accepted by other children, and even adults. For young children, language is not as essential to social interaction. So-called 'parallel play', for example, is common among young children. They can be content just to sit in each other's company speaking only occasionally and playing on their own. Adults rarely find themselves in situations where ___________________________________.

① language does not play a crucial role in social interaction
② their opinions are readily accepted by their colleagues
③ they are asked to speak another language
④ communication skills are highly required

04 **해석** 어른들에게 사회적 상호 작용은 주로 언어라는 매체를 통해 나타난다는 점에 주목하는 것이 중요하다. 모국어를 사용하는 어른들 중 그 언어를 사용하지 않는 사람과 교류하는데 기꺼이 시간을 쏟는 사람은 거의 없으며, 그 결과 성인 외국인은 의미 있는 폭넓은 언어 교환에 참여할 기회가 거의 없을 것이다. 이와는 반대로 어린아이는 다른 아이들에게, 심지어 어른들에게도 쉽게 받아들여진다. 어린아이들에게 언어는 사회적 상호 작용을 하는 데 필수적이지는 않다. 예를 들어, 소위 '평행 놀이'는 어린아이들 사이에서 보편적이다. 그들은 서로 함께 앉아서 가끔씩만 말을 하고 스스로 노는 것만으로도 만족할 수 있다. 어른들은 <u>사회적 상호 작용에서 언어가 결정적인 역할을 하지 않는</u> 상황에 처하는 경우가 거의 없다.

해설 two 개념(adults vs children)과 부정어(rarely)를 이용해야 한다. 주어진 지문은 어른들에게는 언어가 상호 작용을 하는 데 필수적 요소이고 아이들은 그렇지 않다는 내용의 글로 빈칸 앞에 부정어(rarely)가 있으므로 빈칸에 들어가기에 가장 적절한 것은 ① '사회적 상호 작용에서 언어가 결정적인 역할을 하지 않는'이다.

① 사회적 상호 작용에서 언어가 결정적인 역할을 하지 않는
② 그들의 의견이 동료들에게 쉽게 받아들여지는
③ 다른 언어를 사용하도록 요청받는
④ 의사소통 능력이 매우 요구되는

어휘 note 주목하다 interaction 상호 작용 mainly 주로 occur 나타나다 medium 매체
be willing to ⓥ 기꺼이 ⓥ하다 devote A to B A를 B하는 데 쏟다(몰두하다, 헌신하다)
interact with ~와 상호 작용하다 opportunity 기회 engage in ~에 참여하다
meaningful 의미 있는 extended 폭넓은, 확장된 exchange 교환
in contrast 이와는 반대로 readily 쉽게, 즉시 accept 받아들이다, 수락하다
essential 필수적인 so-called 소위 parallel 평행(선) content 만족한 company 함께 있음
occasionally 가끔 rarely 거의 ~ 않는 situation 상황 play a role 역할을 하다
crucial 결정적인 colleague 동료 highly 아주, 매우 require 요구하다

정답
04 ①

 김세현 영어

02
PART

실용문

CHAPTER

01 글의 목적

출제 유형

1. 다음 글의 목적으로 가장 적절한 것은?
2. 다음 글의 밑줄 친 단어의 의미와 가장 가까운 것은?

풀이 해법

1. 글의 목적은 대체로 지문 후반부에 나타난다.
2. 목적과 관련된 주요 표현을 익힌다.

목적을 나타내는 주요 표현	(Would you) please~ 정중한 제안 Would(Will) you~ 정중한 부탁 would like to~ 소망(~하고 싶다) wonder if~ 궁금, 여부(~인지 아닌지 궁금해 하다) may(can, shall) I~ 허락(~해도 될까요?)
요청/요구/부탁	request 요청하다 require 요청하다 ask(for) 요청하다 want 원하다 desire 바라다 hope 희망하다 wish 소망하다 demand 요구하다 solicit 간청하다
제안/제공	suggest 제안하다 propose 제안하다 insist 주장하다 offer 제공하다 provide 제공하다 supply 공급하다
홍보/안내	promote 홍보하다 publicize 공표하다 advertise 광고하다 announce 발표하다 inform 알리다 notify 알리다 introduce 소개하다 remind 상기시키다 encourage 격려하다
감사	thank 감사하다 grateful 고마워하는 appreciate 고마워하다 acknowledge 감사해하다
수락/허락/승인	accept 받아들이다 allow 허락하다 agree 동의하다 permit 허락하다 approve 승인하다 admission 승인
거부/거절/부인/연기	refuse 거절하다 reject 거절하다 turn down 거절하다 deny 부인하다 postpone 연기하다 put off 미루다 delay 연기하다 hold off 보류하다
중요/필수	important 중요한 essential 필수적인 necessary 필요한 crucial 중요한 vital 필수적인 desirable 바람직한 critical 중요한; 비판적인
축하/확인/경고/명령/지시/추천/설명	congratulate 축하하다 celebrate 축하하다 check 확인하다 confirm 확인하다 warn 경고하다 command 명령하다 order 명령하다 indicate 지시하다 instruct 지시하다 direct 지시하다 recommend 추천하다 explain 설명하다 account for 설명하다

확인학습문제

Ex 1 다음 글의 목적으로 가장 적절한 것은?

Send　**Preview**　**Save**

To	citycouncil@brookfield.gov
From	director@brookfieldlibrary.org
Date	April 10, 2025
Subject	Request for Support

My PC　Browse

Times New ▾　10pt ▾　G G G G G

Dear Members of the Brookfield City Council,

I am writing on behalf of the Brookfield Public Library to request support for much-needed renovations. Our library has served the community for over 40 years, but many of the facilities are now outdated and in poor condition. In particular, the children's reading room suffers from water damage, worn-out carpeting, and limited seating, making it an uncomfortable space for young readers.

Additionally, our current computer lab is unable to meet the growing demand for digital resources. Many residents rely on the library's computers for school, job applications, and communication. We believe that updating this space with faster internet, modern equipment, and more workstations will greatly benefit the community.

We respectfully ask for the Council's consideration in allocating funds for these improvements. Investing in the library is an investment in Brookfield's future.
Thank you for your time and support.

Sincerely,
Janet Fields
Director, Brookfield Public Library

---

① to report a decrease in library visitors

② to announce new programs for young readers

③ to ask the Council to fund library renovations

④ to inform the Council about an upcoming event

확인학습문제 Answer & Review

Ex 1 다음 글의 목적으로 가장 적절한 것은?

	Send	Preview	Save

To citycouncil@brookfield.gov

From director@brookfieldlibrary.org

Date April 10, 2025

Subject Request for Support

My PC | Browse

Times New | 10pt | G G G G G

Dear Members of the Brookfield City Council,

I am writing on behalf of the Brookfield Public Library to request support for much-needed renovations. Our library has served the community for over 40 years, but many of the facilities are now outdated and in poor condition. In particular, the children's reading room suffers from water damage, worn-out carpeting, and limited seating, making it an uncomfortable space for young readers.

Additionally, our current computer lab is unable to meet the growing demand for digital resources. Many residents rely on the library's computers for school, job applications, and communication. We believe that updating this space with faster internet, modern equipment, and more workstations will greatly benefit the community.

We respectfully ask for the Council's consideration in allocating funds for these improvements. Investing in the library is an investment in Brookfield's future.
Thank you for your time and support.

Sincerely,
Janet Fields
Director, Brookfield Public Library

① to report a decrease in library visitors

② to announce new programs for young readers

③ to ask the Council to fund library renovations

④ to inform the Council about an upcoming event

정답

01 ③

해석 수신: citycouncil@brookfield.gov
발신: director@brookfieldlibrary.org
날짜: 2025년 4월 10일
제목: 지원 요청

Brookfield 시의회 의원 여러분께,

저는 Brookfield 공공도서관을 대표하여 꼭 필요한 개보수를 위한 지원을 요청 드리고자 이 글을 씁니다. 저희 도서관은 40년 넘게 지역사회를 위해 운영되어 왔지만, 많은 시설이 현재 낡고 상태가 좋지 않습니다. 특히 어린이 열람실은 물 피해, 낡은 카펫, 부족한 좌석 등으로 인해 어린이들이 이용하기에 불편한 공간이 되었습니다.

게다가 현재 컴퓨터실은 증가하는 디지털 자원 수요를 충족하지 못하고 있습니다. 많은 주민들이 학업, 취업 지원, 소통을 위해 도서관의 컴퓨터에 의존하고 있습니다. 더 빠른 인터넷, 현대적인 장비, 더 많은 컴퓨터 좌석으로 공간을 개선하면 지역사회에 큰 도움이 될 것이라 믿습니다.

이러한 개선을 위해 시의회가 예산을 배정해 주시기를 정중히 요청드립니다. 도서관에 대한 투자는 곧 Brookfield의 미래에 대한 투자입니다.
시간을 내주시고 지원해 주셔서 감사합니다.

Brookfield 공공도서관 관장
자넷 필즈 드림

해설 도서관의 낡은 시설과 부족한 디지털 자원을 개선하기 위해 시의회에 예산 지원을 요청하는 글이다. 따라서 글의 목적으로 가장 적절한 것은 ③ '도서관 개보수를 위해 시의회에 자금 지원을 요청하려고'이다.

① 도서관 방문객 수 감소를 보고하려고
② 어린이 대상의 새로운 프로그램을 알리려고
③ 도서관 개보수를 위해 시의회에 자금 지원을 요청하려고
④ 곧 있을 행사를 시의회에 알리려고

어휘 on behalf of ~을 대표하여 public 공공의 request 요청하다 much needed 꼭 필요한 renovation 개보수 공사 serve 제공하다 봉사하다 community 지역 사회 facility 시설 outdated 구식의 in poor condition 상태가 좋지 않은 in particular 특히 reading room 열람실 suffer from ~로 고통 받다 damage 피해 worn out 닳아 해진(빠진) 낡아빠진 carpeting 카펫 바닥재 limited 제한된 seating 좌석 uncomfortable 불편한 current 현재의 computer lab 컴퓨터실 unable to ~할 수 없는 meet 충족하다 growing 증가하는 demand 수요 resource 자원 resident 주민 rely on 의존하다 application 지원서 update 개선하다 최신으로 만들다 space 공간 equipment 장비 workstation 컴퓨터 좌석 작업 공간 greatly 크게 매우 benefit 이익이 되다 도움이 되다 respectfully 정중하게 ask for 요청하다 consideration 고려 allocate 배정하다 funds 자금, 예산 improvement 개선 invest 투자하다 investment 투자

Ex  2 다음 글을 읽고 물음에 답하시오.

Library Services

We value your experience at Central Library and encourage all visitors to share their thoughts on our services. Whether it's about the book borrowing system, study spaces, or staff assistance, your feedback helps us identify and enhance what we offer.

If you have a concern or suggestion, please let us know using the feedback form on our website. Submissions will be reviewed by our service team, and if necessary, <u>forwarded</u> to the appropriate department. Our goal is to respond within five working days and to use your input to improve your next visit.

In addition to responding to individual feedback, we regularly review common suggestions to guide future improvements. For example, recent comments led to longer opening hours and more charging stations for laptops. We truly believe that our library grows better with your voice.

---

1. **밑줄 친 forwarded의 의미와 가장 가까운 것은?**

   ① delayed
   ② rejected
   ③ relayed
   ④ translated

2. **윗글의 목적으로 가장 적절한 것은?**

   ① To introduce the library's location and hours
   ② To explain how user feedback is handled
   ③ To warn visitors about library rules
   ④ To promote new library services

확인학습문제 Answer & Review

Ex 2 다음 글을 읽고 물음에 답하시오.

Library Services

We value your experience at Central Library and encourage all visitors to share their thoughts on our services. Whether it's about the book borrowing system, study spaces, or staff assistance, your feedback helps us identify and enhance what we offer.

If you have a concern or suggestion, please let us know using the feedback form on our website. Submissions will be reviewed by our service team, and if necessary, <u>forwarded</u> to the appropriate department. Our goal is to respond within five working days and to use your input to improve your next visit.

In addition to responding to individual feedback, we regularly review common suggestions to guide future improvements. For example, recent comments led to longer opening hours and more charging stations for laptops. We truly believe that our library grows better with your voice.

해석 도서관 서비스

저희 **Central Library**는 여러분의 경험을 중요하게 생각하며, 모든 방문객이 도서관 서비스에 대한 의견을 공유해 주시길 권장합니다. 도서 대출 시스템, 공부 공간, 직원의 응대 등 어떤 것이든 여러분의 피드백은 저희 서비스의 문제점을 파악하고 개선하는 데 큰 도움이 됩니다.

건의 사항이나 걱정되는 점이 있으시다면, 저희 웹사이트에 있는 피드백 양식을 통해 알려주세요. 제출된 내용은 서비스 팀이 검토하며, 필요할 경우 관련 부서로 전달됩니다. 저희는 영업일 기준 5일 이내에 응답하는 것을 목표로 하며, 여러분의 의견을 바탕으로 다음 방문 시 더 나은 환경을 제공하고자 합니다.

또한 개별 의견에 응답하는 것을 넘어서, 공통적으로 제기되는 제안들을 정기적으로 검토하여 향후 개선 방향을 설정합니다. 예를 들어, 최근의 피드백을 반영해 운영 시간을 연장하고 노트북 충전소를 더 설치하게 되었습니다. 저희는 도서관이 여러분의 목소리를 통해 더욱 발전할 수 있다고 믿습니다.

정답

02 1 ③ 2 ②

해설 1. 문맥상 forwarded는 '(해당부서로) 전달되다'라는 뜻으로 사용되었으므로, 이와 가장 가까운 유의어는 ③ 'relayed (전달되다)'이다

2. 주어진 지문은 방문자 피드백의 중요성, 접수 방법, 그리고 그 처리 과정에 대해 설명하고 있으므로 이 글의 목적으로 가장 적절한 것은 ② '사용자 피드백이 어떻게 처리되는지를 설명하려고'이다.

① 도서관의 위치와 운영 시간을 소개하기 위해

② 사용자 피드백이 어떻게 처리되는지를 설명하려고

③ 방문객들에게 도서관 규칙에 대해 경고하기 위해

④ 새로운 도서관 서비스를 홍보하기 위해

어휘 value 소중히 여기다　encourage 장려하다　experience 경험　share 공유하다
thought 생각, 의견　service 서비스　book borrowing 도서 대출　space 공간
staff 직원　assistance 도움　feedback 피드백　identify 파악하다, 확인하다
enhance 강화하다, 개선하다　concern 걱정, 우려　suggestion 제안　form 양식
submission 제출물　review 검토하다　forward 전달하다　appropriate 적절한
department 부서　goal 목표　respond 응답하다　working day 영업일　input 입력, 의견
improve 향상시키다　individual 개별의, 개별적인　regularly 정기적으로
common 일반적인, 공통의　guide 이끌다　future 미래, 향후　improvement 개선
comment 의견　lead to ~을 초래하다　opening hours 운영 시간
charging station 충전소　laptop 노트북　truly 진심으로
grow better 더 좋아지다, 발전하다

01 다음 글의 목적으로 가장 적절한 것은?

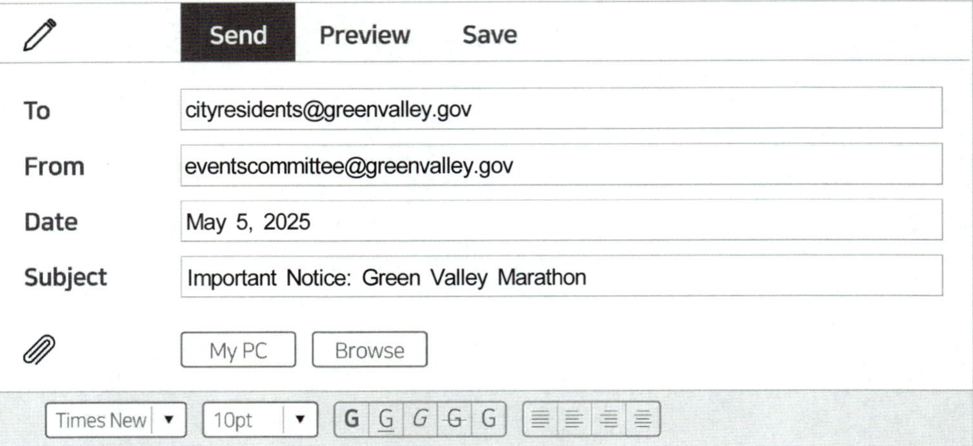

To cityresidents@greenvalley.gov

From eventscommittee@greenvalley.gov

Date May 5, 2025

Subject Important Notice: Green Valley Marathon

Dear Green Valley Residents,

The annual Green Valley Marathon will take place on Sunday, May 11. This exciting event draws runners from across the region and offers a great opportunity for our community to come together and celebrate fitness and perseverance.

To ensure the safety of all participants and spectators, several roads will be temporarily closed between 7:00 a.m. and 1:00 p.m. Main Street, River Road, and Central Avenue will be inaccessible to vehicles during this time.

Please plan alternate routes and allow extra travel time to avoid delays. We encourage residents to cheer on the runners if possible and remind everyone to exercise caution near the marathon route.

Thank you for your understanding and support in making this event a success!

Sincerely,
Green Valley Events Committee

① To inform residents of road closures

② To announce the Green Valley Marathon

③ To explain how to register for the marathon

④ To encourage residents to participate in the marathon

꼼꼼 독해

해석 수신: 그린밸리 시민 전체
발신: 그린밸리 행사 위원회
날짜: 2025년 5월 5일
제목: 중요 공지: 그린밸리 마라톤

그린밸리 주민 여러분께,

연례 행사인 그린밸리 마라톤이 5월 11일 일요일에 열립니다. 이 흥미로운 행사는 지역 곳곳에서 많은 러너들을 불러모으며, 우리 공동체가 함께 모여 건강과 인내를 기념할 좋은 기회를 제공합니다.

모든 참가자와 관람객의 안전을 위해, 오전 7시부터 오후 1시까지 몇몇 도로가 일시적으로 통제될 예정입니다. 메인 스트리트(Main Street), 리버 로드(River Road), 그리고 센트럴 애비뉴(Central Avenue)는 이 시간 동안 차량 통행이 제한됩니다.

지연을 피하기 위해 다른 경로를 계획하시고, 이동 시간을 넉넉히 잡아 주시기 바랍니다. 주민 여러분께서는 가능하다면 러너들을 응원해 주시길 권장하며, 마라톤 경로 근처에서는 각별히 주의해 주시기 바랍니다.

이 행사를 성공적으로 치를 수 있도록 여러분의 이해와 지원에 감사드립니다.
감사합니다.

그린밸리 이벤트 위원회

해설 주어진 지문은 마라톤 대회로 인해 도로 통제가 있을 것을 알리는 내용의 글이므로 이 글의 목적으로 가장 적절한 것은 ① '주민들에게 도로 통제 사실을 알리기 위해'이다.

① 주민들에게 도로 통제 사실을 알리기 위해
② 그린밸리 마라톤을 알리기 위해
③ 마라톤 등록 방법을 설명하기 위해
④ 주민들이 마라톤에 참여하는 것을 권장하기 위해

resident 주민
annual 매년의
exciting 흥미로운
region 지역
perseverance 인내
ensure 보장하다
participant 참가자
spectator 관람객
temporarily 일시적으로
inaccessible 접근할 수 없는
alternate 대체의
route 경로
delay 지연
plan 계획하다
travel 이동하다
caution 주의
exercise caution 주의를 기울이다
encourage 격려하다
cheer on 응원하다
understanding 이해
support 지원
success 성공
appreciate 감사히 여기다
committee 위원회
scheduled 예정된
event 행사
marathon 마라톤
closure 통제
vehicle 차량
apologize 사과하다
cooperation 협력
inconvenience 불편
accessible 접근 가능한
participate 참가하다
organize 조직하다
volunteer 자원봉사자
notify 알리다
celebration 축하 행사

정답

01 ①

02 다음 글을 읽고 물음에 답하시오.

Social Solidarity

In times of crisis, social bond can serve as a foundation for resilience and recovery. Whether <u>facing</u> natural disasters, economic downturns, or public health emergencies, communities that come together in mutual support tend to overcome challenges more effectively.

Building strong social connections involves not only offering help to those in need but also fostering trust, empathy, and a shared sense of responsibility. These connections enhance the overall well-being of individuals and strengthen the fabric of society.

By recognizing the value of social solidarity, we can create more inclusive, supportive, and resilient communities that are better equipped to face future adversities.

1. 밑줄 친 facing의 의미와 가장 가까운 것은?

① evading

② ignoring

③ creating

④ experiencing

2. 윗글의 목적으로 가장 적절한 것은?

① to emphasize the importance of social bond

② to analyze the causes of social fragmentation

③ to describe common responses to public crises

④ to discuss the role of government in disaster recovery

꼼꼼 독해

해석 **사회적 연대**

위기 상황에서는 사회적 유대가 회복력과 회복의 기반이 될 수 있습니다. 자연재해, 경기 침체, 또는 공중 보건 비상사태에 직면하더라도, 서로를 도우며 함께하는 공동체는 어려움을 더 효과적으로 극복하는 경향이 있습니다.

강한 사회적 연결을 구축하는 것은 단순히 도움이 필요한 사람을 돕는 데 그치지 않고, 신뢰와 공감, 그리고 공동의 책임감을 키우는 것을 포함합니다. 이러한 유대는 개인의 전반적인 웰빙을 높이고 사회의 구조를 강화합니다.

사회적 연대의 가치를 인식함으로써 우리는 더 포용적이고, 서로를 지지하며, 회복력 있는 공동체를 만들어 나갈 수 있으며, 이는 앞으로 닥칠 어려움에 보다 잘 대비할 수 있도록 해줍니다.

해설 1. 문맥상 facing은 '직면해 있는'의 뜻이므로, 이와 가장 가까운 유의어는 문맥상 ④ 'experiencing (겪고 있는, 경험하는)'이다
   ① 피하는
   ② 무시하는
   ③ 만드는

2. 주어진 지문은 위기 상황에서 사회적 연대가 회복력과 복구에 필수적임을 설명하고, 서로 신뢰하고 책임을 나누는 사회적 유대의 중요성을 강조하고 있으므로 이 글의 목적으로 가장 적절한 것은 ① '사회적 연대의 중요성을 강조하려고'이다.
   ① 사회적 연대의 중요성을 강조하려고
   ② 사회 붕괴의 원인을 분석하려고
   ③ 공공 위기에 대한 일반적인 대응을 설명하려고
   ④ 재난 복구에서 정부의 역할을 논의하려고

social solidarity 사회적 연대
times 시대
crisis 위기
bond 유대
serve as ~로서 역할을 하다
foundation 기반
resilience 회복력
recovery 복구, 회복
natural disaster 자연 재해
downturn 침체
public health 공공 보건
emergency 위기
community 공동체
come together 함께 하다
mutual 상호의
support 지원
overcome 극복하다
challenge 도전
effectively 효과적으로
involve 포함하다
offer 제공하다
in need 도움이 필요한
foster 촉진하다
trust 신뢰
empathy 공감
shared sense 공유된 감각
responsibility 책임
enhance 향상시키다
overall 전반적인
well-being 웰빙, 행복
strengthen 강화하다
fabric ①구조 ②직물
recognize 인식하다
solidarity 연대
inclusive 포용적인
supportive 지원하는
resilient 회복력 있는
equip 갖추다, 만들다
face 직면하다, 대응하다
adversity 역경
evade 피하다
ignore 무시하다
emphasize 강조하다
analyze 분석하다
fragmentation 분열
describe 묘사하다
crises 위기
disaster 재앙

정답

02 1. ④ 2. ①

03 다음 글의 목적으로 가장 적절한 것은?

✎	**Send**	Preview	Save

To — students@brightonuniv.edu

From — diningservices@brightonuniv.edu

Date — May 15, 2025

Subject — Brighton University Cafeteria Menu

[My PC] [Browse]

[Times New ▼] [10pt ▼] G G *G* G̲ G̶ ≡ ≡ ≡ ≡

Dear Brighton University Students,

At Brighton University, we are committed to providing healthy, delicious, and affordable meal options to our students. Our campus cafeteria has always aimed to meet the diverse tastes and dietary needs of our university community.

Starting next month, the cafeteria will introduce a new and improved menu. We are adding more vegetarian, vegan, and gluten-free dishes, as well as expanding our international food selections. Additionally, nutrition information will be clearly displayed to help students make informed choices.

We also like to ask all students to try the new menu items and share feedback with us. Your opinions are essential for us to continue improving our dining services.

Thank you for supporting our efforts to create a better dining experience!

Sincerely,

① To encourage students to try new menu items
② To introduce the cafeteria's new dining options
③ To ask students for feedback on current menu items
④ To introduce new menu items and request student feedback

● 꼼꼼 독해 ●

[해석] 수신: 브라이튼 대학교 학생 여러분
발신: 브라이튼 대학교 구내식당 서비스팀
날짜: 2025년 5월 15일
제목: 브라이튼 대학교 구내식당 메뉴

브라이튼 대학교 학생 여러분께,

브라이튼 대학교는 학생들에게 건강하고 맛있으며 가격이 합리적인 식사 옵션을 제공하기 위해 최선을 다하고 있습니다. 우리 교내 식당은 항상 다양한 취향과 식이 요구를 충족시키기 위해 노력해 왔습니다. 다음 달부터 교내 식당에서는 새로운 개선 메뉴를 선보일 예정입니다. 채식 요리, 비건 요리, 글루텐 프리 요리를 추가하고, 국제 요리 메뉴도 확장할 예정입니다. 또한, 학생들이 보다 현명한 선택을 할 수 있도록 영양 정보도 명확하게 표시될 것입니다.

모든 학생들에게 새로 추가된 메뉴를 시도해 보고 피드백을 제공해 주시기를 또한 부탁드립니다. 여러분의 의견은 구내식당 서비스를 지속적으로 개선하는 데 꼭 필요합니다.

더 나은 식사 경험을 만들기 위한 우리의 노력을 응원해 주셔서 감사합니다!

브라이튼 대학교 구내식당 서비스팀

[해설] 주어진 지문은 새로운 메뉴를 소개하고 그에 대한 피드백을 요청하는 내용의 글이므로 이 글의 목적으로 가장 적절한 것은 ④ '새로운 메뉴를 소개하고 학생들의 피드백을 요청하려고'이다.

① 학생들에게 새로운 메뉴를 시도하도록 권장하려고
② 교내 식당의 새로운 식단을 소개하려고
③ 현재 메뉴 항목에 대한 학생들의 피드백을 요청하려고
④ 새로운 메뉴를 소개하고 학생들의 피드백을 요청하려고

committed 헌신적인
provide 제공하다
healthy 건강한
delicious 맛있는
affordable 가격이 합리적인
meal 식사
option 선택사항
cafeteria 구내식당
aim 목표로 삼다
meet 충족시키다
diverse 다양한
taste 취향
dietary 식단의
introduce 도입하다
improve 개선하다
vegetarian 채식주의의
vegan 비건, 철저한 채식주의자
gluten-free 글루텐이 없는, 글루텐 프리의
dish 요리
expand 확장하다
international 국제적인
selection 선택
nutrition 영양
clearly 명확하게
display 표시하다
informed 현명한
choice 선택
ask 요청하다
try 시도하다
share 공유하다
feedback 피드백
opinion 의견
essential 필수적인
continue 계속하다
improve 개선하다
support 지지하다
effort 노력
create 만들다
experience 경험
sincerely 진심으로
dining service 구내식당 서비스

03 ④

04 다음 글을 읽고 물음에 답하시오.

Community Involvement

During challenging times, people stepping forward to assist others can greatly improve the lives of individuals and the health of the community. Whether it's providing company for the elderly, helping out at local shelters, or cleaning shared spaces, such actions fill in where official services might fall short.

Getting involved in this kind of work not only benefits those receiving help but also brings a sense of purpose and <u>fulfillment</u> to those who participate. It fosters civic responsibility, encourages cooperation, and builds stronger social ties.

We would like all residents to consider joining local projects that help our neighbors. By offering your time and skills, you contribute to a more compassionate, connected, and vibrant community.

---

1. 밑줄 친 fulfillment의 의미와 가장 가까운 것은?

   ① concern
   ② hesitation
   ③ satisfaction
   ④ disappointment

2. 윗글의 목적으로 가장 적절한 것은?

   ① to compare paid work and unpaid service
   ② to criticize the decline in local civic engagement
   ③ to explain the challenges of organizing large events
   ④ to solicit voluntary participation in community aid

• 꼼꼼 독해 •

해석 **지역사회 참여**

어려운 시기에는, 다른 사람을 돕기 위해 나서는 사람들이 개인의 삶과 지역사회의 건강에 큰 긍정적인 영향을 줄 수 있습니다. 노인들과 함께 시간을 보내거나, 지역 보호소를 돕거나, 공동 공간을 청소하는 일은 공적 서비스가 부족한 부분을 메워주는 역할을 합니다.

이러한 활동에 참여하는 것은 도움을 받는 사람들에게 이익이 될 뿐 아니라, 참여자에게도 목적의식과 충족감을 줍니다. 이러한 참여는 시민으로서의 책임감을 키우고, 협력을 장려하며, 사회적 유대를 더욱 강화합니다.

우리 이웃을 지원하는 지역 프로그램에 모든 주민들이 자발적으로 참여해 주실 것을 권유합니다. 여러분의 시간과 노력은 더 따뜻하고 연결된 지역사회를 만드는 데 큰 도움이 됩니다.

해설 1. 문맥상 fulfillment는 '만족감, 충족감, 성취감'의 뜻이므로, 이와 가장 가까운 유의어는 ③ 'satisfaction'이다

2. 주어진 지문 마지막 단락에서 이웃을 돕는 계획에 참여해달라고 했으므로 이 글의 목적으로 가장 적절한 것은 ④ '지역 지원 활동에 자발적인 참여를 요청하려고'이다.
   ① 유급 노동과 무급 봉사를 비교하려고
   ② 지역 사회 참여의 감소를 비판하려고
   ③ 대규모 행사를 조직하는 데 따르는 어려움을 설명하려고
   ④ 지역 지원 활동에 자발적인 참여를 요청하려고

---

community 지역사회, 공동체
involvement 참여
assist 돕다
elderly 노인
shelter 보호소
shared space 공동 공간
official service 공공 서비스
*official 공식적인, 공공의
benefit 이익을 주다
purpose 목적
fulfillment 만족감, 성취감, 충족감
participate 참여하다
civic 시민의
responsibility 책임
cooperation 협력
foster 촉진하다
contribute to ~에 기여하다
compassionate 인정 많은, 공감하는
vibrant 활기찬
hesitation 주저함
disappointment 실망
criticize 비판하다
decline 감소
organize 조직하다
solicit 요청하다, 간청하다
voluntary 자발적인
aid 도움

정답

04 1. ③ 2. ④

CHAPTER

01 기출문제 분석

01 다음 글의 목적으로 가장 적절한 것은? 2025. 국가직 9급

	Send　Preview　Save
To	citycouncil@woodville.gov
From	headcouncil@woodville.gov
Date	April 3, 2025
Subject	Attention Council

Dear Members of the Woodville City Council,

I am writing to inform you of several issues in our community that need attention. A resident, John Smith, of 123 Elm Street, has reported problems with the road conditions on Elm Street, especially between Maple Avenue and Oak Street. There are many potholes and cracks that have worsened after recent heavy rain, causing traffic disruptions and safety hazards. Even though temporary repairs have been made, the problems continue.

The resident is also concerned about poor lighting in Central Park, especially along Park Lane, because broken or missing streetlights have led to minor accidents and lowered property values. He requests that the Council repair Elm Street and improve the lighting in the park.

I urge the Council to address these issues for the safety and wellbeing of our community. Thank you for your attention to these matters. I trust we will work together to resolve these issues effectively.

Sincerely,

Stephen James
Head of Woodville City Council

① to express gratitude to the Council for their efforts

② to invite the Council to visit Central Park

③ to solicit the Council to deal with the community problems

④ to update the Council on recent repairs made in the area

• **정답 해설** •

01 [해석] 수신: citycouncil@woodville.gov
발신: headcouncil@woodville.gov
날짜: 2025년 4월 3일
제목: 시의회에 알립니다

Woodville 시의회 의원 여러분께,

저는 우리 지역사회에서 주의를 기울여야 할 몇 가지 문제를 알려드리고자 이 글을 씁니다. 엘름 가(街) 123번지에 거주하는 주민 존 스미스 씨는 엘름 가(街), 특히 메이플 도로와 오크 가(街) 사이 구간의 도로 상태에 문제가 있다고 보고했습니다. 최근 집중호우 이후 생긴 많은 움푹 팬 곳들과 균열들이 교통 혼란과 안전 문제를 일으키고 있습니다. 임시 보수 작업이 이루어졌지만, 문제는 여전히 계속되고 있습니다.

그 주민은 또한 센트럴 파크, 특히 파크 레인을 따라 조명이 매우 어두운 점에도 우려를 나타냈습니다. 가로등이 고장 나거나 없어져서 경미한 사고들이 발생했고, 이로 인해 부동산 가치도 하락하고 있습니다. 그는 시 의회가 엘름 가(街)를 보수하고 공원의 조명 문제를 개선해 줄 것을 요청하고 있습니다.

저는 우리 지역사회의 안전과 복지를 위해 시의회가 이 문제들을 적극적으로 해결해 주시기를 촉구합니다. 이 문제들에 관심을 가져 주셔서 감사드립니다. 저는 우리가 함께 협력하여 효과적으로 이 문제들을 해결할 것이라 믿습니다.

진심을 담아,

Stephen James
Woodville 시의회 의장

[해설] 도로와 조명 등 지역사회에서 발생한 문제들에 대해 알리며 시의회에 이를 해결해 줄 것을 요청하는 글이다. 따라서 글의 목적으로 가장 적절한 것은 ③ '시의회에 지역사회 문제를 해결해 달라고 요청하려고'이다.

① 시의회의 노력에 감사를 표하려고
② 센트럴 파크 방문을 위해 시의회를 초대하려고
③ 시의회에 지역사회 문제를 해결해 줄 것을 요청하려고
④ 해당 지역에서 이루어진 최근 보수 작업에 대해 시 의회에 알리기 위해

[어휘] **city council** 시의회 **inform A of B** A에게 B를 알리다 **attention** 주의, 관심, 주목
resident 거주자, 주민 **condition** 상태, 상황 **avenue** 큰 거리, 대로
pothole (도로의) 움푹 패인 곳, 포트 홀 **crack** 금, 균열 **worsen** 악화되다
disruption 방해, 혼란, 붕괴 **hazard** 위험, 유해 요소 **temporary** 임시의, 일시적인
repair 수리(하다) **concerned** 걱정하는, 염려하는 **poor** 좋지 않은, 나쁜
lower 낮추다, 내리다 **property** 부동산 **request** 요청하다, 요구하다
improve 개선하다, 향상시키다 **urge** 촉구하다 **address** 해결하다 **matter** 문제, 사안
resolve 해결하다 **effectively** 효과적으로 **sincerely** 편지의 마무리 인사 진심을 담아
head 의장, 책임자 **gratitude** 감사, 고마움 **invite** 초대하다 **solicit** 간청하다, 요청하다
update ① 알리다, 보고하다 ② 갱신하다

[정답]
01 ③

02 다음 글을 읽고 물음에 답하시오. 2025. 국가직 9급

Consular services

We welcome all feedback about our consular services, whether you receive them in the UK or from one of our embassies, high commissions or consulates abroad. Tell us when we get things wrong so that we can <u>assess</u> and improve our services.

If you want to make a complaint about a consular service you have received, we want to help you resolve it as quickly as possible. If you are complaining on behalf of someone else, we must have written, signed consent from that person allowing us to share their personal information with you before we can reply.

Send details of your complaint to our feedback contact form. We will record and examine your complaint, and use the information you provide to help make sure that we offer the best possible help and support to our customers. The relevant embassy, high commission or consulate will reply to you.

1. 밑줄 친 assess의 의미와 가장 가까운 것은?

① upgrade

② prolong

③ evaluate

④ render

2. 윗글의 목적으로 가장 적절한 것은?

① to give directions to the consulate

② to explain how to file complaints

③ to lay out the employment process

④ to announce the opening hours

· 정답 해설 ·

02　**해석**　**영사 서비스**

영사 서비스를 이용하신 후, 그 서비스가 영국 내에서 제공되었든 해외에 있는 대사관, 고등판무관 사무소, 또는 영사관에서 제공되었든 관계없이 모든 피드백을 환영합니다. 저희가 서비스를 평가하고 개선할 수 있도록 잘못된 부분이 있다면 알려주시기 바랍니다.

이용하신 영사 서비스에 대해 불만이 있으시다면, 저희는 가능한 한 신속하게 해결해 드리고자 합니다. 다른 사람을 대신해 불만을 제기하시는 경우, 그 사람의 서명된 서면 동의를 반드시 제출하셔야 하며, 해당 동의 없이는 개인정보 보호 상 답변을 드릴 수 없습니다.

불만 사항의 세부 내용을 저희 피드백 문의 양식을 통해 보내주시기 바랍니다. 저희는 귀하의 불만을 기록하고 검토한 후, 제공해 주신 정보를 바탕으로 고객들에게 최상의 지원과 도움을 제공할 수 있도록 노력하겠습니다. 관련된 대사관, 고등판무관 사무소, 또는 영사관에서 직접 답변을 드릴 것입니다.

해설　1. 문맥상 assess는 '평가하다'라는 뜻으로 사용되었으므로, 이와 가장 가까운 유의어는
③ 'evaluate (평가하다)'이다
2. 첫 번째 단락 마지막 문장에서 서비스를 평가하고 개선할 수 있도록 잘못된 부분이 있다면 알려달라고 했고 두 번째 단락과 세 번째 단락에서 불만 사항 접수 방법과 유의사항을 안내하고 있으므로 이 글의 목적으로 가장 적절한 것은 ② '불만 제기 방법을 설명하려고'이다.

① 영사관 가는 길을 안내하려고
② 불만 제기 방법을 설명하려고
③ 채용 절차를 설명하려고
④ 운영시간을 알리려고

어휘　feedback 피드백, 반응　consular 영사의, 영사관의　embassy 대사관
high commission 고등 판무관 사무소　consulate 영사관　abroad 해외에, 외국에
assess 평가하다, 판단하다　improve 개선하다, 향상시키다　complaint 불만, 항의
resolve 해결하다　on behalf of ~을 대신하여
written, signed consent 서면으로 된 서명 동의서　reply 대답, 응답, 회신
make sure that ~ 확실히 ~하다　relevant 관련 있는　prolong 연장하다, 오래 끌다
render ~되게 하다, ~하게 만들다　direction 길, 방향　file 제출하다, (불만 등을) 제기하다
lay out (계획, 생각 등을) 명확히 설명하다　process 과정, 절차

정답

02 **1.** ③　**2.** ②

02 안내문

출제 유형

간단한 안내문을 제시하고 두 가지 유형의 문제가 출제된다.
1. (A)에 들어갈 제목으로 가장 적절한 것은?
2. ○○○에 관한 내용과 일치하는[일치하지 않는] 것은?

풀이 해법

1. 주제/제목/요지 문제풀이와 동일하다.
2. 내용일치 문제풀이와 동일하다.

02
Part

확인학습문제

Ex 1 다음 글을 읽고 물음에 답하시오.

> **New** ☐ × +
>
> ⟳ fsp23_letters@institute.org ☆   ⭐ ⊕ ⚫ ⋯
>
> MENU ⌄   Search 🔍
>
> ---
>
> (A)
>
> Every summer, people across the country are encouraged to join the "Cool & Green" campaign. The campaign's goal is to reduce electricity use during hot weather while keeping homes comfortable and safe.
>
> Participants are asked to set their air conditioners no lower than 26°C and use fans to circulate the air. Closing curtains during the hottest part of the day and turning off unused appliances are also recommended.
>
> The campaign began in 2013 and is now advocated by local governments and energy-saving groups. Many schools and companies are also engaged in adjusting their indoor temperatures and turning off lights in unused rooms.
>
> Would you like to make a difference this summer? Take part in the Cool & Green campaign and show your support for a cooler, greener future.
>
> **Choose what you will do**
> ☐ Set the air conditioner to 26°C or higher
> ☐ Use fans and close curtains during the day
> ☐ Turn off appliances and lights not in use
>
> **I will participate**
> ☐ for 1 day   ☐ for 1 week   ☐ for 1 month   ☐ from now on

1. (A)에 들어갈 윗글의 제목으로 가장 적절한 것은?

   ① Our Goal: Methods to Stay Cool in Summer

   ② Join the Summer Energy-Saving Campaign

   ③ Problems with Air Conditioner Use

   ④ How to Choose an Electric Fan

2. 윗글에서 캠페인에 관한 내용과 일치하지 않는 것은?

   ① 사람들은 여름마다 "Cool & Green" 캠페인에 참여하도록 권장된다.

   ② 참가자들은 에어컨 온도를 26도 이상으로 설정하기를 권장받는다.

   ③ 이 캠페인은 2013년에 시작되었고, 정부와 절약 단체의 지지를 받는다.

   ④ 학교와 회사는 이 캠페인에 참여하지 않는다.

확인학습문제 Answer & Review

Ex 1 다음 글을 읽고 물음에 답하시오.

fsp23_letters@institute.org

(A)

Every summer, people across the country are encouraged to join the "Cool & Green" campaign. The campaign's goal is to reduce electricity use during hot weather while keeping homes comfortable and safe.

Participants are asked to set their air conditioners no lower than 26°C and use fans to circulate the air. Closing curtains during the hottest part of the day and turning off unused appliances are also recommended.

The campaign began in 2013 and is now advocated by local governments and energy-saving groups. Many schools and companies are also engaged in adjusting their indoor temperatures and turning off lights in unused rooms.

Would you like to make a difference this summer? Take part in the Cool & Green campaign and show your support for a cooler, greener future.

Choose what you will do
☐ Set the air conditioner to 26°C or higher
☐ Use fans and close curtains during the day
☐ Turn off appliances and lights not in use

I will participate
☐ for 1 day   ☐ for 1 week   ☐ for 1 month   ☐ from now on

1. (A)에 들어갈 윗글의 제목으로 가장 적절한 것은?

① Our Goal: Methods to Stay Cool in Summer
② Join the Summer Energy-Saving Campaign
③ Problems with Air Conditioner Use
④ How to Choose an Electric Fan

2. 윗글에서 캠페인에 관한 내용과 일치하지 않는 것은?

① 사람들은 여름마다 "Cool & Green" 캠페인에 참여하도록 권장된다.
② 참가자들은 에어컨 온도를 26도 이상으로 설정하기를 권장받는다.
③ 이 캠페인은 2013년에 시작되었고, 정부와 절약 단체의 지지를 받는다.
④ 학교와 회사는 이 캠페인에 참여하지 않는다.

정답
01 1. ② 2. ④

[해석] **여름철 에너지 절약 캠페인에 참여하세요.**

매년 여름, 전국의 사람들은 "Cool & Green" 캠페인에 참여하도록 권장됩니다. 이 캠페인의 목표는 무더운 날씨 동안 전기 사용을 줄이면서도 집을 편안하고 안전하게 유지하는 것입니다.

참여자들은 에어컨을 26도 이하로 설정하지 않고, 선풍기를 이용해 공기를 순환시키도록 요청받습니다. 낮 동안 커튼을 닫고, 사용하지 않는 전자기기를 끄는 것도 권장됩니다.

이 캠페인은 2013년에 시작되었으며, 현재는 지방 정부와 에너지 절약 단체들이 이를 지원하고 있습니다. 많은 학교와 회사들도 실내 온도를 조정하고, 사용하지 않는 방의 조명을 끄는 방식으로 캠페인에 참여합니다.

올 여름, 당신도 변화를 만들어보지 않겠습니까? Cool & Green 캠페인에 참여해서, 더 시원하고 친환경적인 미래를 향한 지지를 보여주세요.

실천할 활동을 선택하세요

☐ 에어컨을 26도 이상으로 설정하세요

☐ 낮 동안 선풍기를 사용하고 커튼을 닫으세요

☐ 사용하지 않는 전자제품과 불은 끄세요

저도 참여하겠습니다

☐ 1일 동안   ☐ 1주일 동안   ☐ 1개월 동안   ☐ 지금부터 계속

[해설] 1. 주어진 지문은 여름철 전기 사용량을 줄이기 위한 'Cool & Green' 캠페인에 참여를 권장하는 내용의 글이므로 이 글의 제목으로 가장 적절한 것은 ② '여름철 에너지 절약 캠페인에 참여하세요'가 가장 적절한 제목이다.

   ① 우리의 목표: 여름에 시원하게 지내는 방법
   ② 여름철 에너지 절약 캠페인에 참여하세요
   ③ 에어컨 사용의 문제점들
   ④ 선풍기 고르는 방법

2. 세 번째 단락 두 번째 문장에서 학교와 회사들도 참여한다고 했으므로 ④는 내용과 일치하지 않는다.

[어휘] every summer 매년 여름 across the country 전국적으로
encourage 권장하다, 독려하다 goal 목표 reduce 줄이다 electricity 전기
comfortable 편안한 safe 안전한 participant 참가자 set 설정하다 fan 선풍기
circulate 순환시키다 close 닫다 curtain 커튼 turn off 끄다 unused 사용되지 않는
appliance 전자기기 recommend 추천하다, 권장하다 advocate 옹호하다, 지지하다
local government 지방 정부 energy-saving 절전의, 에너지 절약의
engage in ~에 참여하다 adjust 조정하다 take part in ~에 참여하다 cooler 더 시원한
greener 더 친환경적인

확인학습문제

Ex 2 Enter-K 앱에 관한 다음 글의 내용과 일치하지 않는 것은?

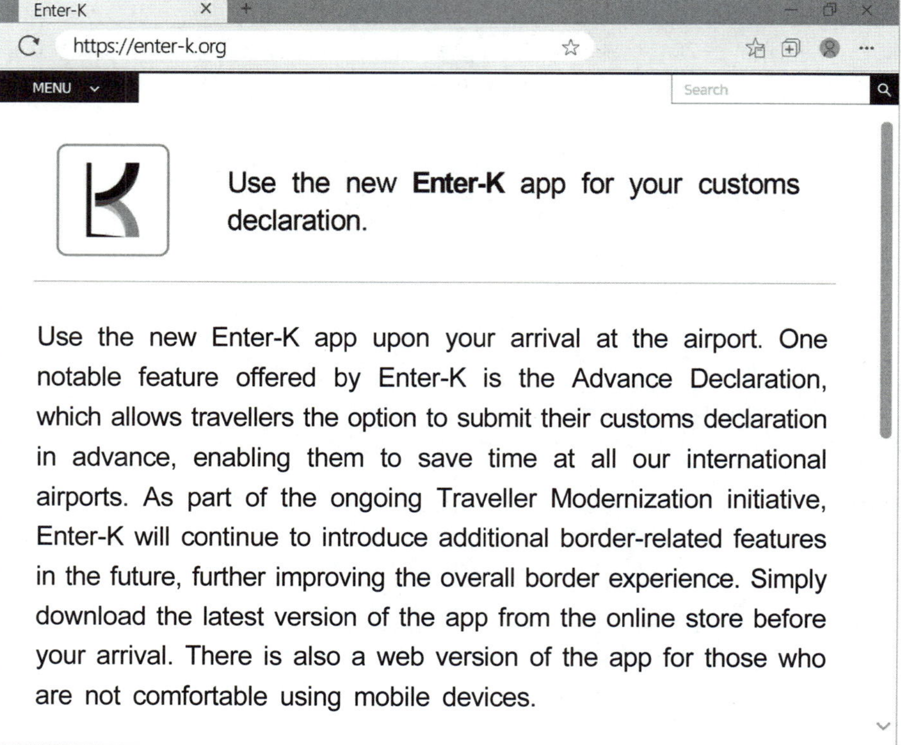

① It allows travellers to declare customs in advance.

② More features will be added later.

③ Travellers can download it from the online store.

④ It only works on personal mobile devices.

확인학습문제 **Answer & Review**

Ex 2 Enter-K 앱에 관한 다음 글의 내용과 일치하지 않는 것은?

> Use the new Enter-K app upon your arrival at the airport. One notable feature offered by Enter-K is the Advance Declaration, which allows travellers the option to submit their customs declaration in advance, enabling them to save time at all our international airports. As part of the ongoing Traveller Modernization initiative, Enter-K will continue to introduce additional border-related features in the future, further improving the overall border experience. Simply download the latest version of the app from the online store before your arrival. There is also a web version of the app for those who are not comfortable using mobile devices.

해석 공항에 도착하자마자 새로운 Enter-K 앱을 사용해 보세요. Enter-K가 제공하는 한 가지 주목할 만한 특징은 사전 신고인데 이는 여행객들에게 모든 국제 공항에서 시간을 절약해 주기 위해 그들의 세관신고서를 미리 제출할 수 있는 선택을 제공하는 것입니다. 지속적인 여행객 현대화 계획의 일환으로 Enter-K는 미래에 국경과 관련된 편의성을 추가적으로 도입할 것이고 국경을 통과할 때의 전반적인 경험을 한층 더 개선해 나갈 겁니다. 도착 전에 온라인 매장에서 최신 버전의 앱을 다운 받으세요. 모바일 장치를 사용하는 데 불편한 분들을 위해 웹 버전 또한 있습니다.

해설 본문 마지막 문장에서 모바일 장치를 사용하는 데 불편한 분들을 위해 웹 버전 또한 있다고 했으므로 개인 모바일 기기에서만 가능하다는 ④는 본문의 내용과 일치하지 않는다.

① 그것은 여행객들이 세관 신고를 미리 할 수 있게 해 준다.
② 더 많은 편의성이 나중에 추가될 것이다.
③ 여행객들은 그것을 온라인 스토어에서 다운로드할 수 있다.
④ 그것은 오직 개인 모바일 기기에서만 작동한다.

어휘 upon(on) + 명사/~ing ~하자마자 arrival 도착 notable 주목할 만한, 눈에 띄는
feature ① 특징 ② 편의(성) submit 제출하다 customs 세관
declaration ① (세관) 신고 ② 선언 in advance 미리, 앞서서 as part of ~의 일환으로서
ongoing 지속적인, 계속 진행 중인 initiative ① 계획 ② 주도권, 진취성 border 국경
further 한층 더, 더 이상의, 더 많은 overall 전반적인 latest 최신의 device 장치

정답

02 ④

01 다음 글을 읽고 물음에 답하시오.

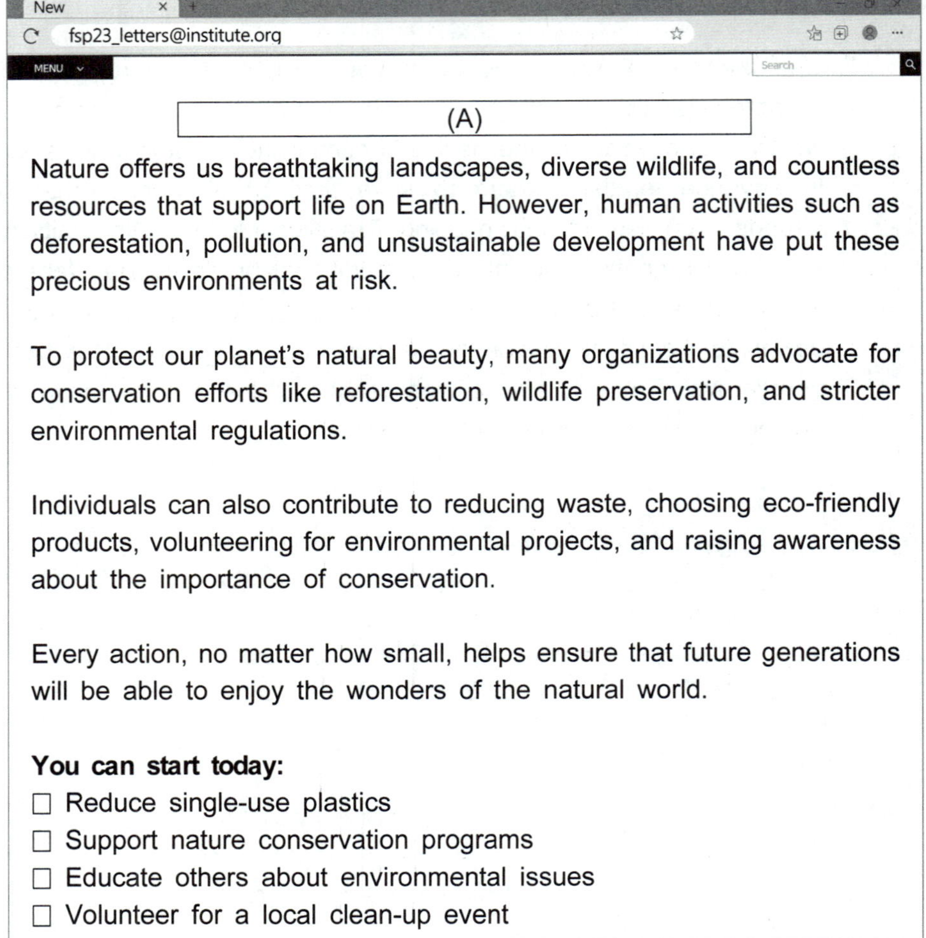

(A)

Nature offers us breathtaking landscapes, diverse wildlife, and countless resources that support life on Earth. However, human activities such as deforestation, pollution, and unsustainable development have put these precious environments at risk.

To protect our planet's natural beauty, many organizations advocate for conservation efforts like reforestation, wildlife preservation, and stricter environmental regulations.

Individuals can also contribute to reducing waste, choosing eco-friendly products, volunteering for environmental projects, and raising awareness about the importance of conservation.

Every action, no matter how small, helps ensure that future generations will be able to enjoy the wonders of the natural world.

You can start today:
☐ Reduce single-use plastics
☐ Support nature conservation programs
☐ Educate others about environmental issues
☐ Volunteer for a local clean-up event

1. (A)에 들어갈 윗글의 제목으로 가장 적절한 것은?

① Protecting Wildlife and our Forests

② Preserving Our Planet's Natural Beauty

③ How to Prevent Environmental Pollution

④ Challenges of Rapid Urban Development

2. 윗글에서 캠페인에 관한 내용과 일치하지 않는 것은?

① 인간의 활동이 자연환경을 위협하고 있다.

② 재조림과 같은 중요한 보전 노력을 지지하고 있다.

③ 자연 보호를 위한 개인의 행동은 중요하지 않다.

④ 사소한 노력도 도움이 된다고 주장하고 있다.

꼼꼼 독해

해석 우리의 지구 자연미 보존하기

자연은 우리에게 숨 막히게 아름다운 풍경, 다양한 야생동물, 그리고 지구상의 생명을 유지하는 수많은 자원을 제공합니다. 그러나 삼림 파괴, 오염, 지속 불가능한 개발 같은 인간의 활동으로 인해 이 소중한 자연 환경이 위협받고 있습니다.

지구의 자연미를 보호하기 위해 많은 단체들이 재조림, 야생동물 보호, 그리고 보다 엄격한 환경 규제를 포함한 보전 노력을 지지하고 있습니다.

개인들도 쓰레기 줄이기, 친환경 제품 선택하기, 환경 프로젝트에 자원봉사하기, 그리고 보전의 중요성에 대한 인식을 높이는 등의 방법으로 기여할 수 있습니다.

모든 행동은 아무리 작더라도 미래 세대가 자연의 경이로움을 누릴 수 있도록 하는 데 도움이 됩니다.

지금 바로 시작할 수 있는 일들:
☐ 일회용 플라스틱 줄이기
☐ 자연 보전 프로그램 지원하기
☐ 환경 문제에 대해 다른 사람을 교육하기
☐ 지역 청소 활동에 자원봉사하기

해설 1. 주어진 지문은 자연의 아름다움을 보존하기 위한 여러 노력 즉, 재조림, 야생동물 보호, 환경 보호 활동 등을 강조하는 내용의 글이므로 이 글의 제목으로 가장 적절한 것은 ② '우리의 지구 자연미 보존하기'이다.
　① 야생동물과 우리의 숲을 보호하기
　② 우리의 지구 자연미 보존하기
　③ 환경오염을 예방하는 방법
　④ 급속한 도시 개발의 과제들
2. 주어진 지문 세 번째 단락 첫 번째 문장에 Individuals can also contribute to reducing waste(개인들도 쓰레기를 줄이는 데 기여한다)가 있으므로 ③ '자연 보호를 위한 개인의 행동은 중요하지 않다'는 글의 내용과 일치하지 않는다.

nature 자연
breathtaking 숨 막히게 아름다운
landscape 경치
wildlife 야생동물
resource 자원
support 지원하다
life 생명
deforestation 삼림 파괴
pollution 오염
unsustainable 지속 불가능한
development 개발
precious 소중한
environment 환경
risk 위험
advocate 지지하다
conservation 보호
effort 노력
reforestation 재조림
wildlife preservation
야생동물 보호
regulation 규제
individual 개인
contribute to ~에 기여하다
reduce 줄이다
waste 쓰레기
eco-friendly 친환경적인
product 제품
volunteer 자원봉사하다
raise 높이다
awareness 인식
ensure 보장하다
future generation 미래 세대
wonder 경이, 경이로움
single-use 일회용
support 지원하다
educate 교육하다
issue 문제
clean-up event 정화 활동
protect 보호하다
preserve 보존하다
prevent 예방하다, 막다
rapid 빠른, 신속한
urban 도시의

정답

01 1. ② 　2. ③

02 다음 글을 읽고 물음에 답하시오.

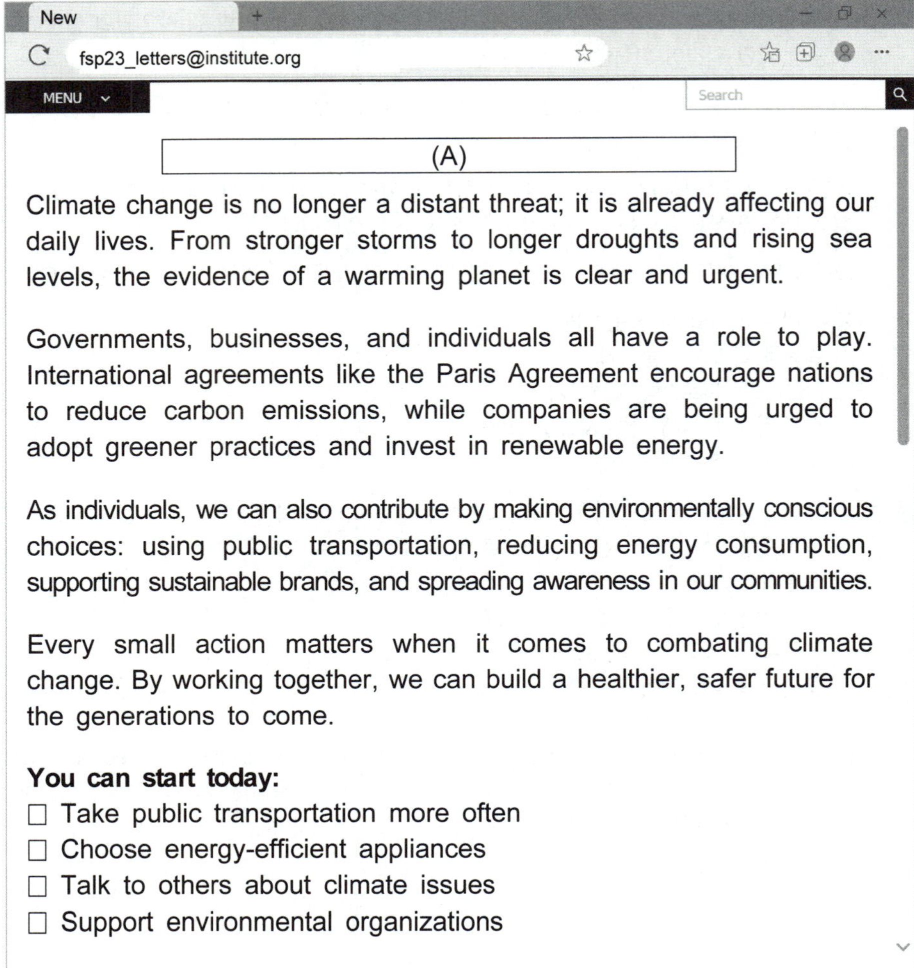

(A)

Climate change is no longer a distant threat; it is already affecting our daily lives. From stronger storms to longer droughts and rising sea levels, the evidence of a warming planet is clear and urgent.

Governments, businesses, and individuals all have a role to play. International agreements like the Paris Agreement encourage nations to reduce carbon emissions, while companies are being urged to adopt greener practices and invest in renewable energy.

As individuals, we can also contribute by making environmentally conscious choices: using public transportation, reducing energy consumption, supporting sustainable brands, and spreading awareness in our communities.

Every small action matters when it comes to combating climate change. By working together, we can build a healthier, safer future for the generations to come.

You can start today:
☐ Take public transportation more often
☐ Choose energy-efficient appliances
☐ Talk to others about climate issues
☐ Support environmental organizations

1. (A)에 들어갈 윗글의 제목으로 가장 적절한 것은?

① Causes of Rising Sea Levels

② The Future of Renewable Energy

③ Tackling the Climate Crisis Together

④ Fighting Climate Change as Individual

2. 윗글에서 캠페인에 관한 내용과 일치하지 않는 것은?

① 기후 변화는 이미 우리의 일상생활에 영향을 미치고 있다.

② 국제 협약이 탄소 배출 감축을 촉구하고 있다.

③ 정부와 기업만이 기후 변화 해결에 중요한 역할을 한다.

④ 대중교통을 이용하고 에너지 소비를 줄이는 것이 포함된다.

꼼꼼 독해

해석 함께 기후 위기에 대응하기

기후 변화는 더 이상 먼 미래의 위협이 아니며, 이미 우리의 일상생활에 영향을 미치고 있습니다. 강력한 폭풍, 더 긴 가뭄, 그리고 상승하는 해수면 등 지구 온난화의 증거는 명확하고 시급합니다.

정부, 기업, 개인 모두가 이에 대응할 역할을 가지고 있습니다. 파리 협정과 같은 국제 협약은 각국이 탄소 배출을 줄이도록 독려하고 있으며, 기업들 또한 더 친환경적인 방식을 채택하고 재생 가능 에너지에 투자할 것을 요구받고 있습니다.

개인들도 환경을 보호하기 위해 기여할 수 있습니다. 대중교통을 이용하고, 에너지 소비를 줄이며, 지속 가능한 브랜드를 지지하고, 지역사회에서 기후 문제에 대한 인식을 확산시키는 등의 행동이 가능합니다.

기후 변화에 맞서 싸울 때는 모든 작은 행동이 중요합니다. 함께 힘을 모으면, 미래 세대를 위해 더 건강하고 안전한 세상을 만들어 나갈 수 있습니다.

지금 바로 시작할 수 있는 일들:
☐ 대중교통을 더 자주 이용하기
☐ 에너지 효율이 높은 가전제품 선택하기
☐ 주변 사람들과 기후 문제에 대해 이야기하기
☐ 환경 보호 단체를 후원하기

해설 1. 주어진 지문은 정부, 기업, 개인 모두 기후 위기를 해결해야 한다는 내용의 글이므로 이 글의 제목으로 가장 적절한 것은 ③ '함께 기후 위기에 대응하기'이다.
① 해수면 상승의 원인들
② 재생 에너지의 미래
③ 함께 기후 위기에 대응하기
④ 개인으로서 기후 변화에 맞서기

2. 주어진 지문 두 번째 단락 첫 번째 문장에 Governments, businesses, and individuals all have a role to play(정부, 기업, 개인 모두가 이에 대응할 역할을 가지고 있다.) 가 있으므로 ③ '정부와 기업만이 기후 변화 해결에 중요한 역할을 한다'는 글의 내용과 일치하지 않는다.

---

climate change 기후 변화
distant 먼, 멀리 있는
threat 위협
affect 영향을 미치다
storm 폭풍
drought 가뭄
sea level 해수면
rise 상승하다
warming planet 지구 온난화
evidence 증거
urgent 긴급한
government 정부
individual 개인의, 개인
role 역할
international 국제적인
agreement 협약
encourage 장려하다, 격려하다
reduce 줄이다
carbon 탄소
emission 배출
greener 친환경적인
adopt 채택하다
practice 관행, 실행
invest 투자하다
renewable 재생 가능한
contribute to ~에 기여하다
environmentally conscious 환경을 의식하는
*conscious 의식하는
public transportation 대중교통
consumption 소비
support 지원하다
sustainable 지속 가능한
spread 확산시키다
awareness 인식, 의식
community 지역사회
combat 맞서 싸우다
safer 더 안전한
healthier 더 건강한
generation 세대
together 함께
organization 단체
crisis 위기

정답

02 1. ③ 2. ③

● **실전 문제** ●

03 다음 글을 읽고 물음에 답하시오.

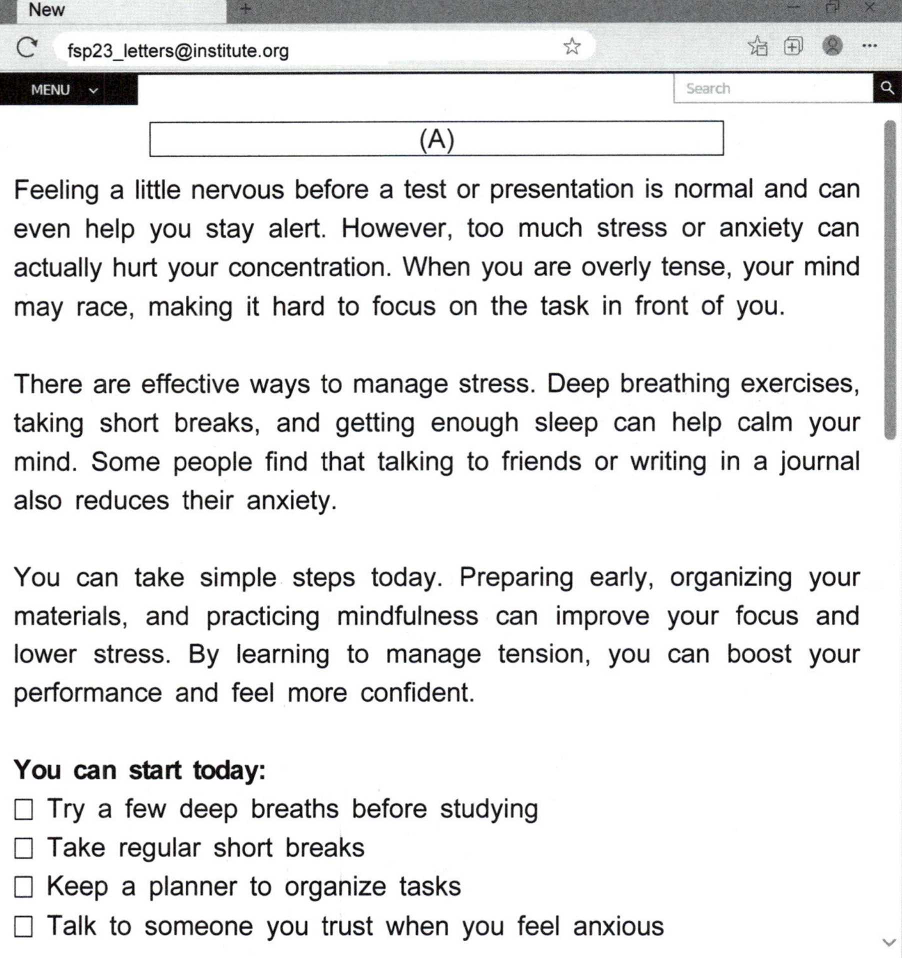

(A)

Feeling a little nervous before a test or presentation is normal and can even help you stay alert. However, too much stress or anxiety can actually hurt your concentration. When you are overly tense, your mind may race, making it hard to focus on the task in front of you.

There are effective ways to manage stress. Deep breathing exercises, taking short breaks, and getting enough sleep can help calm your mind. Some people find that talking to friends or writing in a journal also reduces their anxiety.

You can take simple steps today. Preparing early, organizing your materials, and practicing mindfulness can improve your focus and lower stress. By learning to manage tension, you can boost your performance and feel more confident.

You can start today:
☐ Try a few deep breaths before studying
☐ Take regular short breaks
☐ Keep a planner to organize tasks
☐ Talk to someone you trust when you feel anxious

1. (A)에 들어갈 윗글의 제목으로 가장 적절한 것은?

① Why Getting Less Sleep Hurts Your Memory

② How to Stay Focused by Managing Stress

③ The Importance of Taking More Classes

④ Tips for Improving Vocabulary Quickly

2. 윗글에서 캠페인에 관한 내용과 일치하지 않는 것은?

① 약간의 긴장은 집중에 도움이 될 수 있다.

② 심호흡, 휴식, 충분한 수면이 마음을 진정시키는 데 도움이 된다.

③ 친구와 이야기하거나 일기를 쓰면 불안을 줄일 수 있다.

④ 미리 준비하고 자료를 정리하는 것은 오히려 불안을 높인다.

꼼꼼 독해

[해석] 스트레스 관리를 통해 집중력을 높이는 방법

시험이나 발표 전에 약간 긴장하는 것은 정상이며 심지어 당신이 깨어 있도록 도와줄 수도 있습니다. 하지만 스트레스나 불안이 지나치면 오히려 집중력을 해칠 수 있습니다. 너무 긴장하면 마음이 복잡해져 눈앞의 일에 집중하기 어려워질 수 있습니다.

스트레스를 관리할 수 있는 효과적인 방법들이 있습니다. 심호흡 운동, 짧은 휴식, 충분한 수면은 마음을 차분하게 하는 데 도움이 됩니다. 어떤 사람들은 친구와 대화하거나 일기를 쓰는 것도 불안을 줄이는 데 도움이 된다고 느낍니다.

오늘 당장 간단한 실천을 할 수 있습니다. 미리 준비하고, 자료를 정리하고, 마음챙김 연습을 하면 집중력을 높이고 스트레스를 줄일 수 있습니다. 긴장을 관리하는 법을 배우면 성과를 높이고 자신감을 가질 수 있습니다.

오늘 시작할 수 있다:
☐ 공부하기 전에 심호흡 몇 번 하기
☐ 규칙적인 짧은 휴식 취하기
☐ 할 일을 정리할 플래너 사용하기
☐ 불안을 느낄 때 믿을 수 있는 사람에게 이야기하기

[해설] 1. 주어진 지문은 과도한 긴장이 집중력을 방해할 수 있으므로 이를 관리해 집중력을 높이는 방법에 관한 글이므로 빈칸에 들어가기에 가장 적절한 것은 ② '스트레스 관리를 통해 집중력을 높이는 방법'이다.
① 수면 부족이 기억력에 미치는 해로움
② 스트레스 관리를 통해 집중력을 높이는 방법
③ 미국 국립공원의 역사
④ 어휘력을 빠르게 향상시키는 비결

2. 마지막 단락 두 번째 문장에서 미리 준비하고, 자료를 정리하고, 마음챙김 연습을 하면 집중력을 높이고 스트레스를 줄일 수 있다고 했으므로 ④는 본문의 내용과 일치하지 않는다.

---

nervous 긴장한
alert 방심하지 않는
anxiety 불안
concentration 집중
tense 긴장한
effective 효과적인
manage 관리하다
break 휴식
calm 진정시키다
reduce 줄이다
prepare 준비하다
organize 정리하다
material 자료
practice 연습하다
mindfulness 마음챙김
boost 높이다
performance 성과
confident 자신감 있는
planner 계획표
volunteer 자원봉사하다

정답
03 1. ② 2. ④

02 기출문제 분석

01 다음 글의 내용과 일치하지 않는 것은? 2025. 국가직 9급

KIDS SUMMER ART CAMP 2025

Join the Stan José Art Museum (SJAM) for a week of fun! Campers get behind-the-scenes access to exhibitions, experiment with the artistic process, and show off their own work in a student exhibition.

WHO

For children ages 6 - 14
Each camper will receive individual artistic support, encouragement, and creative challenges unique to their learning style and skill level.

WHAT

Join SJAM for a summer art camp that pairs creative exploration of art materials and processes led by our experienced gallery teachers and studio art educators. In addition, campers will engage in interpretive art and science lessons created by Eddie
Brown, a STEM consultant.

ART CAMP EXHIBITION

We invite families and caregivers to attend a weekly exhibition reception of campers' artwork to celebrate the artistic achievements of each participant.

WHEN

All camps run 9 am - 3 pm, Monday - Friday.
Monday, June 9 - Friday, July 25 (no camp the week of June 30)

① Campers will have opportunities to display their work in a student exhibition.

② The camp includes individual artistic support for children ages 6 - 14.

③ A STEM consultant developed interpretive art and science lessons.

④ The camp runs with no break between June 9 and July 25.

• 정답 해설 •

01 [해석] **어린이 여름 미술 캠프 2025**
Stan José 미술관 (SJAM)에서 열리는 즐거운 일주일 프로그램에 참여해 보세요! 캠프 참가자들은 전시회의 무대 뒤 체험을 하고, 예술적 과정을 실험해 보며, 학생 전시회에서 자신의 작품을 자랑해 보세요.

대상
6세에서 14세 어린이 대상
각 캠프 참가자는 학습 스타일과 실력 수준에 맞는 개별적인 예술적 지원과 격려, 창의적인 도전을 받게 됩니다.

내용
갤러리 전문 교사와 스튜디오 미술 교육자가 이끄는 미술 재료와 과정에 대한 창의적인 탐구를 결합한 여름 미술 캠프 SJAM에 참여해 보세요. 또한 캠프 참가자들은 STEM 컨설턴트인 **Eddie Brown**이 만든 해석적 미술 및 과학 수업에 참여하게 됩니다.

미술 캠프 전시회
저희는 참가자 한 사람 한 사람의 예술적 성취를 함께 축하하기 위해, 가족과 보호자 여러분을 매주 열리는 참가자 작품 전시 리셉션에 초대합니다.

일정
모든 캠프는 월요일부터 금요일까지 오전 9시부터 오후 3시까지 진행됩니다.
6월 9일 월요일부터 7월 25일 금요일까지입니다. (6월 30일이 포함된 주에는 캠프 없음)

[해설] 주어진 안내문 마지막 when에서 6월 30일이 포함된 주에는 캠프가 없다고 했으므로 ④ '캠프는 6월 9일부터 7월 25일까지 쉬는 날 없이 운영된다.'는 내용과 일치하지 않는다.

① 캠프 참가자들은 학생 전시회에서 자신의 작품을 전시할 기회를 갖게 될 것이다.
② 캠프는 6세에서 14세 어린이를 위한 개별적 예술 지원을 포함한다.
③ STEM 컨설턴트가 해석 중심의 예술 및 과학 수업을 개발했다.
④ 캠프는 6월 9일부터 7월 25일까지 쉬는 날 없이 운영된다.

[어휘] **behind-the-scenes access** 무대 뒤 체험 **exhibition** 전시, 전시회 **experiment** 실험
process 과정, 절차 **show off** 자랑하다, 뽐내다 **own** 자신의, 본인의 **individual** 개인의
support 지원, 후원 **encouragement** 장려, 격려 **challenge** 도전, 어려움, 난제
unique 유일무이한, 독특한 **pair** 연결하다, 짝짓다 **exploration** 탐색, 조사 **material** 재료
experienced 경험이 많은, 노련한 **in addition** 게다가 **engage in** ~에 참여하다
interpretive 설명적인, 해석의 **caregiver** 보호자, 돌보는 사람 **reception** 환영회, 리셉션 행사
achievement 성취, 업적 **participant** 참가자 **run** 운영되다 **opportunity** 기회
display 전시하다, 보여주다 **include** 포함하다 **develop** 개발하다, 발전시키다
break 휴식, 중단

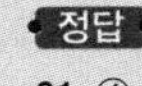
정답
01 ④

02 다음 글의 내용과 일치하는 것은? 2025. 국가직 9급

Department of Health and Human Services

Mission Statement

The mission of the Department of Health and Human Services (HHS) is to enhance the health and well-being of all individuals in the nation, by providing for effective health and human services and by fostering sound, sustained advances in the sciences underlying medicine, public health, and social services.

Organizational Structure

HHS accomplishes its mission through programs and initiatives that cover a wide spectrum of activities. Eleven operating divisions, including eight agencies in the Public Health Service and three human services agencies, administer HHS's programs. While HHS is a domestic agency working to protect and promote the health and well-being of the American people, the interconnectedness of our world requires that HHS engage globally to fulfill its mission.

Cross-Agency Collaborations

Improving health and human services outcomes cannot be achieved by the Department on its own; collaborations are critical to achieve our goals and objectives. HHS collaborates closely with other federal departments and agencies on cross-cutting topics.

---

① HHS aims to improve the health and well-being of low-income families only.

② HHS's programs are administered by the eleven operating divisions.

③ HHS does not work with foreign countries to complete its mission.

④ HHS acts independently from other federal departments and agencies to achieve its goals.

정답 해설

02 【해석】 보건복지부

사명 선언문

보건복지부(HHS)의 사명은 효과적인 보건 및 복지 서비스를 제공하고, 의학, 공중보건 및 사회복지를 뒷받침하는 과학 분야에서 건전하고 지속적인 발전을 촉진함으로써, 국내 모든 사람의 건강과 복지를 증진하는 데 있습니다.

조직 구조

HHS는 다양한 활동 영역을 아우르는 프로그램과 이니셔티브(주도적 사업)를 통해 그 사명을 수행하고 있습니다. 보건복지부의 프로그램은 공중보건국 산하 8개 기관과 3개의 복지 서비스 기관을 포함한 11개의 운영 부서에서 관리합니다. HHS는 미국 국민의 건강과 복지를 보호하고 증진하기 위해 활동하는 국내 기관이지만, 오늘날 세계가 상호 연결되어 있기 때문에 HHS는 그 사명을 완수하기 위해 국제적으로도 참여할 것을 요구합니다.

기관 간 협업

보건 및 인적 서비스의 성과를 개선하는 일은 HHS 혼자만의 힘으로는 이루어질 수 없으며, 목표와 과제를 달성하기 위해서는 협력이 매우 중요합니다. HHS는 범부처적인 (여러 부서나 분야에 걸쳐 영향을 미치는) 주제에 대해 다른 연방 부처 및 기관들과 긴밀하게 협력하고 있습니다.

【해설】 ② Organizational Structure 2번째 문장에서 'Eleven operating divisions, including eight agencies in the Public Health Service and three human services agencies, administer HHS's programs. (보건복지부의 프로그램은 공중 보건 서비스의 8개 기관과 3개의 인적 서비스 기관을 포함하여 11개의 운영 부서가 HHS의 프로그램을 관리한다)고 했으므로 'HHS의 프로그램은 11개의 운영 부서에 의해서 관리된다'는 ②는 본문의 내용과 일치한다.

① Mission Statement에서 'enhance the health and well-being of all individuals in the nation (국내 모든 사람의 건강과 복지를 증진한다)'고 했으므로 '오직 저소득 가정의 건강과 복지 향상만을 목표로 한다'는 본문의 내용과 일치하지 않는다.

③ Organizational Structure 마지막 문장에서 'requires that HHS engage globally to fulfill its mission (HHS는 그 사명을 완수하기 위해 국제적으로도 참여할 것을 요구한다)'고 했으므로 'HHS는 그 사명을 완수하기 위해 외국과 협력하지 않는다'는 본문의 내용과 일치하지 않는다.

④ Cross-Agency Collaborations 마지막 문장에서 'HHS collaborates closely with other federal departments and agencies on cross-cutting topics. (HHS는 범부처적인 주제에 대해 다른 연방 부처 및 기관들과 긴밀하게 협력하고 있다.)'고 했으므로 'HHS는 목표 달성을 위해 다른 연방 부처 및 기관과 독립적으로 활동한다'는 본문의 내용과 일치하지 않는다.

① HHS는 오직 저소득 가정의 건강과 복지 향상만을 목표로 한다.
② HHS의 프로그램은 11개의 운영 부서에 의해서 관리된다.
③ HHS는 그 사명을 완수하기 위해 외국과 협력하지 않는다.
④ HHS는 목표 달성을 위해 다른 연방 부서 및 기관과 독립적으로 활동한다.

【정답】
02 ②

[어휘] mission 사명, 임무 mission statement 강령 enhance 향상시키다, 강화하다
well-being 복지, 안녕 effective 효과적인 foster 촉진하다, 조성하다
sound 건전한, 튼튼한 sustained 지속된, 한결같은 advance 진보, 발전, 향상
underlie ~의 기초다 되다, ~의 기반을 이루다 accomplish 성취하다, 완수하다
initiative 계획, 시도, 프로그램 spectrum 범위, 영역, 스펙트럼
operating division 운영 부서, 실무 부문 administer 관리하다, 운영하다 domestic 국내의
promote 촉진하다, 장려하다 interconnectedness 상호 연결됨, 상호 의존성
require 요구하다, 필요로 하다 engage 참여하다, 관여하다 fulfill 이행하다, 수행하다
improve 향상시키다, 개선하다 outcome 결과, 성과 achieve 달성하다, 성취하다
critical 중요한, 결정적인 objective 목적, 목표 federal 연방의
cross-cutting 범부처적인, 여러 부서나 분야에 걸쳐 영향을 미치는 aim 목표로 하다
low-income 저소득의 independently 독립적으로

03 내용 일치

다음 글의 내용과 일치하는(하지 않는) 것은?

풀이 해법

1. 선택지(보기)를 먼저 읽는다.

2. 명사 중심 Key-word에 주목한다. 이 과정에서 고유명사 / 숫자 / 시간 개념이 있는지 확인한다.

Q 숫자(횟수, 시간) 개념

- 분수 표현
  1/3 → one(a) third   1/2 → one(a) second(half)
  3/4 → three fourths(quarters)   one out of (every) ten : 10 중에 하나(10% → 1/10)

- 횟수 표현
  every other day(week/month/year) : 이틀(2주/2달/2년)에 한 번
  every 2(3/4) years : 2(3/4)년에 한 번
  once(twice/3 times …) a month : 한 달에 한 번(두 번/세 번 …)

Q 부정어

never, little, few, rarely, barely, seldom, hardly, neither, not ~ either, nor

Q 증감 표현

증가 : increase, multiply, extend, expand, enlarge, grow, raise, rise, swell, mount, boost, widen, strengthen, escalate, accelerate, up

감소 : decrease, diminish, reduce, lessen, contract, decline, shrink, drop, dwindle, subside, weaken, fall, cut, down

Q 비교·최상 표현

- second tallest 두 번째로 키가 큰
- fourth highest 네 번째로 높은
- 5 more cars 다섯 대 이상의 자동차
- 10 more students 10명 이상의 학생들
- surpass (~보다) 능가하다(= exceed)
- outnumber (~보다 수적으로) 우세하다
- outweigh (~보다) 중요하다, 비중이 크다

3. 선택지의 재진술(restatement)에 주의한다.

Ex 1  다음 글의 내용과 일치하는 것은?

YOUTH ENVIRONMENTAL ACTION WEEK 2025

Inviting all young changemakers! Join the Green Future Alliance (GFA) for a one-week environmental leadership program. Participants will explore environmental challenges, take part in field activities, and develop projects that promote sustainability in their communities.

WHO

For students aged 13 — 18

Each participant will be mentored by experienced environmental educators and community organizers.

WHAT

This intensive program consists of hands-on environmental science workshops, eco-friendly project design, and guest talks by local climate activists. Students will also contribute to a community clean-up event and document their efforts for a group presentation on the final day.

PRESENTATION DAY

Parents and friends are welcome to attend the final presentation day, where students showcase their projects and share what they've learned.

WHEN

Monday, July 7 — Friday, July 11

Daily schedule: 8:30 am — 4:30 pm

---

① The program induces teenagers to develop projects promoting sustainability.

② Guest speakers will include local climate activists.

③ Students will take part in a local community clean-up activity.

④ Participants will give presentations on the first day of the program.

 확인학습문제 Answer & Review

Ex 1 다음 글의 내용과 일치하는 것은?

YOUTH ENVIRONMENTAL ACTION WEEK 2025

Inviting all young changemakers! Join the Green Future Alliance (GFA) for a one-week environmental leadership program. Participants will explore environmental challenges, take part in field activities, and develop projects that promote sustainability in their communities.

WHO
For students aged 13 — 18
Each participant will be mentored by experienced environmental educators and community organizers.

WHAT
This intensive program consists of hands-on environmental science workshops, eco-friendly project design, and guest talks by local climate activists. Students will also contribute to a community clean-up event and document their efforts for a group presentation on the final day.

PRESENTATION DAY
Parents and friends are welcome to attend the final presentation day, where students showcase their projects and share what they've learned.

WHEN
Monday, July 7 — Friday, July 11
Daily schedule: 8:30 am — 4:30 pm

---

① The program induces teenagers to develop projects promoting sustainability.
② Guest speakers will include local climate activists.
③ Students will take part in a local community clean-up activity.
④ Participants will give presentations on the first day of the program.

01 ④

해석 **2025 청소년 환경 행동 주간**

청소년 환경 변화 주도자 여러분을 초대합니다! Green Future Alliance(GFA)와 함께하는 1주일간의 환경 리더십 프로그램에 참여해 보세요. 참가자들은 환경 문제를 탐구하고, 현장 활동에 참여하며, 지역사회의 지속 가능성을 촉진할 수 있는 프로젝트를 개발하게 됩니다.

대상

13세에서 18세 사이의 청소년

각 참가자는 경험 많은 환경 교육자들과 지역 커뮤니티 조직가들의 멘토링을 받게 됩니다.

활동 내용

이 집중 프로그램은 직접 참여하는 환경 과학 워크숍, 친환경 프로젝트 설계, 그리고 지역 기후 운동가들의 특별 강연으로 구성됩니다. 또한 참가자들은 지역 사회 정화 활동에 참여하고, 마지막 날에 있을 그룹 발표를 위해 그들의 노력을 기록하게 됩니다.

발표의 날

학부모와 친구들은 마지막 날 열리는 발표회에 초대되어, 참가자들이 프로젝트를 소개하고 배운 내용을 공유하는 모습을 볼 수 있습니다.

일정

7월 7일(월) ~ 7월 11일(금)

매일 오전 8시 30분 ~ 오후 4시 30분

해설 주어진 안내문 what에서 마지막 날(final day) 그룹 발표를 위해 그들의 활동을 기록하게 된다고 했으므로 ④ '참가자들은 프로그램 첫날에 발표를 한다'는 본문의 내용과 일치하지 않는다.

① 이 프로그램은 청소년들이 지속 가능성을 촉진하는 프로젝트를 개발하도록 유도한다.
② 강연자는 지역 기후 운동가들을 포함할 것이다.
③ 학생들은 지역 사회 정화 활동에 참여할 것이다.
④ 참가자들은 프로그램 첫날에 발표를 한다.

어휘 youth 청소년 environmental 환경의 action 행동 invite 초대하다
changemaker 변화를 이끄는 사람 join 참여하다 alliance 동맹, 연합 조직
leadership 리더십 participant 참가자 challenge 난제, 과제 field activity 현장 활동
sustainability 지속 가능성 organizer 조직자 intensive 집중적인
consist of ~로 구성되다 hands-on 직접 체험하는, 직접 참여하는
eco-friendly 친환경적인 clean-up event 정화 활동 document 기록하다
attend 참석하다 showcase 돋보이게 하다, 전시하다 develop 개발하다
induce 유도하다 project 프로젝트 promote 촉진하다 take part in ~에 참여하다

확인학습문제

Ex 2 다음 글의 내용과 일치하는 것은?

National Park Service (NPS)

Mission Statement

The mission of the National Park Service is to preserve the natural and cultural resources of the United States for the enjoyment, education, and inspiration of current and future generations. The NPS seeks to protect ecosystems, historical sites, and landscapes across the country.

Organizational Structure

The NPS is part of the U.S. Department of the Interior and manages more than 400 individual park units. These include national parks, monuments, battlefields, historic sites, lakeshores, and more. Each park is supported by a team of rangers, scientists, and educators who help fulfill the NPS's mission.

Public Engagement

Public involvement is essential to the success of the National Park Service. The agency runs numerous educational programs, volunteer opportunities, and citizen science initiatives to encourage community participation and stewardship. The NPS also collaborates with local governments and non-profit groups to expand its impact beyond park boundaries.

---

① The NPS's main goal is to protect only natural environments.

② The NPS operates under the U.S. Department of the Interior.

③ Only rangers are involved in fulfilling the NPS's mission.

④ The NPS minds working with outside groups such as non-profits or local governments.

확인학습문제 Answer & Review

 **Ex 2** 다음 글의 내용과 일치하는 것은?

National Park Service (NPS)

Mission Statement

The mission of the National Park Service is to preserve the natural and cultural resources of the United States for the enjoyment, education, and inspiration of current and future generations. The NPS seeks to protect ecosystems, historical sites, and landscapes across the country.

Organizational Structure

The NPS is part of the U.S. Department of the Interior and manages more than 400 individual park units. These include national parks, monuments, battlefields, historic sites, lakeshores, and more. Each park is supported by a team of rangers, scientists, and educators who help fulfill the NPS's mission.

Public Engagement

Public involvement is essential to the success of the National Park Service. The agency runs numerous educational programs, volunteer opportunities, and citizen science initiatives to encourage community participation and stewardship. The NPS also collaborates with local governments and non-profit groups to expand its impact beyond park boundaries.

① The NPS's main goal is to protect only natural environments.
② The NPS operates under the U.S. Department of the Interior.
③ Only rangers are involved in fulfilling the NPS's mission.
④ The NPS minds working with outside groups such as non-profits or local governments.

정답

02 ②

해석 국립공원관리청(National Park Service, NPS)

사명 선언문

국립공원관리청의 사명은 현재와 미래 세대를 위해 미국의 자연 자원과 문화유산을 보존하고, 이를 통해 사람들에게 즐거움, 교육, 영감을 제공하는 것입니다. NPS는 전국의 생태계, 역사적 장소, 그리고 경관을 보호하고자 합니다.

조직 구조

NPS는 미국 내무부 소속이며, 400개 이상의 공원 단위를 관리합니다. 이들에는 국립공원, 기념비, 전쟁터, 역사 유적지, 호숫가 등이 포함됩니다. 각 공원은 공원 관리인, 과학자, 교육자로 구성된 팀이 운영하여 NPS의 임무를 수행합니다.

대중 참여

국립공원관리청의 성공에는 대중의 참여가 필수적입니다. NPS는 교육 프로그램, 자원봉사 기회, 시민 참여 과학 활동을 운영하며, 지역 사회의 참여와 환경 보호 의식을 장려합니다. 또한 지방 정부나 비영리 단체와 협력하여 공원 경계 너머까지 긍정적인 영향을 확대하고자 합니다.

해설 ② Organizational Structure 첫 번째 문장에서 'The NPS is part of the U.S. Department of the Interior ~ (NPS는 미국 내무부 소속이고 ~)'.라고 했으므로 'NPS는 미국 내무부 소속 기관이다.'는 본문의 내용과 일치한다.

① Mission Statement 첫 번째 문장에서 'preserve the natural and cultural resources (자연과 문화유산을 보호한다)'라고 했으므로 '자연 환경만을 보호하는 것이다'는 본문의 내용과 일치하지 않는다.

③ Organizational Structure 마지막 문장에서 'Each park is supported by a team of rangers, scientists, and educators ~ (각 공원은 공원 관리인, 과학자, 교육자로 구성된 팀이 운영한다)'라고 했으므로 'NPS의 사명 수행에는 오직 공원 관리인만 참여한다'는 본문의 내용과 일치하지 않는다.

④ Public Engagement 마지막 문장에서 'The NPS also collaborates with local governments and non-profit groups ~ (지방 정부나 비영리 단체와 협력한다.).'라고 했으므로 '비영리 단체나 지방 정부와 같은 외부 단체와의 협력을 피한다'는 본문의 내용과 일치하지 않는다.

① NPS의 주요 목표는 자연 환경만을 보호하는 것이다.
② NPS는 미국 내무부 소속 기관이다.
③ NPS의 임무 수행에는 오직 공원 관리인만 참여한다.
④ NPS는 비영리 단체나 지방 정부와 같은 외부 단체와의 협력을 꺼린다.

어휘 National Park Service 국립공원관리청 mission 임무, 사명 preserve 보존하다
natural 자연의 cultural 문화의 resources 자원 inspiration 영감 generation 세대
ecosystem 생태계 historical site 역사 유적지 landscape 경관
Department of the Interior 미국 내무부 manage 관리하다 park unit 공원 단위
monument 기념비 battlefield 전쟁터 lakeshore 호숫가 ranger 공원 관리인
scientist 과학자 fulfill 수행하다 public 대중 engagement 참여 essential 필수적인
volunteer 자원봉사자 citizen science 시민 참여 과학 initiative 활동, 계획
community 지역 사회 participation 참여 stewardship 보호책임 collaborate 협력하다
non-profit group 비영리 단체 local government 지방 정부 expand 확대하다
impact 영향 boundary 경계

01 다음 글의 내용과 일치하지 않는 것은?

SPRING FARM CAMP 2025

This spring, join the Green Valley Farm for a fun and educational hands-on farm experience! Campers will spend a week learning about farm life through exciting activities like feeding baby goats, making cheese, and picking fresh strawberries.

WHO

For children ages 7 — 14
Campers are divided into small groups by age to ensure everyone can safely enjoy the activities and get the most out of the experience.

WHAT

Led by experienced farm staff, campers will not only care for animals but also explore the process of making strawberry jam, which they can take home at the end of the session. Additionally, campers will attend daily workshops on sustainable farming practices and local food systems.

FAMILY DAY

On the last day of camp, families are invited to tour the farm, taste the campers' homemade products, and join in a farm-wide celebration.

WHEN

All camps run from 9 am — 3 pm, Monday to Friday.
Monday, April 7 — Friday, May 16
(Note: Camp will not operate during the week of April 21 due to farm maintenance.)

① Campers will help care for baby goats and learn how to make cheese.
② Children are placed in age-based groups to keep activities safe and focused.
③ Each camper can bring home the strawberry jam they help make during camp.
④ The camp operates every week from April 7 to May 16 without interruption.

● **꼼꼼 독해** ●

해석 ### 봄 농장 캠프 2025

올해 봄, Green Valley Farm에서 재미있고 교육적인 체험형 농장 캠프에 참여하세요! 참가 어린이들은 아기 염소에게 젖 주기, 치즈 만들기, 신선한 딸기 따기 같은 활동을 통해 농장 생활을 배우며 일주일을 보냅니다.

대상

7세부터 14세 어린이들
참가자들은 연령별로 작은 그룹으로 나뉘어, 모두가 안전하고 알차게 활동을 즐길 수 있습니다.

활동 내용

경험 많은 농장 직원들이 이끄는 이 캠프에서는 동물 돌보기뿐 아니라 딸기잼 만들기 과정을 배우고, 마지막 날에는 각자가 만든 잼을 집으로 가져갈 수 있습니다. 또한 매일 지속 가능한 농업과 지역 먹거리 시스템에 관한 워크숍도 진행됩니다.

가족 초대일

캠프 마지막 날, 가족들은 농장을 견학하고, 아이들이 만든 제품을 시식하며 농장 전체의 축제에 참여할 수 있습니다.

일정

모든 캠프는 오전 9시부터 오후 3시까지, 월요일부터 금요일까지 진행됩니다.
4월 7일 월요일 ~ 5월 16일 금요일

(참고: 4월 21일이 포함된 주는 농장 관리로 캠프가 운영되지 않습니다.)

해설 주어진 안내문의 마지막 WHEN에서 4월 21일이 포함된 주에는 농장 관리로 인해 캠프가 운영되지 않는다고 했으므로 ④ '이 캠프는 4월 7일부터 5월 16일까지 매주 중단 없이 운영된다.'는 내용과 일치하지 않는다.

① 참가 어린이들은 아기 염소 돌보기와 치즈 만들기에 참여할 것이다.
② 어린이들은 활동의 안전과 집중을 위해 연령별 그룹에 배정된다.
③ 각 참가자는 캠프에서 만든 딸기잼을 집으로 가져갈 수 있다.
④ 이 캠프는 4월 7일부터 5월 16일까지 매주 중단 없이 운영된다.

spring 봄
farm 농장
fun 재미있는
educational 교육적인
hands-on 체험형
experience 경험
spend 보내다
activity 활동
feed 먹이다
baby goat 아기 염소
cheese 치즈
pick 따다
fresh 신선한
strawberry 딸기
divide 나누다
ensure 보장하다
safely 안전하게
experienced 경험 많은
staff 직원
care 돌보다
explore 탐험하다
process 과정
jam 잼
take home 집으로 가져가다
end 끝나다
session 기간
daily 매일
workshop 워크숍
sustainable 지속 가능한
practice 실천
local 지역의
food system 먹거리 체계
invite 초대하다
tour 견학하다
taste 시식하다
homemade 집에서 만든
product 제품
join 참여하다
celebration 축하
run 운영되다
maintenance 관리
interruption 중단, 방해

● 정답 ●

01 ④

02 다음 글의 내용과 일치하지 않는 것은?

Preventing Child Disappearances

Introduction

Each year, thousands of children go missing in public places such as shopping centers, parks, and festivals. To address this growing concern, communities and authorities are working together to develop effective prevention strategies that reduce the risk of children becoming lost or abducted.

Prevention Efforts

Local governments have launched ID bracelet programs, where children wear bracelets containing parent contact information. Schools and daycare centers teach young children about "safe adults" they can approach if they get separated. In addition, many public venues now provide child-safe zones where lost children can wait safely for their guardians.

Community Involvement

Parents play a crucial role by regularly discussing safety rules with their children, such as staying close in crowds and memorizing key phone numbers. Community volunteers often assist at large events, helping monitor entrances and exits to ensure children stay within designated safe areas.

---

① Communities and authorities are working together to prevent children from getting lost.

② Schools and daycare centers help children understand who to approach when separated.

③ Many public places have created special zones for lost children to wait safely.

④ Parents are advised to rely only on volunteers and staff rather than teaching their children safety rules.

꼼꼼 독해

해석 **아이 실종 예방**

소개
매년 수천 명의 아이들이 쇼핑몰, 공원, 축제 같은 공공장소에서 실종됩니다. 이 커지는 문제를 해결하기 위해 지역사회와 당국이 협력해 아이들이 길을 잃거나 납치당할 위험을 줄이는 효과적인 예방 전략을 개발하고 있습니다.

예방 노력
지방 정부는 아이들이 부모 연락처가 적힌 ID 팔찌를 착용하는 프로그램을 시작했습니다. 학교와 어린이집에서는 어린이들에게 만약 길을 잃었을 때 찾아갈 수 있는 안전한 어른에 대해 가르칩니다. 또한 많은 공공장소에는 실종된 아이들이 보호자를 안전하게 기다릴 수 있는 아동 보호 구역을 제공하고 있습니다.

지역사회 참여
부모들은 군중 속에서 가까이 다니기, 중요한 전화번호를 외우기 같은 안전 규칙을 아이들에게 정기적으로 이야기함으로써 중요한 역할을 합니다. 지역 자원봉사자들은 대규모 행사에서 출입구를 감시하며 아이들이 지정된 안전 구역 내에 머물도록 돕습니다.

해설 ④ Community Involvement 첫 번째 문장에서 부모들이 아이에게 안전 수칙을 가르치는 것이 중요하다고 했으므로 부모들이 아이에게 안전 수칙을 가르치기보다는 오직 자원봉사나 직원에게만 의존하라고 권고 받는다는 ④는 본문의 내용과 일치하지 않는다.

① Introduction 첫 번째 문장에서 지역사회와 당국이 협력해 실종 예방 전략을 개발하고 있다고 했으므로 지역사회와 당국이 함께 아이들이 실종되지 않도록 노력한다는 본문의 내용과 일치한다.

② Prevention Efforts 두 번째 문장에서 학교와 어린이집이 아이들에게 떨어졌을 때 찾아갈 수 있는 안전한 어른을 가르친다고 했으므로 학교와 어린이집은 아이들이 떨어졌을 때 누구에게 도움을 청할지 이해하도록 돕는다는 본문의 내용과 일치한다.

③ Prevention Efforts 세 번째 문장에서 공공장소에 아이들이 보호자를 기다릴 수 있는 안전 구역을 마련한다고 했으므로 많은 공공장소에는 아이들이 안전하게 기다릴 수 있는 특별 구역이 마련되어 있다는 본문의 내용과 일치한다.

① 지역사회와 당국이 함께 아이들이 실종되지 않도록 노력한다.
② 학교와 어린이집은 아이들이 떨어졌을 때 누구에게 도움을 청할지 이해하도록 돕는다.
③ 많은 공공장소에는 아이들이 안전하게 기다릴 수 있는 특별 구역이 마련되어 있다.
④ 부모들이 아이에게 안전 수칙을 가르치기보다는 오직 자원봉사자나 직원에게만 의존하라고 권고받는다.

---

prevent 예방하다
disappearance 실종
missing 실종
public place 공공장소
shopping center 쇼핑몰
authority 당국
address 해결하다
concern 문제, 걱정, 우려
community 지역사회
strategy 전략
reduce 줄이다
risk 위험
abduction 납치
local government 지방 정부
launch 시작하다
bracelet 팔찌
contact information 연락처
daycare center 어린이집
safe 안전한
adult 어른
approach 접근하다
provide 제공하다
child-safe zone 아동 보호 구역
guardian 보호자
role 역할
discuss 이야기하다
crowd 군중
memorize 외우다
volunteer 자원봉사자
assist 돕다
event 행사
monitor 감시하다
entrance 출입구
exit 출구
designated 지정된
rely on ~에 의존하다

정답

02 ④

03 다음 글의 내용과 일치하지 않는 것은?

KIDS WINTER SKI CAMP 2025

This winter, come join the North Ridge Mountain Center for an exciting week on the slopes! Campers will receive daily ski instruction, enjoy snow-themed games, and participate in a friendly ski race at the end of the session.

WHO

For children ages 8 — 15
Each camper is grouped based on their age and skill level to ensure personalized instruction and a safe, enjoyable learning environment.

WHAT

Led by professional ski instructors and winter safety coaches, campers will improve their skiing techniques while also learning about mountain safety. In addition, campers will attend evening workshops on snow science led by Dr. Lena Clark, a climate researcher.

SKI SHOWCASE

Families are welcome to watch the campers' ski race on the final day of each session. The event celebrates each child's progress and encourages confidence on the slopes.

WHEN

All camps run from 10 am — 4 pm, Monday to Saturday.
Monday, January 6 — Saturday, February 15
(Camp will not be held from January 20 to 25 due to weather condition)

---

① Campers will take part in a ski race to end the session and show their progress.

② Children ages 8 — 15 are grouped by age and skill for safe, focused lessons.

③ A climate researcher teaches snow science workshops during the evenings.

④ The camp runs continuously from January 6 to February 15 without any pause.

꼼꼼 독해

해석 **키즈 윈터 스키 캠프 2025**

이번 겨울, 노스리지 마운틴 센터에서 짜릿한 스키 주간 캠프에 참여해 보세요! 참가 어린이들은 매일 스키 수업을 받고, 눈을 주제로 한 게임을 즐기며, 캠프 마지막 날에는 친선 스키 경주에 참가하게 됩니다.

대상

8세부터 15세까지의 어린이

각 참가자는 나이와 실력에 따라 그룹으로 나뉘어 개별 맞춤 지도를 받고, 안전하고 즐거운 학습 환경이 제공됩니다.

활동 내용

전문 스키 강사와 겨울 안전 코치의 지도 아래 참가자들은 스키 기술을 향상시키고, 산악 안전에 대해 배웁니다. 또한 기후 연구자인 Lena Clark 박사가 진행하는 저녁 시간 눈 과학 워크숍에도 참여합니다.

스키 발표회

캠프 마지막 날에는 가족들이 참가자들의 스키 경주를 관람할 수 있습니다. 이 행사는 아이들의 성장을 축하하고, 자신감을 북돋아 줍니다.

운영 일정

모든 캠프는 월요일부터 토요일까지 오전 10시부터 오후 4시까지 진행됩니다.

1월 6일(월) ~ 2월 15일(토)

(1월 20일부터 25일까지는 기상 상황으로 인해 캠프가 미운영됩니다.)

해설 주어진 안내문 마지막 when에서 1월 20~25일은 기상 점검으로 캠프가 운영되지 않는다고 했으므로 6월 30일이 포함된 주에는 캠프가 없다고 했으므로 ④ '이 캠프는 1월 6일부터 2월 15일까지 중단 없이 운영된다.'는 내용과 일치하지 않는다.

① 참가 어린이들은 캠프 마지막에 스키 경주에 참가하여 실력을 보여준다.
② 8세에서 15세 사이의 아이들은 나이와 실력에 따라 그룹을 나눠 수업을 받는다.
③ 기후 연구자가 저녁 시간에 눈 과학 워크숍을 진행한다.
④ 이 캠프는 1월 6일부터 2월 15일까지 중단 없이 운영된다.

kid 어린이
join 참여하다
exciting 흥미로운
slope 비탈길
camper 참가자
daily 매일의
instruction 지도
participate 참가하다
session 회기, 기간
based ~에 기반한
ensure 보장하다
personalized 개별 맞춤의
safe 안전한
learning 학습
environment 환경
lead 이끌다
professional 전문적인
coach 코치
improve 향상시키다
technique 기술
safety 안전
attend 참석하다
workshop 워크숍
researcher 연구자
climate 기후
progress 성장
encourage 격려하다
confidence 자신감
run 운영되다
due to ~때문에
without ~없이
pause 중단
wrap up 마무리하다
according to ~에 따라
lesson 수업
present 발표하다

정답

03 ④

04 다음 글의 내용과 일치하지 않는 것은?

Promoting Urban Green Spaces

Introduction

Urban green spaces, such as parks and community gardens, provide residents with opportunities to relax, exercise, and enjoy nature. They also help reduce air pollution and heat, making cities healthier and more livable.

Initiatives and Projects

Many city governments have launched projects to increase green space, including planting more trees along streets and converting vacant lots into small parks. Partnerships with local businesses and non-profits often provide funding and volunteers for these initiatives.

Community Involvement

Residents are encouraged to participate by joining park clean-up days or starting neighborhood gardening projects. Schools sometimes collaborate by using nearby green spaces for outdoor classes, teaching students about environmental stewardship and sustainability.

① Urban green spaces offer residents a place to relax and improve air quality.
② City governments and businesses work together to fund green space projects.
③ Residents can get involved by volunteering for park clean-ups or local gardening.
④ Schools are discouraged from using green spaces for educational activities.

02

꼼꼼 독해

[해석] 도시 녹지 공간 장려하기

소개

공원과 공동 정원 같은 도시의 녹지 공간은 주민들에게 휴식, 운동, 자연을 즐길 기회를 제공합니다. 또한 대기 오염과 열을 줄이는 데 도움이 되어 도시를 더 건강하고 살기 좋은 곳으로 만듭니다.

계획 및 사업

많은 시 정부들은 녹지 공간을 늘리기 위해 가로수 심기, 빈터를 작은 공원으로 바꾸는 사업을 시작했습니다. 지역 기업과 비영리 단체와의 협력은 이러한 사업에 자금과 자원봉사자를 제공합니다.

지역 참여

주민들은 공원 청소의 날에 참여하거나 동네 정원 가꾸기 사업을 시작함으로써 참여하도록 권장됩니다. 학교들도 때때로 인근 녹지 공간을 야외 수업에 활용해 학생들에게 환경 보호와 지속 가능성에 대해 가르칩니다.

[해설] ④ Community Involvement 마지막 문장에서 학교가 인근 녹지 공간을 야외 수업에 활용한다고 했으므로 학교가 교육 활동에 녹지 공간을 사용하는 것을 막는다는 내용은 본문의 내용과 일치하지 않는다.

① Introduction 첫 번째, 두 번째 문장에서 도시의 녹지 공간은 주민들이 쉬고, 운동하며, 공기 질을 개선하는 데 도움을 준다고 했으므로 녹지 공간이 주민들에게 휴식처를 제공하고 공기 질을 향상시킨다는 본문의 내용과 일치한다.

② Initiatives and Projects 첫 번째, 두 번째 문장에서 시 정부와 지역 기업, 비영리 단체가 협력해 녹지 공간 프로젝트에 자금을 지원하고 자원봉사자를 제공한다고 했으므로 시 정부와 기업이 녹지 공간 프로젝트에 자금을 지원하기 위해 협력한다는 본문의 내용과 일치한다.

③ Community Involvement 첫 번째 문장에서 주민들이 공원 청소나 지역 정원 가꾸기에 참여할 수 있다고 했으므로 주민들이 공원 청소나 지역 정원 활동에 자원봉사자로 참여할 수 있다는 본문의 내용과 일치한다.

① 도시의 녹지 공간은 주민들에게 휴식처를 제공하고 공기 질을 향상시킨다.
② 시 정부와 기업이 녹지 공간 사업에 자금을 지원하기 위해 협력한다.
③ 주민들이 공원 청소나 동네 정원 가꾸기 활동에 자원봉사자로 참여할 수 있다.
④ 학교가 교육 활동에 녹지 공간을 사용하는 것을 막는다.

urban 도시의
green space 녹지 공간
promote 장려하다
resident 주민
opportunity 기회
relax 휴식하다
exercise 운동하다
enjoy 즐기다
nature 자연
reduce 줄이다
air pollution 대기 오염
heat 열
healthier 더 건강한
livable 살기 좋은
increase 늘리다
plant 심다
convert 바꾸다
vacant lot 빈터
partnership 협력
local business 지역 기업
non-profit 비영리 단체
provide 제공하다
funding 자금
volunteer 자원봉사자
participate 참여하다
clean-up 청소
neighborhood 이웃, 동네
gardening 정원 가꾸기
outdoor 야외
stewardship 관리
sustainability 지속 가능성
environmental protection 환경 보호

[정답]

04 ④

05 다음 글의 내용과 일치하지 않는 것은?

CREATIVE WRITING CAMP 2025

Unleash your imagination! The National Writing Institute is hosting a week-long camp for aspiring young writers. This camp is designed to inspire originality, improve writing techniques, and help students build confidence in their imaginative writing.

WHO
Open to students aged 12–17
No prior experience required. All levels are welcome!

WHAT
Participants will engage in writing workshops led by published authors and editors. The program includes sessions on poetry, fiction, character development, and world-building. Each student will receive personalized feedback on their work and have time to write and revise throughout the week.

CELEBRATION NIGHT
At the end of the program, families are invited to attend a reading night where students will read excerpts from their original works and receive certificates of participation.

WHEN
Monday, August 4 — Friday, August 8
Daily schedule: 9:00 am — 3:00 pm

① The camp is designed for students interested in creative writing.
② Students must have previous writing experience to attend.
③ Participants will get feedback from experienced professionals.
④ Families are welcome to attend a final reading event.

꼼꼼 독해

[해석] **창의적 글쓰기 캠프 2025**
당신의 상상력을 펼쳐보세요! 국립 글쓰기 연구소에서는 젊은 예비 작가들을 위한 1주일간의 창의 글쓰기 캠프를 개최합니다. 이 캠프는 학생들이 독창성을 발휘하고, 글쓰기 기술을 향상시키며, 창의적인 글쓰기에 대한 자신감을 키울 수 있도록 설계되었습니다.

참가 대상
12세에서 17세 사이의 학생 누구나 참가 가능
이전 글쓰기 경험은 필요 없습니다. 모든 수준의 학생을 환영합니다!

주요 내용
참가자들은 출판 작가와 편집자들이 이끄는 글쓰기 워크숍에 참여합니다. 프로그램에는 시, 소설, 인물 구성, 세계관 만들기와 같은 다양한 세션이 포함되어 있으며, 학생들은 자신의 작품에 대한 개별 피드백을 받고, 일주일 동안 글을 쓰고 수정할 수 있는 시간을 갖습니다.

발표의 밤
프로그램 마지막 날에는 가족들이 초대되어 학생들이 직접 쓴 작품의 일부를 낭독하는 발표의 밤이 열리며, 모든 참가자에게는 참가 증서가 수여됩니다.

일정
8월 4일(월) ~ 8월 8일(금)
매일 오전 9시 ~ 오후 3시

[해설] 주어진 안내문 who (참가대상) 에서 이전 글쓰기 경험은 필요 없다고 했으므로 ② '참가자는 이전 글쓰기 경험이 있어야 한다'는 본문의 내용과 일치하지 않는다.

① 이 캠프는 창의적 글쓰기에 관심 있는 학생들을 위해 설계되었다.
② 참가자는 이전 글쓰기 경험이 있어야 한다.
③ 참가자들은 전문가로부터 피드백을 받게 된다.
④ 가족들은 마지막 날 발표 행사에 참석할 수 있다.

---

unleash (감정·재능 등을) 해방하다, 마음껏 발휘하다
imagination 상상력
host 개최하다, 주최하다
aspiring 포부를 가진, 예비의
young writers 젊은 작가들, 어린 글쟁이들
inspire 영감을 주다
creativity 창의력
improve 향상시키다
technique 기법, 기술
build confidence 자신감을 키우다
storytelling skills 이야기 구성 능력
open to ~에게 열려 있는
no prior experience required 사전 경험 불필요
all levels are welcome 모든 수준의 학생을 환영합니다
engage in ~에 참여하다
writing workshop 글쓰기 워크숍
published author 출판된 작가
editor 편집자 **fiction** 소설
poetry 시
character development 인물 설정, 캐릭터 구성
world-building 세계관 창조
personalized feedback 개별 피드백
revise 수정하다
throughout the week 일주일 내내
celebration night 축하의 밤, 발표의 밤
excerpt 발췌, 부분 낭독
original work 자작 작품
certificate of participation 참가 증서
daily schedule 일일 일정
National Writing Institute 국립 글쓰기 연구소

정답
05 ②

06 다음 글의 내용과 일치하는 것은?

Digital Literacy Project

Program Overview

The Digital Literacy Project (DLP) aims to equip individuals with essential skills to navigate an increasingly digital world. Through a variety of workshops, online courses, and mentoring programs, DLP seeks to close the digital divide and promote equal access to technology-based opportunities.

Department Responsibilities

DLP operates several departments, each specializing in a different aspect of digital literacy. The Curriculum Development team designs educational materials, while the Outreach Division connects with schools and community centers to expand the project's reach.

Partnerships and Future Plans

To maximize its impact, DLP collaborates with technology companies, educational institutions, and nonprofit organizations. Looking ahead, DLP plans to launch an international initiative to provide digital literacy training in underserved regions around the globe.

---

① DLP offers various educational programs to bridge the digital gap.
② DLP's Outreach Division connects with only community centers.
③ DLP collaborates with nonprofit organizations not to expand its influence.
④ DLP limits its activities to domestic projects only, even future.

• **꼼꼼 독해** •

[해석] **디지털 활용 능력 프로젝트**

프로그램 개요

디지털 활용 능력 프로젝트(DLP)는 점점 디지털화되는 세상에서 사람들이 필수적인 기술을 갖추도록 지원하는 것을 목표로 합니다. 다양한 워크숍, 온라인 강좌, 멘토링 프로그램을 통해 DLP는 디지털 격차를 줄이고, 기술 기반 기회에 대한 평등한 접근을 촉진하려고 합니다.

부서별 역할

DLP는 여러 부서로 운영되며, 각 부서는 디지털 활용 능력의 다른 측면을 전문적으로 담당합니다. 커리큘럼 개발팀은 교육 자료를 설계하고, 아웃리치 부서는 학교 및 지역 사회 센터와 연결하여 프로젝트의 영향력을 확장합니다.

협력 및 향후 계획

DLP는 영향력을 극대화하기 위해 기술 기업, 교육 기관, 비영리 단체들과 협력합니다. 앞으로 DLP는 전 세계 소외 지역에 디지털 활용 능력 교육을 제공하기 위한 국제 사업을 추진할 계획입니다.

[해설] ① Program Overview 두 번째 문장에서 '다양한 워크숍, 온라인 강좌, 멘토링 프로그램을 통해 DLP는 디지털 격차를 해소한다'고 했으므로 '다양한 교육 프로그램을 제공해 디지털 격차를 줄인다'는 본문의 내용과 일치한다.

② Department Responsibilities 2번째 문장에서 '아웃리치 부서는 학교 및 지역 사회 센터와 협력한다'고 했으므로 '지역사회센터만 협력한다'는 본문의 내용과 일치하지 않는다.

③ Partnerships and Future Plans 첫 번째 문장에서 '영향력을 극대화하기 위해, DLP는 비영리 단체들과 협력한다'고 했으므로 'DLP는 영향력을 확장시키지 않으려고'는 본문의 내용과 일치하지 않는다.

④ Partnerships and Future Plans 두 번째 문장에서 '국제사업 추진을 계획한다'고 했으므로 '앞으로도 국내 사업으로만 제한한다'는 본문의 내용과 일치하지 않는다.

① DLP는 디지털 격차를 줄이기 위해 다양한 교육 프로그램을 제공한다.
② DLP의 아웃리치 부서는 지역 사회 센터와만 연결한다.
③ DLP는 영향력을 확장하지 않기 위해 비영리 단체들과 협력한다.
④ DLP는 앞으로도 국내 사업으로만 활동을 제한한다.

digital 디지털
literacy 활용 능력, 문해력
project 프로젝트, 사업
aim to ~을 목표로 하다
equip 준비시키다, 갖추다
individual 개인
essential 필수적인
skill 기술, 능력
navigate 다루다, 조종하다
increasingly 점점 더
world 세계
variety of 다양한
workshop 워크숍, 실습 강좌
online course 온라인 강좌
mentoring program 멘토링 프로그램
seek to ~하려고 노력하다
close the divide 격차를 해소하다
digital divide 디지털 격차
promote 촉진하다, 장려하다
equal access 평등한 접근
technology-based 기술 기반의
opportunity 기회
operate 운영하다
several 몇몇의
department 부서
specialize in ~을 전문으로 하다
aspect 측면
curriculum development 교육과정 개발
design 설계하다
educational material 교육 자료
outreach division 지역사회 연결부서
connect with ~와 연결하다
school 학교
community center 지역 사회 센터
expand 확장하다, 넓히다
reach 범위, 영향력
maximize 극대화하다
impact 영향
collaborate with ~와 협력하다
technology company 기술 회사
educational institution 교육 기관
nonprofit organization 비영리 단체
looking ahead 앞을 내다보며
plan to ~할 계획이다
launch 시작하다
international 국제적인
initiative 사업, 계획
provide 제공하다
training 교육, 훈련
underserved 서비스가 부족한
region 지역
around the globe 전 세계에 걸쳐

정답

06 ①

김세현

주요 약력

- 현 박문각 공무원 영어 온라인, 오프라인 교수
- Eastern Michigan University 대학원 졸
- TESOL(영어교수법) 전공
- 전 EBS 영어 강사
- 전 Megastudy/Etoos/Skyedu 영어 강사
- 전 에듀윌 영어 강사

주요 저서

종합서
- 박문각 공무원 김세현 영어 All In One 기본서
- 박문각 공무원 김세현 영어 All In One VOCA
- 박문각 공무원 김세현 영어 전혀 다른 개념 문법
- 박문각 공무원 김세현 영어 전혀 다른 개념 독해
- EBS 완전 소중한 영문법
- EBS 이것이 진짜 리딩스킬이다

역서
- Longman 출판사 Reading Power 번역
- Longman 출판서 TOEIC/TOEFL 번역

김세현 영어 All In One

초판 인쇄 | 2025. 7. 21.　　**초판 발행** | 2025. 7. 25.　　**편저** | 김세현

발행인 | 박 용　　**발행처** | (주)박문각출판　　**등록** | 2015년 4월 29일 제2019-000137호

주소 | 06654 서울시 서초구 효령로 283 서경 B/D 4층　　**팩스** | (02)584-2927

전화 | 교재 문의 (02)6466-7202

저자와의
협의하에
인지생략

정가 38,000원
ISBN 979-11-7262-950-2